新时代高校
思想政治理论课建设研究

（第一卷）

主　编　罗永宽
副主编　李　华　李向勇

WUHAN UNIVERSITY PRESS
武汉大学出版社

图书在版编目(CIP)数据

新时代高校思想政治理论课建设研究.第一卷/罗永宽主编.—武汉:武汉大学出版社,2022.3
高校思想政治理论课研究前沿
ISBN 978-7-307-22976-1

Ⅰ.新… Ⅱ.罗… Ⅲ.高等学校—思想政治教育—课程建设—研究—中国 Ⅳ.G641

中国版本图书馆 CIP 数据核字(2022)第 040427 号

责任编辑:王智梅 程牧原 韩秋婷 责任校对:汪欣怡 版式设计:马佳

出版发行:**武汉大学出版社** (430072 武昌 珞珈山)
(电子邮箱:cbs22@whu.edu.cn 网址:www.wdp.com.cn)
印刷:湖北金海印务有限公司
开本:720×1000 1/16 印张:32.5 字数:466 千字 插页:2
版次:2022 年 3 月第 1 版 2022 年 3 月第 1 次印刷
ISBN 978-7-307-22976-1 定价:98.00 元

代序 办好思政课的根本遵循

——写在习近平总书记主持召开学校思想政治理论课教师座谈会两周年之际

2019 年 3 月 18 日，习近平总书记主持召开学校思想政治理论课教师座谈会，就如何办好思政课问题，与众多辛勤耕耘在思政课教学第一线的教师面对面深入交流。党和国家的最高领导人主持召开专门座谈会，与来自大中小学的思政课教师代表，同堂共话思政课，这在中国共产党和中华人民共和国的历史上尚是首次。在座谈会上，习近平总书记深刻论述了办好思政课的重大意义，并就如何办好思政课问题，条分缕析，娓娓道来，作出了一系列重要论断，提出了一系列明确要求，既指明了推动思政课教学改革创新的努力方向，也为广大思政课教师上了一堂生动的示范思政课。座谈会及习近平总书记的讲话，在思政课教学领域以及整个教育领域引起强烈反响，鼓舞着广大思政课教师在立德树人中勇于担当作为，也引领着新时代思政课教学创新发展的生动实践，在我国思政课建设的历史进程中树立起一座具有重大战略意义的里程碑。高质量推进新时代思政课建设，需要我们认真学习、不断重温座谈会上习近平总书记的重要讲话，以之为办好思政课的根本遵循。

一、思政课是立德树人的关键课程

我们党向来重视学校思政课的建设问题。如何更好地推动思政课的加强改进、创新发展，是十八大以来习近平总书记极为关注的一项重要工作。在全国高校思想政治工作会议、全国教育大会上，在赴大、中、小学的实地考察中，习近平总书记无不论及思政课建设，无不叮嘱要切实抓好思政课教学。习近平总书记之所以对思政课如此重视，根本原因在于思政课在学校教育中扮演着重要角色，具有至关重要的意义。习近平总书记将之概括为"落实立德树人根本任务的关键课程"，称其作用"不可替代"。深刻把握思政课的"关键课程"地位和"不可替代"作用，是办好思政课的重要前提。

思政课之所以是立德树人的"关键课程"，在于它回答的是教育的关键问题。这一关键问题即培养什么样的人的问题，也即习近平总书记指出的"教育的首要问题"①。"致天下之治者在人才，成天下之才者在教化，教化之所本者在学校。"古往今来，培养人都是学校的天职。但是，所要培养之人的内涵从来都不是抽象的，而是极为具体的。任何国家、任何社会，都有其人才培养的具体规格要求。对此，习近平总书记在 2018 年 5 月 2 日同北京大学师生代表座谈时特别指出："古今中外，关于教育和办学，思想流派繁多，理论观点各异，但在教育必须培养社会发展所需要的人这一点上是有共识的。培养社会发展所需要的人，说具体了，就是培养社会发展、知识积累、文化传承、国家存续、制度运行所要求的人。所以，古今中外，每个国家都是按照自己的政治要求来培养人的。"②在这次座谈会上，习近平总书记提出"培养什么样的人"这

① 《习近平在全国教育大会上强调 坚持中国特色社会主义教育发展道路 培养德智体美劳全面发展的社会主义建设者和接班人》，《人民日报》2018年9月11日。

② 习近平：《在北京大学师生座谈会上的讲话》，《人民日报》2018年5月3日。

个问题后，便直截了当地给出了一个明确的答案："就是我们的教育要培养德智体美全面发展的社会主义建设者和接班人。"①之所以如此毫不犹豫、开宗明义，是基于对教育本质与规律的深刻把握，是对于"我国社会主义教育就是要培养社会主义建设者和接班人"②这个问题的坚定不移。对于我们的教育要培养什么样的人的问题，十八大以来，习近平总书记反复提及，且每次都斩钉截铁、旗帜鲜明地给出这样的回答。在世界百年未有之大变局加速演进、人才竞争日益激烈、意识形态领域斗争尖锐复杂、推进中华民族伟大复兴步入关键时期的时代背景下，对这一教育首要问题、关键问题的反复明确申明，无疑具有极为重要的现实意义。在学校思想政治理论课教师座谈会上，习近平总书记又一次特别强调，"我们党立志于中华民族千秋伟业，必须培养一代又一代拥护中国共产党领导和我国社会主义制度、立志为中国特色社会主义事业奋斗终身的有用人才"③，也就是培养能够担当民族复兴大任的时代新人。这样的新人，要有过硬的知识能力，更要有坚定的社会主义政治立场和理想信念。没有这一点，"人"无以解决"为什么人"的问题，"才"也无以定向。习近平总书记指出："要成为社会主义建设者和接班人，必须树立正确的世界观、人生观、价值观，把实现个人价值同党和国家前途命运紧紧联系在一起。"④思政课所担负的职责，就是为我们所培养的人给出明确的立场和方向，在"为什么人"的问题上予以准确的引导，因而在回答和解决"培养什么样的人"这个问题上发挥着关键作用，"是培养一代又一代社会主义建设者和接班人的

---

① 习近平：《在北京大学师生座谈会上的讲话》，《人民日报》2018 年 5 月 3 日。

② 习近平：《在北京大学师生座谈会上的讲话》，《人民日报》2018 年 5 月 3 日。

③ 习近平：《思政课是落实立德树人根本任务的关键课程》，《求是》2020 年第 17 期。

④ 习近平：《思政课是落实立德树人根本任务的关键课程》，《求是》2020 年第 17 期。

重要保障"①。

思政课之所以是立德树人的"关键课程"，在于其面对的是处于人生关键时期的"关键群体"，培养的是这一关键群体的"关键素质"。青少年是祖国的未来、民族的希望。在我国，各级各类学历教育在校生近3亿人，全国各类高等教育在学总规模约4000万人。这些青少年，寄托着千家万户的希望，也承载着中华民族的梦想。青年兴则国兴，少年强则国强。思政课所面对的便是这与祖国和民族的未来紧紧联系在一起的亿万之众，是充满生机、蓄势而发同时也需要悉心呵护、培育涵养的希望。从人生发展阶段来讲，青少年时期是人的价值观形成、确立的关键时期，是扣好人生"第一粒扣子"的重要阶段，"是人生的'拔节孕穗期'，这一时期心智逐渐健全，思维进入最活跃状态，最需要精心引导和栽培"②。思政课教学的展开，由小学至大学，所伴随的正是青少年迅速成长、需要"蒙以养正"的关键人生阶段。思政课面对的是处于关键人生阶段的关键群体，它所要培养的也是人的素质中最为关键的方面。"才者，德之资也；德者，才之帅也。"在人的素质结构中，最重要、最关键的素质，即德，即思想政治素质。人无德不立，这一素质影响着人的素质的整体成形，也直接关系着人的素质的实际之用。因而，育人之根本，即在于立德。2018年9月10日，在全国教育大会上，习近平总书记明确强调，教育要在坚定理想信念、厚植爱国主义情怀、加强品德修养、增长知识见识、培养奋斗精神、增强综合素质六个方面"下功夫"③。六者之中，论"德"之多，堪为"首重"。之所以如此，也正是因为立德在人才培养中的首位性。在学校思想政治理论课教师座谈会上，习近平总书记也反复论及思政课

---

① 习近平：《思政课是落实立德树人根本任务的关键课程》，《求是》2020年第17期。

② 习近平：《思政课是落实立德树人根本任务的关键课程》，《求是》2020年第17期。

③ 《习近平在全国教育大会上强调 坚持中国特色社会主义教育发展道路 培养德智体美劳全面发展的社会主义建设者和接班人》，《人民日报》2018年9月11日。

的职责。他指出："思政课要引导学生立德成人、立志成才"，"要解决学生理想信念问题"，"要教会学生科学的思维"，"要用科学理论培养人"，"政治引导是思政课的基本功能"，"思政课重在塑造学生的价值观，这一点必须牢牢抓住"，"思政课的任务是传导主流意识形态，建设性是其根本"，思政课教给学生的"应该是观察认识当代世界、当代中国的立场、观点、方法"，"无论怎么讲，最终都要落到引导学生树立正确的理想信念、学会正确的思维方法上来"，"思政课教师，要给学生心灵埋下真善美的种子，引导学生扣好人生第一粒扣子"。① 这些论述，虽切入角度不同，但都聚焦一个共同的素质，即人的素质中最重要的一项——德。新时代的思政课教学，就是要担负起引导学生明大德、守公德、严私德的任务，就是要开展马克思主义理论教育，用新时代中国特色社会主义思想铸魂育人，引导学生增强中国特色社会主义道路自信、理论自信、制度自信、文化自信，厚植爱国主义情怀，把爱国情、强国志、报国行自觉融入坚持和发展中国特色社会主义、建设社会主义现代化强国、实现中华民族伟大复兴的奋斗之中。思政课的特殊定位和所担负的特殊职责，决定了其在学校立德树人中的关键意义。

二、思政课教师要发挥办好思政课的关键作用

就教育发展的宏观整体来看，教师是立教之本、兴教之源。就任何教育活动的具体展开而言，教师亦是主导力量，是引导教育活动、影响教育成效的关键所在。邓小平同志在 1978 年 4 月 22 日召开的全国教育工作会议上曾明确指出："一个学校能不能为社会主义建设培养合格的人才，培养德智体全面发展、有社会主义觉悟的有文化的劳动者，关键在教师。"②2014 年教师节，在北京师范大学同师生代表座谈时，习近平总书记所谈论的核心主题也是好老师

---

① 习近平:《思政课是落实立德树人根本任务的关键课程》,《求是》2020 年第 17 期。

② 《邓小平文选》(第 2 卷), 北京:人民出版社 1994 年版, 第 108 页。

之于人生、学校、民族的意义，以及如何才能成为一名好老师。他强调："一个人遇到好老师是人生的幸运，一个学校拥有好老师是学校的光荣，一个民族源源不断涌现出一批又一批好老师则是民族的希望。"①在思政课教学中，主导性的因素同样是教师，他是推动思政课教学过程中矛盾转化的主要方面，实际而具体地决定着教什么、怎么教的问题，是决定教育质量的关键。在学校思想政治理论课教师座谈会上，习近平总书记再次明确强调，"办好思政课关键在教师"②，对思政课教师积极发挥办好思政课的关键作用，总书记期勉殷殷，并给予了精心指导。

思政课教师要发挥办好思政课的关键作用，必须有办好思政课的充分信心。习近平总书记指出："办好思政课，有不少问题需要解决，但最重要的是解决好信心问题。'欲人勿疑，必先自信。'"③对自己所从事的事业，没有充分的信心，就不可能有推进这一事业的坚定执着，更不可能演绎出这一事业的精彩。办好思政课，我们之所以应当有充分的信心，在于党对教育工作高度重视，并对思想政治工作、意识形态工作高度重视，始终坚持马克思主义指导地位，大力推进中国特色社会主义学科体系建设，这为办好思政课提供了根本保证；在于我们对共产党执政规律、社会主义建设规律、人类社会发展规律的认识和把握不断深入，开辟了中国特色社会主义理论和实践发展新境界，中国特色社会主义取得举世瞩目的成就，这为办好思政课提供了有力支撑；在于中华民族几千年来形成了博大精深的优秀传统文化，我们党带领人民在革命、建设、改革过程中锻造的革命文化和社会主义先进文化，这为办好思政课提供了深厚力量；在于思政课建设长期以来形成了一系列规律性认识和成功经验，这为办好思政课提供了重要基础。这些方面，都是

---

① 习近平：《做党和人民满意的好老师——同北京师范大学师生代表座谈时的讲话》，《人民日报》2014 年 9 月 10 日。

② 习近平：《思政课是落实立德树人根本任务的关键课程》，《求是》2020 年第 17 期。

③ 习近平：《思政课是落实立德树人根本任务的关键课程》，《求是》2020 年第 17 期。

我们有充分信心办好思政课的重要根据。在学校思想政治理论课教师座谈会上，习近平总书记对这些方面条分缕析，引导思政课教师在对这些方面的认识和把握中形成办好思政课的坚定信心。深入理解党对思政课建设的高度重视、深入理解中国特色社会主义所取得的历史性开创性成就、深入理解中华民族优秀传统文化的博大精深及其创新发展、深入理解思政课建设的丰富积累与宝贵经验，是思政课教师形成并提升自己职业素养的内在要求，也是增进办好思政课信心和底气的重要前提之所在。

思政课教师要发挥办好思政课的关键作用，必须有过硬的素质。教师是讲台上的主角，教师的素质是教师演绎教育精彩的主体性根据，是一切积极的外在条件真正发挥出有益于教育活动顺利推进重要作用的内在依托。对于教师的素质及其建设的重要意义，习近平总书记反复论及。他强调，"教师队伍素质直接决定着大学办学能力和水平"①，"建设政治素质过硬、业务能力精湛、育人水平高超的高素质教师队伍是大学建设的基础性工作"②。他还从社会主义现代化强国建设、信息化的迅猛发展、教育教学领域的革命性变化等诸多方面，深刻分析教师素质建设面临的新课题新要求。2014 年教师节，在北京师范大学，习近平总书记强调，好老师要有理想信念、有道德情操、有扎实学识、有仁爱之心。2018 年 5 月 2 日，在同北京大学师生代表的座谈交流中，习近平总书记对这一标准予以再次重申。2016 年 12 月 6 日，在全国高校思想政治工作会议上，习近平总书记强调，"讲思想政治理论课，要让信仰坚定、学识渊博、理论功底深厚的教师来讲"。2018 年 9 月 10 日，在全国教育大会上，习近平总书记强调，"做老师就要执着于教书育人，有热爱教育的定力、淡泊名利的坚守"。对教师素质如此密集、明确的论述，所体现的无疑是习近平总书记对教师素质问题的高度关注。在学校思想政治理论课教师座谈会上，习近平总书记特

---

① 习近平：《在北京大学师生座谈会上的讲话》，《人民日报》2018 年 5 月 3 日。

② 习近平：《在北京大学师生座谈会上的讲话》，《人民日报》2018 年 5 月 3 日。

别强调，思政课教师政治要强、情怀要深、思维要新、视野要广、自律要严、人格要正。这"六个要"，是习近平总书记关于教师素质要求的思想在思政课教师这一特殊教师群体素质要求上的进一步具体化展开。政治要强，即要求思政课教师要有对马克思主义的坚定信仰、对社会主义和共产主义的坚定信念，要善于从政治上看问题，要能够坚定地全面贯彻党的教育方针。情怀要深，即要求思政课教师要有家国情怀、传道情怀、仁爱情怀，心里装着国家和民族，心中始终装着学生，装着对马克思主义理论教育事业投入真情实感和执着追求。思维要新，即思政课教师要坚持辩证唯物主义和历史唯物主义，善于运用创新思维、辩证思维，善于运用矛盾分析方法抓住关键、找准重点、阐明规律，创新课堂教学。视野要广，即思政课教师要有宽广的知识视野、国际视野、历史视野，通过生动、深入、具体的纵横比较，把一些道理讲明白、讲清楚。自律要严，即思政课教师对自己要求要严格，既要遵守教学纪律，也要遵守政治纪律和政治规矩，信道守道践道，弘扬主旋律，传递正能量。人格要正，即思政课教师要有堂堂正正的人格，用高尚的人格感染学生、赢得学生。这些要求，贯穿知、情、信、意、行诸方面，对思政课教师应有的综合素质给出了全面勾勒，是思政课教师队伍素质培养培训的"课标"，也是思政课教师自觉修养、练本领强素质的指南。思政课教师要在不断增强本领、提高素质中，努力成为塑造学生品格、品行、品位的"大先生"。

思政课教师要发挥办好思政课的关键作用，必须有不懈改革创新的高度自觉。改革创新是时代精神的集中体现，在这个世界面临百年未有之大变局、经济社会正经历前所未有大变革的时代，唯有永不停顿的改革创新者，才能跟上这个时代、引领这个时代。思政课教师既身处飞速变化的现实之中，也面对着思维空前活跃、身心迅速成长的青少年，唯有永不停顿地改革创新，才能与时代同行，才能与教育对象进行有效的心灵交流、引发深层的思想共鸣。正因如此，习近平总书记反复强调："思政课建设要向改革创新要活力"①，要"推动思想政治理论课改革创新，不断增强思政课的思想

---

① 习近平：《思政课是落实立德树人根本任务的关键课程》，《求是》2020 年第 17 期。

性、理论性和亲和力、针对性"①。2020 年 9 月 22 日，与教育文化卫生体育领域专家代表座谈时，习近平总书记又一次提出，要"深化学校思想政治理论课改革创新"②。在学校思想政治理论课教师座谈会上，习近平总书记既强调思政课要向改革创新要活力，也就如何深化思政课改革创新作出了一系列精辟论述。他强调，推动思政课改革创新，要坚持政治性和学理性相统一、价值性和知识性相统一、建设性和批判性相统一、理论性和实践性相统一、统一性和多样性相统一、主导性和主体性相统一、灌输性和启发性相统一、显性教育和隐性教育相统一。这八个方面的"相统一"，贯穿守正创新的根本原则，深刻阐述了思政课教学中一系列重要矛盾关系的正确处理问题，揭明了思政课教学改革创新应当遵循的基本原则，是对思政课教学改革创新规律的明晰呈现，也是对思政课教学改革创新实践中反映出来的一些模糊认识、争论话题的明确引导和透彻解答。深入推进思政课的改革创新，要求我们对八个"相统一"整体把握、全面理解、融会贯通。习近平总书记将坚持这些原则推进思政课改革创新称为"打好组合拳"。他强调，"只有打好组合拳，才能讲好思政课，但无论组合拳怎么打，最终要落到把思政课讲得更有亲和力和感染力、更有针对性和实效性上来，实现知、情、意、行的统一，叫人口服心服"③。始终把握住思政课教学的目标指向，在此基础上打好八个"相统一"的"组合拳"，思政课的改革创新才能真正取得实际成效。

思政课教师要发挥办好思政课的关键作用，必须不断涵养职业认同感、葆有职业荣誉感。高度的职业认同感、强烈的职业荣誉感，是成就事业的强大内驱力。中华民族素有尊师重教、崇智尚学的优良传统。关于教育的重要性、教师职业的光荣，十八大以来，

---

① 习近平：《思政课是落实立德树人根本任务的关键课程》，《求是》2020 年第 17 期。

② 习近平：《在教育文化卫生体育领域专家代表座谈会上的讲话》，《人民日报》2020 年 9 月 23 日。

③ 习近平：《思政课是落实立德树人根本任务的关键课程》，《求是》2020 年第 17 期。

习近平总书记曾反复论及，强调"教育是提高人民综合素质、促进人的全面发展的重要途径，是民族振兴、社会进步的重要基石"①，赞誉"教师是人类历史上最古老的职业之一，也是最伟大、最神圣的职业之一"②，"教师是人类灵魂的工程师，是人类文明的传承者，承载着传播知识、传播思想、传播真理，塑造灵魂、塑造生命、塑造新人的时代重任"③。在看到教师群体整体上具有强烈职业认同感、荣誉感的同时，我们还是要客观承认，一些人对思政课教师的职业认同度不高，认为思政课教学没有学术含量，思政课教师没有学术水平、职业荣誉感不强。诸如此类的思想观念，直接影响着思政课教师扎实办好思政课的积极性。在学校思想政治理论课教师座谈会上，习近平总书记特别指出："调动思政课教师的积极性、主动性、创造性，必须增强教师的职业认同感、荣誉感、责任感。"④思政课教学涉及马克思主义哲学、政治经济学、科学社会主义，涉及经济、政治、文化、社会、生态文明和党的建设，涉及改革发展稳定、内政外交国防、治党治国治军，涉及党史、国史、改革开放史、社会主义发展史，涉及世界史、国际共运史，涉及世情、国情、党情、民情，等等，这其中不仅有学问，而且是有"大学问"，"其学术深度广度和学术含金量不亚于任何一门哲学社会科学"⑤。讲好思政课，不仅有"术"，也有"学"，更有"道"。在与学校思政课教师的交流中，习近平总书记专门讲了自己亲自到高校

---

① 《习近平在全国教育大会上强调 坚持中国特色社会主义教育发展道路 培养德智体美劳全面发展的社会主义建设者和接班人》，《人民日报》2018年9月11日。

② 习近平：《做党和人民满意的好老师——同北京师范大学师生代表座谈时的讲话》，《人民日报》2014年9月10日

③ 《习近平在全国教育大会上强调 坚持中国特色社会主义教育发展道路 培养德智体美劳全面发展的社会主义建设者和接班人》，《人民日报》2018年9月11日。

④ 习近平：《思政课是落实立德树人根本任务的关键课程》，《求是》2020年第17期。

⑤ 习近平：《思政课是落实立德树人根本任务的关键课程》，《求是》2020年第17期。

给学生讲思政课的经历和体验，并称"思政课教学是一项非常有创造性的工作"，"讲好思政课不容易，因为这个课要求高"。① 思政课教师要深刻把握思政课的特殊性和重要性，体悟思政课教学中所内含的"道""学""术"，增强职业认同感和职业荣誉感，并不断练好内功、提升素质，更好地展现思政课教学的"道""学""术"，赢得学生的认可，赢得学术界、教育界同仁及社会多方面的认可和尊重。

三、构建办好思政课的强大合力

办好思政课，教师是关键。但教师关键作用的有效发挥，还有赖于一系列条件和因素支撑。思政课建设的有效加强改进，进而学生思想政治教育的有效加强改进，任何时候也都离不开强大的合力推动。在学校思想政治理论课教师座谈会上，习近平总书记高度评价思政课建设这些年来取得的显著成效，但同时也明确指出了思政课建设中仍然存在的一些亟待解决的问题，如有的地方和学校对思政课重要性认识还不够到位；教师选配和培养工作还存在短板，队伍结构还要优化，整体素质还要提升；体制机制还有待完善，评价和支持体系有待健全；各类课程同思政课建设的协同效应还有待增强；学校、家庭、社会协同推动思政课建设的合力没有完全形成，全党全社会关心支持思政课建设的氛围不够浓厚，等等。切实解决这些问题，是更好调动思政课教师积极性主动性，更好提升思政课教学亲和力和感染力、针对性和实效性的客观要求。在解决这些问题、推动开创新时代思政课建设新局面的过程中，我们需要切实加强和改进党对思政课建设的领导，有效构建、凝聚办好思政课的强大合力。

一是要切实加强党对思政课建设的领导。习近平总书记多次强

---

① 习近平：《思政课是落实立德树人根本任务的关键课程》，《求是》2020 年第 17 期。

调指出:"办好中国的事情,关键在党。"①办好思政课,同样要加强和改进党的领导。在高度重视思政课建设方面,习近平总书记和党中央提出了明确要求,也作出了积极示范。各级党委要增强"四个意识",坚定"四个自信",坚定不移维护党中央权威和集中统一领导,自觉在政治立场、政治方向、政治原则、政治道路上同党中央保持高度一致,认真学习习近平总书记关于教育、学校思想政治工作、思政课建设等的重要论述,将办好思政课的各项要求落在实处。要深刻认识到教育是国之大计、党之大计,自觉从世界百年未有之大变局、党和国家事业发展全局中来看待思政课,从坚持和发展中国特色社会主义、建设社会主义现代化强国、实现中华民族伟大复兴的高度来对待思政课,增强办好思政课的认识自觉和行动自觉。要坚持不移地坚持社会主义办学方向,牢牢掌握高校思想政治工作的主导权,使高校始终成为培养社会主义事业建设者和接班人的坚强阵地,为思政课建设的加强改进、创新发展营造良好的大环境。在办学的大方向上游移不定、含混不清者,绝不可能对思政课建设真心重视、有效领导。要将思政课建设列入党委工作的大事之列,提上重要议程,抓住制约思政课建设的突出问题,在工作格局、队伍建设、支持保障等方面采取有效措施,提高思政课教学岗位对优秀人才的吸引力,让思政课教师特别是青年教师的创造活力竞相迸发、聪明才智充分涌流。此外,学校主要领导要率先行动、示范引领。大学领导是教育者,更应该是政治家。习近平总书记强调:"各地区各部门负责同志要积极到学校去讲思政课,这是对马克思主义水平的一个考验。能不能讲好思政课,也是一个领导干部政治素质、理论水平、工作作风的体现。"②各级学校党委书记、校长要带头走进课堂,带头推动思政课建设,带头联系思政课教师,将对思政课建设的重视真切地体现在具体的行动上。

---

① 习近平:《思政课是落实立德树人根本任务的关键课程》,《求是》2020年第17期。

② 习近平:《思政课是落实立德树人根本任务的关键课程》,《求是》2020年第17期。

　　二是要进一步强化信赖尊重思政课教师、关心支持思政课教学的良好环境和氛围。对于思政课建设，既要从严管理，也要科学治理。从严管理，就是要以更高质量标准实施教学管理、严肃教学纪律、强化师资队伍素质建设，正师德、肃师风，在思政课教师选用、管理、考核中，要严把政治关、师德关、业务关。科学治理，就是要遵循教育规律、思政课建设与教学规律，将对思政课教师和教学的管理建立在对教育教学科学规律的自觉遵循之上，建立在对中国特色社会主义本质特征的深刻把握之上，其中尤其是要注重加快推进构建符合思政课特点的教师评价、教学评价体系。习近平总书记指出："要改革思政课教师评价机制，提高评价中的教学和教学研究占比，克服唯文凭、唯论文、唯帽子等弊端，引导思政课教师把主要精力放在教书育人上。一些学校口头上把思政课捧得很高，但落实不到教育、学术、人才评价机制上，有的跟国外机构设置的评价体系走，一切以在国外期刊上发表论文情况排次、定序、论英雄。思政课专业没办法在所谓国际期刊上发表论文，自然而然成为被价值评价体系排斥的对象，甚至有的学校的思想政治教育学院系都没有办法通过正常渠道进人、评职称，有的靠学校特批照顾。久而久之，有的地方形成了思想政治专业非学术、无学术等极为错误的观点和氛围，给一些思政课教师造成很大心理阴影，严重影响了他们的工作热情。"①要通过符合思政课特点的教师评价、教学评价体系的构建和完善，为办好思政课确立有力的制度保障，为思政课教师积极性主动性的充分调动、创造活力的充分激发创造有利的制度环境；与此同时，还要为思政课教师的教学科研营造宽松和谐的环境。习近平总书记指出："遵守纪律，不意味着不能讲矛盾、碰问题。有的教师怵于思政课的意识形态属性，担心祸从口出，总是绕开问题讲、避开难点讲。只要坚持正确政治方向，立足于引导学生坚定理想信念，全面客观看问题，就不用担心在政治上

---

　　① 习近平：《思政课是落实立德树人根本任务的关键课程》，《求是》2020 年第 17 期。

出问题。要给教师充分的信任，不抓辫子、不扣帽子、不打棍子。"①在这样的良好环境中，思政课教师传道授业、释疑解惑、引导认识、夯实信仰的作用才能得到更好的发挥。

三是要推进学校思政课教学、思想政治教育的横向一体、纵向贯通。就横向而言，要构建全员全过程全方位的育人体系和育人机制。学校是教育之所，它的每一个方面、每一个场域都是育人的所在。如果将立德树人的任务仅仅诉之于学校教育的某一个方面，包括仅仅诉之于思政课，那么立德树人的任务是绝对不可能圆满实现的。立德树人的有效推进一定是整体性的，是学校教育中方方面面共同的事业。这就要求在学校真正建立全员全过程全方位的育人体系、育人机制，将思想政治工作体系贯穿融入学校教育体系的各个方面各个环节。在这样的合力体系中，深化思政课教学与学生思想政治教育各方面的对接、协同，深化思政课教学与各业课程的相互配合、相互支撑，以整体的合力，推动思政课改革创新的深化，推动立德树人成效的提升。就纵向而言，要推进大中小学思政课教学的一体化建设进程；要坚持大中小学纵向主线贯穿、循序渐进，针对不同学段，根据思想政治理论教育规律和学生成长规律科学设置具体教学目标，抓好教学目标设计、课程设置、教材编写、教学改革、教师培养、考核评价等环节，让思政课成为青少年健康成长的"知心伴行者""人心引导者"。此外，构建办好思政课的强大合力，还要注意进一步深化探索家校合作的有效机制，深化探索思政小课堂同社会大课堂有机结合的新方法新模式。

当今时代，中华民族正站在一个新的历史起点上，正在展开实现第二个百年奋斗目标的伟大进军。努力培养担当民族复兴大任的时代新人，是伟大的新时代吹响的教育号角。我们要认真学习习近平总书记关于教育的重要论述，自觉贯彻落实习近平总书记在学校思想政治理论课教师座谈会上的重要讲话精神，努力办

---

① 习近平：《思政课是落实立德树人根本任务的关键课程》，《求是》2020 年第 17 期。

14

好思政课，担负起思政课教师的神圣使命，发挥好思政课教学在学校立德树人中的关键作用，为新时代民族复兴伟业的新推进贡献应有的力量。

（作者：沈壮海，武汉大学党委副书记、武汉大学马克思主义学院院长、教授）

CONTENTS 目　录

壹　新时代思想政治理论课改革创新研究

贰 新时代高校思想政治理论课教学内容研究

叁 新时代高校思想政治理论课教学方法研究

肆 新媒体新技术与新时代高校思想政治理论课教学研究

伍 思政课程与课程思政协同育人研究

壹

新时代思想政治理论课改革创新研究

1 扎根大时代，讲好大思政

习近平总书记在"318讲话"中再次聚焦如何讲好思政课这一关键问题，阐述了一个重要观点——思政课不止应该在课堂上讲，还要在社会生活中讲，强调大思政课要善用之，要与现实结合起来，上思政课不能拿着文件宣读，不能干巴巴的。这个讲话精神，为下一步学校思想政治理论课的改革创新提供了一种方向。所以再次学习习近平总书记重要讲话的精神还是非常有意义的。

1.1 聚焦大思政课的内涵

大思政课，大在何处？不只是字面意义上的思政课规模，更要在内涵上去凸显思政课的建设发展。作为一个有生命的思政课，大在视野、大在情怀、大在格局。

首先，大在视野。大思政课是有着大视野的思政课，时代的变化要求不断扩展视野。面对实现中华民族伟大复兴的战略全局和世界百年未有之大变局，大思政课要立足于两个大局、两个大视野，引导广大青年学生做好四个正确认识。这也是习近平总书记所强调的，要正确认识世界和中国发展大势，正确认识中国特色和国际比较，正确认识时代责任和历史使命，正确认识远大抱负和脚踏实地。视野之大，应该成为大思政课的鲜明特色。

其次，大在情怀。中华民族伟大复兴中国梦的征途，也是习近平总书记反复强调的，一棒接着一棒跑，一代要接着一代干。而这背后凝结的是家和国，家国情怀是我国爱国主义的优良传统。通过这次抗击新冠肺炎疫情，包括实现脱贫攻坚战的胜利，都是大思政课可以运用的生动教材。这本身也是在思政课教学中需要注重，也需要向学生传递的厚重情怀。滚烫的家国情怀让大思政课更有生机，也是时代的责任和历史的使命使然。

最后，大在格局。大格局也是思政课的重要标志。思政课不同于专业课，除了讲授专业知识，更多的是实现铸魂育人的根本任务，是做人的工作。思政课要着眼于育人的大格局，紧扣培养什么人，怎样培养人的根本问题。有了这样的格局，才能让思政课程与其他课程同向同行、协同发力，实现育人目标，达到立德树人关键课程的根本定位。

1.2　善用大思政课的关键，要与现实结合起来

习近平总书记强调，不仅要善用大思政课，而且特别突出要与现实结合起来。讲好思政课非常不容易，讲准了难，讲信了难，讲细了难。即使思政课教师做了大量努力，也可能会出现教学过程中学生不爱听的情况。造成这样的现象，一个很重要的原因是理论联系实际的链条上存在缺口，在课堂上更多关注知识、理论，与现实存在脱节。习近平总书记提出大思政课要与现实结合起来，启发很大。

与现实结合起来，思政课的内容才不至于干巴巴的。理论本身来源于实践，思政课讲授的内容更是实践经验的概括总结，脱离了实际的教学内容，就像吃放了几天的馒头，干巴巴的，没有生机与活力。

如何将教学内容与现实紧密结合，是进一步提升思政课亲和力的一个非常重要的切入点。例如，讲中国制度优势、中国精神时，把广大师生亲历亲见亲闻的社会发展现实内容及时融入课程教学。武汉大学推出的"马上见"融课，即是将思政课的内容与现实紧密结合起来的非常好的探索。

和现实结合起来，在实际教学中才不会是死气沉沉的。习近平

总书记说思政课不能照着文件宣读，不能照本宣科，机械地复述教材内容。要抓住社会热点，抓住学生特点，抓住学生困惑的难点问题融入进来，才能丰富思政课的教学。很多学生在实践中有着非常多的探索，走进社会，用双脚丈量祖国大地，把论文写在祖国的大地上。这些本身就是理论与现实结合的生动表现。把思政课与现实结合起来，育人目标才是更加明确和贴切。让广大青年认识到祖国的伟大复兴与青年一代奋斗的关系，自觉投入到祖国的建设和发展中。

1.3 大思政课既要在课堂上讲，也要在社会生活中讲

习近平总书记对"向广大青年讲好抗疫这堂'大思政课'，将抗疫的鲜活案例融入教材"①的建议表示赞许，并进一步指出，大思政课既要在课堂上讲，也要在社会生活中讲。把思政的小课堂与社会的大课堂结合起来，既彰显思政课的理论性，又重视其本身的实践性。既要在课堂上有理讲理，又要在社会生活中有迹可循，打造理论性与实践性相统一的大思政课。

要坚持引进来和走出去相结合。十八大以来，党中央带领人民攻克了一个又一个难关，创造了一个又一个奇迹，用事实描绘了中国这边风景独好，这些都是思政课的鲜活案例和素材。要引进来鲜活的元素，在引进来和走出去的结合之中，构建思政课的立体的方式、打开的方式、多元交流的方式。不仅要有到课率、抬头率，还要有点头率。

要坚持强信心和重实践结合。习近平总书记强调要讲好抗疫故事，讲清楚党中央对疫情防控的集中统一领导，讲好以人民为中心的发展理念，讲透疫情防控的制度优势。我们今天所能取得的这些成绩，都是干出来的，并且永远在路上。把这些鲜活的案例、精神

① 《"大思政课"我们要善用之(微镜头·习近平总书记两会"下团组"·两会现场观察)》，《人民日报》2021 年 3 月 7 日。

同思政课紧密结合起来，在重实践的过程中增强学生的信心。

要坚持时代范和人情味的结合。新时代的思政课要扎根大时代，善讲大思政。既要凸显时代范，也要注重人情味，让思政课不冷漠，要讲述时代的大背景，社会的大环境，让时代在思政课堂上实实在在地呈现出来。在时代范和人情味的结合中，达到学思用贯通、知行统一。

（作者：王易，中国人民大学马克思主义学院党委书记，教授）

2 努力办好高质量发展的大思政课

习近平总书记在学校思想政治理论课教师座谈会上的重要讲话，是新时代办好思政课的根本遵循。为了培养好社会主义事业的建设者和接班人，我们要努力办好高质量发展的大思政课。

2021年"两会"期间，习近平总书记在与代表的交流中，阐述了两个重要论断：一是强调我们的高质量发展不仅是在经济方面，而且要贯穿方方面面，这当然也应该包括我们的教育，包括我们的思政课；二是提出了"大思政课"这一新的范畴。

这几年来，我们对思政课发展的认识，经历了一个从"思政课程""课程思政"再到"大思政课程"的发展过程。这反映了我们从上到下、从领导到老师、从教育部门到高校各个教学单位对思政课的认识，无论是外延上还是内涵上，都在不断深化。

习近平总书记指出："思政课不仅应该在课堂上讲，也应该在社会生活中来讲。这次总的背景是世界百年未有之大变局，'两个一百年'的历史交汇期，突如其来的疫情加剧了这两个方面给人们的影响。"①他还指出："'大思政课'我们要善用之，一定要跟现实结合起来。上思政课不能拿着文件宣读，没有生命、干巴巴的。"②

---

① 《"大思政课"我们要善用之(微镜头·习近平总书记两会"下团组"·两会现场观察)》，《人民日报》2021年3月7日。
② 《"大思政课"我们要善用之(微镜头·习近平总书记两会"下团组"·两会现场观察)》，《人民日报》2021年3月7日。

对于习近平总书记的讲话，我们应该从两个方面去把握。一是，思政课之大者，在于善用，要紧密结合现实，在社会生活中讲。二是，思政课之大者，在于高质量。"上思政课不能拿着文件宣读，没有生命、干巴巴的"①，就是说不能照本宣科。这些年，思政课在大家的共同努力下，特别是在广大思政课教师的不懈努力下，有显著的提高和进步，受到广大青年学子的欢迎和好评，这是有目共睹的。但是也存在一些问题，是不能回避的。主要的问题是课堂教学注重形式方面的东西比较多，注重包装比较多，在形式包装上下了大工夫，有些老师甚至热衷于追逐"剧场效应"，但是如何在内容上下功夫，则较为欠缺。进一步说，就内容方面而言，又比较注重现象层面的东西，而现象背后的本质则揭示得不够。所以，概括来说，思政课教学存在的两个问题，用唯物辩证法的两个范畴加以概括就是：如何在形式和内容、本质和现象的统一方面下功夫。

习近平总书记所讲的"结合现实在社会生活中讲"，就是说我们不能只停留在表面现象上，不能停留在具体的事实上和一排排数字上，而是要透过现象揭示其背后的本质。正如习近平总书记所指出的：这次世纪疫情"总的背景是百年未有之大变局，'两个一百年'的历史交汇期"②。这就要求我们讲疫情时要往深处讲，要往深处走，要揭示世纪疫情和百年大格局相互交织，加速国际格局的演进。在这一过程中，中国如何高举多边主义的旗帜，展现一个负责任大国的历史担当，引领时代潮流，推动构建人类命运共同体，这就是我们需要发力的地方。做到这一点，关键在于我们不能只停留在形式和现象层面上，要加强科学研究，最重要的是要学习和研究习近平新时代中国特色社会主义思想这一当代中国马克思主义、21世纪马克思主义。要研究马克思主义基本理论，在学深悟透做实上

① 《"大思政课"我们要善用之(微镜头·习近平总书记两会"下团组"·两会现场观察)》，《人民日报》2021 年 3 月 7 日。

② 《"大思政课"我们要善用之(微镜头·习近平总书记两会"下团组"·两会现场观察)》，《人民日报》2021 年 3 月 7 日。

下功夫，只有这样，我们才能使思政课高质量地发展。

也就是说，思政课教学，要坚持用马克思主义的真理的力量打动人、感召人。真理是科学的东西。只要把马克思主义的科学真理钻研透，了然于心，用之于教学，是能够取得好的效果的。完美的形式和科学的内容相统一，丰富的感性现象和深刻的本质相一致，这应当是办好高质量发展的大思政课追求的目标。做到这一点，有一个重要的方面，那就是要加强科学研究。近年来，思政课教师的科研条件日趋完善，为思政课教师开展科研提供了较为充分的保障。现在，国家社科规划办、教育部下达的科研项目源源不断，涉及领域广泛，数量骤增，每个人获得的机会更多。只要锲而不舍地努力，就一定能够成功。当然，也有些教师认为，当前思政课的刊物太少，思政课教师发表文章较困难。实事求是地讲，相对于我们思政课教师队伍这个超大群体来说，刊物是少了。但是我们不能只关注这一点，文章发表的关键，仍然取决于我们的文章质量。所以，我们还是应该在主观上下功夫，不断提高文章质量和水平。现在，思政课教师的教学和科研任务都很繁重，我们要发扬习近平总书记所讲的"三牛精神"，克服困难，砥砺奋进，提质增效，用高质量的科研促进高质量的教学，就一定能够办好高质量发展的大思政课。

（作者：石云霞，武汉大学马克思主义学院教授）

3 "两个大局"背景下思想政治理论课的任务

习近平总书记在学校思想政治理论课教师座谈会上发表重要讲话已经两周年。在习近平总书记关于教育的重要论述和多次讲话中，办好思想政治理论课是一个极为重要的主题。教育作为一种社会活动，是和社会制度的属性相联系的，不同的社会制度决定该社会制度下教育的不同目的。针对中国特色社会主义教育，习近平总书记指出：高校立身之本在于立德树人，思政课是落实立德树人根本任务的关键课程，办好思想政治理论课关键在教师。把习近平总书记在全国高校思想政治工作会议上的重要讲话、在学校思想政治理论课教师座谈会上的重要讲话结合起来看，可以很清晰地看到，他十分强调在立德树人的过程中思政课和思政课教师所起到的关键作用。所以上好立德树人的关键课程，是新时代思政课教师的重要任务。

习近平总书记指出，我们面临的两个大局，一个是中华民族伟大复兴的战略全局，一个是世界百年未有之大变局。这两个大局，是我们谋划工作的基本出发点。同样，这两个大局也是我们思想政治理论课所面临的最现实的时代背景。也就是说，在全面建成了小康社会、全面开启了社会主义现代化建设新征程、逐渐走向世界舞台中心的中国，讲好思想政治理论课、全面贯彻落实思政课立德树人的任务，必须胸怀两个大局。在两个大局的时代背景下，研究、传播、讲授中国精神和中国价值，就具有非常重要的意义。对此，我们可以从以下几个方面来把握。

3.1　中华民族伟大复兴的战略全局与思政课教学

在这个方面，首先就是正确认识价值观的问题。中国共产党成立近百年，在走向强起来的路上，我们应该有什么样的精神和心态？比如说四个自信之中，最根本的是文化自信，而文化自信的深层内容就是价值观。价值观的研究、建设和教育，是思想政治理论课教学的重要任务。结合两个大局的时代背景，可以从对内和对外两个方面来看。从中国的语境来说，价值观对于民族复兴有着极为重要的"精神上的钙"的意义。民族复兴，不只是经济的崛起和制度的建设，还存在着一个民族的自我肯认问题。中华民族伟大复兴也表现在民族的整个精神状态上，所以说新时代就要培育时代新人。由是观之，思政课就是在做坚定四个自信的教育，必须回应重大的社会现实问题，阐释清楚当代中国马克思主义理论的中国特色。从文化和复兴的视角来说，要凝聚共识，中国精神、中国价值的研究、教育、内化和践行就尤为重要。对于思政课教师和学者来说，就需要针对学生的思想困惑来推进学科的研究。

在思想政治理论课的定位上，就必须体现课程本身的理论性，要有相应的理论高度和深度。例如，对社会主义核心价值观的社会主义性质的阐释，就要在内涵上、逻辑上说清楚、讲明白；并且在社会主义价值观对于以往社会形态价值观的超越性上，也要能够加以阐明；对于范畴之间的逻辑推演和结构的关联进行阐释，从而建立起社会主义核心价值观的整个概念系统。在我们这个多元价值日益凸显的时代，要做到有效传递、精准阐释社会主义核心价值观，就必须抓好马克思主义理论教育，为学生一生的成长奠定科学的思想基础，这也同样是思政课需要做好的培根铸魂工作。

每个人的成长，都与他所处的时代、社会和国家的状况密切相关。在人类文明演进的历史逻辑上，不同社会形态的价值追求和意识形态，都是与相应社会的经济基础相适应的。思想政治理论课要研究透彻、阐释清楚社会主义价值观，就必须讲清楚，社会主义核心价值观是如何在以往的意识形态演进的基础上，批判继承了人类文明的优秀成果，从而超越了之前的意识形态，并且在中国特色社会主义的实践逻辑上体现它的生命力和解释力的。

中国价值来源于中国火热的社会主义革命建设和改革开放的实践。政治革命使我们站起来，经济革命使我们富起来，新时代具有崭新内涵的伟大的社会革命，使我们强起来。而社会主义的实践和历史，最终通向马克思在《资本论》第三卷当中所说的，作为目的本身的人类能力的发挥，这样一个真正的自由王国。其中，价值观是贯穿其中的灵魂和方向。从这个意义上说，思政课是作为一个塑造信仰的课程存在的。习近平总书记在给复旦大学的回信中提道："心有所信，方能远行。"社会主义建设的历程通向人类未来的解放和发展，我们必须要有一个坚定的信仰。而这个信仰的形成，不仅仅在于知识的掌握，而且在于从认知、体验、情感、意志、行为、信念到信仰的过程。中华民族伟大复兴的战略全局，是我们发展的重要精神基础，起到了信仰支撑的作用。

3.2 百年未有之大变局与思政课教学

习近平总书记强调，我们的思想政治教育，包括思想政治理论课，要放在世界百年未有之大变局、党和国家事业发展的全局当中来看待，要从坚持和发展中国特色社会主义，建设社会主义现代化强国，实现中华民族伟大复兴的高度来对待。

2018 年 6 月，习近平总书记在中央外事工作会议上首次提出"世界处于百年未有之大变局"。从世界百年未有之大变局来看，当今的国力竞争深层次的是价值观的竞争，影响到国家在经济发展和政治方面的变化。文明的核心就是价值观。作为独特的文明体系，中华文化的根基与发展具有普遍意义的要素是什么，这就需要通过文明的比较研究来回答。在当代中国，社会主义的意识形态面临着新的环境，面临着社会的多元化、价值选择的多元化、传播途径的多样化。在国际上，西方价值观的霸凌使社会主义意识形态面临着巨大的挑战，遭遇强权的挤压，中国话语常常被其他国家所攻击。随着发达国家的经济触角伸向全球，西方的价值观和文化一路跟进，商品、经济、文化、观念的背后都有价值观的基础。

讲好思想政治理论课，就需要对我们倡导的有共同价值的人类命运共同体做出更加深入的阐释，让学生能够把握好我们自己的文化，能够认清我们自己在文化上的主导权，同时在国际社会当中，也能够澄清异解、批驳曲解，处理好中国话语的中国特色和国际交流的普遍性的关系。中国特色当然有自己的特殊性，但是特殊性也要有能够被普遍理解的表达方式。作为人类文明的重要组成部分，中国价值有着和人类文明共通的地方，并且它和人类命运共同体的价值是相协调的。在全球视野当中来审视中国语境的价值观念的建设问题，就像在世界的发展当中来看待中国发展的意义和地位一样。在这个方面，必须看到理论问题背后的现实关切。世界上的各种文化之争本质上是价值观念之争，也是人心之争，亦是意识形态之争。一时强弱在于力，千古胜负在于理。

现在的学术对话、现在的国际话语体系，很多都是使用现成的欧美文化当中的词语，包括法治、治理、现代化，等等。从名词概念上来看价值观，比如说自由，我们用的是和西方同一个语词，但是在思想观念上是不同的，我们是马克思主义的理解。因此，价值观的竞争涉及学术话语体系的竞争。资产阶级的自由平等，并不是理性的一般规定，也不像启蒙思想家所设想的那样——是全人类通用的一种理性的一般规律。其实它的深层内里，是资本主义生产方式内在要求的一种经济表达的价值叙述。所以作为意识形态的价值和道德观念，反映的是经济发展的现实要求、政治格局。这是唯物史观的根本立场。因此，必须注意到西方话语的区域性、时代局限性和经济上的局限性，从而使得社会主义所讲的超越资本主义阶段的这种价值观能够发展起来。

3.3　在加强思政课教学中满足学生成长需要

思想政治理论课教学的一个重要任务是如何满足学生成长发展的需求和期待。教育，是培养人的。思想政治理论课是帮助学生从自然人到社会的人，是在生命、心理、伦理、审美等维度上自由全面发展的，是培养可塑性最强的、处在拔节孕穗期的青年学生的工作。因此，思政课要提升针对性，关注学生的发展，就像总书记说的，如果课程的形式不被学生所接受，那么课程内容也无法进入学生的内心。所以说，思政课要着眼于学生的主体成长，着眼于培养什么样的人，着眼于人应当如何生活、如何思考生活。教育是能力的培养和价值的引领，教育以学生的发展为中心，以学为中心。通过思想政治理论课讲授，要让学生学会学习。当学生进入社会后，所面对的和课堂上讲的可能会有很大差别，但是只要锻炼出学生面对现实的能力和素养，就能够面对未来的不确定性。在学生心中要有一个坚定的立场，也就是说，有了马克思主义的世界观、方法论、价值观、人生观，就能"任尔东西南北风"也不会动摇。正如我们党一直强调的，只有理论上的坚定，才会有政治上的坚定。这其中，思想政治理论课发挥着重要作用。

思政课的目标，应该促进学生正确的思想观念的养成，能够适应变化，帮助学生构建自身的知识体系，形成学习能力、价值选择能力、理论判断能力，以应对未来的发展和变化需要，所以它不是记诵之学，而是体验形成的价值信仰，是知识讲授、能力养成和价值引领三个方面的统一。

（作者：高国希，复旦大学马克思主义学院教授）

4 贯彻落实习近平总书记在学校思政课教师座谈会重要讲话精神的情况及建议

2019 年 3 月 18 日，习近平总书记主持召开学校思想政治理论课教师座谈会并发表重要讲话，这是中华人民共和国成立以来思想政治理论建设领域具有里程碑意义的标志性事件，总书记在学校思想政治理论课教师座谈会重要讲话(以下简称"讲话")发表后，中共中央、国务院、中宣部、教育部以及各省市(自治区)及高校出台了一系列文件和举措贯彻落实"讲话"精神，在思政课建设领域兴起了一股贯彻落实讲话精神，推进思政课建设的热潮，大家普遍感受到思政课教学改革的春天的气息。那么，"讲话"发表两年过去了，"讲话"精神贯彻情况总体如何？存在着什么样的问题？下一步如何持续推进"讲话"精神的落实，这些都是思政课建设领域关注的问题。

4.1 "讲话"以来思政课建设新举措

两年来，教育部将深入学习贯彻"讲话"精神作为教育战线头等大事和重要政治任务，在持续推进已经开展的思政课建设举措的同时，采取了一系列新的办法和举措，推出了一系列活动，在整个教育战线兴起了学习贯彻讲话精神的新高潮。特别是 2020 年第 17 期《求是》杂志发表习近平总书记关于"思政课是落实立德树人关键课程"以后，在全国又一次兴起学习讲话精神，探讨办好思政课的热潮。

4.1.1　召开了贯彻落实讲话精神的各类会议

两年来，教育部连续多次召开学习贯彻"讲话"精神推动思政课建设工作会议，把深入学习贯彻落实"讲话"精神作为教育战线重要政治任务，把加强思想政治理论课建设作为教育系统党的政治建设的重要内容，列入教育部头等重大工作任务，列入政治巡视的核心指标，列入地方党委专项督查内容，列入各高校党委书记和校长履职考核的重点任务，列入"双一流"评估指标体系，思政课建设成为考核教育系统坚持社会主义办学方向，落实立德树人根本任务的核心指标。教育部专门出台学习贯彻落实"讲话"的工作方案和具体措施，为推进思政课教学改革和发展创造良好的环境和氛围。在教育行政部门的强力推进下，全国兴起学习宣传"讲话"新高潮，思政课建设地位和作用得到切实重视和保障。

4.1.2　出台了深化思政课改革的系列新文件

为了进一步深入贯彻落实"讲话"精神，中央和教育部出台了一系列文件，为贯彻落实"讲话"作出指导。2019 年文件主要包括：一是从总体上对深化思政课改革创新提出明确规定。如中共中央办公厅、国务院办公厅印发的《关于深化新时代学校思政课改革创新的若干意见》(以下简称《意见》)，对"讲话"精神贯彻落实进行宏观指导；二是关于加强学校思政课教师队伍建设的文件。如教育部等五部委联合出台的《关于加强新时代中小学思政课教师队伍建设的意见》，教育部以部长令的方式出台《新时代高等学校思政课教师队伍建设规定》(以下简称《规定》)等，对思政课教师职责和要求、配备和选聘、培养与培训、考核与评价、保障与管理作出明确规定。三是关于深化思政课改革创新的工作方案。如中共教育部党组印发的《"新时代高校思政课创优行动"工作方案》(以下简称《方案》)，教育部办公厅印发《深化新时代学校思政课改革创新先行试点方案》，分别从工作目标、工作思路、工作举措等方面对《意见》提出的要求进行具体和明确化，并对不同地方、不同类型高校和不同层次马克思主义学院提出明确先行试点任务。2020 年以后，各类举措主要向以下几个方面推进：一是向课程思政领域持续推进。教育部印发的《高等学校课程思政建设指导纲要》(以下简称《纲要》)，对高校课程思政建设作出整体设计和全面部署。二是向一体化纵深展开。中共中央宣传部、教育部印发的《新时代学校思想政治理论课改革创新实施方案》(以下简称《方案》)从总体上对新时代落实思想政治理论课建设做出了进一步要求和规定，对大中小学课程设置进行规定。三是向整体化系统化发展。《教育部等八部门关于加快构建高校思想政治工作体系的意见》(以下简称《意见》)的颁布，从总体上对高校思想政治工作进行了全面部署，为思想政治理论课建设做出了顶层设计，文件政策体系搭建日益完善。

4.1.3　推出了推进思政课程建设的系列新活动

为深入学习贯彻"讲话"精神，教育系统在加强常规教育活动的同时，推出了一系列新的活动：一是高校思政课建设优秀成果巡礼活动，对党的十八大以来高校思政课教学案例和教学成果进行征集和遴选，并对成果进行网络巡礼、媒体巡礼和宣讲巡礼等活动。二是设立"周末理论大讲堂"，把它作为抓好思政课教师理论培训、特别是马克思主义经典著作专题培训的重中之重，邀请全国哲学社会科学领域权威专家导读、领学，提高思政课教师思想理论素质。三是开展"一省一策思政课"集体行动。要求各地充分发挥各地的区位优势和资源优势，因地制宜，因势利导，在省级层面打造一批品牌工作项目，总结凝练一批可复制可推广的先进经验和做法。四是开展两届全国高校思政课教学展示活动。对全国推荐优秀教师制作教学视频进行评审，对在教学展示活动的优秀作品进行奖励。五是举行深化新时代学校思政课改革创新现场推进会，对"讲话"以来学校思政课教学改革发展成果，通过现场观察、经验交流等方式进行总结升华。此外，教育系统还在常规的教育活动中，增加了学习贯彻"讲话"精神的系统活动，比如组织高校思政课骨干教师进行实践研修，开展"我心中的思政课"全国大学生微电影展示活动、全国大学生讲思政课公开课展示活动等，这些活动都有效地推进了思政课教学改革和发展。

4.1.4　设立了深化思政课教学改革的科研项目

为了加强对"讲话"精神的科学研究，国家社会科学基金办加大了对思政课的研究力度：一是专门针对高校思政课教师设立"高校思政课研究专项"，对思政课基本规律和重大问题，对推动思政课改革创新，对推动构建中国特色思政课研究的学科体系、学术体系、话语体系建设等进行课题研究；二是在国家社会科学基金一般项目中加大对思政课的支持，如在研究指南中专门设立有关思政课建设的选题。教育部哲学社会科学项目对思政课研究支持力度更大：一是在教育部哲学社会科学重大课题攻关项目和一般项目中增列"讲话"精神研究课题；二是在高校哲学社会科学繁荣计划新设立一批高校思想政治理论课建设项目，三是设立示范马克思主义学院建设项目，开展思政课教学重点难点问题、教学方法改革创新等研究和建设，如"手拉手"集体备课中心、思政课名师工作室、虚拟仿真体验教学中心、教学创新中心等项目。四是鼓励刊物创办思政课相关栏目，新办思政课研究学术期刊，加大对思政课类刊物支持。

4.2　思政课建设的深刻变化

两年来，在各个方面的共同努力下，思政课建设取得了明显的进展，出现了一些深刻的变化。

4.2.1　思政课地位和作用认识的新深化

思政课是体现社会主义学校根本要求和本质特征的课程，在学校开设思政课，不仅体现着教育的性质和要求，而且表明教育的发展方向。改革开放以后，思政课逐渐成为大学生思想政治教育的主渠道和根本环节。2015 年《普通高校思想政治理论课创新计划》，将思政课定位为：落实立德育人根本任务的主干渠道，是进行社会主义核心价值观教育、帮助大学生树立正确世界观、人生观、价值观的核心课程。① 2018 年教育部下发《新时代高校思想政治理论课教学工作基本要求》，将思政课定位为："巩固马克思主义在高校意识形态领域指导地位、坚持社会主义办学方向的重要阵地，是全面贯彻党的教育方针、落实立德树人根本任务的主干渠道和核心课程，是加强和改进高校思想政治工作、实现高等教育内涵式发展的灵魂课程。"②习近平总书记在"318 讲话"中进一步指出："思政课是落实立德树人根本任务的关键课程，思政课作用不可替代，思政课教师队伍责任重大。"③习近平总书记讲话把思政课建设，放在世界百年未有之大变局、党和国家事业发展全局来看待，从坚持和发展中国特色社会主义、建设社会主义现代化强国、实现中华民族伟大复兴的高度来对待，这样，思政课建设就不只是具体的课程教学的局部问题，而是关涉到学校教育的根本任务和发展方向的宏观大问题；不仅是学校教育的局部问题，而是关涉到中国特色社会主义事业长治久安的全局性战略问题。这就进一步明确了思政课教学在学校教育和整个中国特色社会主义事业发展全局中的地位。在学习贯彻"讲话"精神的过程中，各地各高校对思政课的地位和作用的认识有了进一步提升，虽然要把各地各高校认识提升到总书记对思政课战略地位的认识还需要有一定的时间，但是，毫无疑问，过去那种认为思政课是可有可无的"水课"，那种轻视思政课地位，动辄以各种各样借口消减或取消思政课的现象一去不返了，思政课建设成为学校书记、校长履职工作的重要组成部分，被提升到学校建设的重要地位。

---

① 中央宣传部、教育部：《普通高校思想政治理论课建设体系创新计划》，教社科〔2015〕2 号，http：//www. moe. gov. cn/srcsite/A13/moe＿772/201508/t20150811_199379. html，2015 年 8 月 11 日。

② 教育部：《新时代高校思想政治理论课教学工作基本要求》，教社科〔2018〕2 号，http：//www. moe. gov. cn/srcsite/A13/moe_772/201804/t20180424＿334099. html，2018 年 4 月 24 日。

③ 《习近平主持召开学校思想政治理论课教师座谈会强调 用新时代中国特色社会主义思想铸魂育人 贯彻党的教育方针落实立德树人根本任务》，《人民日报》2019 年 3 月 19 日。

4.2.2 思政课程体系建设的新发展

"讲话"之前，高校思政课程体系主要采取必修课方式的单一课程类型；"讲话"以后，用习近平新时代中国特色社会主义思想铸魂育人，构建以习近平新时代中国特色社会主义思想为核心的课程体系成为课程体系建设的重要内容。两年来，思政课程体系建设方面新发展主要体现在：一是课程内容的深刻变化。围绕习近平新时代中国特色社会主义思想为核心，采取一门为主多门渗透的方式，在"毛泽东思想和中国特色社会主义理论体系概论"课中加大习近平新时代中国特色社会主义思想内容，在其他各门课中开展以习近平新时代中国特色社会主义思想为核心的课程体系构建，思政课教学内容体系发生深刻变化。二是课程设置的深刻变化。根据《意见》和《方案》规定，全国重点马克思主义学院率先全面开设"习近平新时代中国特色社会主义思想概论"课。在文件指导下，全国37所重点马克思主义学院陆续在大学三年级学生中开设"习近平新时代中国特色社会主义思想概论"课，课程设置出现新的变化；三是课程类型的深刻变化。根据《意见》等文件规定，各高校要重点围绕习近平新时代中国特色社会主义思想、党史、国史、改革开放史、社会主义发展史、宪法法律、中华优秀传统文化等特定课程模块，开设系列选择性必修课程，在思政课程体系中，出现必修课程和选修课程相结合的课程体系，增加了思政课程设置的弹性和选择性，课程类型发展变化。

4.2.3 思政课教师队伍面貌的新改观

在"讲话"精神贯彻落实的过程中，思政课教师队伍建设提升到办好思政课的关键性作用的高度，两年来，思政课教师队伍状况和精神面貌发生了明显变化。一是队伍数量有了大幅度增长。2020年6月，全国高校思政课教师共有92430人，其中座谈会召开以来新增15373人，增长20%。[①] 2020年11月，登记在库的全国高校

---

① 中共教育部党组：《办好新时代学校思想政治理论课》，《求是》2020年第17期。

思政课专兼职教师总数为 106411 人，首次突破 10 万人大关。① 二是队伍思想理论水平有了进一步提升，通过参加各级各类的思政课教师专题研修班、骨干研修班、实践研修活动、"周末理论大讲堂"、集体培训和集体备课等活动，思政课教师思想理论素质有了进一步提升，进一步增强了讲好思政课的自信。三是队伍考核评价机制有了明显改观。根据《意见》等文件规定，思政课教师在考核评价和职务晋升方面的特殊性得到了重视，思政课教师在考核评价中教学和教学研究占比得到了提高，有条件的高校在专业职务评审过程中单独设立马克思主义理论类别，对思政课教师职务评审给予倾斜政策。四是思政课教师激励机制得到初步落实，在国家高层次人才支持计划中加大对思政课教师支持力度，在"万人计划"国家教学名师项目中单列适当比例支持思政课教师，思政课教师教学津贴得到了初步保障，在党和国家设立的荣誉称号中注意表彰优秀思政课教师，媒体宣传也加大了对优秀思政课教师宣传力度，等等。两年来，思政课教师的荣誉感、责任感和使命感得到增强，整体心理状态和精神面貌发展深刻变化，虽然目前思政课教师还没有成为令人羡慕的职业，但是过去那种思政课教师不受重视、受人嘲笑、令人瞧不起的现状一去不复返了。

4.2.4　思政课教学改革创新的新气象

"讲话"之前，关于思政课教学改革创新主要围绕教学内容、教学方法、教学手段、教学组织方式和教学实践活动等具体问题层面展开，"讲话"把思政课教学改革提升到规律性的认识高度，从提升思政课思想性、理论性和亲和力、针对性的高度，对思政课教学改革创新提出要求。两年来，广大思政课教师在"讲话"指导下，在思政课程观念、教学模式、教学手段和教学实践活动等方面进行大胆改革创新，激活课堂教学的"革命"，思政课教学模式发生了

---

① 教育部社会科学司：《深化改革举措扎实 立德树人成效明显——"十三五"时期高校思政课改革创新情况》，http://www.moe.gov.cn/fbh/live/2020/52717/sfcl/202012/t20201203_503057.html，2020 年 12 月 3 日。

深刻变化。一是思政课教学方式呈现多样化，在"讲话"中，习近平总书记对很多学校在思政课上积极采用案例式教学、探究式教学、体验式教学、互动式教学、专题式教学、分众式教学等，运用现代信息技术等手段建设智慧课堂等给予充分肯定，极大地激发了广大教师探索思政课教学方法的积极性，思政课教学方法呈现多样丰富。二是思政课教学形态发生深刻变化，"讲话"后，教育部加大了对思政课信息化建设力度，积极推动人工智能等现代信息技术在思政课教学中的应用，推动思政课教师网络集体备课平台建设，打造思政课国家精品在线课程，建设融媒体公开课等，使思政课形态发生深刻变化，思政课教学不断从实体课堂向虚拟课堂、实践课堂、社会大课堂延伸，呈现出多样化的课程形态。三是思政课教学效果受到明显好评。两年来，广大思政课教师基于思政课教学特点和规律的把握，对思政课教学模式和规律性进行深入探索，在提升思政课对学生的影响力等方面进行了积极探索。在 2020 年年初突如其来的新冠肺炎疫情的严峻挑战下，思政课教学不仅经受住了疫情考验，而且在思政课在线课程教学、在"战疫课堂"上大展光彩，充分体现两年来思政课教学改革创新的积极成果。

4.2.5 思政课建设格局的新拓展

"讲话"把思政课建设放在学校教育的总体格局下，把思政课建设在中国特色社会主义事业全局的战略高度进行建设，提升了思政课建设格局。两年来，思政课建设格局发生系列变化：一是思政课建设的战略格局发生变化。各学校将思政课建设列入学校中心工作，列入学校党和书记和校长的年度考核，思政课建设从具体领域的局部问题提升到学校落实立德树人核心课程的全局性地位。二是思政课建设的课程格局发生变化。自从习近平总书记在全国高校思想政治工作会议上讲话以后，其他课程与思政课同向同行成为课程建设的重要任务，两年来，思政课与课程思政建设协同发展，思政课与日常思想政治工作协同推进，思政课实践教学与学生社会实践活动统筹发展，直接课程与间接课程、理论课程与实践课程相结合的课程格局初步形成。三是思政课建设的一体化格局发生变化。

"讲话"对循序渐进、螺旋上升的思政课建设一体化格局提出明确要求，在《实施方案》等系列文件指导下，思政课一体化建设的意识已经逐渐形成，一体化建设的思路也逐步明确。四是思政课建设的社会格局发生变化。"318讲话"中，习近平总书记提出"营造学校社会努力办好思政课、教师认真讲好思政课、学生积极学好思政课的良好氛围"，推动学校、家庭、社会办好思政课的社会大格局建设的问题。两年来，思政课建设受到国家和社会各界广泛关注，一些社会机构主动尝试参与思政课建设，比如中教华影全国校园电影院线，推出《重生》校园行、《一堂思政课》等活动，通过电影的方式讲授思政课教学故事，创新思政课教学载体，创新社会共建思政课的新模式。

上述思政课建设的深刻变化并不是思政课变化的全部，但从思政课建设的这些深刻变化来看，两年来思政课建设已经取得了明显的进展，也许思政课领域的革命性变化正蕴含在这些静悄悄的变化之中。

4.3 进一步推动思政课创新发展的建议

两年以来，思政课领域推出了一系列举措，思政课建设发生了一系列明显变化，这为继续深入学习"讲话"精神，深化思政课教学改革提供了良好的基础，但思政课建设和改革永远在路上，并且越是深化改革和深入推进，思政课建设难度也会加大。

4.3.1 进一步深化对"讲话"精神学习理解

两年来，虽然整个教育战线把学习宣传贯彻"讲话"作为头等大事和重大政治任务，兴起学习宣传研究落实"讲话"的高潮，但是，据我们对有关"讲话"精神的文章的分析表明，虽然关于"讲话"的研究论文和文章达到5309篇，但关于"讲话"总体研究785篇，占14.78%，其他研究主要侧重在由讲话引发的关于思政课建设的具体内容和领域，而从总体上研究"讲话"中所蕴含的思想观点，体现的治国理政的思想方法等方面研究不够，并且进入2020

年以后，关于思政课建设方面的文献还呈现出下降的倾向，这固然有受新冠肺炎疫情影响，关注兴趣和关注焦点的变化的客观原因，但从思想政治理论领域研究的热度来看，不应该出现上述变化，应进一步加强对"讲话"的学习宣传研究。① 深入学习"讲话"精神，进一步提高思政课建设重要性认识，提高加强思政课建设的自觉性主动性，持续加强思政课建设，是整个教育战线必须长期坚持、久久为功的重要任务，应进一步深化对"讲话"精神的学习理解。

4.3.2 进一步抓好中央和教育部等相关文件政策的落实

两年来，中央和教育部先后出台了一系列落实讲话精神的文件和政策举措，各地各高校也采取了系列文件和举措加强思政课建设，这些举措对于贯彻落实"讲话"精神，推进思政课教学改革发展，营造思政课建设环境和氛围，起到了明显的促进作用。但从文件和有关政策的落实情况来看，各地和各高校之间不仅存在着落实政策的不平衡，而且各地各高校本身之间出台的各种文件政策也存在着不平衡的问题，这种不平衡虽然有各地各高校客观上存在的层次性和差异性，但是对于思政课这样国家课程的建设，如果在落实相关文件和政策方面存在差异性，也会冲淡对"讲话"精神的贯彻落实。从中央和教育部相关文件的具体落实状况来看，尽管相关文件精神对思政课建设和改革作出明确具体规定，但文件精神的落实还需要有相当长的一段时间，比如关于《意见》等文件规定的思政课教材体系建设问题、队伍建设问题、课程改革创新问题以及加强党对思政课领导等规定，都不是短期内能够彻底解决的问题，很多举措的成效显现，都需要有一个长期持续的建设过程，在这个过程中，不折不扣落实文件和相关政策措施，稳步推进文件和政策相关举措落实，推进各地各高校思政课建设均衡发展，这既是一项长期深入和持久的工作，也是一项需要足够韧性十分艰巨的工作。

---

① 佘双好、张琪如：《习近平总书记在学校思政课教师座谈会重要讲话研究透析》，《学校党建与思想教育》2020 年第 3 期。

4.3.3 进一步紧扣用习近平新时代中国特色社会主义思想铸魂育人这个核心任务

两年来，以习近平新时代中国特色社会主义思想为核心的课程体系建构取得了明显进展，37 家全国重点马院率先全面开设"习近平新时代中国特色社会主义思想概论"课，在其他思政课教材和教学中贯彻习近平新时代中国特色社会主义思想的工作也有进一步进展，但以习近平新时代中国特色社会主义思想为核心的课程体系还没有完全形成，新课程体系的实施和全面推进，还需要一段时间。这就需要在课程建设中进一步紧扣习近平新时代中国特色社会主义思想铸魂育人这一思政课根本任务，加快完善思政课课程体系的步伐。

4.3.4 进一步增强思政课教学的思想性、理论性和亲和力、针对性

两年来，广大思政课战线在"讲话"精神指导下，加强马克思主义理论学科建设，努力提升思政课建设的学理性和说服性；加强思政课教师队伍建设，努力提升思政课教师队伍学术性和感召力；加强思政课教学方法的试验和探索，努力提升思政课教学的亲和力和针对性；加强思政课教学环境和条件建设，为思政课教学提供良好的条件和支撑，思政课教学状况发生了明显积极变化。但从思政课教学总体面貌来看，思政课课堂明显改观，还有待时日；从思政课教学改革创新的研究来看，思政战线对"八个统一"的总体研究和具体研究受到高度重视，而如何从总体上达到增强思政课思想性、理论性和亲和力、针对性的改革创新目标方面研究相对不足。[①] 思政课建设要在把握教学规律的基础上，进一步增强思政课教学改革的思想性、理论性和亲和力、针对性，实现课程教学状态的根本性改观。

---

① 余双好、张琪如：《习近平总书记在学校思政课教师座谈会重要讲话研究透析》，《学校党建与思想教育》2020 年第 3 期。

4.3.5 进一步提升思政课教师成长和发展的内在动力

两年来，中央和教育部出台系列关于加强思政课教师队伍建设的文件和一系列举措，为思政课教师发展创造了良好的条件，为思政课教师成长和发展提供了符合实际的政策和保障。虽然这些政策和措施还有一个进一步落实的问题，但毫无疑问的是，在这些文件和政策的支撑下，思政课教师队伍建设无论是从数量还是质量上都有了明显提高，思政课教师队伍状态也有了明显改观。总体来看，相比于为思政课教师发展创造外在条件和保障，相比较于对思政课教师能力和素质提出更高要求，如何为思政课教师提供内在的精神激励和支撑，特别是如何发挥思政课教师积极性、主动性、创造性，如何提升思政课教师职业认同感、荣誉感、责任感，提升思政课教师内在的自信等方面，还需要进一步加大支持力度，需要足够的时间，需要有更进一步的发展措施。要进一步提升思政课教师成长和发展的内在动力，提升思政课教师自信，让思政课教师更加自信地展开思政课教学。

4.3.6 进一步整合教育资源形成思政课建设的合力

近年来，思政课教学领域在提升思政课建设格局，推动思政课程与课程思政相协调，思政课与日常教育相协作，大中小学思政课相衔接，学校与家庭、社会教育相配合等方面取得了明显进展，但从总体来看，全社会共同关心支持思政课建设的大格局还需要进一步推进，思政课建设与其他建设相协调配合的环境还需要进一步营造。要把加强思政课建设与《中共中央关于坚持和完善中国特色社会主义制度、推进国家治理体系和治理能力现代化若干重大问题的决定》《新时代爱国主义教育实施纲要》《新时代公民道德建设实施纲要》等重大举措结合起来，与我们正在推进的改革开放和社会主义现代化建设伟大事业结合起来，同步共振，形成全方位开展思政课建设的强大合力。

（作者：佘双好，武汉大学马克思主义学院教授）

5 新时代思想政治理论课制度化建设

新时代，我国的思想政治理论课建设取得了重要成绩，成就辉煌。但是，与思想政治理论课承担的立德树人任务相比，还有不足之处。这两年，尤其是在习近平总书记发表"318讲话"以后，无论是课堂建设、课程教学，还是社会的关注度，都好于过去，这是一个不争的事实。但是就思想政治理论课承担的任务来说，还是有些不足。我们在看到成绩的同时，也应该总结遇到的问题。现阶段，我们需要总结以往的经验，着眼于建章立制，形成系统的思想政治理论课建设的制度体系。

思想政治理论课制度化建设要把教材、教学、教师这三个要素作为重点，同时包括管理体制等，为课程质量的提升提供制度保障。在思想政治理论课制度建设中，要掌握新时代思想政治理论课教育教学规律，加强组织引领，注意统筹规划，注重各项制度间的协调和配合，从而保证育人效果。

5.1 新时代思想政治理论课制度化建设的重大意义

新时代思想政治理论课制度化建设是加强新时代思想政治理论课的客观要求。从思政课建设来说，远一点是"05讲话"，近一点是"318讲话"以后，建设进入快车道，取得了一系列重要成绩，从中央到地方再到高校，从学科到学院、建制，包括一流课程评比、教学能手评选，再到思政课青教赛等方面，都是热火朝天、成绩斐然。但是，建设的过程中，还存在一些问题。具体来说，这两年，教育部提出要落实思政课教师1：350—1：400的师生比例。之前教师欠缺很厉害，为了补足比例，很多高校大量招收思政课教师，导致一些不相干的学科教师也被纳进来。比如说某高校老师研究宗教，研究的却不是宗教传播对大学生的影响，而纯粹是研究宗教的。这样"在马研马"怎么能实现？虽然人数补足了，但是课堂教学质量却要打一个问号。近几年出台了很多文件，而如何将中央及教育部的文件落到实处，也是需要考虑和关注的一个问题。

梳理总结思政课建设经验，从教材编写来讲，中央"马工程"的教材，一直在使用并且不断在修改，包括教辅材料、精彩一课、精彩课件、立体化教材、慕课。但是，不同层次的高校，包括大中小怎么协调好整体质量？一些文件是滞后的，一些文件是临时性的，要将已经出台的文件进行制度化的梳理，是现在要研究的问题。笔者参与主编了五本新思想教材中的初中组，在参与教材编写和参加韩震教授主持的教育部"大中小一体化"建设重大项目的时候，也做过一些调研。在这个方面，如何协调好学校思想政治理论课教学和"大中小一体化"建设，尤其是小学和中学、中学和大学的过渡和衔接，除了重复的内容以外，还存在其他问题。从纵向上看，小学和中学是应试教育，到大学以后应该如何讲好思政课？从横向上看，基础、原理、纲要、概论、时事政策如何建设？这是需从制度上解决的问题。

思政课制度化建设是适应思政课守正创新的必然要求，有的思政课教学改革只注意形式，忽略内容，哗众取宠。思想政治理论课最重要的是对马克思主义的立场、观点和方法的领会，是对马克思主义世界观、人生观、方法论的教育。不能把思政课堂变成了个人秀场，那样效果就大打折扣，微电影也只能是课外补充，课上的时间不能太多，必须要保证课堂教学时长。

5.2　新时代思想政治理论课制度化建设的重点

一是思政课教材的制度化建设。现在国家教材组成立以后，要大力推进大中小学思政课教材一体化建设，实现"马工程"教材、中小学教材、立体化教材等相互衔接、避免重复。二是思政课教学的制度化建设。坚持集体备课制度、教学督导制度、实践教学制度。三是教师队伍的制度化建设。之前教育部有一个补充师资的二十条，在落实上需要下功夫做个调研。强国必先强师，要加快思政课教师队伍建设，必须建立和完善教师的任职资格准入制度、考核评价制度和培训制度。思政课教师任职资格准入制度是指思政课教师必须符合一定的任职标准，如政治素质标准、道德标准、教学科研素质标准等。建立任职资格准入制度是加强思政课教师队伍建设的一项重要举措，考虑到思政课教师的重要性和思政课的特殊性，应该建立专门的思政课教师考核评价制度。思政课教师培训制度的设立也十分必要，要建立起国家、省（区、市）、学校三级思政课教师培训体系。

5.3　新时代推动思政课制度化建设的着力点

一是要遵循思想政治教育教学的规律。强调思政课的特殊性是可以的，但是必须要尊重思想政治教育教学的规律，要按照习近平总书记"318讲话"的要求落到实处。二是要加强思政课建设组织领导保障。各学校的党委书记和校长要发挥第一责任人的作用，负起落实制度执行的主体责任。三是要做好思政课各项制度间的衔接配套。

（作者：肖贵清，清华大学马克思主义学院教授）

6 研教一体：思政课教师职业发展的理性自觉与实践路径

"思政课教师是指承担高等学校思政课教育教学和研究职责的专兼职教师"①，这一论述旗帜鲜明地定位了思政课教师的身份和职责，那就是必须坚持把教学与科研相结合，把教学和科研摆放在同一地位，作为一个不可分割的有机整体来履职尽责、立德树人。这对长期以来饱受争议与困惑的高校思政课教师应该如何正确处理二者之间的良性互动关系提供了遵循、明确了要求、指明了方向。毕竟，高校思政课教师能否实现教学与科研一体化的协同发展，不仅事关自身职业素养提升，更事关思政课程建设水平、人才培养质量和学校可持续发展。

6.1 教学科研兼备是高校思政课教师的职责所在

教学与科研是大学的主要职能，赋予了高校思政课教师必须将其作为立业之本和强身之基，善于以教学发展提升科研能力，以理论研究提升教学水平，以此做到两手都要抓、两手都要硬，实现

---

① 《新时代高等学校思想政治理论课教师队伍建设规定》，中国政府法制信息网，http：//www.moj.gov.cn/news/content/2019-11/18/zlk_32359 10.html。

"两条腿走路"，成为既能传授知识、教书育人的"大先生"①，又能从事科学研究、推动学术发展的"学问家"。

6.1.1 教学是高校思政课教师的立业之本

高校思政课教师抓好教学是落实思政课作为立德树人根本任务的关键课程所在。这不仅取决于教学是高校思政课教师从事人才培养的必须手段，更是高校思政课教师必须精耕细作的"责任田"、从事科学研究的立足点、理论成果运用的主途径。

第一，高校思政课教师抓好教学是必须精耕细作的"责任田"。教师，顾名思义，"教"是打头的，是教师身份得以确立的基本前提，更是教师职业的首要任务。教师只有"教"好了，才能称之为师；只有通过教师的"教"，才能确保教学对象在学习的过程中，既有知识的获得、智力的开发、能力的提升，又有思想的洗礼、品德的完善、个性的发展。讲授思政课是高校思政课教师的首要岗位职责。高校思政课教师起码是新时代高校立德树人的"经师"，肩负"培养一代又一代拥护中国共产党领导和我国社会主义制度、立志为中国特色社会主义事业奋斗终身的有用人才"②，这就要求高校思政课教师不能只做答疑解惑、传授书本知识的教书匠，更要做传播知识、传播思想、传播真理的工作，肩负起塑造灵魂、塑造生命、塑造人的时代重任。可以说，这对高校思政课教师抓好教学提出了顶格要求和至高任务，要求教师不仅要担负完成好日常教学任务的"责任田"，更要在精耕细作中教出水平、教出质量、教出成效。

第二，高校思政课教师抓好教学是从事科学研究的立足点。"坚持以思政课教学为核心的科研导向，紧紧围绕马克思主义理论学科内涵开展科研，深入研究思政课教学方法和教学重点难点问

---

① 杨蓉、柳礼泉：《家国情怀：高校思想政治理论课教师的德性素养与职业自觉》，《思想理论教育导刊》2019年第6期。

② 《习近平主持召开学校思想政治理论课教师座谈会强调 用新时代中国特色社会主义思想铸魂育人 贯彻党的教育方针落实立德树人根本任务》，《人民日报》2019年3月19日。

题，深入研究坚持和发展中国特色社会主义的重大理论和实践问题"①，这是新时代高校思政课教师的岗位要求，不仅强调了高校思政课教师抓好教学必须要以科研作为支撑，更内构提出了高校思政课教师理应把教学作为科学研究的重要立足点和出发点，确定教学是自身从事科研活动的重要服务对象。诚然，教学是思政课教师的基本职能，但并非唯一职能，抓好教学绝非让高校思政课教师止步于纯粹的教学。为了在教学中不断丰富内容、取得实效，高校思政课教师不仅需要熟练掌握教材上的知识，更需要对本学科的重点问题和当下的热点难点问题开展教学研究和学术探讨，只有让教师自己通过先学先研一步，做到对教学内容真正的学懂弄通，实现"从教学中来，到教学中去"，方能在教学中用彻底的理论回应、说服和掌握学生。

第三，高校思政课教师抓好教学是理论成果运用的主途径。高校思政课教师无论是教学还是科研，都是要立足于人才培养，教育好学生。一直以来，党的理论创新和实践创新总是不断深化、不断前进和不断发展的。如何"加强理论武装，推动新时代中国特色社会主义思想深入人心"②，是习近平总书记在党的十九大报告中提出的明确要求，也是中国特色社会主义大学办学定位的内在规定，客观要求高校必须要用足、用好课堂这个主阵地，尤其注重充分发挥思想政治理论课的主渠道作用。为此，高校思政课教师要遵循和把握"坚持价值性和知识性相统一，寓价值观引导于知识传授之中"的育人原则，在教学工作中强化教学内容的理论性、先进性、现实性，及时把党的先进理论成果搬上课堂、运用到讲堂，让科研成果作为知识形态纳入相应的课程教学和知识传授之中，实现不仅充实和优化教学内容的思想性和前沿性，也能使科研成果在向教学

---

① 《新时代高等学校思想政治理论课教师队伍建设规定》，中国政府法制信息网，http：//www.moj.gov.cn/news/content/2019-11/18/zlk_3235910.html，2019年11月18日。

② 习近平：《决胜全面建成小康社会 夺取新时代中国特色社会主义伟大胜利——在中国共产党第十九次全国代表大会上的报告》，《人民日报》2017年10月28日。

的定向转化中发挥价值和效能，为学生一生的成长奠定科学的思想基础。

6.1.2 科研是高校思政课教师的强身之基

高校思政课教学要想取得实效性，高校思政课教师就必须把科研抓在手上，认真做好学术研究，坚持守正和创新相统一，落实新时代高校思政课改革创新要求，才能丰富和深化教学内容、改进和创新教学方法、塑造和提升教学魅力，才能不断增强思政课的思想性、理论性和亲和力、针对性。否则，若无科研作根基，若无学理做支撑，高校思政课教师是很难坚守阵地、恪守职责，实现全面发展和自我突破的。

第一，科研增创教学内容的政治性和学理性。习近平总书记要求思政课教师"要坚持政治性和学理性相统一，以透彻的学理分析回应学生，以彻底的思想理论说服学生，用真理的强大力量引导学生"①。这实际是内蕴了思政课教师科研素养对自身教学能力的重要影响和作用意义。这是因为，一方面，科研能够强化教学内容的政治性。高校思政课教师通过科研活动，既能不断了解本专业的发展方向、前沿与热点问题，还能把握最新的政策方针，将这些研究成果充实到教学内容中，不仅体现了先进性和开放性，还增强了思想性和政治性。另一方面，科研成果向教学成果的转化有利于提高教学内容的学理性。高校思政课教师将自己最新的科研成果融入教学内容里，在增强学理性的基础上提高教学内容的说服力和感染力。显然，一个高校思政课教师，如果没有精钻的学术研究能力，只不过是知识的"搬运工"和课堂的"点读机"，其真实教学水平是难以真正好到哪儿去的。为此，高校思政课教师"应该将学术研究作为一种生活方式和生活态度"，通过"做研究才能有自己的心得，才能把自己的东西传递给学生，才能通过研究更新

---

① 习近平：《思政课是落实立德树人根本任务的关键课程》，《求是》2020 年第 17 期。

教学内容"①。

第二，科研提高教学方法的针对性和实效性。高校思政课教师能否认真讲授一堂好课，学生能否专注听懂一堂"金课"，科学合适的教学方式方法运用至关重要。要实现这样的目的，需要科研尤其是教学教改类科研对教学方式方法的改进。一方面，科研有利于提高高校思政课教学手段的针对性，使其更加生动鲜活。例如，教师把在科研中收集的素材制作成图文并茂的多媒体教学课件，通过化静为动来激发学生学习的兴趣、变难为易来拓宽教学的空间、营造情境来增强教学的说服力、寓教于乐来调动学生学习的积极性，从而为枯燥的理论说教寻找到形象可感的载体，拓宽教学的时空与载体。另一方面，科研有利于提高高校思政课教学方式的实效性，让其更加科学有效。例如，教师把自己在科研过程中所采用、发现、挖掘和探索出来的思维和方法，根据适配性和可行性，择其优者运用于具体的教学中，以此培养与引导学生，有效地激励学生的自主性学习和研究性学习，实现更高阶的教书育人目的。可以说，高校思政课教师把在科研活动中形成的新思想、新知识和新论断服务于教学，能有效积聚更多的新视角、新模式和新载体，有利于促进教学方式的更替和教学方法的完善。

第三，科研提升思政教师的胜任力和影响力。"思维要新""视野要广"是新时代高校思政课教师职业素养的基本要求，强调高校思政课教师要"学会辩证唯物主义和历史唯物主义"，要"有知识视野、国际视野、历史视野"，方能"做学习和实践马克思主义的典范，做为学为人的表率"。这同样要求高校思政课教师重视科研、热爱科研、投身科研，才能倒逼自身不断夯实理论基础、关注时事政策、了解学生诉求，真正做到传道授业解惑，让学生真正感受到教师的深厚功底和理论自信，进而体味到思政课的魅力。具体而言，一方面是科研能提升高校思政课教师的胜任力。"科研育人"作为新时代高校思想政治工作构建的"十大育人"体系之一，对高

---

① 陈金龙：《学术：依靠学术而生存，不做研究只是"知识的搬运工"》，《南方都市报》2019 年 9 月 10 日。

校思政课教师的科研素养、能力与作风提出了明确要求，只有自身科研过硬，才能"创新课堂教学"，通过生动、深入、具体的纵横比较，把一些道理讲明白、讲清楚，全力助推高质量人才培养，胜任科研育人的使命。另一方面是科研能提升高校思政课教师的影响力。教学科研作为高校思政课教师的"两翼"，呈现出相辅相成的辩证统一关系。高校思政课教师在从事科研工作的过程中，可以通过科研形成学术影响力，进而对教学进行反哺和带动，培育和提升教学影响力，实现教学与科研两轮驱动、协同发展，全面提升自身综合影响力。

6.2　教学科研一体化事关高校思政课教师职业发展

教学与科研不是"相克""相抑"、形同水火的，而是"相生""相长"、和合共存的。甚至在某种意义上说，教学就是一种学术类型，学术本身也是一种教学研究。只有规避"重研轻教""重教轻研"的不当认识，高校思政课教师的职业发展才能在教学与科研的相得益彰中实现突破。

6.2.1　支撑与反哺：教学科研一体化的逻辑关涉

科研对教学具有支撑作用，教学对科研具有反哺作用。高校思政课教师只有正确认识教学与科研的辩证关系，才能在不忘教育初心、牢记育人使命中确保教学和科研两手都要抓、两手都要硬，并充分发挥两者的互促作用，为成为一名优秀的高校思政课教师提供双向助力。

第一，教学实际是一种学术类型。"学术不仅意味着探究知识、整合知识和应用知识，而且意味着传播知识，我们把传播知识的学术称为教学的学术。"①美国教育家厄内斯特·博耶的这一观点

① ［美］厄内斯特·博耶：《关于美国教育改革的演讲》，涂艳国、方彤译，教育科学出版社 2002 年版，第 10 页。

实际是说明教学与科研本质上都是学术的，且是相互依存关联的，这有利于启发和深化我们对教学的认识与定位。事实上也亦如此，对于相当一些高校思政课教师而言，他们的科研选题常与教学密切相关，会选择从事与思政课教学紧密相关的基础性研究，通常包括对课程的教学设计、讲义教案的编写、教学内容的转化、教学话语的构建等诸多应用性研究；而且可以选择针对高校思政课教学的应用性研究，主要包括对教学重点难点展开的理论研究等。不仅如此，他们的研究成果常能直接用于教学。学术研究成果议案具有思想性、理论性和针对性，以及实用性和可推广性。无论是哪一种类型的研究成果，最好能直接或进行相应转化应用于课堂教学。

第二，学术本身也是一种教学研究。习近平总书记曾引用陶行知先生的语录指出，"教师是'千教万教，教人求真'，学生是'千学万学，学做真人'"①。这是因为大学生正处在人生阶段的"拔节孕穗期"，"最需要精心引导和栽培"。为此，高校思政课教师要自觉把一些重大前沿理论、社会热点事件、自身成长困惑等问题对学生讲清楚、说明白、弄通透。要做到这一步，只有通过科学研究，对教学过程中出现的新理论、新思想、新问题作出专业而又全面的理论回答，才能使高校思政课教师在讲授时更加深入和深刻。也只有增加教学的科研含量，才能使高校思政课教师在引导大学生追求真理和增进学识的过程中，运用科学理论分析问题，思考和判断大是大非，培养学生具有根据社会发展需要确定价值追求的能力，让学生对高校思政课产生真心喜爱并终身受益。由此可见，高校思政课教师从事学术研究的过程，实际也是传播与弘扬马克思主义科学真理的过程，是传道者信道、明道的过程。

6.2.2 基础与先导：教学科研一体化的功能作用

高校思政课教师要履行好"立德树人"的职责，就应自觉承担教学和科研双重任务。当下，教学与科研脱节、科研与教学断钩的

① 习近平：《做党和人民满意的好老师——同北京师范大学师生代表座谈时的讲话》，《人民日报》2014 年 9 月 10 日。

现象在一定程度上还存在。要省思高校思政课教师的职业发展，审视思政课教学质量的水平提升，就不应只停留在认识教学与科研两者的关系上，而应该致力于找到两者协同发展的最佳平衡点。

第一，在教学与科研的实力提升中，增强教师的自信心。高校思政课教师的自信心与其理想信念、职业精神固然有关，但更多源于自身是否有过硬的实力，它与思政课教师的全面发展密不可分，与其教学能力和科研水平紧密相连。一方面，高校思政课教师的自信心可源于教学实力，高超的教学能力是其履责要求。习近平总书记强调，高校思想政治工作要做到"因事而化、因时而进、因势而新"；要"遵循思想政治工作规律，遵循教书育人规律，遵循学生成长规律"①。这对高校思政课教师的教学方法和能力提出了更高要求，尤其是如何沿用现有的好办法，改进老办法，探索新办法，让基本原理变成鲜活道理，让根本方法变成管用方法，将教学的大水"漫灌"和精准"滴灌"结合起来。这既是新时代对高校思政课教师教学能力提出的新要求，也是对高校思政课教师教学实力评价的标准之一。另一方面，高校思政课教师的自信心可源于科研实力，良好的科研素养为其全面发展奠定基础。高校在人才培养过程中，不仅要传授给学生知识，更重要的是培养学生的创新精神和实践能力。习近平总书记还明确要求"把立德树人融入思想道德教育、文化知识教育、社会实践教育各环节"②。如果高校思政课教师没有过硬的科研实力，没有因科研实力塑造出的自信心，要肩负起这样的岗位责任、完成这样的育人使命是很难想象的。

第二，在教学与科研的互动互促中，强化教师的吸引力。古语云，亲其师，信其道；尊其师，奉其教，核心要义是指一个人只有在亲近、尊敬自己的师长时，才会相信、学习教师所传授的知识和

---

① 《习近平在全国高校思想政治工作会议上强调 把思想政治工作贯穿教育教学全过程 开创我国高等教育事业发展新局面》，《人民日报》2016年12月9日。

② 《习近平在全国教育大会上强调 坚持中国特色社会主义教育发展道路 培养德智体美劳全面发展的社会主义建设者和接班人》，《人民日报》2018年9月11日。

道理。对于高校思政课教师而言，就必须坚持教学与科研相济互促、协同发展，锤炼过硬的专业学识，以此塑造和形成对学生的独特魅力。毕竟，有科研支撑的教学不仅能充分体现高校思政课教师的个人智慧和魅力，更能激发学生的创造力，对学生形成"润物细无声"的吸引力。此外，高校思政课教师在探求真理过程中彰显的精神和在解决实际问题中表露出的能力，可以给学生做榜样，有利于激发学生的学习热情，产生对课程的认可、对理论的认同。反过来，高校思政课教师如果不能在教学与科研的互动互促中较好地坚持政治性与学理性相统一，而是缺乏科研含量的宣讲式教学，学生可能是知其然而不知其所以然。而重视科研的高校思政课教师，往往易让科学研究成果激发学生的学习兴趣，助力学生既知其然、更知其所以然。可见，有同频共振的科学研究和教学实践，是提升高校思政课教师职业素养、成为让学生喜爱亲近的教师的必要途径。

6.3　高校思政课教师教学科研一体化的实践路径

高校思政课要坚持在改进中加强，就必须要用好课堂教学这个主渠道。高校一线思政课教师普遍担负繁重的教学任务，只有坚持"教学出题目、科研做文章、成果上课堂"的实践路径，把教学与科研活动统一于人才培养这一根本任务之中，着力实现教学与科研相融相长，做到教学问题科研化与科研成果教学化，才能实现思政课教师教学科研一体化。

6.3.1　坚持教学出题目，寻觅科研的生长点

《关于深化新时代学校思想政治理论课改革创新的若干意见》强调，"深入研究坚持和发展中国特色社会主义的重大理论和实践问题，为增强思政课的思想性、理论性提供多角度学术支持"①。

---

① 《中共中央办公厅 国务院办公厅印发〈关于深化新时代学校思想政治理论课改革创新的若干意见〉》，《人民日报》2019 年 8 月 15 日。

高校思政课教师作为教学活动的主导者，同时也是科学研究的直接参与者，教学人员和科研人员一身二任的特征使得教师更能敏锐地发现教学中的问题与不足，而教学过程中的这些问题与不足又往往可以成为其科研的选题来源，坚持"从教学中来，到教学中去"，围绕教学搞科研，是新时代高校思政课教师从事学术研究的重要路径。

首先，要有意识地从教学中寻觅可研主题。高校思政课教师作为教学活动实施的主导者，同时也是从事理论研究的工作者，一身二任能让其更敏锐地洞悉教学中的问题与不足、难点与困惑。只要增强教学问题意识，时刻保持敏锐的科研嗅觉，以"问题"为桥梁连通教学与科研，在教学过程中发现"真问题"，通过科学研究或教学研究，才能更好地分析和解决这些"真问题"。

其次，要有目的地从教学中定标心仪课题。高校思政课教师教的过程既是学、思、悟不断结合的过程，又是研、信、用不断融合的过程，可以通过教学发现研究对象，并根据自身研究兴趣和专长，将其中学生们需要解决的、有较高兴趣点的问题投射到理论研究环节，遴选出有现实意义和切实可行的目标课题。

再次，要有针对地在教学中建立关涉题库。教学中发现的科研问题大多不是孤立的，而是可以通过研究进行问题拓展与延伸，进而打造问题链，形成可研题目的资料库。诸如教学中如何用好课堂教学这个主渠道、如何实现教学目标与教学内容的吻合协同、如何确保教学理念与教学效果相辅助、如何科学评价学生学习成绩、如何完善教学方法与教学手段、如何优化高校思政课教师队伍建设等都是可以长期关注和思考的课题。此外，在讲授某一门课程时，对课程中关涉的重大理论问题、重要人物、重大事件、科学前沿等也可以进行深挖。

6.3.2 坚持科研做文章，回应教学的理论关切

《关于深化新时代学校思想政治理论课改革创新的若干意见》要求，"研究生阶段重在开展探究性学习，本专科阶段重在开展理

论性学习"①。党的十八大以来，高校思政课教学内容日益发展而丰富，针对"探究性学习"和"理论性学习"的要求，需要理论回答的问题越来越多，更需要坚持科研做文章，回应教学的理论关切。

一是要以坚定"四个自信"为切入点，研究马克思主义基本理论中的重大问题。马克思主义基本理论是当代中国特色社会主义理论创新的根基，是学科建设的基础。以"四个自信"为切入点，就是要重点围绕中国共产党为什么"能"、马克思主义为什么"行"、中国特色社会主义为什么"好"等重大问题，加强研究阐释，作出理论回答，引领思想认知，这是决定高校思政课教学的生命力及其发展方向之所在。

二是以认识"百年变局"为切入点，研究新时代中国特色社会主义实践中的现实问题。今日中国最为鲜明的时代特色，就是处在中华民族伟大复兴战略全局和世界百年未有之大变局的历史交汇。高校思政课教师只有深入研究时代变局中的这些新情况、新问题、新挑战，在课堂教学上作出科学回答与合理解释，才能帮助学生端正认识，解决困惑。

三是要以增强"四个意识"为切入点，研究大学生所关注的热点难点疑点问题。高校思政课教师只有在深入研究的基础上，始终以学生为本，尤其是直面和把握具有客观必要性和现实紧迫性的时代考题，才能使思政课真正在贴近实际、贴近生活、贴近学生中，满足他们成长的需求期待；才能引导学生把握本质和全局，抓住主要矛盾和矛盾的主要方面，避免迷失方向、舍本逐末。

四是要以提升"教学实效"为切入点，系统研究思政课的教学设计、教学内容、教学方法、教学评价等内容。高校思政课既包括课堂讲授这个主导性教学环节，又包括与之相辅助的其他实践性环节。在新的历史条件下，如何完善教学内容、改进教学方法、更新教学手段、优化教学评价等，还有着巨大的研究诉求和延展空间。

① 《中共中央办公厅 国务院办公厅印发〈关于深化新时代学校思想政治理论课改革创新的若干意见〉》，《人民日报》2019 年 8 月 15 日。

随着互联网和自媒体的不断发展，在教育教学法研究方面，更需要与时俱进地进行探索。

6.3.3　坚持成果上课堂，及时武装学生头脑

高校思政课教师的科研成果固然可以推进个人的发展和学术的繁荣，但其社会效能的提升离不开融入课堂、面向学生。只有将从教学中寻觅的具体研究内容纳入教学之中，才能实现良好的循环供给链，确保教学科研在一体化中实现双赢。

首先，让成果上课堂，就是要将科研成果中蕴含的理论运用到课堂的目标内容上，升华学生的思想境界。高校思政课教师的研究成果，往往都离不开马克思主义经典理论的支撑、离不开对中国化的马克思主义理论的阐发。要针对学生思想上的困惑、认识上的不足、学习上的难题等，进行有的放矢的回应，帮助学生对科学理论的认识、理解、运用更深一层、更透一些、更准一点，不仅能一心一意去坚守，更能一以贯之去捍卫。

其次，让成果上课堂，就是要将成果中蕴含的方法融入课堂的讲授手段中，发展学生的实践能力。高校思政课教师的研究成果往往包含两类，一类是理论研究，另一类是应用研究。其中，理论研究蕴含的是思维方法，通过将这些方法融入课堂，有利于帮助学生跳脱出既有思维惯式的循环，看到另一种可能，实现思维模式的多样化，在实践中运用思维时能够保障选择自由和适配。而应用研究涵盖的是实操方法，通过把这些方法呈现到课堂上，有利于帮助学生从不同的立场、视角、角色层面感悟不同主题、情境、任务所依赖的具体可行的方法，进而依托这种间接方式积累解决问题的方法与经验，更好地引领学生成长。

再次，让成果上课堂，就是要将成果中蕴含的德性品格投射到课堂教学的情感价值里，强化学生的道德修养。高校思政课教师的研究成果不仅包括具体的理论研究成果，还应包括在研究过程中彰显的学风、态度和情感。特别是高校思政课教师通过阐释理论帮助受众理解，通过研讨对策帮助解决问题，通过质疑或发声来探究事实，这份追求"真善美"的态度，以及在研究过程中严格遵循学术

道德的操守，如能在课堂上发散与传送，植入学生心田、融入学生血液之中，则会潜移默化地激励和引导学生保持谦抑品格和树立崇高境界。

（作者：柳礼泉，湖南大学马克思主义学院教授）

7 守正创新：新时代高校思想政治理论课发展的必然要求

　　知常明变者赢，守正创新者进。新时代高校思想政治理论课作为"落实立德树人根本任务的关键课程"[1]，理应"坚持在改进中加强"[2]，在创新中提高，否则就是僵化的、陈旧的、过时的。对此，习近平总书记强调，"思政课建设长期以来形成的一系列规律性认识和成功经验，为思政课建设守正创新提供了重要基础"[3]，并明确提出了思政课守正创新的"八个相统一"的要求，随后，中共中央办公厅、国务院办公厅印发了《关于深化新时代学校思想政治理论课改革创新的若干意见》，这些都为新时代高校思政课守正创新指明了前进方向、提供了根本遵循。笔者将以新的历史方位为出发点，探讨高校思政课"守正"和"创新"的必要性及其实践路径，旨在增强高校思政课的思想性、理论性和亲和力、针对性，满足教育

---

　　① 《习近平主持召开学校思想政治理论课教师座谈会强调 用新时代中国特色社会主义思想铸魂育人 贯彻党的教育方针落实立德树人根本任务》，《人民日报》2019 年 3 月 19 日。

　　② 《习近平在全国高校思想政治工作会议上强调 把思想政治工作贯穿教育教学全过程 开创我国高等教育事业发展新局面》，《人民日报》2016 年 12 月 9 日。

　　③ 《习近平主持召开学校思想政治理论课教师座谈会强调 用新时代中国特色社会主义思想铸魂育人 贯彻党的教育方针落实立德树人根本任务》，《人民日报》2019 年 3 月 19 日。

对象的发展需求与期待。

7.1 "守正"是新时代高校思政课发展的基础

"守正"，就是要把准方向、找准问题、守住根脉、站稳立场，在遵循事物发展规律的基础上，坚守优良传统，恪守正道。新时代高校思政课"守正"，就是要继承和发展传统高校思政课中一切有益的东西，为新时代高校思政课发展奠定坚实基础、提供根本遵循、指明前进方向、明确奋斗目标。

7.1.1 传统高校思政课的经验积累与总结

传统高校思政课是适应当时的历史条件、背景和具体的教育目标、任务而展开的，虽带有鲜明的时代印记，但在现代化的今天仍有其存在的价值，为继承和发扬传统高校思政课优良传统，需对其经验进行必要的梳理、概括和总结。

第一，传统高校思政课始终以马克思主义为指导思想。马克思主义既是"我国大学最鲜亮的底色"[1]，也是新时代高校思政课发展的行动指南。高校思政课作为马克思主义宣传教育的主渠道，自开展以来，就始终以马克思主义为指导，并把宣传和研究马克思主义作为重要职责，积极唱响马克思主义主旋律。新时代高校思政课要想确保正确的方向和轨道，就需继续坚守马克思主义指导思想，"巩固马克思主义在意识形态领域的指导地位"[2]，直面各种错误思潮和言论，用真理的力量说服人，用逻辑的力量激励人，用理论的力量感召人，以巩固教育对象的共同思想基础，开创马克思主义学习和研究的新局面，让教育对象真正认同和接受马克思主义。

第二，传统高校思政始终坚持党中国共产党的领导。坚持党

---

① 习近平：《在北京大学师生座谈会上的讲话》，《人民日报》2018 年 5 月 3 日。

② 《习近平在全国宣传思想工作会议上强调 胸怀大局把握大势着眼大事 努力把宣传思想工作做得更好》，《人民日报》2013 年 8 月 21 日。

的领导，是高校开展思政课的前提和基础，是"高校思政课健康发展的'主心骨'和'引擎机'"①。传统高校思政课在开展过程中始终坚持党的领导，积极贯彻党的各项教育方针政策，并在教学过程中做好党对高校思政课建设的宣传解读，把政策讲清、把道理讲明、把学理讲透，注重将思想性、理论性、针对性、亲和力有效融合。新时代，高校开展思政课仍需坚持党的全面领导，应紧紧围绕党的各项教育方针和重要指示，解读和传达好相关时政热点问题，"以透彻的学理分析回应学生，以彻底的思想理论说服学生"②，努力培养又红又专、德才兼备、全面发展的时代新人，积极回应"培养什么人""怎样培养人""为谁培养人"的根本问题。

第三，传统高校思政课的教学方法是实践证明正确的方法。传统高校思政课教学方法是经过长期教育实践检验的方法，"它可以超越生成的具体条件相对独立存在"③，当教学方法适用于教学内容时，便有助于增强高校思政课的说服力和感染力，反之，则会削减或是弱化高校思政课的说服力和感染力。在新的时代条件下继续沿用和推广传统高校思政课教学的好方法，进一步调整和改进其不合时宜的方法，并不断探索和开发新的高校思政课教学方法，既有利于把握高校思政课的教学规律，遵循教育对象的成长规律，不断提高新时代高校思政课的教学质量和水平，亦有利于丰富高校思政课教学方法，充分展现新时代高校思政课教学的特色和优势，满足教育对象的个性化、差异化、多样化需求。

第四，传统高校思政课的教学原则是在实践中总结的原则。传统高校思政课在长期发展过程总结出了诸多教学原则，其中有部分教学原则是值得长期坚持和沿用的，如以下两种原则：一是理论与实际相结合。实践是检验高校思政课教学实效的唯一标准。高校思

---

① 黄宝成、周育国：《守正创新：新时代高校思政课建设的内在力量》，《重庆理工大学学报（社会科学）》2020 年第 10 期。

② 习近平：《思政课是落实立德树人根本任务的关键课程》，《求是》2020 年第 17 期。

③ 郑永廷：《思想政治教育方法论》，高等教育出版社 2010 年版，第 43 页。

政课只有成为正确引导教育对象、有效解决实际问题和思想困惑的"武器"，才能提高教学的针对性和亲和力，受到教育对象的追捧和热爱。二是言传与身教相结合。言传与身教相结合的原则既是在长期的高校思政课教学中总结出来的，也是新形势下高校思政课教学需坚持的正确原则。高校思政课教师只有率先垂范、以身作则，教之以爱、育之以礼、启之以智、导之以行，才能真正感染、赢得学生，使思政课从天上回到人间。

7.1.2 继承传统高校思政课需防范的两种倾向

一是全盘接收。传统高校思政课虽有其可取之处，但若无视历史条件的变化，一味地固守传统、照搬照抄，而不根据教育目标、教育环境、教育条件的变化，研究新情况，创造新方法，必然会给高校思政课教学效果大打折扣。二是全盘否定。在新的历史背景和条件下，传统高校思政课的某些内容和方法将难以适应新情况、新环境，但这并不代表传统高校思政课的所有内容、方法等都是不可取的，不能以此贬低或者全盘否定传统高校思政课的在新的历史条件下的效用。

因此，新时代继承传统高校思政课应摒弃全盘接收或是全盘否定的绝对主义态度，要坚持用科学的观点看问题，做到既不"厚古薄今"，也不"厚今薄古"，客观看待高校思政课的"古今之别"，取精去糟，择善而从。一方面，要树立辩证思维。应坚持用一分为二的观点看问题，认识到守正既不是要故步自封，也不是要抛弃传统，而是要根据历史背景、时代条件和现实环境的变化，继承和发扬传统高校思政课中在新的历史条件下得以适用的方法，做到既克服又保留，因地、因时制宜，推动高校思政课"螺旋式上升、波浪式前进"。另一方面，要树立创新思维。面对新形势、新情况、新环境，应勇于突破传统高校思政课的局限，以敢为人先的气魄，以创新的思维和实践，从教育对象的认知规律和接受特点出发，不断总结旧经验，创造新经验，研究新方法，破解新问题。

7.2 "创新"是新时代高校思政课发展的关键

"创新"，就是要立时代潮头，与时俱进、向前发展。新时代高校思政课"创新"，就是要求新、求变、求改进、求发展。新时代，高校开展思政课的时代背景、环境条件、教育目标和任务等都发生了变化，对高校思政课创新发展提出了更高的要求。但创新高校思政课，并非是要否定或是抛弃传统高校思政课，而是要在继承传统高校思政课的基础上进行创新。

7.2.1 创新是高校思政课发展的重要途径

创新是"办好思政课的生命力所在"①，是"应境遇而进、应使命而行、应挑战而化的客观要求"②，是新时代高校思政课能否持续健康发展的决定性环节。传统高校思政课虽有其继续存在的价值，但也不乏失去存在价值急需予以更新、替代的部分，因此，创新既是对传统高校思政课的肯定，也包含着对传统高校思政课的否定。

一方面，思政课创新是紧扣时代脉搏的必然要求。进入新时代，高校思政课的教学环境、条件等发生了诸多变化，因此，高校思政课必须紧跟时代步伐，与改革创新的时代脉搏相呼应，并在改革创新的时代精神的引领下大胆探索和积极创新高校思政课，这既是高校思政课在新的历史条件下焕发新活力、发挥新作用的客观要求，也是高校思政课改革创新的重要指南和科学遵循。当然，改革创新高校思政课，并不是要否定传统高校思政课，而是要实现两者良性互动，增强思政课改革创新的整体性、系统性和协同性。同时，从事物发展的角度来看，新时代高校思政课在本质上是优于传

---

① 张志元、杨琴：《高校思想政治理论课教学研究热点回顾与展望——基于 2018 年人大复印资料〈高校思想政治理论课教学研究〉刊文的梳理》，《思想政治课研究》2019 年第 4 期。

② 沈壮海、董祥宾：《论新时代思想政治理论课的改革创新》，《思想理论教育》2019 年第 5 期。

统高校思政课的，是合乎历史前进方向的，是具有强大生命力和远大前途的。

另一方面，思政课创新是破解现实困境的现实需要。高校思政课改革创新，是一个在实践中不断探索发展的过程。当高校思政课在发展过程中遇到传统高校思政课已有经验无法解决新问题、新情况或者难以适应新环境时，就需寻求新的突破点，找到新的支撑点，获得新的动力源，使之适应新问题、新情况、新环境。因此，无论是继承传统高校思政课，还是改革传统高校思政课，都需要经过实践的反复试验，持续探索，摸索出适应新问题、新情况、新环境、新对象的新方法、新内容、新形式、新载体等，从而不断丰富和发展高校思政课的内容、方法、形式和载体，推动高校思政课在改革创新中获得新的发展。

7.2.2 创新是对传统高校思政课的扬弃

改革创新传统高校思政课既是紧跟时代和社会发展的现实需求，也是满足教育对象需求的重要体现。高校思政课改革创新是对传统高校思政课的合理扬弃，即对传统高校思政课加以改造和创新，使之适应新环境、新对象，以增强高校思政课的适应性和针对性。但在创新和发展传统高校思政课的过程中，需注意两点：

一要继承传统高校思政课的合理成分。高校思政课是带有社会主义意识形态属性的课程，具有鲜明的政治立场和价值取向，因此，高校思政课创新，不能凭空进行，否则就成了"无源之水，无本之木"。一方面，要高站位、高标准、宽视野，应在总结出传统高校思政课经验的过程中，认识规律、把握方向、指导现实、探索未来，在继承传统高校思政课的合理成分的基础上进行创新。另一方面，应以批判性眼光并结合实际改革创新高校思政课，对传统高校思政课进行合理分析、研判，取精去糙，为高校思政课创新提供"守正"的基础。

二要借鉴传统高校思政课的经验教训。批判继承传统高校思政课并非仅为继承传统高校思政课的合理成分，也是为了总结传统高校思政课的经验教训，分析其存在的不足，并以此为鉴。由此可见，高校思政课只有在改革创新过程中始终坚持继承和借鉴传统高校思政课的合理成分和经验教训，才能真正获得新突破，实现新飞跃。那种毫无继承或者毫无批判地全盘吸收或全盘否定的历史虚无主义，都对高校思政课的创新和发展有百害而无一利。

7.3 坚持守正创新高校思政课发展才有依归和活力

守正是高校思政课发展的根基，创新是高校思政课发展的动力，唯有坚持守正创新高校思政课发展才有依归和活力。为此，习近平总书记强调，思政课"今后只能加强不能削弱，而且必须提高水平"①。

7.3.1 坚持在守正的基础上进行高校思政课改革和创新

新时代高校思政课须在守正的基础上进行改革创新，通过稳步推进、持续深化、整体总结、动态完善，使高校思政课更具思想性、理论性和亲和力、针对性。

第一，稳步推进：增强高校思政课的思想性。思想性是高校思政课的鲜明特征，反映着高校思政课的政治立场和方向。为增强高校思政课的思想性，一方面，要加大优质思想性教学资源的供给。没有思想性的思政课，将容易偏离正轨，出现失真、失语、失之偏颇等问题，为此，应着力扩充有温度、有深度、有广度、有高度的思政课教学内容，竭力抵制低俗、庸俗、媚俗的思政课教学内容，做到言之有理、言之有物、言之有据、言之有度，使教学内容的思想性、科学性、有效性得以充分体现。另一方面，要解读好思政课教学内容。要想增强高校思政课的思想性，就需高校思政课教师在学懂、弄通、做实上下功夫，做到精通、悟透、用好思政课教材，辅之以典型的生活案例，为教学对象提供具体、生动、深入的学理分析，以增强教学内容的鲜活性和吸引力，满足教育对象对高质

---

① 吴晶、胡浩：《一堂特殊而难忘的思政课——习近平总书记主持召开学校思想政治理论课教师座谈会侧记》，《人民日报》2019 年 3 月 19 日。

量、高水平的思政课教学内容的新期待。

第二，持续深化：增强高校思政课的理论性。理论性是高校思政课的基本内核，反映着高校思政课的教学理论和遵循。为增强高校思政课的理论性，一方面，要把握好高校思政课的理论要旨。"没有革命的理论，就不会有革命的运动"①，高校思政课作为马克思主义教育的前沿阵地，必须坚守正确的理论指导，与时俱进地传播好马克思主义及其中国化的相关成果，推动党的相关方针政策等进课堂、进教材、进头脑，揭示这些方针政策背后所承载的理论和现实依据，彰显其合理性、科学性和必然性，以提高教育对象的理论自觉。另一方面，要提高高校思政课教师的理论素养。高校思政课教师的理论水平影响和决定着高校思政课的理论性，为此，高校思政课教师作为知识的传播者，应努力在专、精、深上做文章，将高深的理论知识变成自己的思想，再用通俗易懂的话语传授给教育对象，把晦涩难懂的理论知识变得"接地气"，将理论讲清、讲准、讲透、讲活，从而让教育对象对思政课教学内容真正做到入眼、入耳、入脑、入心。

第三，整体提升：增强高校思政课的亲和力。亲和力是高校思政课的基本要求，是高校思政课具有吸引力和感染力的前提和基础。为增强高校思政课教学的亲和力，一方面，要增强高校思政课教师的亲和力。高校思政课教师是否具有亲和力将直接影响高校思政课教学实效，因此，高校在改革创新思政课的过程中，必须高度重视培养高校思政课教师的教学能力和素质素养，增强其人格魅力和语言魅力，引导其用扎实的学识影响人、用真挚的情感打动人、用人格的力量感染人、用生动的形式吸引人，构建平等且和谐的师生关系，力争从接受式学习向自主性学习转变，从一元独白向多元对话转变，使高校思政课教学从文本进入教育对象心中。另一方面，要增强高校思政课教学内容、方法等的亲和力。高校思政课教学内容应紧贴教育对象需求实际，教学方法应灵活多变，要因人、因时、因地而异，迎合教育对象所思、所想、所愿，实

---

① 《列宁选集》(第1卷)，人民出版社1995年版，第311页。

现从说教式教学向情景体验式教学转变，以构建富有亲和力的新型师生关系。

第四，动态完善：增强高校思政课的针对性。针对性是高校思政课的现实需求，是影响高校思政课教学实效的关键动因。新时代的教育对象具有爱好多元、性格各异等特点，因而，不论是从教育对象的个体性格及其个体需要出发，还是从个体接受能力出发，都需教育者采用不同的教育方式予以区别对待。为此，高校应从时代特点和教育对象特点出发改革创新高校思政课，一方面，应以教育对象的实际需求为出发点，把准穴位、把准脉搏，将高校思政课发展的着眼点放在让教育对象的个性得到自由、和谐发展上，使高校思政课更接地气、有人气，让每个教育对象都能在各自的最佳发展点上得到最有利的发展。另一方面，应充分了解教育对象的所思所想、所需所求，仔细分析教育对象的兴趣爱好、价值追求和性格特征，开展个性化、针对性地高校思政课教学，做到学有所想，我有所应，学有所求，我有所供，让课堂真正回归教育对象，以最大限度地满足教育对象的个性化发展需要，实现"各美其美"。

7.3.2 坚持在改革创新的过程中赋予高校思政课新活力

"创新是引领发展的第一动力。"①新时代高校思政课必须在改革创新过程中增添新活力，通过更新教学理念、丰富教学方法、优化教学内容、拓展教学载体，使高校思政课内容贴近化、方法灵活化、课堂多样化，让高校思政课观念新起来、方法活起来、内容实起来、载体多起来、师生动起来、效果好起来。

第一，更新高校思政课教学理念。理念是行动的先导，改革创新高校思政课，理念更新是前提。一方面，要变革高校思政课教师的教学观念。高校思政课教师是高校思政课改革创新的责任主体和实施主体，为强化高校思政课改革的力度、效度、广度和深度，应先更新高校思政课教师的教育理念，转变其传统教学观

---

① 习近平：《习近平谈治国理政》（第 3 卷），外文出版社 2020 年版，第 24 页。

念和态度，纠正其对思政课教学的认知偏见，指导其制订科学合理的培养目标，使其自觉提升教学素养，夯实科研功底，重塑课堂结构、优化教学设计，把思想、认识和行动高度统一到高校思政课创新发展上来。另一方面，要增强高校思政课教师的创新意识与能力。高校思政课的生机与活力，激活和增进于永不停息的创新创造。因此，高校思政课教师应以高度的责任感和使命感，认识到改革创新高校思政课的重要性、紧迫性，积极突破原有的惯性思维和路径依赖，突出问题意识和问题导向，多角度、全方位的思考问题，有意识、有目的、有计划地加入创新和发展高校思政课的队伍之中。

第二，丰富高校思政课教学方法。高校思政课教学方法是高校思政课教师为完成教育目标和任务而采用的一切手段或办法，是实现高校思政课教学目标的桥梁，没有科学而完备的教学方法，高校思政课的教学目标将难以达成。因此，高校思政课教师应积极丰富和创新思政课教学方法：一方面，要对教育对象的个性特征及行为习惯进行分析，探索一元向多元转变的教学方法改革，综合采用多样化且符合教育对象思想行为形成发展规律的教学方法，并结合时代需求与教育对象需求在实践中不断丰富和发展高校思政课教学方法和手段，做到"量体裁衣"，以实现师生良好互动。另一方面，要将传统育人智慧与现代网络信息技术相结合，充分利用网络思政教学平台，探讨高校思政课教学新途径、新手段、新方法，以解决新问题、满足新需求，让新技术与高校思政课相融合，助推高校思政课教学方法改革创新。同时，还应大胆吸收、借鉴并转化国外高校思政课教学的先进方法，以取长补短，丰富、充实和发展我国高校思政课教学的方法体系。

第三，优化高校思政课教学内容。高校思政课教学内容恰当与否，是影响高校思政课教学实效的关键所在，思政课教学内容的可接受性、时效性越强，教学效果就越好。为此，应坚持"内容为王"的原则，不断赋予高校思政课教学内容以新的时代元素，使之具有前沿性、时代性。一方面，要增强高校思政课教学内容与教育对象需求的契合性。高校思政课教学内容的选取，应"以教育对象为中心"，以其需求为导向，着力固根基、扬优势、补短板、强弱项，提高"供给侧"与"需求侧"间的耦合度，在体现时代性、把握规律性、富于创造性的基础上，使之更具针对性、实效性和可接受性。另一方面，要增强高校思政课教学内容的时效性。高校思政课是进行党的方针政策教育的重要课程，应把党的理论、方针政策等作为高校思政课教学的重要内容，注重教学内容的政治性、时效性、科学性、可读性，做到贴近政策、贴近时事、贴近社会、贴近生活，以增强教育对象的政治意识、国家意识。

第四，拓展高校思政课教学载体。所谓载体，是指能传递能量或其他物质的物体，具有中介性。高校思政课教学载体亦是如此，就其本质属性而言，高校思政课教学载体具有极强的中介性，即当一种理念或思想要传递给教育对象时，必须通过一定载体来实现，且不同的载体形式能为高校思政课教学带来不同的效果。为此，加大高校思政课的覆盖面和影响力，须不断丰富高校思政课教学载体。一方面，要善用传媒载体。借助网络等媒介发声，积极抢占话语权，加大高校思政课教学信息的网络传播量和覆盖面，将教学载体从有形的课堂拓展到无形的云端，从有限的书本拓展到无限的网络等，让教育对象随时随地接受隐性思政教育。另一方面，要丰富活动载体。通过开展融知识性、趣味性、渗透性、启发性于一体的高校思政课实践教学活动，让教育对象亲临其境、亲自感受、亲身体验，在实践中受教，在寓教于情、寓教于乐、寓教于行中达成高校思政课教学目标，真正构建好校内校外、线上线下、课内课外育人同心圆。

7.4 结语

新时代改革创新高校思政课，既应否定传统高校思政课中过时的、僵化的、陈旧的东西，又要保留传统高校思政课中合理的、可取的、有价值的东西，并添加传统高校思政课所没有的新内容、新方法、新载体等。但从长远角度看，高校思政课改革创新是一个循环往复的过程，非一时之功，更非一己之力，需各部门相互配合、同向同行，且其改革成效难以"立竿见影"，因此，需在守正的基础上，直面问题找症结，精准施策补短板。

（作者：黄宁花，湖南科技大学马克思主义学院博士生）

8　高校辅导员参与思想政治理论课教学的困境与对策

　　2019 年 3 月 18 日，习近平总书记主持召开学校思想政治理论课教师座谈会，他在讲话中深刻阐明了学校思政课的重要意义，语重心长地提出了推动思政课改革创新的要求。2019 年 8 月，中共中央、国务院印发《关于深化新时代学校思想政治理论课改革创新的若干意见》(以下简称《意见》)，《意见》指出："加快壮大学校思政课教师队伍"，"积极推动符合条件的辅导员参与思想政治理论课教学，制定新时代高校思政课教师队伍建设规定"。① 作为大学生的人生导师和知心朋友，高校辅导员不仅具有鲜明的政治立场，而且是大学生价值观在"拔节孕穗期"的重要指导者与引路人，其教育导向会直接影响到社会主义建设者和接班人的培养。辅导员倘若能参与思政课教学，必将因其特殊身份而产生明显优势，但也必将遭遇教学过程中的某些困境。高校需深入贯彻《意见》精神，加强顶层设计，为辅导员参与思政课教学建章立制；构建"三全育人"教学体系，建设辅导员参与思政课教学的一体化模式；探索出促进辅导员专业化和职业化发展的新途径，推动将其纳入思政课教师队伍培育机制，使辅导员能理直气壮地上好思政课，让大学生在

---

　　①　《关于深化新时代学校思想政治理论课改革创新的若干意见》，http：//www.gov.cn/zhengce/2019-08/14/content_5421252.htm，2019 年 8 月 14 日。

全程全员全方位地思想政治教育学习中真正将教学内容内化于心、外化于行，引导其立德成人、立志成才。

8.1 高校辅导员参与思政课教学的必要性

8.1.1 辅导员参与思政课教学的政策安排

国家历来都重视大学生思想政治教育工作，早在 2004 年，中共中央国务院《关于进一步加强和改进大学生思想政治教育的意见》中就指出："高等学校思想政治理论课是大学生思想政治教育的主渠道。思想政治理论课是大学生的必修课，是帮助大学生树立正确的世界观、人生观、价值观的重要途径"，"高校思想政治教育工作队伍涵盖党政干部、共青团干部、思想政治理论课教师和辅导员。"[①] 2006 年教育部《普通高等学校辅导员队伍建设规定》中提出："辅导员是高等学校教师队伍和管理队伍的重要组成部分，具有教师和干部的双重身份。辅导员是开展大学生思想政治教育的骨干力量"[②]，2014 年教育部在《高等学校辅导员职业能力标准(暂行)》中对于辅导员晋升职称将参与"思想道德修养""形势与政策教育"等课程教学作为中级以上辅导员的必备条件和职业职责。[③] 辅导员参与思政课教学已经形成政策依据，但实际上授课人往往都由专任教师担任，辅导员只在大学生课堂外的日常管理中教书育人，其参与思政课教学具体工作未有效融合。2019 年印发的《意见》对辅导员参与思政课教学作出政策明规，提出积极推动符合条件的辅导员参与思政课教学的指导意见。这给辅导员真正参与思政课教学

---

① 《中共中央国务院发出〈关于进一步加强和改进大学生思想政治教育的意见〉》，《人民日报》2004 年 10 月 15 日。

② 《普通高等学校辅导员队伍建设规定》，http：//www.moe.gov.cn/jyb_xxgk/gk_gbgg/moe_0/moe_1443/moe_1463/tnull_21506.html，2006 年 7 月 23 日。

③ 《高等学校辅导员职业能力标准(暂行)》，http：//www.moe.gov.cn/srcsite/A12/s7060/201403/t20140327_167113.htm，2014 年 3 月 27 日。

打开了"天窗",由辅导员进行思政课教学不仅能促进其职业化和专业化的高质量发展,与教师形成合力效应,更可以拓宽思政课教学方法的"横纵"向研究,让它更具亲和力和针对性。以上诸多配套政策文件的"落地"不仅成为辅导员参与思政课教学的立论基础和工作要求,更能确保他们在教学上的全情投入而提升课程效果,进一步保障高校在新时代立德树人根本任务上的全面落实。

8.1.2 辅导员参与思政课教学的政治优势

习近平总书记在全国高校思想政治工作会议上指出:"我国高等教育肩负着培育德智体美全面发展的社会主义事业建设者和接班人的重大任务,必须坚持正确政治方向。"①辅导员本身具备政治强、业务精、纪律严、作风正的过硬素质。1965 年,教育部颁布《关于政治辅导员工作条例》,标志着我国辅导员制度的正式确立,"政治辅导员"的名称表明其设立初衷是基于政治的需要,肩负着"政治引路人"的职责和使命。② 辅导员的这种政治性就是要能正确引领思想政治工作的新形势、新任务和新问题。思政课教学通过开设"马克思主义基本原理概论""思想道德修养与法律基础""形势与政策"等课程,旨在帮助大学生坚定理想信念和树立社会主义价值观,辅导员平时与大学生朝夕相处,是围绕学生、关照学生、服务学生的直接指导者,其参与思政课教学能融入日常教育的行为规范,因事而化地引导他们增进对马克思主义的认知,不断增强"四个自信"。此外,2017 年教育部新修订的《普通高等学校辅导员队伍建设规定》继续细化了辅导员的职业守则,归纳出 9 个方面的工作职责,规定在辅导员人才队伍配备或选聘时应由高校党委的统一领导,具备"有较高的政治素质和坚定的理想信念""有较强的政治敏感性和政治辨别力"及"掌握马克思主义中国化相关理论和知识"

① 习近平:《在全国高校思想政治工作会议上强调 把思想政治工作贯穿教育教学全过程 开创我国高等教育事业发展新局面》,《人民日报》2016 年12 月 9 日。

② 杨建义、吴新菊:《新时代高校辅导员政治引领的任务、挑战与提升路径》,《思想理论教育》2020 年第 4 期。

等条件。① 这些成功录取的辅导员必须在政治方向、政治立场、政治原则、政治道路上与党中央保持高度一致，他们不仅能"种好"教学方向始终贯彻党的治国方针路线"责任田"，课堂上解决好"培养什么人、怎样培养人、为谁培养人"这个根本问题，而且能在思政课在思想性和理论性的提升，推进高校思想政治工作行稳致远方面发挥积极作用。

8.1.3 辅导员参与思政课教学的实践要求

2008 年教育部《关于进一步加强高等学校思想政治理论课教师队伍建设的意见》强调："各高等学校要根据专任为主、专兼结合的原则，按照学生人数以及实际教学、科研和社会服务的需要，合理核定专任教师编制，配备足够数量和较高质量的思想政治理论课教师"，"积极争取从社会各界聘任理论研究、教学单位和实际部门的专家学者和领导干部承担一定的思想政治理论课教学"。② 这为辅导员承担思政课教学提供了新思路。2015 年中宣部教育部联合印发《普通高校思想政治理论课建设体系创新计划》，第一次明确提出："鼓励支持辅导员班主任骨干兼任思想政治理论课教师"③。辅导员是高校教师队伍的组成部分，理应参与思政课程的教育教学。纵观各高校，辅导员工作往往囊括了学生教育管理的所有环节，从大学生在成年之时"扣好第一颗扣子"到学业有成的"拔穗毕业"，都能看到辅导员辛勤耕耘的身影，是名副其实促进大学生健康成长的教育者。对于更贴近学生实际、更贴近学生生活、更

---

① 《普通高等学校辅导员队伍建设规定》，http://www.moe.gov.cn/srcsite/A02/s5911/moe_621/201709/t20170929_315781.html，2017 年 9 月 29 日。

② 《关于进一步加强高等学校思想政治理论课教师队伍建设的意见》，http://www.moe.gov.cn/s78/A13/s7061/201410/t20141021_178938.html，2014 年 10 月 21 日。

③ 《普通高校思想政治理论课建设体系创新计划》，http://www.moe.gov.cn/srcsite/A13/moe_772/201508/t20150811_199379.html，2015 年 8 月 11 日。

贴近学生思想的辅导员，假如将其吸纳进思政课教学课堂，鼓励他们走上讲台，必能探索出有效地将党的最新理论与学生实际问题结合起来的教育模式，大大提升高校思想政治工作水平。当前，辅导员有参与职业规划与就业指导、心理健康教育、创新创业教育等部分基础课。同样，2018 年《教育部关于加强新时代高校"形势与政策"课建设的若干意见》中就有要求辅导员参与在思政课教学体系中的一门"形势与政策"思政课教学。有的高校破例对专业对口的辅导员开通"绿色通道"，允许其专职承担"思想道德修养与法律基础""中国近现代史纲要"等专业思政课教学的任务。2020 年《新时代高等学校思想政治理论课教师队伍建设规定》的配备选聘条款指出："积极推动符合条件的辅导员参与思政课教学，鼓励日常思想政治教育骨干讲授思政课。"①调查显示，辅导员在思政课教学过程中所运用的教学方法和方式，能将对大学生的实际所需所想等的人文关怀启发式地融入理论疏导，能把大学生关注的热点和话题转化到厚植爱国主义情怀及筑牢理想信念教育上，这些接地气的参与教学不仅使大学生能喜闻乐见上思政课，也为辅导员队伍建设实现专业化和职业化发展提供了新的思路。

8.2 高校辅导员参与思政课教学的现实困境

8.2.1 辅导员成为思政课教师的角色观念有待转变

2017 年《普通高等学校辅导员队伍建设规定》中对辅导员进行了官方定义，明确了辅导员的角色身份的界定和工作职责所在。在现实状况上，辅导员仍然从事大量的学生事务管理等繁琐任务，"5+2""白+黑""996"地处理来自同学们在思想引领、学业辅导、心理咨询、就业指导、创新创业和社会实践等多方面的工作，加上

---

① 《新时代高等学校思想政治理论课教师队伍建设规定》，http://www.moe.gov.cn/srcsite/A02/s5911/moe_621/202002/t20200207_418877.html，2020 年 2 月 7 日。

被"烙印"和默认为党政管理干部的惯性思维，所以他们很少能有空余时间进行课堂教学活动，本身难有走上讲台进行授课的机会。久而久之，辅导员老师自身也对其身份定位产生模糊固态认识，对教师角色观念趋同淡化。此外，由于学校制度所限，辅导员在晋升发展等尚无过多的利好政策倾斜保障，造成职务提拔成为唯一出路，呈现管理中的"天花板"效应。因此，即使有专业背景相同的辅导员十分想参与思政课教学，但因教学工作量和教学成果不作为职称评聘的重要参考，势必导致出现大多辅导员主观积极性弱化且不愿上课的被动现象，思政课"边缘化"辅导员的状况是"意料"的情理之中，严重影响高校贯彻立德育人方略及思想政治工作的稳步有序进行。

8.2.2 辅导员投入思政课教学的制度机制有待完善

制度机制具有社会性，是衡量事物作用的特定功能。目前，绝大部分高校还没有对辅导员投入思政课教学制定政策制度。辅导员在思政课教学中的地位、进入准则和评价标准没有形成文件保障。专业有所差异的辅导员是否适合从事某门思政课教学，他们如何开展思政课教学，评估辅导员投入思政课的教学质量，在晋升发展上能否加入思政课教学的工作量等都是缺失对照的常态。另外，各高校在课程经费配备、资源共享支持、师资力量上参差不齐，导致思政课的教研活动较少，难于保证辅导员与专任教师共同参加培训或研修，使得授课群体水平有偏差，且学校对思政课的整体建设缺乏有效的跟踪及监督，影响激励队伍稳步发展。同时，由于管理部门的职能架构不同，辅导员接受学生工作部门和所在学院双重管理，思政课教学队伍一般在马克思主义学院任职，这样统一机制的缺乏让辅导员全身心投入思政课教学存在制度屏障和管理隔阂。诸如有些马克思主义学院的领导和专任教师对辅导员参与思政课教学抱怀疑态度，"先入为主"地对其能否上好思政课的教学内容、有无掌握教学方法、能否正确传播话语体系而达到的应有教学效果心存芥蒂。甚至有的辅导员对投入思政课教学存在原生排斥心理，单纯地认为讲授思政课会耽误本职工作，认为教学所耗费的时间太多，片面认识到参与思政课教学对自己专业发展无益处等，此类问题亟待学校高度重视，只有决策出顶层协同机制，才能促使两者同向同行。

8.2.3 辅导员内蕴思政课教学的专业能力有待提升

习近平在全国思政课教师座谈会上说："要建设一支政治强、情怀深、思维新、视野广、自律严、人格正的思政课教师队伍。"[①]这对思政课教学人员的素养提出了对标要求。"师者，所以传道授业解惑也"，辅导员拥有扎实丰富的经验及理论知识"护航"，其中大部分在学生时代就参加过"青年马克思主义工程"，他们能潜移默化地将马克思主义中国化的思想精准地传达给大学生，可以完全凸显其所本身内含的专业能力，理应是一支可信可敬可靠的思政课教学队伍。但大多数辅导员专业背景驳杂，其因是高校在招募辅导员时侧重考虑政治面貌和学生干部经历，从所学专业布局上相对宽泛，对不是思想政治教育类别"科班"出身者而言，他们理论功底浅，有些根本没有接触过思政课教学培训等，加上辅导员的工作本身就千头万绪，再分身参加教研活动实为驾驭不足，主动参与者寥寥无几，已参与者更换频率也快。所呈现出的学习不全面深入，知识武装头脑不主动，学术功底天生不牢问题，使得辅导员在教学过程中会对党的方针政策解读不明，重大理论和实践问题阐释不透，理论说理教育变成宣讲，不仅减低了教学质量，而且对思政课精髓内容润物细无声的"注入"学生心坎而埋下真善美种子的效果大打折扣。

8.3 高校辅导员参与思政课教学的对策

8.3.1 构建思政课教学顶层体系，统筹思政课课程内容建设

培养什么人、怎样培养人、为谁培养人是教育的根本问题，立

---

① 《习近平主持召开学校思想政治理论课教师座谈会侧记》，新华社，2019 年 3 月 18 日。

德树人成效是检验高校一切工作的根本标准。落实立德树人根本任务，必须将价值塑造、知识传授和能力培养三者融为一体、不可割裂。① 高校应积极探索"大思政"教育格局，将思政课作为育人的"高层次"载体和抓手，一是内容顶层设计，应全局规划思政课教学目标，分年级、螺旋上升式地设置不同内容且具"一体化"结构，发挥课程内容在人生信仰、法治意识、爱国主义、德智体美劳教育等方面的全方位覆盖，明确的选派高级、中级、初级三级层次辅导员分类进行教学。二是为学科高位支撑，以马克思主义理论为指引，相关集群学科课程开设的协同效应，进一步调整思政课程体系，针对本科、硕士和博士阶段的特点及认知接受力，所开课程的深浅性能循序渐进，帮助大学生实现思想上的升华，全过程统筹配合"灌溉"式的助力高质量"向上"成长。三是搞好教学素材创新。思政课要用科学理论培养人，遵循不同学段学生的认知规律，把马克思主义基本原理讲清楚、讲透彻，把学习奋斗的具体目标同民族复兴的伟大目标结合起来，把思政小课堂同社会大课堂结合起来。② 编制青年优秀事迹活动和育人教育典型案例等"正能量"的主题内容作为教案，利用辅导员与学生相处紧密和年龄相仿的特征，搭建教师主导和学生主体的平台以增强教学效果，做到全员"课程思政"创造性转化，充分满足学生成长发展的需求和期待。

8.3.2　提升辅导员教学水平，增强思政课教学队伍力量

习近平指出，做好高校思想政治工作，要因事而化、因时而进、因势而新，党中央给高校思政工作提出了更高的要求。辅导员的综合素养和专业能力直接影响大学生在思想水平、道德品质等方面的成才高度。为促使知识传授与价值观教育同频共振的育人导向，高标准地提升辅导员素质显得迫在眉睫。其一，要建立辅导员

---

① 《高等学校课程思政建设指导纲要》，http：//www.moe.gov.cn/srcsite/A08/s7056/202006/t20200603_462437.html。

② 习近平：《思政课是落实立德树人根本任务的关键课程》，《求是》2020年第17期。

的准入机制，高校制定遴选条件时要注重其知识背景，即从马克思主义理论、政治学、法学、党的建设等学科中针对性的加大选聘力度，这样"严把入口关"才能形成思政课教学后备人才计划培养补充上的"根正苗红"，才会出现更多"让有信仰的人讲信仰"的教育者。其二，对积极参与思政课教学的辅导员有着力倾向地加强教育培养，推动采取"在职攻读思政类硕士博士"、新增"思政课建设研究课题"、纳入"学校师资队伍整体培训计划"、开办"思政课教师学习班和研修基地孵化"等，加大辅导员对思政课教学的融会贯通程度，进一步显化思政课教师的地位。其三，应要求其主动加强学习，增进辅导员与思政课教师的交流、合作、共享。创造条件让辅导员融入思政课教研部集体备课等各项活动之中，系统地学习教学大纲和教学方式方法，这样在课堂教学时就有底气，才能严密科学地进行学理性问题诠释，高位占据话语体系的领导权和主动权，充分实现思政课的思想性和理论性，激发锻造出思政课教学队伍有为发展的勃勃生机。

8.3.3 坚持政治导向性标准，建立思政课教学保障机制

我国高等教育坚持社会主义办学方向，高校是党的领导下培养社会主义事业建设者和接班人的坚强阵地，是中国特色社会主义教育的辐射地。辅导员是高校在政治标准下"优中选优"的人才，是思想政治工作队伍中的"关键少数"，对大学生健康成长关系重大。加强其参与思政课教学，能拓宽辅导员思想政治工作途径。为此，一是打通辅导员参与思政课教学的晋升通道，完善辅导员管理岗（职员等级）的提级道路，按照"四有"好老师要求，明确其任职条件和权利义务与职责，承认其参与教学的考核绩效作为专业技术职级上升的必备条件。二是制定评价激励办法，引入"第二课堂"实践活动作为课程考评的一部分，多维度发挥评价导向作用，做到学生监督、部门测评、自我述职评议的多元化科学评价质量体系，激励辅导员参与思政课教学。三是建立保障机制，健全高校党政"一把手"带头上思政课的良好氛围，常态化形成领导班子讲思政课是压实党建责任制中的必不可少环节，尤其对参与思政课教学的辅导

员在职务发展上给予倾斜关联，保障其"工"与"教"的有机结合，自然能促使其参与的主动性和积极性。同时在教学经费支持、评先评优和奖金奖励上对辅导员参与情况紧密挂钩，通过精神鼓励和物质奖励相结合的"双管"齐下方式，使辅导员真正成为思政课改革创新的生力军，从而全面提高人才培养质量。①

"经师易求，人师难得"，教师承载着传播知识、传播思想、传播真理，塑造灵魂、塑造生命、塑造新人的时代重任。② 作为高校教师队伍中重要一员的辅导员，他们参与思政课教学意义重大且使命光荣。辅导员要立志于中华民族千秋伟业，站在教育历史责任的高度，将日常教育和理论教学嵌入统一到为国培养一代又一代社会主义建设者和接班人的"三全育人"思想"主干道"之中，汲取工作中多渠道积淀的丰富"营养"经验，守好青年学生人生成长的课堂教学"一段渠"。通过不断创新改革思政课教学方式，优化传统"第一课堂"在铸魂育人与"第二课堂"在实践启发的育人路径，让思政课成为大学生真心喜爱、终生受益的"金课"，为努力培养担当民族复兴大任的时代新人筑下坚实基础。

(作者：曾献辉，福建师范大学马克思主义学院博士研究生)

---

① 王宇凡：《高校辅导员参与新时代学校思政课改革探析》，《高校辅导员》2020年第4期。

② 习近平：《思政课是落实立德树人根本任务的关键课程》，《求是》2020年第17期。

9　新阶段高校思政课建设内涵式发展的五维向度

党的十九届五中全会标志着我国即将开启全面建设社会主义现代化国家的新征程。新的时代背景与目标任务呼吁"社会文明程度得到新提高，社会主义核心价值观深入人心，人民思想道德素质明显提高"①，亦要求高校培育好"担当民族复兴大任的时代新人"。2020 年 12 月 15 日，教育部在北京航空航天大学召开"深化新时代学校思政课改革创新现场推进会"，时任教育部部长陈宝生特别强调，教育系统要对标对表党的十九届五中全会绘就的发展新蓝图，深刻把握"十四五"时期思政课高质量发展的新形势新要求，在认识高度、内容深度、力量强度、评价角度、布局广度五个方面下功夫抓落实，打造思政课改革创新"升级版"。这是对习近平总书记提出的"推动思政课建设内涵式发展"②的精准部署，为高校思政课改革创新提供了根本遵循。唯物辩证法认为，事物发展的根本原因，在于事物内部的矛盾性。③ 因此，高校思政课要坚持内涵式发展，即在思政课建设过程中，坚持以内部资源整合和内部结构变革

---

① 《中共十九届五中全会在京举行》，《人民日报》2020 年 10 月 30 日。

② 《习近平主持召开学校思想政治理论课教师座谈会强调　用新时代中国特色社会主义思想铸魂育人 贯彻党的教育方针落实立德树人根本任务》，《人民日报》2019 年 3 月 19 日。

③ 《毛泽东选集》（第 1 卷），人民出版社 1991 年版，第 301 页。

为驱动，通过破解内部要素瓶颈、激发内生动力来提升思政课建设质量与效益，把思政课真正建设成为"学生真心喜爱、终身受益、毕生难忘的课程"。

9.1　顶层设计精准化，把稳思政课建设内涵式发展之"舵"

精准化的顶层设计是推动思政课建设内涵式发展的首要抓手，发挥着"举旗定向"的关键作用。习近平总书记指出："各级党委要把思想政治理论课建设摆上重要议程，抓住制约思政课建设的突出问题，在工作格局、队伍建设、支持保障等方面采取有效措施。"①高校党委作为思政课建设内涵式发展的指挥部，作为顶层设计的掌舵者，要提高思想认识，把好舵、搭好台，做好思政课建设的布局谋篇工作。

9.1.1　高站位谋划，绘制思政课内涵式发展图谱

高校要围绕思政课改革创新"八个相统一"的总要求，构建好"统一领导、权责清晰、齐抓共管、分工明确、运转有序"的工作格局，做到课程定位精准、目标定位精准、问题施策精准，将"学校党委书记、校长带头推动思政课建设"的要求落实到位。

一是课程定位精准。思政课是落实立德树人根本任务的关键课程、核心课程，高校党委应把思政课建设融入学校的事业发展规划，凸显思政课的"第一课程"地位，把思政学科列为重点学科来建设，并在学校内达成广泛共识，齐心协力建好思政课。

二是目标导向精准。我们的教育必须把培养社会主义建设者和接班人作为根本任务，培养一代又一代拥护中国共产党领导和我国

---

① 《习近平主持召开学校思想政治理论课教师座谈会强调　用新时代中国特色社会主义思想铸魂育人　贯彻党的教育方针落实立德树人根本任务》，《人民日报》2019 年 3 月 19 日。

社会主义制度、立志为中国特色社会主义奋斗终身的有用人才①因此，高校要牢牢把握社会主义办学方向，"定好位""瞄准靶"，按照又红又专、德才兼备、全面发展的要求，将人才培养目标融入思政课课堂教学、实践教学各环节，贯穿于学科体系、教学体系、教材体系、管理体系全方位。

三是问题施策精准。"问题是创新的起点，也是创新的动力源。"②当前，高校思政课建设虽然取得了显著的成效，但仍存在体制机制有待完善、教学效果仍需提升、队伍建设存在短板、评价体系有待健全等问题，高校党委要坚持问题导向，深入调研发现问题、集中研讨剖析问题、务实担当解决问题。其一，要针对供给侧视角下存在的问题精准施策。高校党委要健全组织保障机制，深入落实思政课教育教学、学科建设、科研立项、社会实践、经费保障、师资保障等方面的政策和措施，建好课堂教学、实践教学与网络教学相互支撑的三维教学体系，为打造优质思政课堂提供全方位保障。同时，要加强教学内容、教学手段与教学模式的"供给侧结构性"改革，为学生提供丰富多样的优质教育资源、教育环境和教育服务模式。其二，要瞄准需求侧视角下存在的问题精准施策。顶层设计上的"供需错配"会直接或间接弱化教师的成就感与学生的获得感。高校一方面要围绕思政课教师的"六要"标准与教师内在需求，在培养培训、科研立项、评优表彰、职务评聘、经济待遇等方面优先支持思政课教师，提高思政课教师的专业素养与教学能力，增强思政课教师的职业认同感与价值感，使思政课教师安心从教、舒心从教、静心从教；另一方面要以学生问题为导向，强化对学生的认知规律和接受特点的研究，通过机制创优、师资创优、环境创优、教法创优等筑好思政课堂教学主阵地。同时要积极开拓实践教学基地，办好"行走的思政课"，带领学生行走在田间地头、

① 《习近平在全国教育大会上强调 坚持中国特色社会主义教育发展道路 培养德智体美劳全面发展的社会主义建设者和接班人》，《人民日报》2018年9月11日。

② 习近平：《在哲学社会科学工作座谈会上的讲话》，《人民日报》2016年5月19日。

社区街道与企业车间等，在实践体验中去"提高学生思想水平、政治觉悟、道德品质、文化素养"①。

9.1.2 高标准推进，建立规范高效的制度体系

制度科学规范、运行高效是推动高校思政课内涵式发展的重要举措。一是要健全高校党委抓思政课建设的主体责任制度。《关于深化新时代学校思想政治理论课改革创新的若干意见》中明确规定：建立健全高校党委书记、校长及职能部门力量深入一线了解学生思想动态、服务学生发展的制度性安排。② 在国家思政课建设宏观政策的指导下，高校应根据自身特点，切实加强组织领导，把思政课建设纳入学校总体发展规划，列入党委工作议程，建立健全党委统一领导、党政齐抓共管、有关部门各负其责的领导体制和工作机制。如党委会、校长办公会定期研究思政课教学工作的专题会议制度；党委书记、校长及职能部门领导深入一线了解学生思想动态、服务学生发展等一系列制度，切实将高校党委抓思政课建设的主体责任落实到人、落实到事。二是要完善各部门抓思政课建设的协同治理制度。习近平总书记强调，学校党委要坚持把从严管理和科学治理结合起来。③ 当前高校思政课存在管理不够严格、治理不够科学的问题，如建设标准打折扣、有效监督不严、育人合力不强等，要破解这些难题，急需通过构建责任落实制度、协同配合制度、资源整合制度等，打造以"整体性、有序性、反馈性"为特征的新型协同治理体系，形成信息的自由流动和沟通的双向互动格局，以提升思政课建设治理效能，确保思政课建设持续规范发展。

---

① 《习近平在全国高校思想政治工作会议上强调 把思想政治工作贯穿教育教学全过程 开创我国高等教育事业发展新局面》，《人民日报》2016 年 12 月 9 日。

② 中共中央国务院：《关于深化新时代学校思想政治理论课改革创新的若干意见》，人民出版社 2019 年版，第 17 页。

③ 《习近平主持召开学校思想政治理论课教师座谈会强调 用新时代中国特色社会主义思想铸魂育人 贯彻党的教育方针落实立德树人根本任务》，《人民日报》2019 年 3 月 19 日。

9.2　教学内容鲜活化，筑牢思政课建设内涵式发展之"本"

"内容为王"的教学定律是思政课实现内涵式发展之本。提高思政课教学实效，基础在教学内容，关键在以理服人，而最佳的教育内容是目的性与对象性的统一。① 习近平总书记明确指出，思想政治理论课改革创新要坚持统一性和多样性相统一，在落实统一要求的基础上"因地制宜、因时制宜、因材施教"。因此，高校思政课教学要在严把教学内容的思想性与理论性基础上，坚持"四原则"，把握"四度"，以实现教学内容鲜活化。

9.2.1　坚持时代性原则，增强教学内容的热度

思政课教学内容应关注时代发展、紧扣时代脉搏、顺应时代潮流、反映时代要求。要把新征程中党的文件精神、战略目标和习近平新时代中国特色社会主义思想融入课堂教学内容，将新征程中我们要坚持和发展什么样的中国特色社会主义和怎样坚持和发展中国特色社会主义这两个基本问题讲清楚，让学生能够学懂、弄通；要不断丰富和强化新时代中国特色社会主义道路、理论、制度与文化教育内容，讲好中国道路，贡献中国智慧，提供中国方案，让学生在深入了解新时代中国经济、政治、文化、社会、生态文明等伟大成就中，坚定"四个自信"，正确认识时代责任和历史使命，勇做走在时代前列的奋进者、开拓者。

9.2.2　坚持地域性原则，提高教学内容的信度

地域性原则是指选择具有地方特色的历史、风土、人情、地域精神以及反映这些精神的历史遗迹、博物馆、纪念馆、展览馆等教学资源融入课堂教学。用好、用活地方文化资源是高校对"扎根中国大地办大学"的积极回应，是思政课教学"显特色、接地气"的重

---

① 柳海民：《教育学原理》，高等教育出版社 2011 年版，第 32 页。

要举措。一方面有助于丰富教学素材、开阔学生视野、激发学生学习兴趣；另一方面有助于增强学生的认同感与归属感，提升思政课教学内容的吸引力与感染力，使学生在感知民情、体察社情的"接地气"中增强实现中华民族伟大复兴的责任感和使命感。

9.2.3　坚持信息化原则，强化教学内容的效度

信息化原则是指依托互联网信息技术，将符合教学目标和教学内容的网络教学资源有效融入教学内容，以实现教学内容的立体化、动态化与时效化建设，从而增强思政课教学内容的吸引力与感染力。因此，高校要关注"网生代"发展需要，注重对网络教学资源的开发与整合，实现教学资源"质""量"积聚。一是要打造网络教学资源模块。依托网站、微博、微信等新媒体教学平台，开发理论探讨、精品课件、精彩视频、精选案例、精美文库、在线答疑等栏目，分享数字化学习资源，满足学生的个性化需求，使理论知识从"指尖"直抵"心尖"。二是引入网络热点话题。网络环境是由和谐音符与不协调乐曲构成的"万花筒"。思政课教学内容要坚持建设性和批判性相统一的原则，通过网络正面热点事件的引入，增强大学生的思想品德与道德情操；通过负面热点的反思，及时解疑释惑，提高学生辨别是非的能力。

9.2.4　坚持针对性原则，提升教学内容的温度

针对性原则是指高校思政课教学内容要把准当代大学生的认知规律、思维特征与接受能力，瞄准学生理论的"疑惑点"、思想的"共鸣点"、情感的"触发点"，将教学内容与学生需求深度契合。高校思政课教学内容要始终围绕学生、关照学生与服务学生，积极回应学生现实需求，抓住学生最关心、要求最迫切、反映最强烈的"热点""焦点"与"难点"问题，选择贴近学生学习和生活实际的素材进行提炼和升华，用富有启发性的现实案例引导学生，以透彻的学理分析打动学生，提升思政课的抬头率、点头率、回头率，从而增强思政课教学实效性。

9.3 教师队伍专业化，夯实思政课建设内涵式发展之"基"

专业化的教师队伍是促进思政课建设内涵式发展的根本保障。习近平总书记强调，"办好思想政治理论课关键在教师，关键在发挥教师的积极性、主动性、创造性"①。新时代对思政课教师的能力与素质提出了更高的要求，高校思政课建设要对标"政治要强、情怀要深、思维要新、视野要广、自律要严、人格要正"的要求，通过集中培训、集智研讨、集体观摩等多种形式，把思政课教师组织起来，形成传教法、谋创新的浓厚氛围，用集体的智慧帮助每一名思政课教师提高教学能力与水平，建设一支政治坚定、业务精湛、师德高尚的思政课教师队伍。

9.3.1 集中培训提水平

习近平总书记指出，要坚持教育者先受教育，让教师更好担当起学生健康成长指导者和引路人的责任。②《关于深化新时代学校思想政治理论课改革创新的若干意见》中也明确提出，以培育一大批优秀马克思主义理论教育家为目标，制定思政课教师队伍培养培训规划。③ 高校要打造一支优质的思政课教师队伍，需广泛开辟教学研修与实践研修基地，深入组织学术交流与考察调研；要建立多层级、多渠道、全方位的培训体系，积极选派教师参与国家示范培训、省级分批轮训、网络集中培训等，提升教师上好思政课的自信与底气；并积极推荐优秀思政课教师攻读博士学位，全面提升思政

---

① 《习近平主持召开学校思想政治理论课教师座谈会强调 用新时代中国特色社会主义思想铸魂育人 贯彻党的教育方针落实立德树人根本任务》，《人民日报》2019 年 3 月 19 日。

② 习近平：《在北京大学师生座谈会上的讲话》，人民出版社 2018 年版，第 9 页。

③ 中共中央国务院：《关于深化新时代学校思想政治理论课改革创新的若干意见》，人民出版社 2019 年版，第 9 页。

课教师的理论素养、教学水平与科研能力。

9.3.2 集智研讨提问题

集智研讨是以问题为导向，定期组织思政课教师深入交流，凝心聚力解决课堂教学中存在的问题，以弥补"单兵作战"的不足。自思政课教学"八个相统一"总要求、思政课教师"六要"标准提出以来，思政课教师围绕如何上好一堂课，如何提升自身专业素养还存在诸多困惑。高校思政课要建立"教研室+学科团队+名师工作室"的师资培养模式，组织教师集体备课与集智研讨，从而为思政课教学提供经验集成和方法指导，使每一堂课都聚焦一个热点问题，产生一次思想交锋，阐明一个基本原理，帮助青年学生解决一个思想困惑，收获一种成长智慧，在达成育人目标的同时全面提高教师的教研水平。

9.3.3 集体观摩提质量

集中观摩是促进教师专业发展的重要途径之一，有利于教师改进教学技能，提升专业素养。正如习近平总书记所说，好老师不是天生的，而是在教学管理实践中、在教育改革发展中锻炼成长起来的。[1] 在哈佛大学的教师发展中心，教师就通过现场观摩、自我评议以及观看实际课堂讲授的录像带等方式学习怎样改进教学方法。[2] 高校要关心、助力思政课教师的职业发展与价值实现，一方面可以实施思政课教师集体听课评课制度，通过集中观摩优秀教师的实际课堂，了解教师教学内容、方法、载体以及学生反馈等，使思政课教师博采众长补己之短。另一方面可以搭建思政课教学展示平台，推动优质课堂教学资源共享，如组织教学技能大赛，鼓励教师用心钻研课堂教学，形成课堂教学精品予以展示，发挥精品课程

---

① 习近平：《做党和人民满意的好老师——同北京师范大学师生代表座谈时的讲话》，《人民日报》2014 年 9 月 10 日。

② 潘金林、龚放：《教学方法改革：美国研究型大学本科教育改革新向》，《高等教育研究》2008 年第 10 期。

的示范作用，从而促进思政课教师不断更新教学理念、优化教学方法、提升教学质量。

9.4 教学方法多样化，拓宽思政课建设内涵式发展之"道"

丰富多样的教学方法是推动思政课建设内涵式发展的有力支撑。《新时代高校思想政治理论课教学基本要求》中明确规定：要积极探索行之有效的教学方法，努力实现思想政治理论课教学"配方"先进、"工艺"精湛、"包装"时尚。高校应充分考虑思政课教学空间立体性和时间连续性的特点，从三个维度创新"教师乐教，学生爱听"的立体化教学方法，使思政课教学"活"起来。

9.4.1 持续改革课堂教学方法

思政课教师要在有限的教学时间内完成理论讲解，并达到入脑入心入行的教学目的，需注重教学方法的革故鼎新。首先，教学方法要由"工具理性"向"目标理性"转变。课堂教学方法不具有普适性，因此教学方法改革不能一味追求数量，追求新颖，而应将学生发展作为价值起点，并根据教学的具体实际寻求教学方法的最优化。其次，教学方法要由单一、静态向立体、动态转变。在坚持"目标理性"基础上，要充分运用专题式教学、问题链教学、情景剧教学、微视频导学等学生喜闻乐见的教学方法，将"高大上"的理论讲得"接地气"，将"有深度"的知识讲得"有温度"，将"有意义"的事情讲得"有意思"，使学生在耳目一新的感官冲击中，实现问题共振、情感共鸣与智慧共生。

9.4.2 不断丰富实践教学方法

要实现校园文化与校外实践、学校阵地与社会基地、校内教师与校外导师之间的有效衔接。就校内而言，要深入落实思政课教师"五进"工作，即进社团、进班级、进寝室、进活动、进网络，与学生"面对面""键对键"互动研讨，通过"浸润"方式将理论知识内化成学生的个人价值体系；要依托重要仪式和重大节庆日等契机，着力打造爱国主义、民族传统、礼节礼仪、马克思主义理论学习等体现社会主义主流意识形态的优秀校园文化品牌，将实践教学融入日常。同时，要坚持开门办思政课，把思政小课堂同社会大课堂结合起来，完善科教融合、校企联合等协同育人模式，加强实践基地建设，将实践教学落在经常。一方面，引领学生走进名胜古迹、革命历史纪念场馆、名人故居等红色教育基地与创意产业园等企业教育基地，使学生近距离感受革命精神与企业文化，从而增强学生的社会责任感和历史使命感，加深学生对理论知识的理解和认同。另一方面，引导学生开展志愿服务和社会调研，用实践去验证理论，在实践中深化认识、坚定信念。同时，还应主动邀请各研究领域的知名专家、企业界知名人士、革命前辈、时代楷模与优秀校友等为学生开展专题讲座，提升实践教学的质量和水平。

9.4.3 全面拓展网络教学方法

互联网技术的应用和发展，为创新思政课教学方法提供了新载体，为高校思政课教学提供了技术支持，实现了多个教学场域的优势互补。因此，高校要"着力推进信息技术与教育教学深度融合"，积极探索搭建教与学自媒体终端互动平台，有效运用微信、微博、App等新媒体平台与大学生进行互动答疑，实现线上线下相结合，课堂指导和课下自学相衔接，同时，还可以依托思政课教学网站、慕课平台、微课与移动课堂，在教学过程中既发挥好教师的主导作用，又充分激发学生的主体性，营造出动态的、活泼的教学氛围，实现课堂教学与网络平台之间的良性共振。

9.5 考核评价科学化，畅通思政课建设内涵式发展之"脉"

科学合理的考核评价体系是倒逼思政课改革创新的重要举措。当前高校思政课的考核评价仍然主要采取单主体评价、知识点考核、静态评价、终结性评价等方式，这不仅不利于学生主动学习和创造性学习，也难以掌握学生思想道德的真实水平。同时，如果教师的考评机制欠系统，亦将影响其教学积极性，降低其职业认同感与获得感。

9.5.1　构建学生立体化考核评价体系

考察学生的学习效果，不仅要了解其认知认同，还应考察学生的价值认同与行为认同情况，将知识性评价与价值性评价有效融合。因此，在考核内容上要聚焦学生政治觉悟、道德品质、文化素养与行为习惯四个基本着力点，注重测评学生的情感、态度、价值观以及实践能力；在考核方式上应从以终结性评价为主向以形成性、发展性和终结性评价结合的多元化评价方式转变，坚持动态考核和静态考核、过程考核和结果考核的统一；在评价主体方面构建"班级同学、思政课教师、辅导员或班主任"的三维主体评价系统，最大限度上实现学生考核评价立体化、科学化。

9.5.2　健全教师多元化考核评价体系

一是健全教师个人自评、学生评教、同行互评与督导评价等多主体评教方式，全面客观地考核教师的教学能力与教学水平；二是坚持"以思政课教学为核心的评价导向，强化对思政课教学实绩和思想政治工作实践的基本要求，进一步提高教学与教学研究占比"[1]，引导思政课教师集中主要精力研究教学问题、提升教学实效；三是将教学评价结果与教师职务职称评聘、绩效考核和津贴分配相挂钩，用考核评价倒逼思政课教师在提高教学质量上下功夫，激发其主动性与创造性，真正实现"乐为""敢为""有为"。

9.5.3　完善课堂教学动态化考核评价体系

按照习近平总书记提出的"八个相统一"总体要求，建立思政课教学的相应观测点，形成可量化、可检测、可评价的"硬指标"。

---

① 《教育部党组印发〈"新时代高校思想政治理论课创优行动"工作方案〉》，《中国教育报》2019 年 9 月 17 日。

聚焦于思政课教学目标、教学方法、教学保障、教学载体与教学效果等方面构建系统化的评价机制，设定专业化的评价人员，创建科学化的评价模式，即时动态掌握思政课教学状况。对评价结果不理想的课堂进行示范引领、专业指导与系统整改，着力把高校思政课打造成有高阶性、有创新性、有挑战度的思政"金课"。

（作者：熊耀林，湖南科技大学马克思主义学院博士生、讲师）

10 供给侧改革：高校思想政治理论课实现高效教学的因应之策

在中国特色社会主义新时代，以习近平同志为核心的党中央明确提出要以解决中国经济内生性、结构性矛盾为重点，着力推进供给侧结构性改革。供给侧结构性改革，简称"供给侧改革"，它不仅是一种手段，还是一种思维，而且是"随着我国经济领域'供给侧改革'实践推进而演化出的一种系统的、辩证的、创新的思维"①。此种思维不但适用于经济领域，同样适用于教育领域。这"既是解决中国经济问题的一剂良方，也为高校思政课教学改革提供了新思路"②。运用"供给侧改革"思维，借鉴经济领域推进"供给侧改革"的基本思路，着力推进该课程的教学"供给侧改革"，理应成为新时代高校思想政治理论课实现高效教学的因应之策。

10.1 转变课程教学理念 实施"精准"教学供给

在经济领域推进"供给侧改革"，首要是发展理念转变问题。该问题实现和突破的关键则是对既有经济发展理念的超越和创新。

①　易鹏：《"供给侧改革"思维下高校形势与政策教育的优化论析》，《思想理论教育导刊》2017 年第 8 期。

②　侍旭：《高校思政教育也应有"供给侧改革"思维》，《光明日报》2016年 3 月 16 日。

同样，推动思政课教学"供给侧改革"首先应当解决的也是教学理念发展创新问题。这既是贯通思政课发展、改革、创新历史的内在灵魂，更是推动该课程教学"供给侧改革"的价值支撑。因为教学理念不但关涉对教学目的、原则、本质等根本性问题的理解，更可能影响教育供给主体对供给内容、模式、方法等的选择；而纵观我国高校思想政治教育史，就整体而言，传统思政课教学其实是部关于"灌输性"教育的哲学实践史，在这样的教学实践中，教学供给主体常常秉承教师为主体，学生为客体的主、客二分法的教育理念，受此影响，在教学中学生则往往被视如尚待填满的、被动的"美德袋"，而至于其教育个性、心理特征、个人需要等个性化因素却常常被抹杀在宏大的国家、民族的发展需要当中。改革开放以来，虽然就整体的思想政治教育理念而言，"随着思想政治教育系统所处的社会地位变化已实现从'政治自觉'到'经济自觉'到'人本自觉'的嬗变，发生了从'物本'向'人本'的现代化转换"①，但具体落实到教学领域，该课程教学理念的更新速度，尤其是"以人为本"教育理念的落实程度与教学实践的时代需求间却依然存在不相协调的"堕距"，所以推动高校思政课教学"供给侧改革"，教学理念创新是先导。为此，首先，必须主动适应新时代、新形势下教学需求侧的新变化，尽快克服传统教学理念统摄下的主、客二分法的思维定势影响，转而积极引进交往哲学、建构主义哲学等先进哲学理念并以此为指导促进教学理念从因循守旧的狭隘教师主体性或学生主体性理念框架中彻底解放出来，转而真正树立起基于师生平等交往、民主和谐、教学相长的"主体间性"教学理念。这也是从现代教育理念视角反思高校思政课教学理念的必然结果。在"主体间性"教育理念视域下，因为教师和学生都是课堂教学的主体，所以这就要求教师的角色必须由知识的传授者、灌输者转变成学生主动建构意义的帮助者、促进者，必须着力于对学生学习主动性、积极性的激发，必须最大限度地解决学生"愿不愿意学"的问题。其次，

---

① 侯勇：《"政治自觉"到"人本自觉"：90 多年来中国共产党的思想政治教育主题转换》，《学校党建与思想教育》2012 年第 3 期。

在思政课课程建设、教学改革及教学活动中，必须深度贯彻"以学生为本"的理念，必须充分尊重大学生的主体性和个性化需要。为此，还必须"加大对学生认识规律和接受特点的研究"①，借此努力提高教学供给结构对大学生心理特点、认知结构，以及学生原有知识水平和知识结构的适应性，从而在有效解决学生"能不能学"的基础上进一步确保教学的实效性。最后，转变教学理念并不是目的，以新的教学理念为指导，通过推动教学"供给侧改革"切实增强教学供给的针对性，借此实现"精准"供给，提高教学供给效率和效益才是目的。

为了有效提高教学的针对性，切实增强教学供给的"精准"性，在积极转变、更新教学理念的同时还必须从提高教学供给质量出发，紧紧围绕提质增效这个核心，从整体上整合教学资源中的各种要素，努力矫正它们在供给配置过程中的不合理现象，从而最大限度地提高各教学要素对学生需求变化的适应性、针对性和灵活性，继而更加合理，更为高效的配置教学资源，提高资源配置的效率和效益。当然，教学资源的高效配置还只是实现高效教学的基础和前提，而要想真正实现高效教学，最重要的还是要增强教学供给内容、供给模式、供给方法等之于学生需求的针对性和适应性。要想达到此效果：第一步，"要坚持统一性和多样性相统一，落实教学目标、课程设置、教材使用、教学管理等方面的统一要求，又因地制宜、因时制宜，因材施教"②。这就要求在教学组织过程中既要坚持以中宣部、教育部统编教材为依据，又要结合学校特色和教学实际，通过对教材内容富有针对性的挖掘、加工、整合与设计，促进形成富有校本特色的教学内容供给体系，借此有效解决教材内容供给的统一性与不同类型、不同层次高校学生需求的差异性之间的

---

① 《习近平主持召开学校思想政治理论课教师座谈会强调　用新时代中国特色社会主义思想铸魂育人　贯彻党的教育方针落实立德树人根本任务》，《人民日报》2019 年 3 月 19 日。

② 《习近平主持召开学校思想政治理论课教师座谈会强调　用新时代中国特色社会主义思想铸魂育人　贯彻党的教育方针落实立德树人根本任务》，《人民日报》2019 年 3 月 19 日。

矛盾，进而初步解决教学供给的针对性与适应性问题。第二步，高校思政课要改变过去那种不管学科专业，不论培养层次，权且投入大量人力、物力资源但却无法取得相应实效的"粗放型"教学供给模式，转而需要依据不同学科门类、专业类别、培养层次下学生的具体特点，进行更加有效、更为具体、也更富针对性的"精细化"供给。课程可以采取"分类教学、分层教学"模式。即，针对不同专业、层次、年级、学段和不同认识与接受程度的学生分别采取不同的教学模式。如此一来，也能更好地根据学生知识情况和认知差异，更有效地促进教学供给由教学体系向学生认知体系的转化。最后一步，思政课教学从根本上来说是做人的工作，所以教学供给必须从人的需要出发，而最"精准"的教学供给莫过于直指学生需求穴位的供给，因此教学要想真正激发学生学习兴趣，切实提高教学效果和教学效率至关重要的还是要通过巧妙的教学组织和灵活的教学方法让学生充分感受到教学的价值和意义，必须让学生能充分感受到教学供给对接个人需求后的获得感，从而切实解决好教学供给"真正有用"的问题。正如邓小平所言："学马列要精，要管用。"[①]只有教学供给能让学生切实感觉到有用，他们才可能欣然接受并以此为指导贯彻到生活当中去。这样的教学供给也更容易由学生的认知体系顺滑转化为学生的价值体系和行为体系，而教学供给只有最终内化为学生的价值体系并落地为日常行为方才能产生真正的教学效益，这样的教育也才真正有意义。

10.2　升级课程供需结构　贯通"两厢"需求满足

犹如"当前中国经济的下行不再是周期性，而是结构性问题，面对的主要矛盾也已变成结构性、体制性矛盾为主，必须通过供给侧结构性改革重塑经济发展动力，为经济持续健康发展创造条件"[②]一

---

① 《邓小平文选》(第 3 卷)，人民出版社 1993 年版，第 382 页。

② 《习近平提出供给侧结构性改革的主攻方向》，http：//news.china.com.cn/2016-05/20/content_38498981.htm，2016 年 5 月 20 日。

样，我国高校思政课教学之所以存在一定的质量不高现状，表现出步履艰难的改革困窘更多也是其供需结构中的体制性、机制性矛盾所致，因此该课程要想真正实现高效教学也必须致力于创新供需机制，促进供需结构的转型升级。为了达到此目的：首先，必须转化课程的逻辑起点。这也应该成为思政课教学"供给侧改革"的逻辑起点。一切教育教学活动的逻辑起点都应该是现实的人的需要，都是为了让人更好地生活。整个马克思主义唯物史观的前提条件就是"现实的个人"的存在，"我们开始要谈的前提不是任意提出的，不是教条，而是一些只有在臆想中才能撇开的现实前提。这是一些现实的个人……每个人的自由发展是一切人自由发展的条件"①。但是当回到思政课本身，其教学目的却更多的强调要满足社会需要，强调教学要为社会服务，当然为社会服务又可归结于为政治服务，要"紧紧围绕党的中心任务进行思想政治教育"②，这也是课程产生伊始即已确立并延续至今的重要传统。正因为如此，思政课的整个供需系统，都是以社会需要为逻辑起点而非以"现实的个人"需要为逻辑起点而建构、组织和实施起来的，在如此供需结构中因为教学供给系统直接根植于社会需要，以社会需要为中心，所以其动力支持也自然主要是来源于社会需要，而这恰恰是造成学生学习内生动力不足的根本原因，因此通过转化课程的逻辑起点，推动教学"供给侧改革"不但可以乘机打破该门课程与其他学科的不可通约性，更能有效增强教学供需系统的内生动力，从而促进高效教学的实现，但需要特别强调的是，主张转化课程的逻辑起点绝不代表要完全迎合学生需求，更不是要弱化甚至忽视社会需求，恰恰相反，先期满足学生需求只是手段，最终满足社会需求，实现两厢需求相契合、相贯通才是目的。"教学双重价值目标的统一是高校思政课有效教学的前提。"③思政课教学既不能以其"是其所是"之根据而

① 《马克思恩格斯选集》（第1卷），人民出版社2012年，第146页。

② 王树荫：《论中国共产党90年思想政治教育的基本经验》，《思想理论教育导刊》2011年第8期。

③ 镇鑫羽：《基于人性基础的高校思想政治课有效教学研究》，重庆交通大学2011年硕士论文，第46页。

过滤掉了其"是其所应是"之教育本真和生活内涵，更不能打着满足学生需求的"幌子"将教学通识化甚至庸俗化，而是必须努力在教学"正当性"与"有效性"间寻得平衡并充分地、有效地将"个人需求"与"社会需求"结合起来。所谓"个人需求"简单说就是学生成长成才的需求，"社会需求"则主要是指通过"增强使命担当，引导学生矢志不渝听党话跟党走，争做社会主义合格建设者和可靠接班人"①的需求。这"两厢"需求作为思政课教学需求侧的两个方面，因为中国共产党坚持以人民为中心的价值诉求，所以从理论上说二者具有高度的关联性、一致性和内在统一性，但是实际上"高校思想政治教育由于观念层面的认知偏差连带实践层面的操作偏颇往往带来两个需求的貌合神离、不尽统一"②。这也是造成该课程教学供给在满足个人需求和社会需求间存在"耦合差"的直接原因。针对"耦合差"的存在，教学供给必须通过建立合理、有效的供需结构，有效链接、贯通"两厢"需求，方可促进"两侧"的协调发展和良性互动并进而保障教学供给效果，提高教学的实效性和亲和力。

为了以"现实个人的现实需要"为逻辑起点，通过优化教学供需结构更有效地贯通个人需求和社会需求"两厢"需求满足，首先，高校思政课教学各供给主体必须在充分保证课程功能前提下，以个人现实需要为逻辑起点和根本依据对其供给内容、供给方式、供给过程、供给评价等进行全方位地优化调整，其基本思路是：在立足学生需求基础上，以满足学生需求为切入点，通过努力寻找个人需求和社会需求的契合点，尽量增大学生需求和社会需求的契合率，全方位地调整、整合教学内容、优化教学环节、完善教学评价，从而构建起基于学生需求，符合社会需求，既能契合学生需求，更能满足社会需求的教学供给和评价体系。具体而言，调整既应该包括以学生需求为分析原点而对课程内容所进行的整合、调整、优化，

---

① 中共中央办公厅、国务院办公厅：《关于深化新时代学校思想政治理论课改革创新的若干意见》，http：//www.gov.cn/zhengce/2019-08/14/content_5421252.htm，2019 年 8 月 14 日。

② 褚小山：《供给侧改革视角下推进高校思想政治教育创新的哲学思辨》，《高教学刊》2018 第 4 期。

也应该包括根据教学内容而对教学目标所进行的重新分析和设定，更应该包括为适应学生需求特点而进行的教学策略设计、教学方法选择和教学情境创设以及以是否有利于学生健康成长和对主流意识形态的理解、认同和践行为衡量标准的教学评价等。以上转化调整的最大意义就在于它能够有效克服传统思政课教学以社会需求为中心，强调理论灌输、道德教化，但却容易忽视学生需求，难以找到"具化"社会需求为学生需求的有效途径，无法链接和贯通两相需求的问题。其次，教学各供给主体还必须时刻注意要把社会对课程的价值需求构筑于学生个人需求满足之上，而不是与此相反。唯有如此，该课程教学才可能真正获得学生的情感认同、利益认同和价值认同，教学也才可能真正激发学生的学习需求并最终使其由原来建基于社会需要的"外在要求"顺利转变成基于学生个人需求的"内在需要"。学生内在需要才是其接受教育的根本驱动力，学生对课程的内在需要越强烈其教育教学效果也会越明显。为此，高校思想政治理论课教师一方面需要以需求理论为指导，结合课程主要内容和目标定位，进行大范围、大样本、富有针对性的学生需求分析调研，因为只有先号准学生需求脉搏，洞见学生多重需求，明了他们希望通过该课程收获什么，而不是一味强调国家、社会需要向其灌输什么，才可能更好地弥合教学供给侧的"应然"要求和学生需求侧的"实然"需要之间的裂缝，也才能更有效地避免教学供给沦为"空话大话"并最终如愿实现"以透彻的学理分析回应学生，以彻底的思想理论说服学生，用真理的强大力量引导学生"①；另一方面，教学在尽力契合学生需要，努力为学生当下的合理需要提供最佳教学供给进而提供教学供给的最佳效率，从而确保教学效果和效益的同时还需要站在供给创造需求，供给激发需求的角度，根据学生需求发展规律不断地升级教学供给，激发并引领学生需求发展。最后，各教学供给主体在强化满足学生需求的同时还必须在寻求教学

① 《习近平主持召开学校思想政治理论课教师座谈会强调 用新时代中国特色社会主义思想铸魂育人 贯彻党的教育方针落实立德树人根本任务》，《人民日报》2019 年 3 月 19 日。

供给与个人需求和社会需求的双向契合中，在从满足学生需求向实现社会需求的升华中，在落地社会需求到个人需求的细化中，在贯通两厢需求，实现二者有效契合、相互促动、自如转化中积极探索，寻求有效的途径和方法。这就客观要求高校思政课既要立足于需求侧，更要着眼于供给侧，只有通过不断优化教学供给过程，更好地促进"两侧"的平衡发展，方能更好地促进高效教学的实现。

10.3　优化教学供给过程　促进"两侧"平衡发展

"供给和需求是市场经济内在关系的两个基本方面，是既对立又统一的辩证关系。"①"两侧"联系密切，牵一发而动全身。在经济领域如是，在教学领域亦然。非但如此，与经济领域供给侧与需求侧的关系相比，在思政课教学领域，"两侧"之间的关系更加复杂，而且课程的性质也决定了并非所有教学供给都能轻易地、有效地契合到学生需求当中去，也绝非社会诉诸课程的所有价值需求都能简单地具化为个人需求并充分落地、镶嵌到教学中来，所以个人需求满足和社会需求实现在教学中并不是总能都随时地、自如地贯通和转化。"在思政课教学供给运行实践中，高校思政课的教学供给与学生需求的均衡是暂时的和偶然的状态，而两者的相互失衡或矛盾状态才是常态。"②这就更加要求高校思政课教学"供给侧改革"，必须在充分认识"两侧"密切联系、相互影响规律的前提下，在遵循该课程教学特殊规律、教育教学基本规律和学生认识发展规律的基础上，统筹推进供给侧与需求侧的改革，要通过持续不断地优化教学供给过程尽最大限度地地促进"两侧"平衡发展。

为了充分优化教学供给过程，最大程度促进"两侧"平衡发展。首先，高校思政课教学必须基于本学科特性，立足于其特殊性进行有效地教学供给。思政课教学不同于自然科学教学，教学过程不是

---

①　中共中央宣传部：《习近平总书记系列重要讲话读本》，人民出版社2016年版，第154页。

②　孙英：《高校思想政治理论课教学供给侧改革论析》，《思想理论教育导刊》2017年第5期。

简单把无关乎学生主观体验的定理、技术、原理等教授给学生的过程，而是需要"把一定社会的思想准则和道德规范转化为大学生个人的思想品德，从而使社会意识向学生个体意识内化"①的过程，而有效的内化及育人过程一定是奠基于学生先基于自身需求，积极主动地接受教学供给，然后再经过不断自我建构、知识转化和价值观升华最终方才能在潜移默化中将教学供给内化于心外化于行的过程。在此期间，"头脑不是一个要被填满的容器，而是一束需要被点燃的火把"②。教学供给过程也绝不是简单的真理灌输过程，而更像是"一棵树摇动另一棵树，一朵云推动另一朵云，一个灵魂唤醒另一个灵魂"③的过程。所以，应"坚持灌输性和启发性相统一。要注重启发式教育，引导学生发现问题、分析问题、思考问题，在不断启发中让学生水到渠成的得出结论"④。因为教学目标的达成也不是简单的、线性的沿着知、情、信、意、行而自发生根、转化、升华、结果的过程，而是一个充满矛盾且需要不断反复的历程，只要处理得当，任何一个环节都可以作为刺激学生需求的起点，任何一个起点都可能成为"点燃学生头脑的火把"和"唤醒学生灵魂"的使者，高校思政课教学若要如愿达到教学效果，不但需要全力摆脱传统的、机械的知识灌输主义的藩篱，而且还需要时刻注意创设有趣的、有吸引力的教学供给环境和氛围，必须"坚持显性教育和隐性教育相统一"，"要坚持价值性和知识性相统一，寓价值观引导于知识传授之中"⑤。其次，教学供给侧和需求侧并不是

---

① 董玉辉、李扬、李艳：《高校思想政治教育创新发展的理念空间》，《中国高等教育》2009 年第 7 期。

② 顾雷：《创建基于主体性教育的课堂教学文化》，《江苏教育》2014 年第 9 期。

③ [德]雅斯贝尔斯：《什么是教育》，邹进译，生活·读书·新知三联书店 1991 年版，第 49 页。

④ 《习近平主持召开学校思想政治理论课教师座谈会强调 用新时代中国特色社会主义思想铸魂育人 贯彻党的教育方针落实立德树人根本任务》，《人民日报》2019 年 3 月 19 日。

⑤ 《习近平主持召开学校思想政治理论课教师座谈会强调 用新时代中国特色社会主义思想铸魂育人 贯彻党的教育方针落实立德树人根本任务》，《人民日报》2019 年 3 月 19 日。

天然连接和自动平衡的，"两侧"连接的桥梁全仰仗于有效的教学供给策略和供给过程，这就要求教师在教学中还必须根据教学内容和学生实际切实采取恰当的供给策略，持续不断地优化教学供给过程。为了让学生充分认识到该课程的价值并进一步培养其学习兴趣，调动其学习积极性，高校思政课教学应该尽可能地以"学生诱致性"供给策略为主。所谓"学生诱致性"供给是指："根据学生的需求偏好决定教师供给的内容，达到教师之所讲即为学生之所需，从而实现供需均衡，提高教学的针对性和实效性。"①虽然以"学生诱致性"供给策略为主能够有效解决基于学生需求的教学供给过剩与学生有效需求不足之间的矛盾，进而有效促进教学供给与学生需求的平衡，但并不是所有教学内容都能通过"学生诱致性"供给策略即能轻松达到教学目标，所以在强调实施"学生诱致性"供给策略的同时，对于那些学生并不偏好的教学内容，还是必须采取"教师强制性"供给策略，即根据大纲要求，有些内容不管学生需不需要、偏不偏好、喜不喜欢，该讲的还是要讲，该重复的还是得重复。不但如此，对于这部分内容，高校思政课教师不光要旗帜鲜明地、理直气壮地讲，而且还必须时刻注意结合新时代最鲜活的、最管用的马克思主义，即习近平新时代中国特色社会主义思想切实地把其讲清、讲透。这既是教学供给满足社会需求的需要，更是促进教学供给侧与需求侧整体性平衡的需要，但必须强调的是，在运用"教师强制性"供给策略时，教师一定要尽可能深入浅出地把教学内容讲出道理、讲出水平、讲出精彩，而不能是照本宣科，简单粗暴地灌输，要"努力实现思政课教学'配方'先进、'工艺'精湛、'包装'时尚"②，唯有如此，该课程才可能被打造成"金课"，高效教学也方才能如愿实现。

（作者：陈雨田，山东师范大学马克思主义学院博士生）

---

① 吕新发：《高校思想政治理论课教学的供求关系研究》，《金融教学与研究》2009 年第 4 期。

② 《新时代高校思想政治理论课教学工作基本要求》，http：//www.gov.cn/xinwen/2018-04/26/content_5286036.htm，2018 年 4 月 26 日。

11 新时代高校思想政治理论课精准供给研究

新时代呼唤新作为，新使命开启新征途。习近平强调，"思政课是落实立德树人根本任务的关键课程"①，"我们办中国特色社会主义教育，就是要理直气壮开好思政课"②。可以说，对高校思想政治理论课精准供给的研究，既是贯彻落实党中央对思想政治工作重要指示的题中应有之义，又是实现思想政治理论课精准转型和立德树人根本任务的现实之需与发展之要。

11.1 打造高校思想政治理论课精准供给之顶层设计

当前大学生的网络化生存已成为不可逆转的趋势，随之而来的是高校思想政治理论课需求侧与供给侧之间愈发明显的失衡态势，找寻新的着力点、突破口和增长点，提升高校思想政治理论课的供给质量，已然成为高校思想政治工作的重中之重。

---

① 习近平：《思政课是落实立德树人根本任务的关键课程》，《求是》2020 年第 17 期。

② 习近平：《思政课是落实立德树人根本任务的关键课程》，《求是》2020 年第 17 期。

11.1.1　高校思想政治理论课精准供给的理念指引

新时代要实现高校思想政治理论课精准供给，应树立精准化、科学化的供给理念。第一，坚持一个"中心"。"要坚持把立德树人作为中心环节，把思想政治工作贯穿教育教学全过程。"①立德树人作为高等教育的根本任务，是思想政治理论课开展的目标指向。精准供给作为高校思想政治理论课守正创新的关键一环，应牢牢把握立德树人这一中心点，将立德与树人作为高校思想政治理论课供给的最高宗旨和核心理念。第二，树牢两个"意识"。一是树立问题意识。高校思想政治理论课要聚焦社会发展与时代变迁衍生出的"无根生存""自我迷失"与"价值错位"等问题，以问题导向指引育人工作的新定位和再出发。二是树立服务意识。高校思想政治理论课要服务于多主体的现实需要，包括教育主体对职业幸福感的追求，教育对象对立志成才的渴望，社会对人才质量的需求。第三，遵循三大"规律"。习近平总书记指出："要遵循思想政治工作规律，遵循教书育人规律，遵循学生成长规律。"②精准供给作为思想政治理论课创新的重要环节，应自觉遵循思想政治工作的内在尺度，从规律中寻找增长点和竞争点。第四，凸显四大"特性"。要深化思想政治理论课的改革创新，不断更新、整合供给内容，凸显思想政治理论课话语的思想性、理论性、针对性和亲和力，更要积极引进新平台、新技术和新手段，营造健康的思想政治理论课生态系统，提升思想政治理论课的育人实效。

11.1.2　高校思想政治理论课精准供给的目标导向

推进高校思想政治理论课精准供给，要构建渐进式的目标层

① 《习近平在全国高校思想政治工作会议上强调　把思想政治工作贯穿教育教学全过程　开创我国高等教育事业发展新局面》，《人民日报》2016年12月9日。

② 《习近平在全国高校思想政治工作会议上强调　把思想政治工作贯穿教育教学全过程　开创我国高等教育事业发展新局面》，《人民日报》2016年12月9日。

次。微观层面体现为对象需求与供给内容的相对平衡。高校思想政治理论课供给呈现三种状态，即需求大于供给、供给大于需求、供需平衡。无论是需求大于供给抑或供给大于需求，都并非思想政治工作追求的理想状态。大学生思想政治教育应是充满人文与生命关怀、以生为本的教育。高校思想政治理论课精准供给的初级目标就是要最大限度地贴合教育对象需求点，这是思想政治理论课良性发展的首要前提。中观层面体现为供给标准与供给能力的相互衔接。供给标准与供给能力本质上也是"需"与"求"的关系，在一定阶段内，高校思想政治理论课供给能力往往受限于主客观条件，与供给标准之间存在不同程度的落差。高校思想政治理论课精准供给的中级目标就是要最大可能地提升供给能力，缩减供给标准与供给能力之间距离，这是思想政治理论课创新发展关键一环。宏观层面体现为人才素养与时代需求的无缝对接。思想政治理论课作为国家人才培养的核心课程，肩负着培养社会主义事业建设者和接班人的重大任务。高校思想政治理论课精准供给的终极目标就是培养出契合国家发展与民族复兴之需的高素质人才，这也是思想政治理论课的价值依归。

11.1.3　高校思想政治理论课精准供给的机制保障

为保障高校思想政治理论课精准供给的有序开展，应建立完善的供给机制。第一，建立权威系统的培训机制。教师队伍是思想政治理论课精准供给的实施者，直接决定着高校思想政治理论课精准化发展能否实现。为切实提升教师的信息素养、媒介素养、网络素养和课程整合素养，高校要制定出科学完备的培训机制，督促教师不断实现自我成长，建设一支新型思想政治理论课教师队伍。第二，建立科学有效的激励机制。为激发高校思想政治理论课教师投身工作的积极性和主动性，高校要制定合理的绩效考核机制，采取适当的物质奖励，鼓励教师为思想政治理论课的精准化发展出谋划策。第三，建立协调贯通的反馈机制。通过云计算、区块链技术在采集学习过程生成性行为数据的运用，高校可依据数据平台爬取的数据集合，以可视化、动态化方式，全方位、全时段、全景域呈现精准供给的实效性，实现信息反馈的全时性和随时性。

11.2 打磨高校思想政治理论课精准供给之内容结构

高校思想政治理论课作为思想碰撞的主场域与意识形态传播的主阵地，其转向精准化、科学化、智慧化的关键之举就是坚持"内容为王"，即在坚持"源"与"流"相融合、"破"与"立"相结合、"承"与"续"相衔接、"虚"与"实"相聚合的原则下，精心打磨课程内容结构。

11.2.1 "源"与"流"相融合

高校思想政治理论课要守好"一段渠"，种好"责任田"，站好"防卫岗"，始终坚持对科学理论的解读和剖析。一方面，高校思想政治理论课要"溯源"，慢读、细读、精读、深读马克思主义经典文本。从经典文本的生成根基、生成机理、生成逻辑中梳理科学理论受精、孕育、成形与结实的全过程，考量其在共时和历时条件下所凸显出的实践价值，引导教育对象认识马克思主义、理解马克思主义、认同马克思主义，进而在内化马克思主义世界观与方法论的基础上提升改造世界的能力。另一方面，高校思想政治理论课要"开流"，讲好、讲精、讲透、讲活马克思主义中国化的最新成果。作为马克思主义中国化的最新成果，习近平新时代中国特色社会主义思想是党和国家各项重要事业的行动指南，是新时代中国共产党的思想旗帜。高校思想政治理论课要把习近平新时代中国特色社会主义思想"三进"工作落实、落细、落地，凝聚思想共识，汇聚行动合力，提升教育对象的理论素养和政治水平。

11.2.2 "破"与"立"相结合

思想性是新时代高校思想政治理论课的本质属性，是思想政治理论课有别于其他课程的核心和关键。高校思想政治理论课应把握好"破"与"立"的关系，在剥离错误思想干扰的基础上，用共产主义远大理想立德、立身,用爱国主义情怀立言、立行。

一方面,推动"技术表象"向"技术内容"的转变,强化对大学生的理想信念教育。当前,我国决胜全面建成小康社会取得了决定性成就,全面建设社会主义现代化国家的新征程已开启,正处于重要的战略机遇期。但与此同时,我国的发展环境复杂多变,机遇与挑战并存。活跃在网络场域的大学生渴望通过网络窗口窥探社会现象,但在后真相时代的镜像中不乏虚假信息和负面信息混杂其中,加上其自身理性思维和甄别能力的薄弱,极易受到网络负面舆论与社会思潮的冲击,从而动摇内心的理想信念。高校思想政治理论课不能片面强调"技术热",要将技术要素真正融入教学过程,实现思想政治理论课的技术化和数字化;借助数据追踪和分析手段,找出理想信念教育的痛点、难点、堵点,真正将教学活动贴近学生的自我需求;改进教学话语和互动模式,赋予课堂以语言美、形式新和感情真,真正将理想信念教育落到学生的"心坎里"。

另一方面,实现"漫灌"向"滴灌"的转变,深化大学生的爱国主义教育。"爱国主义是中华民族的民族心、民族魂,是中华民族最重要的精神财富,是中国人民和中华民族维护民族独立和民族尊严的强大精神动力。"①事实上,国外敌对势力从未放弃对我国实施"西化""分化"战略,企图以"颜色革命"阻碍我国经济健康发展和社会和谐稳定。大学生作为新时代奋斗者和国家建设的生力军,理所当然地成为西方敌对势力渗透和策反的重要目标。为此,高校思想政治理论课要种好"责任田",把握好青年的"小麦灌浆期"和"拔节孕穗期",以具象化手段在细微处下功夫,用思想的洗礼和精神的熏陶,引导学生传承爱国情,砥砺强国志,实践报国行。

11.2.3 "承"与"续"相衔接

底蕴厚重的中华优秀传统文化是民族繁荣发展的文化根基,是中国最深厚的文化软实力,也是思想政治理论课内容结构的重要构成。第一,要领悟民族文化之灵魂,守我中华之国本。当前,部分

---

① 《新时代爱国主义教育实施纲要》,人民出版社 2019 年版,第 1 页。

大学生因受到历史虚无主义思潮的侵蚀，对民族传统文化认知肤浅，态度敷衍，缺乏对民族结晶的敬畏之心。高校思想政治理论课要主动出击，廓清历史虚无主义思潮的迷雾，用深厚的文化积淀扭转学生的错误观念，用厚重的历史记忆唤醒学生的家国情怀。第二，要传承革命文化之精神，挺我民族之脊梁。历久弥新的红色革命文化作为中华优秀传统文化的延续和发展，是中国人民在新民主主义革命时期形成的文化形态，是革命发展历程与实践经验的缩影。习近平总书记在党的十九大报告中指出，"要以培养担当民族复兴大任的时代新人为着眼点"①，高校思想政治理论课应将革命精神贯穿课程的始终，用革命文化的深厚底蕴与革命精神的深邃内涵引导大学生明确自身承载的历史使命，进一步坚定理想信念。第三，要传播先进文化之理念，扬我中华之国粹。锐意进取的社会主义先进文化作为面向现代化、面向世界、面向未来的文化，体现着鲜明的民族性、科学性和大众性。发展社会主义先进文化是彰显民族文化自信的关键，是高校思想政治理论课的重要任务，更是新时代大学生应秉持的文化态度和文化理念。

11.2.4　"虚"与"实"相聚合

高校思想政治理论课是新思想、新理论传播的主渠道，能否始终把握前沿热点，决定着高校思想政治理论课供给内容是否具有前瞻性和引领性。首先，要把握学科热点。学科热点是高校思想政治理论课热点追踪的重中之重，对学科热点的精准研判能够引领学生的思想意识，实现课程内容的开拓创新。党的十九届五中全会召开后，全国各地高校积极将会议精神融入思想政治理论课，深化大学生对我国复杂的发展环境以及远景目标的理解。其次，要把握社会热点。社会热点是在一定时间段内受到群众广泛关注，极具传播力和辐射力的问题，具有功能双面性和正向可导性。网络社会的崛起

---

①　习近平：《决胜全面建成小康社会 夺取新时代中国特色社会主义伟大胜利——在中国共产党第十九次全国代表大会上的报告》，人民出版社2017年版，第42页。

促进了社会意见表达的自由性和非制度性，使得大学生网民可以一跃成为意见领袖和正义化身。为应对大学生存在的认知不清、研判不准、立场不定等问题，高校思想政治理论课应将社会热点注入教育内容，通过主动回应、有效互动与话语生动实现情感疏导和舆论引导，牢牢把握网络舆论场的主动权和主导权。再次，要把握校园热点。作为学生精神文化活动的空间领域，校园热点往往体现学生的"关注点"和"需求点"。高校思想政治理论课要实现精准供给，应从校园热点中汲取"生长土壤"，挖掘"育人养分"，将其内化为学生的精神动力，外化为学生的行为潜能。最后，要把握网络热点。网络技术使人类遨游在由 0 和 1 组合的二进制代码构成的虚拟世界，并以复杂的关系网络承载着人的利益诉求、心理诉求和娱乐诉求，是大学生世界观、人生观、价值观养成的重要场域。但与现实世界不同，虚拟空间中凸显的"后真相"幻境是"真"与"假"的统一体，遭遇着技术无法解决的伦理问题和道德困境，可能会对大学生的社会认知、网络表达、思维理性产生消极影响。为此，高校思想政治理论课必须敢于"亮剑"，不回避争议，不蒙蔽真相，积极主动将网络热点纳入供给内容体系中，用网络热点吸引学生关注，用网络话语拉近师生距离。

11.3　打通高校思想政治理论课精准供给的实践路径

供给介质、供给策略与供给环节构成了高校思想政治理论课精准供给的实践过程，任何一个环节的弱化都会造成运行失常与结果失准。进而言之，高校思想政治理论课育人实效的提升要优化供给过程，尽可能降低运行过程中育人效果的减损率。

11.3.1　实践之基：拓展供给介质

高校思想政治理论课的精准供给，应将网络基础设施、科研平台、交流平台以及互联网平台多管齐下，配置多元协同、多维联动的供给介质。第一，优化校园网络基础设施。网络基础设施是开展大数据分析的基础，在即将到来的 5G 时代，高校要抓住时机全面提升校园网络的供给质量，配置好学生网络交往与思想政治理论课工作开展的"硬件"。第二，打造专业化供给科研平台。教学与科研是相辅相成的集合体，教学问题赋予科研活动以问题导向和实践价值，科研成果又为教学活动的有序开展提供方向指引和进路选择。高校思想政治理论课教育内容的精准供给，应强化对科研活动的扶持力度，打造优质科研平台。第三，建立常态化供给交流平台。高校思想政治理论课具有突出的开放性和前沿性，故步自封式的"关门教育"只会使思想政治理论课教学现代化进程停滞不前。高校思想政治理论课精准供给应建立常态化、规范化的校际交流平台，促进教学经验的互通与优质理念的共鉴。第四，构建信息化供给在线平台。大学生穿梭于多个网络平台，留下了丰富的数字痕迹，其数字化生存样态已成为共识。高校应强化与专门性网站、自媒体平台、虚拟实践平台、在线学习平台的交流合作，借助媒介平台搜集到的价值信息，挖掘数据涵纳的学生需求，推进高校思想政治理论课精准供给过程的网络化、数字化、智慧化和智能化。

11.3.2 实践之策：创新供给策略

高校思想政治理论课的精准供给要将整体思维、系统化思维、技术思维和创新思维融入供给策略的探索，实现供给内容与供给服务的同向同行、协同发力。第一，"防守"与"进攻"相结合策略。高校思想政治理论课精准供给要净化校园媒体环境，培植校园媒体文化，使校园媒体成为学生沉淀自我、碰撞灵魂、价值喷薄与使其产生情感共鸣的正向场域。一是要严格监督校园网络论坛与校园微媒介(微博、微信)等网络社区，对推送内容进行严格筛选，过滤掉负面的网络信息，避免网络舆情演化为校园舆情。二是要提升传播内容的宽博度和渗透率，合理规划推送主题，打造具有系统性和感召力的专题栏目，赢得学生的信赖感和亲近感。第二，"线下"与"线上"相结合策略。当前，MOOC(慕课)、微课、蓝墨云班课、超星学习通等网络课堂相继出现，创建了师生互动的在线环境，变革了教学内容呈现方式。进而言之，高校思想政治理论课也要建好网、用好网、管好网，在坚守课堂主阵地的同时，积极开发第二课堂，搭建"连心桥"，构筑"同心圆"。第三，"顺势"与"造势"相结合策略。一是要把握好网络舆论导向，积极主动引领舆情走向，在话语权建构的过程中落实高校思想政治理论课的育人理念。二是用社会主义文化塑造校园文化和网络文化，创设积极向上的育人情境，打造具有时代特色与学科特点的品牌文化。

11.3.3　实践之道：改进供给环节

大数据时代，数字化预测、制定、创收成为社会发展新的增长点，形成了交互性、开放性和即时性的数据传播网络。大学生作为网络空间的活跃群体，在网络交往、在线学习、网络消费、网络娱乐的过程中产生了海量的数据信息，为高校思想政治理论课借助数据爬虫、数据清洗、数据可视化和数据挖掘技术分析学生的自我需求提供了无限可能。毋庸置疑，高校思想政治理论课要适应新形势、开拓新思路，从"大处着眼，小处着手"，对准聚焦，找准穴位。第一，供给切入点为精准锁定教育对象。借助大数据处理技术，高校对思想政治理论课育人状况的动态数据进行重点爬取，进而通过数据清洗、数据过滤以及数据可视化处理，对每条数据的属性进行精确标识，精准呈现"学生画像"，把握学生思想行为的完整演变过程。第二，供给着力点为精准研判教育对象。依据上一阶段的"学生画像"，教育者要迅速在数据图谱中锁定"异常走向"，并将该单个数据条进行提取和挖掘，深究数据背后蕴含的多维度、叠加性的关系范畴，并从数据演绎、数据裂变、数据重组中精准把握教育对象思想状态。第三，供给落脚点为精准引导教育对象。教师施教与学生受教是高校思想政治理论课教学互动的两个向度，教育需求是学生对教育内容表现出的倾向性，是教育者开展教育活动的内在规定性。因此，高校思想政治理论课应探寻教育对象的互动模式、表达习惯与接收方式，对行为异常的学生进行针对性思想引导，实现知识本位向学生本位的转变。

概而论之，高校思想政治理论课精准供给是推进立德树人根本任务之所需，亦是达成时代新人培育目标之所向。新时代高校思想政治理论课要秉持党中央的新定位、新要求和新指示，做到因时而变、因势而动、顺势而为，在守正中创新，在创新中守正，为实现思想政治教育的高质量发展积蓄力量。

（作者：马静音，电子科技大学马克思主义学院博士研究生；曹银忠，电子科技大学马克思主义学院教授，博士生导师）

12 深度教学：高校思想政治理论课改革的导向和路径

高校思想政治理论课是落实立德树人根本任务的主渠道和主阵地，进一步加强思政课教学改革是增强教学实效性的现实课题。"深度教学"是一种侧重于"深度学习"的理解性教学，旨在提高学习者思维活动的教学理念和教学策略，在基础教学领域广泛运用，却很少在高等教育领域被提及。以"深度教学"理念促进高校思政课教学改革，扬弃了以往教学中只注重知识点传授和简单记忆的教学方法，更加注重知识背后蕴含的思想意义、价值维度和思维方式的深层次追问，使大学生思政课学习更加具有价值关怀和意义关怀。思政课"深度教学"适应了当前思政课全面而深刻理论教育的需要，是回应新时期立德树人根本任务的要求，是回应"培养什么样的人"和"怎样培养人"的题中应有之义。

12.1 高校思想政治课"深度教学"的本质内涵

"深度教学"是区别于传统的侧重教材基本知识和基本问题记忆性、机械性教学而言，即：教师在传授知识的基础上，提高学生的独立思考能力和创造性思维能力，既强调学科知识教学，又强调思维方法、思想情感、理想信念和价值观教育。[①] 深度教学"不再

---

① 贡和法：《思想政治课深度教学新探》，《中学政治教学参考》2016 年第 6 期。

仅仅把知识作为教学的对象，而是把学生作为教学和促进的对象，教学过程切实由以知识为中心转向以学生发展为中心"①。当前多数学者认为深度教学"深在学生参与，倡导主动、积极；深在课程内容，倡导知其所以然；深在学习任务，倡导挑战性、高投入；深在学习过程，倡导问题解决、知识运用与创新；深在学习结果走向批判、创造等高阶思维，或整合认知与非认知的割裂，发展情感、价值观或追寻意义"。② 深度教学即结构化学科知识的灵活运用、自主迁移，通过问题解决，满足复杂情境的挑战与需要，建构个人知识，生成素养或高阶思维的过程。③

所谓高校思政课深度教学，学界并没有给出明确的概念界定和本质规定性。但纵观学者对"深度教学"宏观探索，笔者认为，有以下几层含义。其一，高校思政课深度教学，是指教师根据思政课学科的内在结构、基本知识和大量的实践经验，通过多元教学，引导学生站在学科的立场和价值的高度去审视和把握思政课学习的意义，旨在引导学生透过现象把握本质、透过局部把握整体、透过事实把握价值、透过历史把握现实，以深化青年学生的理论认知和思想引领。其二，通过高校思政课深度教学，增强马克思主义理论的思想渗透力和理论说服力，提高大学生的战略思维、历史思维、辩证思维、创新思维、底线思维，培养学生以马克思主义的真理来分析和解决现实问题的综合能力，引导大学生对国家、社会主流价值观的政治认同、思想认同和情感认同。其三，高校思政课深度教学旨在利用富含高阶思维量的逻辑教学、系统教学和深化教学来提升思政课教学的实效性。打破学生因为考察测试的需要对教学内容和课堂学习形成浅层化认知，以实现内化于心的同时，综合立场、观点、方法等素养要素来实现外化于行的目的。

---

① 郭元祥：《课堂教学改革的基础与方向——兼论深度教学》，《教育研究与实验》2015 年第 6 期。

② 张良：《深度教学"深"在哪里？——从知识结构走向知识运用》，《课程·教材·教法》2019 年第 7 期。

③ 张良：《论素养本位的知识教学——从"惰性知识"到"有活力的知识"》，《课程·教材·教法》2018 年第 3 期。

12.2 深度教学是高校思政课教学改革的必然选择

12.2.1 深度教学是培育学生马克思主义理论素养的"孵化器"

《中国学生发展核心素养》明确界定了核心素养的定义，从宏观层面它以培养"全面发展的人"为核心，论述了人文底蕴、科学精神、学会学习、健康生活、责任担当、实践创新六大素养，从中观层面深入回答了"立什么德，树什么人"的根本问题。但不可回避的是，微观实践层面还亟须探索使核心素养落地的教学方法与策略。此时，深度教学就成为促进学生核心素养形成的重要途径。高校思政课首要回答"培养什么人、怎样培养人、为谁培养人"的问题，承担着培育大学生马克思主义理论素养的重要使命。为此，思政课教师既要帮助学生理解和掌握马克思主义理论的立场观点方法，更要帮助学生树立坚定的马克思主义信仰，以深度教学理念实现知识运用释放思政学科的育人价值和思维养成，以辩证的思维、发展的视角、全面的观点来解决复杂的理论和实践问题。

首先，思政课深度教学注重提升学生在政治方向、价值观念、情感态度、认知行为等方面的水平。当下，特别要注重提升习近平新时代中国特色社会主义思想在政治方向和价值观念的引领，使党和国家的主流意识形态在学生中形成真正情感态度认同，使学生的思维水平与思想素质得到整体提升；其次，深度教学是改变当前高校思政课存在的过于注重形式和技术手段使思政课停留于表面性与肤浅性的重要方式，加强思政课"深度教学"的意义在于突出大学生对思政课的理解性、批判性和反思性特征，以推动大学生对思政课学习的深刻理解及应用；再次，深度教学是对思政课所蕴含的逻辑与根据、思想与方法、意义与价值进行教育引导，强化思想政治理论的渗透力和说服力。"理论只要说服人，就能掌握群众；而理论只要彻底，就能说服人。"①要将思政课程知识的内在思想结构和深层内涵彻底化，用彻底的思想理论和真理的强大理论说服和引导学生，彰显马克思主义理论的魅力，真正达到"传道""授业""解惑"的高度统一，使学生能理性认识自己、社会、国家乃至世界之间的关系，学会以更开阔的视野去看待社会现实、提升政治素养、涵养家国情怀和培育使命担当。

12.2.2 深度教学是推动高校思政课课堂革命的"催化剂"

要使马克思主义理论核心素养落地，即回答"怎样培养人"的问题，要通过教学过程审视教学变革。课堂教学是思政课教学的重要环节和路径，我们应直面当前课堂教学面临的现状，即：课堂教学形式、教学内容、教学方法凸显浅表性倾向，课堂教学过度依赖技术凸显出机械性的特征。此外，教师在实际授课中生搬硬套教学方法和教学形式还较为常见，面对所涉及问题仅限于教科书式的解答，无法进行深度剖析；在处理教材时，常常表现为粗线条式和囫囵吞枣式，将思政课知识的理性论证过多的作感性化处理，以网络化、感性化的语言代替理论知识的传递，忽视对学生理论逻辑推演方法的训练，忽视了学科背后的深层意义，难以将知识真正做到内化于心。构建深度思政课教学课堂，优化思政课课堂教学设计，深化思政课教学内容、创新思政课教学方法，就是要回归教学的本质，遵循思想政治教育规律、学生发展规律，激发学生对思政课的学习兴趣，实现知识性与育人性的统一。

首先，优化课堂教学设计。遵循高校学生的思想认知特点和规律，坚持价值引领，将思政课教学要素作出有序安排，以教学内容为基础和主线，将既独立又有关联的问题贯穿起来，以教学目标为引领，创新教学设计，确定合适的教学方案的设想和计划。其次，在深化教学内容上，挖掘思政课教学内容背后的深层次的价值意蕴、情感要素和德性涵养，注重理论知识的逻辑性和系统性，以潜移默化的方式引导思政课由知识性传递转变为价值性传递，实现思

---

① 《马克思恩格斯选集》(第 1 卷)，人民出版社 2012 年版，第 9 页。

政课程内容的厚重性。在创新教学方式上，思政课教学可采取议题式教学、互动式教学、研究式教学等方法，加强学生的课堂参与度，深度培育学生的批判性思维、斗争性思维和反思性思维。"深度教学"要在加强教师的理论研究的基础上，改进教学方法和方式，引导学生走向理解知识的结构、掌握知识运用策略与方法，加强大学生对理论和实际问题的反思。

12.2.3　深度教学是回应化解大学生思想疑难困惑的"金钥匙"

当今世界正处于"百年未有之大局"，在改革开放和社会主义市场经济条件下，人们的物质文化水平得到极大提高的同时，思想文化领域也浮现出许多新特点和新问题。例如：西方社会思潮以文化交流融合为契机，伺机披着所谓"普世价值""宪政民主""新自由主义"的外衣，以解构和颠覆中国主流意识形态的主导地位，在意识形态领域对大学生进行历史虚无主义渗透，大学生的主流价值观念、政治观点、意识形态和生活方式受多元化社会思潮的影响深刻，诱发出极端个人主义、享乐主义和拜金主义等价值观念，冲击着马克思主义在意识形态领域的指导地位。归因于此，部分大学生认为思政课是空洞的说教，难以满足学生个性化发展、事业成功和人生幸福的要求，对高校思政课教学是极大的挑战。因此，深度教学的重点是破解学生在成长过程中可能遇到的思想困境、引导学生在新时代背景中主动思考，触类旁通，切实领悟和把握思想政治理论知识背后的理论意义、实践意义和价值导向。

除此之外，教师必须对大学生存在的人生疑难困惑问题如："新时代为什么要坚守马克思主义的信仰？""马克思主义有没有过时？""选择'佛系人生'有何不可？""人为何而活？"等问题作出深层次解答，才能取得学生对思政课的信任，树立思政课为青年学生答疑解惑的价值与权威。深度教学就是引导学生正确识破西方社会思潮的本质，站稳马克思主义的意识形态阵地，以时代新人的态度和立场有力回击意识形态领域的"杂音"和"羁绊"。用马克思主义的立场、观点、方法这把"金钥匙"去解锁社会问题、社会思潮，以深厚的知识涵养和全面的、联系的、发展的辩证思维，辨析和化解思想困惑和生活疑难，推动大学生的意识形态认同、主流价值观认同。

12.3 推动高校思政课深度教学的四维路径

习近平总书记在学校思政课教师座谈会上的重要讲话为高校思政课的改革创新指明了方向，他强调，高校思政课教学改革要做到"八个相统一"，增强思政课的思想性、理论性、亲和力和针对性。[①] 高校思政课"深度教学"要顺应历史与时代之变，直面我国社会经济发展过程中的重大理论问题和现实问题，以广阔的国际视野和深邃的历史视野，积极推进高校思政课在教学理念、教学内容、教学方法和教学目标等四个维度的创新与变革，实现高校思政课"深度教学"。

12.3.1 理念维度：以问题导向的教学理念促进深度教学

有深度的教学，必须以问题为导向。习近平强调："办好思想政治理论课要注重启发式教育，引导学生发现问题、分析问题、思考问题，在不断启发中让学生水到渠成得出结论。"[②]对高校思政课"深度教学"而言，高校思政课教师要聚焦时代问题，以此引导学生在批判与反思中摆正思想观念、创新思维方法，使大学生的理论疑难和实践困惑在追问与解问中实现认识的飞跃。"青少年阶段是人生的'拔节孕穗期'，最需要精心引导和栽培。"[③]高校思政课注

---

① 《习近平主持召开学校思想政治理论课教师座谈会强调 用新时代中国特色社会主义思想铸魂育人 贯彻党的教育方针落实立德树人根本任务》，《人民日报》2019 年 3 月 19 日。

② 《习近平主持召开学校思想政治理论课教师座谈会强调 用新时代中国特色社会主义思想铸魂育人 贯彻党的教育方针落实立德树人根本任务》，《人民日报》2019 年 3 月 19 日。

③ 《习近平主持召开学校思想政治理论课教师座谈会强调 用新时代中国特色社会主义思想铸魂育人 贯彻党的教育方针落实立德树人根本任务》，《人民日报》2019 年 3 月 19 日。

重以问题为导向的教学理念促进深度教学，使思政课教学紧扣现实问题，在解决思想问题与实际问题过程中实现知识传递、思想引领，高效促进教学的针对性和实效性。

一是要捕捉国家改革发展的重大问题。当前我国经济社会正处于转型期，关系国民经济和社会发展的热点、焦点性问题、社会舆情等问题等触碰着学生的心灵。例如："发展不平衡不充分""反腐倡廉""公平正义""生态文明""就业民生""医疗保障"等诸多方面问题，凸显着社会深层次矛盾问题。将此类问题有机地融入思政课的教学，作为理论联系实际的中介和桥梁，能有效地贯穿于思政课教学全过程，引导学生认真思考和分析社会矛盾问题，提升学生的理论理解和分析能力。除此之外，要在顺应教育环境、教材内容、教学对象之变的基础上寻找贯穿社会发展与学生成长中具有基础性、根本性、长久性的问题，以便学生能从这些问题中总结一般性规律。中央财经大学思政课采取"问题链"教学法，以热点、难点话题为起点，将一个个社会热点问题链条化，层层递进，极大激发了学生的思政课学习热情，思政课教学效果显著。

二是选取马克思主义理论困惑性问题。例如有的学生提出，马克思主义是不是已经过时了，已经无法指导我们进行中国特色社会主义建设了？面对此类理论困惑性问题，教师要坚持"政治性与学理性相统一"，以学术理论为支撑，以较高的专业素养直面学生对马克思主义理论具有的质疑与困惑，给学生以明确性的回答和引导。让学生深刻理解历史和人民作出了选择马克思主义、中国共产党、中国特色社会主义道路和改革开放等重要抉择，实现了中华民族从站起来、富起来到强起来的伟大飞跃，就是实现了历史逻辑、理论逻辑和现实逻辑到统一。马克思虽已经离我们远去，但马克思主义是在实践中不断发展和完善的，具有显著的实践性、科学性、革命性等特征，依然是我们这个时代的科学真理。忘记马克思主义、淡化马克思主义就是一种"历史虚无主义"。及时澄清和科学解答大学生遇到的思想疑难和理论困惑，是有效提升大学生的马克思主义理论素养的重要方法。

三是选取具国际社会前沿性、延伸性的问题。比如，如何从马克思主义基本原理出发，看待社会主义核心价值观与西方"普世价值"辨析、理解在社会主义市场经济条件下仍要坚持集体主义；再如国外社会思潮中民主社会主义思潮、享乐主义思潮、历史虚无主义思潮等在高校中流传甚广，逆全球化、中美贸易摩擦、贸易保护主义层出不穷，面对这些难点、焦点问题，教师要运用马克思主义哲学、政治经济学及科学社会主义的基本原理分析这些思潮的内容、本质、具体表现形式等，向学生揭示出它们的错误、片面所在，使学生辨析多种社会思潮中理解、认同、信服并自觉地坚持马克思主义，认识中国特色社会主义道路、理论、制度的优越性。

"坚持问题导向是马克思主义的鲜明特点。"[1]高校思政课教学以问题驱动串起整个教学过程，导引学生学理性思考，才能凸显实效性，增强针对性，避免理论教学的空洞化，更好地增强思政课教学的生命力、解释力和实践性。以问题为导向的教学理念来促进思政课深度教学，就是要把教学内容与历史发展、现实问题结合起来，将学生成长过程中的思想困惑紧密联系起来，引发学生对理论问题与社会发展矛盾问题的深度思考。让他们真正懂得理论只有经过实践的检验才能真正发挥作用，从而提高青年学生用辩证唯物主义和历史唯物主义的世界观和方法论来思考问题、分析问题、解决问题的能力。

12.3.2 内容维度：以深刻系统的教学内容促进深度教学

"深度教学主张从'知识点'教学走向'知识结构'，教学学科思想是蕴含在结构化、关联性的知识体系之中"[2]，知识结构的建立有助于挖掘知识背后所隐含的思想、意义、思维方式的深层意蕴。深刻系统的教学内容是思政课教学的核心，从总体上规定了思政课

---

① 习近平：《在哲学社会科学工作座谈会上的讲话》，人民出版社 2016 年版，第 14 页。

② 张良：《深度教学"深"在哪里？——从知识结构走向知识运用》，《课程·教材·教法》2019 年第 7 期。

的教学范围、教学性质，蕴涵着思想政治教育教学的目的、任务和要求。高校思政课是"政治性与学理性相统一""价值性和知识性相统一""建设性和批判性相统一"的内容体系。① 为此，教师要注重在深刻把握思政学科的整体性和逻辑性的基础上，准确把握教材的基本思想、逻辑体系及内在联系，以系统专业的教学内容促进思政课的"深度教学"。

"原理"课教学，要以读马列经典、悟马克思主义原理为重要内容。研读经典著作是"原理"课进行深度教学的基础和本源，洞察经典原理，与经典对话，夯实理论根基是教学的主要任务。马克思揭示了人类社会发展规律，"原理课"教学，不仅要讲原理的本身，还要讲原理的出处来源，经典原著的写作背景和提出过程。要知其然更要知其所以然，这就要求教师要以世界社会主义文明发展为线索，回溯欧洲历史文化，增强原理的历史性、理论性，让学生真正理解马克思主义的来源与发展，以彻底的学理分析讲清"什么是马克思主义""怎样坚持和发展马克思主义"等问题。马克思主义是一门改造世界的学说，马克思在《关于费尔巴哈的提纲》中指出，"哲学家们只是用不同的方式解释世界，而问题在于改造世界"②，那么将研读马列经典融入"原理"课深度教学，通过基本原理、具体内涵、精神实质讲授，使学生真正把握马克思主义的内在逻辑和辩证发展、从复杂的现象中把握问题的本质，培养学生的理性精神和批判意识，特别是让学生"沿着求真理、悟道理、明事理的方向前进"③。将读经典、悟原理融入思政课深度教学，引导学生树立经典意识、掌握经典原理，是改变过去对思政课"走马观花""浅尝辄止"的教学方式的重要创新。

"概论"课教学，要以领悟马克思主义中国化理论为重要内容。

① 《习近平主持召开学校思想政治理论课教师座谈会强调 用新时代中国特色社会主义思想铸魂育人 贯彻党的教育方针落实立德树人根本任务》，《人民日报》2019 年 3 月 19 日。

② 《马克思恩格斯选集》（第 1 卷），人民出版社 2012 年版，第 140 页。

③ 《坚持中国特色社会主义教育发展道路 培养德智体美劳全面发展的社会主义建设者和接班人》，《人民日报》2018 年 9 月 11 日。

马克思主义中国化就是马克思主义的科学性与真理性在中国得到充分检验、马克思主义的人民性和实践性得到充分贯彻、马克思主义的开放性和时代性得到充分彰显的过程。思政课教师应把广阔的视野投向中国特色社会主义的伟大实践之中，当下特别是要推进"习近平新时代中国特色社会主义思想"进教材、进课堂、进头脑，所谓"进头脑"，即意味着通过"习近平新时代中国特色社会主义思想"的深度学习，使学生深入掌握这这一科学思想产生的历史背景、发展进程、核心要义、精神实质和实践要求。习近平新时代中国特色社会主义思想是通过把握世界大势，应对全球面临对共同挑战、维护全人类共同利益对过程中丰富发展起来的，是解答新时代中国经济社会发展面临的复杂国内外形势的最新理论。让学生深入理解和准确把握这一科学思想，是对"新时代坚持和发展什么样的中国特色社会主义、怎样坚持和发展中国特色社会主义"这个重大时代课题的最好回应。通过对中国化的理论马克思主义的学习，使学生深刻认识和把握社会主义的本质特征、对中国现实发展状况抱有感同身受的理解、对于党和政府所采取的举措所取得的成效有系统的认识、对于中国未来发展走势抱有坚定不移的希望，从而牢固树立"四个意识"、坚定"四个自信"、做到"两个维护"。

"纲要"课教学，以学习"四史"为重要内容。教师要将中国近现代史置于整个中国历史和世界历史的宏大视野当中，揭示出中国近现代史在整个历史进程中的特殊性。习近平指出："要把学习贯彻党的创新理论作为思想武装的重中之重，同学习马克思主义基本原理贯通起来，同学习党史、新中国史、改革开放史、社会主义发展史结合起来。"①要将"四史"学习融入思政课课程体系，是思政课教学改革的一项重要任务。学习 100 年党史即学习中国共产党领导不断走向成熟的实践史，学习 70 年新中国史即中国共产党推进建设新中国的实践史，学习 40 年改革开放史即中国共产党推进社会主义制度自我完善和发展的实践史，学习社会主义发展史即把握

① 习近平：《在"不忘初心、牢记使命"主题教育总结大会上的讲话》，《求是》2020 年第 13 期。

中国特色社会主义的历史源流、现实方位与伟大贡献的历史。通过"四史"的深度学习，揭示中国近现代历史发展的基本面貌和规律，帮助学生探究历史事件背后的本质，提升思维的科学性与深刻性。只有将"史实"与"史识"联系起来，才能理解马克思主义的理论精髓，教学才能实现深度理解和深度反思。① 通过对"四史"中的重大理论问题的唯物史观解读，讲清楚中国共产党人初心使命及思想的承继与赓续问题，使学生深入理解中国共产党为什么"能"，马克思主义为什么"行"，中国特色社会主义为什么"好"等问题，从而坚定对选择中国共产党和中国道路的深度认同，进一步培养学生的历史责任感与使命感。

"思修"课教学，以认清自我与社会、国家之间的联系作为重要内容。"思修"课是一门融思想性、政治性、实践性为一体的课程，针对大学生成长成才过程中面临的理想信念、社会责任、道德法制等思想和实践方面的困惑，教师要从学术研究和社会典型切入知识点，强化大学生理论教育、政治引导和实践养成。教师要加强理论知识的科学性和价值选择的导向性，引导大学生摆正学生的世界观、人生观、价值观，提升大学生的理论素养、思维能力和理论视野。牢固树立对党和国家的忠诚，对社会肩负的责任，主动将个人的奋斗融入国家和民族的奋斗大潮中，将个人命运与国家和民族的命运紧密相连，把个人的青春梦、成才梦融入实现中华民族伟大复兴的中国梦之中。

"形策"课教学，以了解国内外发展大势和国家大政方针为重要内容。"行策"课作为高校思政课的重要课程，主要结合国内外不同时期的形势变化，把党和国家一系列重大政策贯穿全教学过程，教师要重点讲好新时代中国特色社会主义的生动实践和重大方针政策，阐明党和政府的基本原则、立场，剖析形势变化的规律和动因，使学生在形势与政策的认知过程中养成科学素质与人文素养，在舆论的风暴中学会冷静判断理性思考，增强政治敏感性和鉴

别力。"形策"课不仅要传递政策，更重要的是传递方法和思想，不仅要准确把握党制定的路线、方针、政策，更要领悟党制定各项政策时所依据的马克思主义的立场和方法，培养学生的大局观念、全球视野和战略思维。

12.3.3 方法维度：以启迪思维的教学方式促进深度教学

所谓启迪思维的教学方式，体现在"教"与"学"都要有批判性思维和斗争性思维，这种批判表现为理论的批判，这种斗争表现为与错误的社会思潮作斗争。人类社会文明的不断进步得益于永不终止的批判性思维，而批判性思维来源于对现实问题的敏锐感悟、对问题本质的精准把握、对思考的充分挖掘和对理论的深入剖析。思政课作为一门承载着知识性与价值性、政治性与学理性于一体的课程，其自身的不断完善与发展也必然集批判性与斗争性于一体。

一是培养学生批判性思维促进深度教学。古希腊普鲁塔戈说过："头脑不是一个要被填满的容器，而是一把需要被点燃的火把。"朱熹曾经说过："读书无疑者须使有疑，有疑者却要无疑，到这里方是长进。"中外名言一致表明：学习知识和发展思维能力是同等重要的，教与学是一种思维批判的过程。所以，理论知识的学习靠"记问之学"不能满足学习要求，重要的是能够进行批判性学习。马克思主义的发展史就是一部批判的历史，批判精神是马克思主义创新发展的动力之源。马克思在批判继承黑格尔的辩证法和费尔巴哈的唯物主义基础上，创立了辩证唯物主义和历史唯物主义；在批判继承了亚当·斯密、大卫·李嘉图等人的经济思想基础上，创立了马克思主义政治经济学；在批判继承圣西门、傅立叶、欧文等人的空想社会主义基础上，创立了科学社会主义。在与鲍威尔、蒲鲁东、魏特林这样曾经同路人的联合与思想交锋中一次次为马克思主义正名。深度教学强调对知识本质的理解和对所学内容的批判性利用，教师在思政课教学中要教育引导学生学习马克思的批判思维和明辨是非的认知能力，引导学生破除"教条主义""本本主义"等僵化思想观念，帮助学生增强发现问题、分析问题和解决问题的意识和能力。高校思政课教学要将培养学生的批判性思维作为深度教学的重要任务，向学生提供"多维视角"，即不同的甚至是相互冲突的观点，通过不同观点的比较、批判，使学生以辩证的思维看待问题，做到具体问题具体分析。

二是培养学生斗争性思维促进深度教学。马克思主义之所以能够确立并且具有生生不息的时代力量，就是由于马克思和后继马克思主义者的斗争精神在给予其有力支撑。恩格斯曾指出，斗争是马克思的生命要素。青年马克思受到普鲁士政府的驱逐，从布鲁塞尔流亡到巴黎再流亡到伦敦，却从未放弃理论的斗争，他们宣传并捍卫无产阶级运动，对蒲鲁东主义、巴枯宁主义、拉萨尔主义等各种错误思潮进行坚决的斗争，马克思主义的确立和发展就是一部充满斗争的历史，正是因为马克思的斗争精神才有了不朽的马克思主义。中国共产党的发展壮大也是一部不断斗争的历史，斗争精神是中国共产党人的精神底色。中国共产党人苦苦探求民族救亡道路，带领中华民族从站起来、富起来到强起来到伟大飞跃，正是得益于中国共产党带领中国人民开展的顽强斗争。当前，随着社会主要矛盾的转化，中国特色社会主义进入新时代，如何坚持和发展中国特色社会主义？回答这个时代之问，是我们新的历史征程。习近平指出，"我们面临的各种斗争不是短期的而是长期的，至少要伴随我们实现第二个百年奋斗目标全过程"①，思政课深度教学就是要教育引导学生继承和延续马克思与中国共产党人的斗争精神，教育引导学生勇于同社会上不符合马克思主义的各种错误理论思潮和观点旗帜鲜明地做斗争，褒良贬劣。当前我们党面临着"四大考验"的复杂性和"四种危险"的严峻性，教师要同学生明确与各种损害党的现象进行坚决斗争，要使学生真正明白斗争精神是中国共产党人的优秀品质，没有这种精神的延续，就没有中华民族的伟大复兴。

12.3.4　目标维度：以铸魂育人的教学目标促进深度教学

习近平强调："我们办中国特色社会主义教育，就是要理直气

---

①　《发扬斗争精神增强斗争本领为实现"两个一百年"奋斗目标而顽强奋斗》，《人民日报》2019 年 9 月 4 日。

壮开好思政课，用新时代中国特色社会主义思想铸魂育人。"①思政课作为一门具有不可忽视的人文性和毋庸置疑的学理性的课程，是新时代传播意识形态、传授知识、培养能力和提高思想觉悟的关键课程，要将铸魂育人的教学目标融入高校思想政治课的全过程和各环节，必须在理想信念、爱国主义、道德修养和奋斗精神的培育和锻造上下功夫，筑牢大学生的立身之本、增创成才之基。

一是将坚定理想信念教育融入深度教学。青年正处于"拔节孕穗期"，其理想信念的坚定与否关乎国家的前途命运。教师要将理想信念教育融入思政课深度教学，通过社会主义革命、建设、改革的伟大历史进程中，中国共产党人坚定理想信念的生动故事，深刻阐述坚定理想信念的重大意义。将理想信念教育融入深度教学，要教育引导学生直面理想与现实的矛盾，辩证看待中国特色社会主义建设过程中出现的种种问题，不能因短期的社会矛盾，去怀疑和否定中国特色社会主义道路。教师要引导青年学生在纷繁复杂的现象中抓住本质，保持个人定力，将个人理想融入党和国家发展的大势中，善于从国家历史、现实成就、国际比较中坚定中国特色社会主义的理想信念。

二是将厚植爱国主义情怀融入深度教学。爱国主义情怀是思政课教学的重要内容，是培养青年学生社会责任、担当的核心所在。习近平指出："对新时代中国青年来说，热爱祖国是立身之本、成才之基。"②当今世界局势复杂、社会思潮暗流涌动，培育学生的爱国主义情怀是提高民族情感，树立为国家民族奋斗志向的必由之路。新的历史时期，爱国主义被赋予了新的时代底色和内涵，教师要准确把握爱国主义的规律，引导青年学生认识到，爱国主义不是狭隘的民族主义，而是对国家和民族真正热爱的理性表达；要旗帜鲜明反对和驳斥历史虚无主义、民族虚无主义、国家虚无主义等错误思潮，增强对党、对人民、对社会主义的深厚情感，不断增强广

①《习近平主持召开学校思想政治理论课教师座谈会强调 用新时代中国特色社会主义思想铸魂育人 贯彻党的教育方针落实立德树人根本任务》，《人民日报》2019年3月19日。

②习近平：《在纪念五四运动100周年大会上的讲话》，《人民日报》2019年5月1日。

大学生的爱国意识，从心底强化国家认同、维护民族尊严，将厚植爱国情、砥砺强国志转化为奋进报国行。

三是将加强道德修养融入深度教学。习近平指出："人而无德，行之不远。没有良好的道德品质和思想修养，即使有丰富的知识、高深的学问，也难成大器。"①思政课是培养青年学生明大德、守公德、严私德的重要课程。思政课教师要着力在品德修养的知、情、意、行上下功夫，培养学生道德认知思维，激发学生的道德情感、稳固学生的道德意志、提升道德行为践履。加强道德修养深度融入思政课教学，要克服将思想道德教育简单知识化的倾向，改变道德教育与现实生活相分离的"两张皮"现象，使道德修养植根于大学生的内心，大学生自觉生成追求高尚的道德境界与人格，在其在学习、生活、社会实践中始终能以高尚的道德标准为指引，做到表里如一。

四是将培养奋斗精神融入深度教学。习近平在不同场合多次提到奋斗精神，并提出"为实现中华民族伟大复兴的中国梦而奋斗，是我们人生难得的际遇。每个青年都应该珍惜这个伟大时代，做新时代的奋斗者"②。奋斗作为一种生活方式、一种实现更好的自己的人生选择，是新时代青年成长成才的必要条件。思政课教师要将培养奋斗精神放在思政课教学中的重要位置，建立科学化、系统化的奋斗精神教学体系，讲深讲透中华民族留下的宝贵的奋斗精神财富及中国共产党人的奋斗精神，使学生深刻理解奋斗精神的内涵，激发学生奋斗的意识和奋斗本领。奋斗精神不仅关系到青年学生的自我人生理想的实现，还关系到社会主义建设、改革，更关系到国家富强和民族复兴。只有将培养奋斗精神深度融入思政课教学，才能教育引导学生在新时代改革发展中浇筑不竭的精神动力。

（作者：叶静，福建师范大学马克思主义学院博士研究生）

---

①　中共中央宣传部：《平语近人——习近平总书记用典》，人民出版社2019年版，第50页。

②　《青年要自觉践行社会主义核心价值观——在北京大学师生座谈会上的讲话》，《人民日报》2014年5月5日。

贰

新时代高校思想政治理论课教学内容研究

1 新时代"四史"教育融入"中国近现代史纲要"课研究

　　党的十八大以来，以习近平同志为核心的党中央对党史、新中国史、改革开放史、社会主义发展史(以下简称"四史")的学习高度重视。习近平总书记指出："要把学习贯彻党的创新理论作为思想武装的重中之重，同学习马克思主义基本原理贯通起来，同学习党史、新中国史、改革开放史、社会主义发展史结合起来。"①"四史"是高校开展思想政治教育的一门必修课，"中国近现代史纲要"课(以下简称"纲要"课)作为高校思想政治理论课的重要组成部分，其教学内容、教学目标、教学主题和"四史"教育高度契合，是进行"四史"教育的主阵地。"四史"教育融入"纲要"课教学，是推动"四史"教育进教材、进课堂、进学生头脑，引导大学生知史爱党，知史爱国，坚定理想信念，提升思想政治教育素质的重要途径。

1.1 "四史"教育融入"纲要"课程的现实意义

1.1.1 "四史"教育是"资政史鉴"的时代诉求

　　历史是最好的教科书，也是最好的清醒剂。在中国特色社会主

---

　　① 习近平：《在"不忘初心、牢记使命"主题教育总结大会上的讲话》，《求是》2020 年第 13 期。

义进入新时代、"两个一百年"奋斗目标的交汇点以及世界百年未有之大变局的特殊时空节点，重视学习、研究"四史"，具有"资政史鉴"的重大意义。首先，结合当前形势与任务，吸取运用"四史"积累的思想智慧和经验教训，改进当前工作，并做到未雨绸缪，趋利避害，更好地向前发展。其次，中国共产党素来有学习历史的优良传统，善于从历史中做出世情、国情、党情的深入分析，从而做出新形势的判断和新任务的制定。例如，党的十一届三中全会之后，中国共产党在吸收党的历史上包括土地革命战争时期在内的正反两方面经验的基础上，逐渐探索、开辟了建设中国特色社会主义的正确道路，这是我们党顺应历史潮流，主动要求改变的一次伟大尝试。"四史"教育融入"纲要"课教学，有利于新时代大学生把握世情、国情、党情，深入理解并贯彻党和国家的大政方针，用历史的眼光把握前进方向，当好新时代的弄潮儿和领路人。

1.1.2 "四史"教育是"思政教育"的必由之路

"四史"教育不仅是把握历史规律的智慧源泉，更是坚定理想信念、不畏艰难险阻的精神武器。"四史"是新时代青年人必须学好的"必修课"。2020 年 7 月，习近平总书记在给复旦大学青年师生党员的回信中指出："希望广大党员特别是青年党员认真学习马克思主义理论，结合学习党史、新中国史、改革开放史、社会主义发展史，在学思践悟中坚定理想信念，在奋发有为中践行初心使命。"①重视"四史"教育，对于办好高校思政教育具有十分重要的指导意义。一是使学生深刻体悟党和国家事业取得成功的来龙去脉与历史经验，坚定拥护中国共产党、走中国特色社会主义道路的决心；二是获得励精图治、自强不息的强大精神力量，敢于应对新形势下冲击与挑战。要实现"四史"教育的常态化，就必须把"四史"教育作为立德树人的教育，并融入学校的思想政治

---

① 习近平：《在学思践悟中坚定理想信念 在奋发有为中践行初心使命》，《人民日报》2020 年 7 月 1 日。

理论课之中。"纲要"课作为从历史的角度和维度进行思想政治教育的课程，必须充分发挥其阵地依托作用，承担起"四史"教育的时代重任，最大程度实现"纲要"课的使命和"四史"教育的意义与价值。

1.1.3 "四史"教育与"纲要"课的契合是内在驱动力

由于"纲要"课独特的学科属性和教学内容，使其成为高校加强"四史"教育的主阵地。一方面，就"纲要"课的学科属性和学科特点而言，它既是一门思想政治理论课，又是一门具备人文素质教育功能的课程。这种双重属性决定了其教学目标的双重性。首先，思想政治教育目标导向具有政治性，"纲要"课相应的反映了无产阶级的政治要求，即运用科学的方法论总结历史规律和历史经验，形成正确的历史观和价值观，服务于现实政治。其次，思想政治教育的社会性决定了其目标的社会性，即发挥"纲要"课的历史教育作用，帮助学生们了解国史、国情，获得精神鼓舞，升华思想境界。另一方面，就"纲要"课涉及的主要内容而言，中国的近现代史，就其主流和本质来说，是中国一代又一代的志士仁人和人民群众为救亡图存和实现中华民族的伟大复兴而英勇奋斗、艰苦探索的历史。① "四史"从根本上说是中国共产党领导中国人民实现中华民族从站起来、富起来到强起来的历史。"纲要"课涵盖了"四史"的历史进程，"四史"是对"纲要"教学内容的逻辑梳理和理论升华。"纲要"课的双重目标与"四史"教育目标高度统一，其教学内容又与"四史"教育内容高度契合。然而，目前"纲要"课教学基本局限于专业知识的传授，将"四史"教育融入"纲要"课程，既体现了二者的契合度，又升华了"纲要"课教学的时代意义，更加注重对学生历史观与价值观的培育，使"纲要"课迈出关键一步，达到课程质量提升的质变效果。

① 《中国近现代史纲要》编写组：《中国近现代史纲要》，高等教育出版社 2018 年版，第 1 页。

1.2 "四史"教育融入"纲要"课程的科学方法

1.2.1 以马克思主义唯物史观为指导

历史虚无主义不承认社会历史发展的规律性，没有遵循实事求是这一历史研究的根本原则，歪曲社会历史事实，否定中国革命，抹杀革命领袖的丰功伟绩，全面攻击、否定"四史"的价值，从根本上否定中国共产党执政的历史必然性。马克思主义唯物史观是被实践证明的科学的历史观，坚持在唯物史观视域下研究社会历史，揭露历史虚无主义的唯心本质，并将"四史"作为批判历史虚无主义的有力武器，是保持清醒头脑、走向正确认识的必要条件。首先，应从辩证的大历史观出发进行"四史"教育，培养学生以宏阔的历史思维对历史发展进程进行总体认知和系统分析，看到每一个特定历史阶段的相互联系。习近平总书记强调："历史是从昨天走到今天再走向明天，历史的联系是不可能割断的。"①从 100 年中国共产党奋斗史、70 多年中华人民共和国发展史和 40 多年改革开放探索史、500 多年社会主义发展史的历史大视野中，深刻总结了我国走中国特色社会主义道路的历史必然性。其次，在评价历史时，应坚持客观公正的原则，从既定的历史事实出发，充分占有丰富而真实的历史材料。习近平总书记强调："历史就是历史，事实就是事实，任何人都不可能改变历史和事实。"②例如，在客观历史面前，任何否定甚至美化侵华战争的声音都显得空洞贫瘠，应被坚决反对。最后，进行"四史"教育要坚持实事求是的原则。一方面，在评价历史人物时，要将历史人物和他所处的时代和历史条件联系起来，任何伟大的革命领袖都会受到时代条件的限制，不能以今日的认识和实践条件苛求前人；另一方面，在评价历史事件时，要把

---

① 习近平：《领导干部要读点历史》，《中共党史研究》2011 年第 10 期。

② 习近平：《在纪念全民族抗战爆发七十七周年仪式上的讲话》，《人民日报》2014 年 7 月 8 日。

握好历史发展的客观规律，将历史事实置于整个历史进程，科学评价个别历史时期的偶然历史现象。例如，在评价改革开放之前 30 年的历史时，在吸取历史教训的同时，更要总结历史经验，看到这个时期社会生产力的巨大发展是改革开放后中国向富起来进行伟大飞跃的历史前提。正如习近平总书记所强调的："不能用改革开放后的历史时期否定改革开放前的历史时期，也不能用改革开放前的历史时期否定改革开放后的历史时期。"①

1.2.2 正确运用教学整体性原则

所谓整体性原则，首先要明确"纲要"课教学关注的是中国近现代史上全局性的、根本性的、综合性的重大问题，不甚关注历史的细节、细微的实证，更不纠缠于割裂整体的"碎片化"历史和无关宏旨的一字之考，应着眼于历史价值的寻求及历史经验的总结。比如，1929 年召开的古田会议是党和国家历史上重要的历史事件，是重大事件、重要人物、重要文件研究的叠加典型，对于古田会议的专题教学应坚持整体性原则，不拘泥于某个决议的制定，重在提炼古田会议精神及其历史价值和时代价值。其次，分布在"纲要"课不同章节中的党史、新中国史、改革开放史以及社会主义发展史虽然各有特点，但不是相互割裂的，存在着相互包含的关系，中共党史包含新中国史和改革开放史，改革开放史又是新中国史的重要部分，而中共党史亦是世界社会主义发展史中的一部分。② 最后，"纲要"课加强"四史"教育，要具备历时态的纵向全局眼光，从每一阶段的联系和变化中准确把握"四史"。中国共产党带领中国人民进行了 28 年的民主革命，迎来了中华人民共和国的诞生，中国人民从此"站起来"了；接下来的社会主义建设奠定了我国重工业的基础，中国人民从此"站稳了"；党的十一届三中全会后，通过

---

① 习近平：《毫不动摇坚持和发展中国特色社会主义 在实践中不断有所发现有所创造有所前进》，《人民日报》2013 年 1 月 6 日。
② 孙艳美：《"中国近现代史纲要"课加强"四史"教育探析》，《思想理论教育导刊》2020 年第 9 期。

改革开放，探索出了一条独特的发展道路，中国人民从此"富起来"了；党的十八大以来，中国的经济、科技、国防等各方面"强起来"的特征日益凸显。这深刻体现"四史"之间的紧密联系，要宏观地、历史地、辩证地看待这四者之间的关系。

1.2.3 把握显性知识与隐性知识的有机统一

自"纲要"课程在全国普遍设置以来，"纲要"课教学模式虽然实现了很大程度的改进，但仍然存在一些弊端，例如侧重于对史实的机械陈述和学生对知识的机械记忆，更重视以文本形式呈现的知识而忽略隐性知识的自主探究，新时代"四史"教育应更重视对历史规律的挖掘、历史思维的培育以及历史情感的升华。首先，"纲要"课开展"四史"教育将"四个选择"（即历史和人民为什么选择了中国共产党，选择了马克思主义，选择了社会主义道路，选择了改革开放）作为授课内容的隐性知识，不应将其列入教案对学生进行直接灌输，而应通过讲授发掘隐性知识的方法，将自主学习和合作探究相结合，引导学生以理性思维对各种显性史实背后的原因、特征、影响进行多层次全方位地自主分析，促进显性知识的隐性化教学，透过现象看本质，并将"四个选择"作为授课结论进行提升，培养掌握科学的历史思维和方法，提高历史思维能力。其次，高校和教师要高度重视隐性知识向教材体系转化，组织高校思政课教师将"纲要"课和"四史"中蕴含的隐性知识编写成辅助教材，将隐性知识显性化，推动隐性知识的教学落到实处，实现显性知识与隐性知识的相统一。

1.3 "四史"教育融入"纲要"课程路径探究

1.3.1 梳理历史脉络，创新专题教学

"纲要"课中涉及的历史，是从 1840 年来至今的历史，如果完全按照教材、依照时间顺序面面俱到进行讲授，就难免出现授课内容冗杂、舍本逐末的状况。将"四史"教育融入"纲要"课教学，应

打破"教材本位"的桎梏,创新教学模式,将刻板的教材内容体系转化为灵活的教学内容体系。因此,合理安排、整合教学内容,既凸显脉络主线,又侧重专题讲授,成为"四史"教育融入"纲要"课教学的切入点。首先,充分利用好上中下三编的综述,明确"四史"和"纲要"课共同的历史主线,即实现中华民族伟大复兴,使学生把握好"纲",从总体上认识中国近现代史特别是"四史"的发展脉络,明确"四个选择"的历史必然性,且使用贯穿讲解的方式能够让学生快速消化在小学、中学时期已经熟知的教学内容,提升教学效率,进而实现大中小学思政课一体化。其次,教师应抓住"纲要"课教学的重点和难点,采用专题教学的模式让课程聚焦"四史"中中国共产党的创建、新中国的成立以及改革开放的抉择等具有转折意义的重大历史时期进行讲解。在此过程中应把握以下几个要点:其一,教师要做到以论带史,创新教学视角。例如,在讲授改革开放这一专题时,应把握历史和人民选择改革开放具有必然性这一正确理论,并以其系统串联起改革开放史的历史进程、事件和人物,在讲授过程中,对于社会主义市场经济体制的建立和完善过程、家庭联产承包责任制的实施等学生耳熟能详的史料,应避免知识的简单重复,应充分挖掘新鲜且具有深度的历史材料,让学生耳目一新,从新的角度获得历史启示。可以从"人民群众创造了诸如乡镇企业等改革的成功经验""改革开放的伟大成就中凝结着建设者的辛劳"等方面对改革开放进行解读,引出改革开放是中国共产党始终坚持以人民为中心的伟大实践的结论,进而检验、阐述和发展"改革开放是历史和人民的选择"的正确理论。以论带史,使学生在专题教学中深入把握"四史"的内在规律,避免使"纲要"这门思想政治理论课演变为知识灌输层面的专业课。其二,教师应提升研学"四史"的能力,加强对习近平总书记关于"四史"教育重要论述、"四史"重要文献以及学界有关学术观点、权威报纸评论员专题评论的学习,并将其融入"纲要"课教学之中,从而拓展"纲要"课教学的深度和时代意义,关键是要使学生不仅清楚明确"学什么",更要认识到"为什么学",牢记历史启示,坚守初心使命。

1.3.2 坚定理想信念，培育历史认同

习近平总书记强调："一个民族、一个国家的核心价值观必须同这个民族、这个国家的历史文化相契合。"①面对当今全球文化交流碰撞，思想意识的多元以及西方意识形态的渗透，在"四史"教育中增进学生历史认同，摒除错误观念，树立远大理想信念和正确的价值观，具有重要的现实意义。"四史"教育融入"纲要"课，要以科学理论讲深、讲透"四个选择"的历史必然性，确保逻辑的严密性，使学生真正理解历史进程与中国特色社会主义道路的紧密联系与内在统一。

首先，讲授历史和人民为什么选择了中国共产党，往往局限于将中国共产党和国民党在军事战略制定、社会治理水平等方面进行对比，而更应讲好中国共产党的优良品质，讲清历史和人民支持其长期执政的内在原因。其次，讲授历史和人民为什么选择了马克思主义，大多从马克思主义自身的科学性、国际社会的影响以及中国工人阶级的壮大这几个方面进行讲解，这仅仅阐述了马克思主义为中国先进分子所运用的原因，不具备严密的逻辑，应基于对马克思主义认识的动态过程，看到从少数知识分子到较多人再到最广大人民支持的深刻转变及对马克思主义认识的逐渐深化，让学生明白每个选择都是曲折性和前进性的统一。再次，讲授历史和人民为什么选择了社会主义道路，不仅不能局限于将其融入"社会主义改造"的专题教学，阐述中华人民共和国成立后没收官僚资本，并把它改造为国营经济的史实，也要进一步分析各阶级对国家出路进行艰苦卓绝的探索，只有走社会主义道路才能解决当时中国面临的历史课题。最后，讲授历史和人民为什么选择改革开放，不应局限于分析高度集中的计划经济体制的弊端以及国际社会的影响，更要利用丰富真实的史料，翔实准确的数据对比，体现改革开放带来的社会生产力的巨大解放。除在教学思路上的变革，教师应针对学生在多元化的社会生活中可能接触到的错误思潮进行有力回驳，帮助学生深

---

① 习近平：《习近平谈治国理政》，外文出版社 2014 年版，第 171 页。

刻理解与领悟中国特色社会主义道路的艰辛探索和成功开创始终离不开了人民群众的力量，顺应了时代发展的要求，是历史和人民的选择，必须毫不动摇地坚持下去，进而引导青年学生坚定理想信念、树立报国理想、培养家国情怀。

1.3.3 增强历史担当，筑牢精神根基

"四史"历史进程是"中国精神"发展与升华的重要时期，"纲要"课讲授"四史"，要着力深化"中国精神"教育，涵养大学生的爱国主义情怀，发扬革命精神和斗争精神，自觉增强历史担当。中国共产党自诞生以来在每个阶段都形成了独特的精神传统，高校应发掘"四史"教育的故事性特征，深挖爱国主义教育素材，加强正面教育的力度，从鲜活的历史材料中获得开拓未来的精神力量。首先，在中国共产党带领人民进行革命的阶段，要突出讲授最能培育学生中国精神的革命事迹。例如，通过讲授第五次反"围剿"失败后，红军进行战略转移，在极其恶劣的条件下，以艰苦奋斗的精神完成了红军三大主力的会师，创造了独立自主、紧密团结、勇往直前的"长征精神"，青年大学生作为社会主义的接班人，应学习和弘扬"长征精神"，在新时代的长征路上砥砺前行；讲授抗日战争时期中国共产党提出了一系列正确战略和方针，发挥了对抗战的指导和引领作用，以及在敌后战场英勇抗争，削弱日军在正面战场的力量等正面史料，使学生深刻体悟并发扬伟大"抗战精神"。其次，在社会主义建设和改革开放时期，讲述从以王进喜为代表的几万石油大军发奋图强、艰苦创业培育形成的"大庆精神"，到邓稼先为代表的科研团队为我国核武器研制事业兢兢业业、呕心沥血而体现的"两弹一星精神"，再到汶川大地震时中华民族众志成城，凝聚起不可战胜的磅礴力量而展现的"抗震救灾精神"等。教师要善于运用"共情"教学模式讲透、讲活中国共产党人挺身而出、勇于担当的英雄故事，使学生深切体会党员和先进模范的心路历程，同时充分利用体现爱国主义精神的图片和视频资料记载，引导学生对伟大精神的感悟进行课堂交流与互动，抒发爱国情感，净化自身心灵，增强责任意识与使命意识，并落实到实际行动中，为党和人民

的事业不断作出自己的贡献。同时，在这个危机与机遇并存的时代，要在"四史"教育中引导学生以史为鉴，增强忧患意识与斗争精神。

1.3.4 加强实践教学，强化教育效果

"四史"教育融入"纲要"课教学，在新时代深化"三全育人"改革，落实立德树人根本任务这一大背景之下，需要整合课内课外资源，在理论教育的同时，深化实践教育，这是"四史"教育融入"纲要"课的重要一环，确保"四史"教育落到实处。首先，学校要围绕"四史"开展多样化实践教学活动，如学术报告会、主题演讲比赛等，聚焦于老师及学生普遍关注的抗日战争等具有深刻历史意义的重大题材，并紧扣2021年建党一百周年等特殊时间节点，引导学生独立思考，以语言、文字、图片、视频等方式深刻体会历史、反思历史，丰富精神世界，激发学生"四史"学习的兴趣与热情。其次，创新开展适应时代需要的"四史"教育网上云课堂，通过专家对"四史"引人入胜的系统讲授，既使学生了解中国特色社会主义事业取得成功的来路艰辛，又使教师能更好地把握教学切入点，为"纲要"课专题教学带来新的启发与思考，提升自身教学水平。最后，历史文化资源往往较为生动全面地反映中华民族争取民族独立、人民解放，实现国家富强、人民富裕的历史进程，学校应充分发掘富有"四史"教育意义的历史博物馆、抗战遗址等"活"的历史资源，与历史博物馆等共建研学实践教育基地，组织学生开展现场教学，成为"纲要"课稳定的有形教学资源，促进"四史"教育内容生动化。同时，鼓励学生利用暑期社会实践活动等自觉选择各地的历史文化遗址进行参观，撰写历史感悟心得、社会实践报告、参与课堂演讲，并计入成绩考核，获得相应的学分，以此调动学生的积极性。实行组织参与和自主参与相结合的方式，打造生动、富有共鸣效果的"第二课堂"，增强"四史"教育的直观感和历史现场感，使学生在历史的感召中自觉接受历史熏陶、加深历史理解与反思，激发内心深处的民族认同感和自豪感，最大限度上提升"四史"教育的实效性，实现将实践教学贯穿于"四史"教育的全过程。

1.4 结语

"四史"教育融入"纲要"课，是高校提高思想政治教育水平、落实立德树人的必然要求，"纲要"课要担负好"四史"教育的时代使命，以党和国家发展的方向作为"四史"教育的导向，传承红色基因，培育拥护党、拥护社会主义制度，能够担当民族复兴大任的一流人才、可造之材。新时代"四史"将载入新的历史篇章，"纲要"课要及时适应"四史"发展的新阶段，及时结合"四史"研究的最新成果，不断补充更新教学手段和教学论据，适时尝试进行教学改革，增添新时代的新元素，讲好"四史"教育的新篇幅。

（作者：罗贤宇，福建农林大学马克思主义学院教师；王艺筱、彭芳，福建农林大学马克思主义学院研究生）

2 "中国近现代史纲要"课加强海洋史观教育的路径探析

纵观世界历史，大国兴衰无不与海洋息息相关。近代以来，大航海造就了葡萄牙、西班牙的辉煌，海运成就了荷兰"海上马车夫"的地位，继起的大不列颠因对海洋的经略而成为"日不落帝国"。中国亦是一个海陆兼备的国家，中国先人对海洋的探索及经略曾创造出光辉灿烂的海洋文明。但明朝的"海禁"以及清朝以来的闭关锁国不仅使中国与海洋间的交互不畅，更使中国与世界的互动受阻。晚清时期，由于政治上的活力不够、经济上的后劲不足、军备上的陈旧落后，更因海权意识的单薄，使得中国处于"有海无防"的境地。资本主义扩张的本性在东西方错位的背景下把侵略的触角伸向中国，从海上叩开了中国的大门，从此开启了近代中国饱受欺压的屈辱史。中华人民共和国成立后，在中国共产党领导下，我们逐渐自立于世界民族之林。新时代，我们开启了实现中华民族伟大复兴的新征程。历史的经验及教训要求我们，"进一步关心海洋、认识海洋、经略海洋"①刻不容缓。而作为未来中华民族伟大复兴事业接班人与建设者的大学生，其对海洋的认知将直接影响着中国海洋战略的实现以及中华民族伟大复兴的进程。"中国近现代史纲要"课作为全国普通高校"05方案"确定的唯一涉及历史学的

---

① 习近平：《进一步关心海洋、认识海洋、经略海洋，推动海洋强国建设不断取得新成就》，《人民日报》2013年10月4日。

思想政治理论课，在引入海洋史学与海洋战略教育、引导大学生形成正确的海洋史观等方面有着其他课程不可替代的独特作用。因此，追寻海洋历史与海洋意识教育融入"纲要"课教学的交融点，探索海洋史观教育的新路径，不仅有利于丰富"纲要"课的教学内容及推进思想政治理论课教学创新，尤以对培育大学生的海洋强国意识至关重要。

2.1　教学内容的体系化构建

"纲要"课涵盖了自鸦片战争至新时代180多年的历史，有着内容多、任务大、使命重的显著特点。因此在"纲要"课教学过程中，一方面，要以中国一代又一代的志士仁人和人民群众为救亡图存和实现中华民族伟大复兴而英勇奋斗、艰苦探索的历史变迁为主线，辅之横向梳理每一时期海洋史演变的支线，特别要着重阐析近现代中国与海洋历史关系的发展脉络，以多元视角对同一历史时期进行多维审视，"立体透视中国在全球化浪潮中现代化崛起的演变途径"①，实现思想政治教育与海洋史观的深度契合；另一方面，要根据"纲要"课的教学目标，以点带面，凸显海洋史中的重要事件。其中应将以下海洋史要点穿插于课堂教学之中。

2.1.1　近代中国海权的遗失

在讲述"纲要"课第一章"反对外国侵略的斗争"时，应着重加强对中国近代海权史的讲述。首先，应将近代中国的基本国情与西方资本主义国家从海上入侵中国的历史（如表1所示）相结合，以时间脉络梳理讲明：自明朝开始的海禁政策使中国对海洋价值的认识与探索明显减弱，闭境自守的中国与开放扩张的西方资本主义国家逐渐产生了巨大差异。而1840年的鸦片战争作为"先进的资本主义强国海权与落后的封建主义弱国海权的首次较量，中国近代史的

---

①　任念文：《基于"中国近现代史纲要"教学的海洋史观培育路径》，《黑龙江教育》2015年第12期。

大幕由此拉开"①。此后,中国在西方列强的多次海上入侵中逐渐陷入"有海无防"、丧权辱国的悲惨境地。其次,在这一章的教学过程中还应重点提及在这一阶段影响中国海权发展的重大事件,即中日甲午战争。尽管清政府拥有在当时号称实力"亚洲第一"的北洋水师,却因始终奉行"海守陆攻""陆主海从""防内不防外"的海防战略,呈现出一副无所作为和坐以待毙的守势。"由此观之,清政府尚缺乏对海权战略价值的洞悉和深入思考,还没有从控制与利用海洋的战略层面,规划海军,并制定相应的海上作战方案。"②通过对近代中国缺乏海防、遗失海权的屈辱历史的讲述,意在建构学生的海洋历史记忆,增强学生的海洋安全意识,并激发学生主动审视探索海权抑或是海洋与大国兴衰之间的关系。

表1　　近代西方国家从海上入侵中国的时间与城市③

入侵起止时间	帝国主义国家	遭到海上入侵的中国城市
1840.7—1938.10	英、法、日	舟山、宁波、温州
1840.7—1944	英、法、日	福州、厦门、漳州
1840.8—1945.11	英、法、日、俄、德、意、奥、美	天津、秦皇岛、葫芦岛
1841.1—1938.10	英、法、日	东莞、广州
1841.1—1938.10	英、日	香港、汕头、惠州
1841.9—1946.10	英、美、法、日	基隆、屏东、澎湖
1842.6—1945.9	英、法、俄、日、美	上海、杭州
1860.5—1904.5	英、法、日、俄	大连、旅顺、丹东
1860.5—1945.10	英、法、日、德、美	烟台、威海、青岛
1898.4—1942.2	法、日	湛江、海口、三亚、钦州、雷州

---

① 赵海滨:《"中国近现代史纲要"课渗透海权意识教育内容及途径研究》,《理论观察》2015年第2期。

② 赵海滨:《"中国近现代史纲要"课渗透海权意识教育内容及途径研究》,《理论观察》2015年第2期。

③ 《当代中国海军》编辑委员会:《当代中国海军》,当代中国出版社2009年版。

2.1.2　中华人民共和国成立前后海疆主权的收回与恢复

"纲要"课第七章"为新中国而奋斗"、第八章"社会主义制度在中国的确立"、第九章"社会主义建设在探索中曲折发展"，主要讲述中国共产党夺取、建设、巩固新政权时期的历史。讲述课程时，就应着重强调中华人民共和国成立前后中国共产党为废除近代签订的不平等条约、收回近代丧失的海权以及维护国家的海疆安全所做出的贡献。其中应着重说明这一时期在中国共产党的领导下，中国已经"基本收回了近代丧失的海权，彻底结束了西方列强在华炮舰政策，掌握了沿海与内河航行权、引航权、海关主权和管理权，并妥善处理了历史遗留问题"①，而在讲述渡江战役时，应与人民海军的创建史以及"紫石英"号历史事件相联系。此外，还要为学生补充 1949 年年底—1955 年年初人民解放军解放沿海岛屿、恢复海疆主权、打击国民党袭扰，以及 1958 年"中国共产党从积极的近海防御战略、保护新生民主政权的高度出发解决了领海线设定问题"②的具体史料。

2.1.3　新时期以来中国海洋实力的全面增强

当课程进行至"纲要"课第十章"中国特色社会主义的开创与接续发展"与第十一章"中国特色社会主义进入新时代"时，要以培养学生的海洋资源意识、海洋通道意识、海洋权益意识为宗旨，既要讲述改革开放以来中国沿海开放的具体实践以及在发展海洋经济上取得的巨大成就，广泛结合中国海洋发展中的时政热点事件，例如南海海礁建设、首艘国产航母山东舰入列海军、"奋斗者"号全海深载人潜水器完成万米海试，等等。与此同时，也不能忽视当前随着世界范围内出现普遍性的海洋意识觉醒与海洋权益争夺，中国的

① 史春林：《中国共产党与海权问题研究》，东北师范大学 2006 年硕士论文。

② 郭玉华：《新中国成立以来中国共产党海洋战略的历史考察》，《广西社会科学》2014 年第 9 期。

海上安全形势仍不容乐观。自20世纪70年代以来，中国"应有的300万平方公里的海洋国土，有近一半受到来自多方的威胁。有争议的海域达150余万平方公里，并有被瓜分和蚕食的危险；被他国非法登占的岛礁40多座；丰富的海洋资源也遭到邻国的掠夺。我们的东海和南海存在着'重复水域'、大陆架和岛礁争议等海洋权益，甚至国家主权都受到严重侵犯"①。

2.2　构建专题化内容，推进授课内容的优化与实效

"纲要"课一直都在以历史叙事的角度为学生建构民族的历史记忆，但作为一门思想政治理论课，该课程的实质并不仅仅是让学生了解中国近现代史的发展进程，更在于让学生通过对于历史事件的把握与历史脉络的梳理，提升对于国家的政治认同，从而更好地认识理解中国当前的国家战略。其中，党的十八大首次提出的"海洋强国"战略目标与十九大提出的"21世纪海上丝绸之路"战略，作为新时代中国海洋领域的顶层设计，更应从海洋史观的角度以专题讲解的方式加以呈现。

2.2.1　"海洋强国"战略专题

"海洋强国"战略专题要整合教材中分散于各章有关海洋强国的论述或案例，并结合课外相关资料，纵向从梳理西方建设"海洋强国"的历史着手，总结概述自新航路开辟后，西班牙、葡萄牙、荷兰、英国、美国等国的海洋兴衰史，横向则将近代中外的海洋战略进行对比，纵横结合以引导学生深入探究海洋与强国之间的历史发展规律，认清中国近代落后的根本原因，从而进一步揭示在中国和平崛起的过程中，由"重陆轻海"向"陆海统筹"转变的必然性。此外，在实际教学过程中还应着重提出在当今纷繁复杂的国际环境

---

①　高建平：《高校思想政治理论课渗透大学生海洋观教育探析》，《思想教育研究》2012年第11期。

下，昔日传统的海洋强国正逐渐走向衰落，随着陆域丰富资源与先进技术对海洋作用的不断增强。可以说，当前的海洋强国一定是具备着海陆双重实力的大国。基于此，要向学生提出，在新时代中华民族应该如何以全新的视角去看待海洋，又如何在"海洋强国"战略的指引下凭借着陆域的先天优势广泛摄取海洋的战略价值，从而使蛰伏百年后的中国重新崛起。通过设置这些问题，促使学生能够深入思考"海洋强国"战略对于一个国家和民族的重要意义，充分带动学生投身于国家"海洋强国"建设的主动性与积极性。

2.2.2 "21世纪海上丝绸之路"战略专题

"21世纪海上丝绸之路"战略专题则要侧重以历史视角依据具体史料向学生厘清中国海上丝绸之路的发展脉络，并结合新时代的"一带一路"倡议，使学生更全面地把握丝路对促进中外经贸往来与文明交流的特殊意义。在具体教学内容的设置上，则要在把握不同时期发展特点的基础上穿插重要人物的具体史料，以避免空洞的理论讲述，从而增加课程的吸引力，例如在讲述海上丝绸之路在秦汉时期的兴起时，就可以与秦代徐福船队东渡朝鲜、日本相结合；讲述隋唐时期的繁荣时，可以联系鉴真东渡日本；而到了明清时期，则可以提及郑和下西洋的故事。然而这一专题的教学重点仍应放在介绍新时代以来中国海上丝绸之路的全面复兴，通过着重阐析习近平总书记对于"一带一路"倡议的具体谋划以及该战略近年来在海洋领域所取得的巨大成果，增强学生的制度自信与道路自信，实现海洋史观教育与思想政治教育、爱国主义教育在价值旨规上的深度重合。

2.3 课堂授课搭建"讲—论—讲—评"四位一体模式

在"纲要"课涉及海洋史观章节的课堂教学过程中，要逐渐形成"教师理论讲授—学生小组讨论—学生感悟讲演—教师总结点评"四位一体高效互动的教学模式。这一模式具体表现在：首先，教师在课堂上要用较短的时间将本节涉及海洋史的内容进行梳理讲解；其次，针对授课中的重点海洋历史事件提出相应的讨论问题，引导学生进行分组讨论以及感悟讲演；最后，再由教师进行点评、总结与提升。通过这一模式的教学，既可以强化学生对于"纲要"课中重大海洋历史事件的认知与了解，又可以广泛集中学生在课堂上的注意力，提高学生参与课程学习的积极性与主动性。

2.4　加强"互联网+教学"的技术驱动

"互联网+教学"是一种借助互联网激发学生视觉与听觉，从而提升教学时效性的现代化教学手段。根据"纲要"课中培育海洋史观的内容与特点，可以在两方面与互联网相结合：一方面，课程进行前，教师可以在互联网平台广泛搜集相关海洋史料与图片，制作出图文并茂、声像俱全的教学课件，课件应以时间为线索穿插重大海洋事件，并辅之相关见证人的叙述或是著名专家学者的论证观点。同时，课前还可以借助网络通识课，为学生补充在课堂上无法涉及的海洋历史知识，例如浙江海洋大学在"学堂在线"开设的《海上丝绸之路》，福州大学、江苏科技大学在"中国大学 MOOC"分别开设的《海洋与人类文明的生产》《近代船舶工业发展与中国崛起》，海军大连舰艇学院在"超星慕课"开设的《爱我中华，树立崭新的海陆整体国土观》等。另一方面，在课程进行之时，教师在将相关涉海章节的背景及重要人物或事件进行有针对性的介绍后，可以组织或推荐学生观看该历史阶段重大涉海事件的记录性影像资料，譬如《海上来客》《鸦片战争》《甲午中日战争》《走向海洋》《海权与制海权》《大国崛起》等。而在学生观看完影像后，教师还应及时组织学生撰写观后感，并将优秀作品推荐至校报发表或者在学校微信公众号上进行推送，从而扩大影响范围。

2.5　发挥实践课教学的感染力

当前，"纲要"课的海洋史观教育大多是基于宏观角度讲述数十年甚至近百年前的海洋历史事件，这也在一定程度上使学生在学习过程中很容易因历史久远而产生隔阂感。针对这种情况，为了提高"纲要"课教学中海洋史观教育的实效性，有必要拓展教学空间，在展现课堂教学主渠道作用的同时，充分发挥课外实践教学的助力作用，使课堂教学与课外实践能够相互协调、互为补充，从空间与时间的双重维度拉近学生对海洋历史事件的距离感，增强"纲要"课的亲和力与趣味性。具体到各地，课外实践就可以根据自身的区域特色而采取灵活多样的形式。沿海地区的高校可以将本地海洋历史资源直接打造为课外实践基地，带领学生进行以海洋史为主题的研学。以山东省高校为例，可以将甲午海战作为切入点，当教师讲授完甲午海战的历史脉络后，就组织学生参观"中国甲午战争博物院陈列馆"以及"刘公岛甲午战争纪念遗址"，而在课内与课外的双重学习中，学生对这一海洋历史事件也实现了由初步了解到深度掌握的提升；而非沿海地区的高校既可以建立宣传海洋历史知识的社团组织，通过定期举办各项海洋史交流活动以增加学生海洋历史知识的积累；也可以组织学生针对某个特定海洋历史事件开展辩论赛或讨论会，加深学生对于海洋价值的把握。此外，还可以广泛结合专家讲座、主题班会、征文比赛、读书分享等多种传统课外实践方式，使学生的个体兴趣和多样表达在其中得以充分涌流。

总之，海洋时代的历史向我们诠释了一个大国如何凭借海洋成为强国。而对当前正在和平崛起的中国而言，海洋的战略价值更是不言而喻。"了解本民族的海洋历史是一个民族成长过程的必经阶段，建构海洋历史记忆又是民族和国家认同的重要途径之一。"①而建构大学生海洋历史记忆最有效的方法就是将海洋史观教育融入"纲要"课的日常教学之中，从而使学生真正了解中华民族的海洋历史、认同国家当前的海洋战略、培育正确的海洋价值观，自觉为建设"海洋强国"添砖加瓦。

（作者：王雪慧、殷昭鲁，鲁东大学马克思主义学院教师）

---

① 王静：《海洋强国视域下的大学生海洋意识教育》，《海南热带海洋学院学报》2020 年第 1 期。

3 中华人民共和国成立以来"形势与政策"课程的发展趋势及其原因分析

2018 年 4 月 12 日，教育部发布的《教育部关于加强新时代高校"形势与政策"课建设的若干意见》（以下简称《意见》），从课程内容、教学方式、教学课时量、师资队伍、管理机构等方面对新时代的形势与政策教学作出了明确的要求，这标志着形势与政策课程建设进入新时代。自《意见》印发以来，全国高校先后采取多种举措贯彻《意见》的要求和精神，形成了新一轮的"形势与政策"课程建设热潮。为了更好贯彻和落实党和国家对形势与政策课程建设的要求，回顾和研究中华人民共和国成立以来的发展历程及其决定因素对于更好理解和看清新时代"形势与政策"课程的发展趋势具有重要意义。

3.1 中华人民共和国成立以来"形势与政策"课程的发展与演变

"形势与政策"课程的设置最早可以追溯到中华人民共和国成立初期依据《中国人民政治协商会议共同纲领》成立的"时事学习委员会"，即在教务长领导下，负责计划、组织时事政策的学习，结合社会政治运动，解决学生对时事政策方面的一般思想问题。然而"形势与政策"课程的设置，则是根据 1961 年 7 月教育部印发的

《改进高校共同政治理论课程教学的意见》，提出高校共同政治理论课程的两大组成部分之一是形势和任务。这是中华人民共和国高等教育历史上第一次明确提出开设"形势和任务"课的要求并作出具体部署，也是"形势与政策"课程的雏形。自此，"形势与政策"课程的发展先后经历了四个阶段的发展。

3.1.1　形势与政策教育的恢复与"形势与政策"课程的开设（1978—1989 年）

在 1961 年 7 月《改进高校共同政治理论课程教学的意见》印发之后，为进一步推进形势与政策教育，中央宣传部、教育部等单位又联合出台了《关于改进高等学校、中等学校政治理论课的意见》，明确要求高校要继续开设"形势与任务"课，并要求该课程要讲解当前重大政策文件等，还要求学校党政负责人要做报告。然而从 1966 年起，十年"文化大革命"不仅让中国的高等教育遭到极大破坏，形势与政策教育也大受影响。"文化大革命"结束后，形势与政策教育开始恢复，"形势与政策"课程也在党和国家的重视下开设起来。1978 年 4 月，教育部提出"上述马列主义理论课与政治运动、形势教育、劳动教育、政治工作等，从不同角度对学生进行马列主义思想教育。各有侧重，不宜互相代替"①。这是高等学校独立的形势与政策教育的开始，虽然课程名称仍然称为"形势和任务"。1984 年 9 月，教育部印发《关于高等学校开设共产主义思想品德课的若干规定》，重申"思想品德课和形势与政策教育，平均每周共两学时，由各校根据情况统筹安排"②。其中，与思想品德课并列的"形势任务教育"被规范化为"形势与政策教育"。此后，1987 年 10 月，国家教委又印发《关于高等学校思想教育课程建设的意见》，规定设置包括"形势与政策"课在内的 5 门思想教育课

---

① 教育部社会科学司组：《普通高校思想政治理论课文选选编（1949—2008）》，中国人民大学出版社 2008 年版。

② 教育部思想政治工作司组：《加强和改进大学生思想政治教育重要文献选编（1978—2014）》，知识产权出版社 2015 年版。

程，并明确"形势与政策"课程的教学目的与要求是"帮助学生理解国内外重大时事，学习党的路线、发展、政策，全面掌握'一个中心、两个基本点'，认清形势和任务，激发爱国主义精神"①。至此，"形势与政策"作为一门课程第一次被正式确定下来，并且在思想政治教育体系中有了明确的分工和定位。

3.1.2　作为思想品德课组成部分的"形势与政策"课（1989—2004 年）

随着中华人民共和国成立进入 40 年，"形势与政策"课程作为高校思想品德课的组成部分正式确立起来。从 1989 年 7 月起，国家教委连续发出通知，要求各高校集中一段时间对学生进行广泛深入的政治和法制教育、改革开放的成就与形势以及国际形势变化的教育、坚持四项基本原则和反对资产阶级自由化的教育。这些常规性的课程或讲座就成了当时"形势与政策"课的主要内容和形式。1995 年 10 月，国家教委印发《关于高校马克思主义理论课和思想品德课教学改革的若干意见》，强调"思想品德教育仍设置思想道德修养课程、法律基础课程和形势与政策教育课程，并要作为必修课列入教学计划"。与此同时，为解决"形势与政策"课程建设和管理中的问题，1996 年 10 月国家教委又出台《关于进一步加强高等学校〈形势与政策〉课程建设的意见》，重申该课程的性质和重要地位，强调其"作为大学生必修课要列入大学教育全过程……可列入课表，也可利用政治学习时间，采取专题学习、讨论或讲座的形式集中或分散安排教学，保证每周不少于一学时"②。应该说，上述系列文件的出台表明，在新的"两课"体系中，"形势与政策"课开始走上了规范化制度化的建设道路。

---

① 《国家教育委员会关于高等学校思想政治教育课程建设的意见（1987 年 10 月 20 日）》，（87）教政字 015 号。

② 《国家教育委员会关于进一步加强高等学校〈形势与政策〉课程建设的意见》，教政〔1996〕6 号，1996 年 10 月 7 日。

3.1.3 作为思想政治理论课的"形势与政策"课(2004—2018 年)

2004 年 3 月中共中央、国务院印发《关于进一步加强和改进大学生思想政治教育的意见》，提出"思想政治理论课是大学生思想政治教育的主渠道"，"形势政策教育是思想政治教育的重要内容和途径"，这标志着形势与政策课程建设进入一个新的发展阶段，成为高校思想政治理论课的重要组成部分。以此文件为基础，2004 年 11 月中宣部、教育部发布《关于进一步加强高等学校学生形势与政策教育的通知》，则进一步明确了形势与政策课程的建设要求，要求"各高等学校要从编制教学计划、明确教学要求、建立教学组织、开展集体备课、建立成绩档案、反馈教学信息等方面，全面加强课程建设"①。这是自 1987 年"形势与政策"课设立以来，国家教育主管部门就课程建设提出的最详尽的要求。2005 年 2 月，中宣部、教育部印发《关于进一步加强和改进高等学校思想政治理论课的意见》，提出四年制本科的课程设置为 4 门必修课+'形势与政策'课。随后印发的《〈意见〉实施方案》提出："本、专科学生都要开设'形势与政策'课，本科 2 学分，专科 1 学分。"②由此可见，在从"两课"到思想政治理论课的课程设置改革中，"形势与政策"课是唯一一门从名称到内容和要求都没有太大变化的课程。

3.1.4 新时代的"形势与政策"课程的规范化发展(2018 年至今)

2017 年 10 月，党的十九大作出了"中国特色社会主义进入新时代"的重大判断，党和国家对新时代的"形势与政策"课程也做出了新的顶层设计和规划。2018 年 4 月 12 日，作为 2018 年教育部社

---

① 《中共中央宣传部、教育部关于进一步加强高等学校学生形势与政策教育的通知》，教社政〔2004〕13 号，2004 年 11 月 17 日。

② 《〈中共中央宣传部、教育部关于进一步加强和改进高等学校思想政治理论课的意见〉的实施方案》，教社政〔2005〕9 号，2005 年 3 月 9 日。

科司的一号文件，教育部正式印发《教育部关于加强新时代高校"形势与政策"课建设的若干意见》（以下简称《意见》），足见教育部对形势与政策课程的期待和重视。《意见》不仅就未来"形势与政策"课程的发展提出了明确的建设要求，而且也为"形势与政策"课程的专题式教学提出了具有可操作性的指导原则。具体来说：一是《意见》肯定了专题式教学是"形势与政策"课程教学的主要方式，同时提出要加强专题教学模式的创新与改革。二是《意见》对新时代"形势与政策"课程开展专题式授课的主要内容做出了非常明确的规定，并指出了该课程确定教学专题的基本原则。《意见》指出，新时代"形势与政策"课程要重点讲授党的理论创新最新成果，重点讲授新时代坚持和发展中国特色社会主义的生动实践，从而实现引导大学生正确认识世界和中国发展大势，正确认识中国特色和国际比较，正确认识时代责任和历史使命，正确认识远大抱负和脚踏实地。三是《意见》明确了"形势与政策"课教师队伍的组成和来源，提出了择优遴选教师队伍的要求和标准。《意见》要求要配备高素质专职教师负责"形势与政策"课组织工作，并承担一定的教学和科研任务，在从思想政治理论课教师、哲学社会科学专业课教师、高校辅导员等教师队伍中择优遴选"形势与政策"课专任骨干教师的同时，从党政干部、社科理论界专家、企事业单位负责人、各行业先进模范等中选聘兼职教师参与"形势与政策"课教学。① 总之，《意见》是新时代"形势与政策"课程的顶层设计和总指南，其为"形势与政策"课程的进一步规范化提供了官方的政策指导和政策依据，也为各高校进行"形势与政策"课程改革指明了方向。

3.2 中华人民共和国成立以来"形势与政策"课程发展与演变的影响因素分析

从以上的分析来看，自中华人民共和国成立以来，"形势与政

---

① 中华人民共和国教育部：《教育部关于加强新时代高校"形势与政策"课建设的若干意见》，教社科〔2018〕1号，2018年4月12日。

策"课程从无到有，从作为其他课程的组成部分到成为一门独立课程，并且在国家层面已经形成了对"形势与政策"课程的顶层设计和建设规划，从而使得"形势与政策"课程的建设和发展愈加规范。回顾70多年来课程的发展史，形势与政策在普通高等教育和思想政治理论课中的地位日渐突出，发挥的作用也越来越大。"形势与政策"课程之所以有这样的发展，与以下国内外因素密不可分。

首先，党和国家的高度重视是形势与政策课程发展和演变的首要动力。如前所言，作为普通高等教育中进行形势分析和政策宣讲的主要途径之一，形势与政策教育自中华人民共和国成立就受到党和国家的高度重视，这也促使了教育部在中华人民共和国成立之初就依据《中国人民政治协商会议共同纲领》成立了"时事学习委员会"，从而很好地解决了高校学生对国家形势和政策的了解和认识问题。也正因如此，形势与政策教育首次以"形势与任务"的课程名称出现，并且规定了课程内容，即"形势和任务课为各专业、各年级的必修课程(主要内容是讲解国内外形势、党和国家的任务、方针、政策)"①。这也充分体现了党和国家对形势与政策宣传和教育的重视。事实上，此后"形势与政策"课程发展的每一步，党和国家的政策调整和大力支持都是课程地位不断提升和受到越来越重视的首要因素。以21世纪以来的"形势与政策"课程建设为例，2004年11月17日印发的《中共中央宣传部、教育部关于进一步加强高等学校学生形势与政策教育的通知》是党和国家第一个针对"形势与政策"课程下发的国家级文件，这也大大推动了全国各高校对"形势与政策"课程建设的重视程度和建设力度。然而鉴于各高校"形势与政策"课程师资、教学条件等差异，加上不同学校管理层对课程的认知和重视程度不一以及国家文件的软性约束力，促使全国高校的"形势与政策"课程在教学模式、教学内容、师资力量以及管理方式上存在多样性，一定程度上冲淡了"形势与政策"课程的效果和实效。党和国家也是认识到了这一点，所以在2018

① 教育部社会科学司组：《普通高校思想政治理论课文选选编(1949—2008)》，中国人民大学出版社2008年版。

年 4 月印发的《教育部关于加强新时代高校"形势与政策"课建设的若干意见》很好地解决了上述问题，从多个方面对"形势与政策"课程的规范性建设作出了统一而明确的规定，这也标志着"形势与政策"课程建设进入新时代。

其次，国内外形势的发展是"形势与政策"课程发展和演变的重要推动力。第二次世界大战以来的国际关系的两大特征之一是全球化的发展和国家间相互依存程度的加深，即便是在"冷战"期间，东西方之间的各方面的交流也并没有减弱，并且在"冷战"结束后迎来了新一轮的全球化高潮。当前，世界已经进入 21 世纪的第三个十年，国家之间的联系程度比以往更加密切，每个国家的发展和繁荣不仅取决于自身的努力，也有赖于国际社会的支持。与此同时，世界各国面临的问题也越来越具有全球性，其解决也需要与其他国家合作。2013 年 3 月，习近平主席就任后首次出访，在俄罗斯莫斯科国际关系学院的演讲中作出判断："这个世界，各国相互联系、相互依存的程度空前加深，人类生活在同一个地球村里……越来越成为你中有我、我中有你的命运共同体"，并提出"世界的命运必须由各国人民共同掌握。世界上的事情只能由各国政府和人民共同商量来办"的国际交往准则。这就要求生活在全球化时代的世界各国和人民要对国内外形势和政策有充分的了解和把握。作为高校大学生，要想成为中国特色社会主义的合格建设者和可靠接班人，更应该有着宽广的国内和国际视野，因而进行大学生形势与政策教育尤为重要。也正是如此，2018 年 4 月 12 日印发的《教育部关于加强新时代高校"形势与政策"课建设的若干意见》开宗明义地指出："'形势与政策'课是理论武装时效性、释疑解惑针对性、教育引导综合性都很强的一门高校思想政治理论课，是帮助大学生正确认识新时代国内外形势的重要渠道。"由此可见，"形势与政策"课程的发展和演进与国内外形势发展有着紧密的关系。

再次，日益增加的中外交流和中国日益走近世界舞台中央是"形势与政策"课程发展和演变中不可或缺的影响因素。2019 年 9 月，中华人民共和国国务院新闻办公室发布的《新时代的中国与世界》白皮书指出，"中国发展进入新时代，中国对世界的影响，从未像今天这样全面、深刻、长远；世界对中国的关注，也从未像今天这样广泛、深切、聚焦"。这就是对新时代中国与世界关系基本状态的判断，也是对中华人民共和国成立以来我国对外关系的总结。而"形势与政策"课程的发展和演变也和 70 年来中国的发展和对外关系紧密相关。中华人民共和国成立之后，党和国家就认识到了形势与政策教育在大学生培养中的作用，并基于当时的国内形势成立了"时事学习委员会"以及后来的"形势与任务"课程。然而受多种因素的影响和限制，"形势与任务"课程主要是向学生作报告和组织学生阅读文件，并辅之以座谈和讨论，后来在"文化大革命"期间一度中断。然而自 1978 年改革开放以来，随着国内各方面的发展和中国日益增加的对外交流，形势与政策教育不仅得到恢复，而且课程名称也从"形势与任务"调整为"形势与政策教育"，此后更是规范为"形势与政策"课程。进入 21 世纪，中国国内的全面发展、国际地位的提升和国际互动的增多进一步凸显了"形势与政策"课程的重要性。在此背景下，"形势与政策"作为一门独立的课程开始越来越受重视，并且在中共中央、国务院印发《关于进一步加强和改进大学生思想政治教育的意见》（2004 年 8 月 26 日）后又专门针对"形势与政策"课程出台了《关于进一步加强高等学校学生形势与政策教育的通知》（2004 年 11 月 17 日），这是党和国家第三份专门针对"形势与政策"课程印发的文件。①在上述党和国家政策的支持下，"形势与政策"课程受到的重视程度和课程建设的规范化程度进一步提升。与此同时，伴随着 2010 年下半年中国超越日本成为世界第二大经济体和 2017 年中国特色社会主义进入新时代，"形势与政策"课程迎来了前所未有的大发展和新进展。

3.3 新时代"形势与政策"课程发展的未来方向和趋势

自中华人民共和国成立以来，"形势与政策"课程的发展和演

---

① 党和国家专门针对形势与政策课程的印发的第一、二份文件分别是《国家教育委员会关于高等学校开设〈形势与政策〉课的实施意见》（1988 年 5 月 24 日）和《国家教育委员会关于进一步加强高等学校〈形势与政策〉课程建设的意见》（1996 年 10 月 7 日）。

变伴随着国内外形势的发展经历了多个阶段的演变，从成立"时事学习委员会"到首次设置"形势与任务"课程，从正式设置"形势与政策"课程到进一步强化形势与政策教育，再到《新时代高校"形势与政策"课建设的若干意见》的出台，"形势与政策"课程受到越来越高的重视，课程的标准化和规范化建设程度日益增强。在追求实现中华民族伟大复兴的中国梦和中国日益走进世界舞台中央的新时代，"形势与政策"课程的未来发展方向和趋势随着时代的发展而进一步凸显。

第一，新时代"形势与政策"课程的教学管理将更加统一和规范。当前，"形势与政策"课程的教学管理处于多样化和管理主体多元化的状态，即有些高校"形势与政策"课程的管理由马克思主义学院(思政部)承担，而有些学校则由党委宣传部主管，还有些高校则由学生处负责管理，所有这些都导致"形势与政策"课程的管理和教学在一定程度上难以达到国家对该课程的要求。然而2018年4月12日印发的《意见》彻底解决了这一问题，《意见》明确指出，"'形势与政策'课纳入思想政治理论课管理体系，并且要充分保证规范开课。"这里的规范开课不仅指"形势与政策"课程的管理机构要规范，而且教学过程诸如课程的学分学时和学生考核等都要规范，要严格贯彻和落实《意见》的精神。这也将对"形势与政策"课程的管理产生三个方面的影响：一是新时代"形势与政策"课程的管理机构只能是高校思想政治理论课教学科研二级机构——马克思主义学院(思政部)，其他职能部门如党委学生工作部等积极配合，从而改变了既往在课程管理上责权划分模糊的现状。二是在学分落实上，高校其他课程挤压"形势与政策"课程学分的情况将改善，每个学期8学时的授课学时得以保证，有利于提升课程的教学效果。三是在课程考核上，新时代"形势与政策"课程考核将更加注重内容和过程考核，并且以撰写专题论文和调研报告为主，实行每个学期都要考核的机制。《意见》中的这些规定将大大推进新时代"形势与政策"课程的改革和课程建设的规范性。

第二，新时代"形势与政策"课程的授课模式将体现出统一性和灵活性的完美结合。"形势与政策"课程内容新，具有时效性，这样的课程特性决定了专题式教学是该课程最佳的授课方式。然而各高校对专题教学的理解有很大差异，加上当前"形势与政策"课程专题教学存在的一些其他问题如课程内容变化快、任课教师备课量多以及学生缺少相应背景知识等导致专题深讲的效果有限。2018年4月12日教育部印发的《意见》进一步肯定了专题式教学在"形势与政策"课程授课运用的优势，但是同时对专题授课模式中存在的问题也提出了解决的方案，要求课程"定期组织任课老师开展集体备课、确定教学专题、明确教学重点、研制教学课件、规范教学研究"①。与此同时，《意见》专门单列一段强调要创新设计教学方式，要求结合授课内容和大学生思想实际，采取灵活多样的方式组织课堂教学，积极运动现代信息技术。这就意味着新时代的专题式教学不再是传统的课堂讲授，而是"课上+课下+线上"的混合教学模式，是新形态的"互联网+专题"教学模式，这也是高校未来形势与课程建设和改革的方向。

第三，新时代"形势与政策"课程的授课内容将更加明确。"形势与政策"课程作为时效性比较强的一门课程，教学内容的依据是由教育部办公厅每半年发布一次的《高校"形势与政策"课教学要点》。然而因为高校"形势与政策"课程的教学课时总体比较少，而《高校"形势与政策"课教学要点》包含的内容又相对比较广泛，因此很多高校只能从中选取部分内容进行讲授，由此不同高校在"形势与政策"课程内容的选择上往往依据学校特色和师资队伍的知识结构来确定，导致全国"形势与政策"课程可能内容缺乏相对的一致性。2018年4月12日教育部印发的《意见》则解决了这一问题。《意见》明确指出了新时代"形势与政策"课程应讲授的内容，即"要紧密围绕学习贯彻习近平新时代中国特色社会主义思想，把坚定'四个自信'贯穿教学全过程，重点讲授党的理论创新最新成果，

①　中华人民共和国教育部：《教育部关于加强新时代高校"形势与政策"课建设的若干意见》，教社科〔2018〕1号。

重点讲授新时代坚持和发展中国特色社会主义的生动实践"①。不仅如此,《意见》还规定新时代的"形势与政策"课程要开好四个专题:一是全面从严治党形势与政策专题;二是我国经济社会发展形势与政策专题;三是港澳台工作形势与政策专题;四是国际形势与政策专题。这样的课程顶层设计既让"形势与政策"课程教学内容实现了相对的统一,避免分散化,同时又为各高校开展课程教学留有余地。可以说,实现了教学内容的统一性与灵活性的有机统一,这也将是新时代"形势与政策"课程改革的方向。

最后,新时代"形势与政策"课程教师队伍趋向专职为主,专兼结合的特征。长期以来,"形势与政策"课程面临的最大困境之一就是安排课程的困难,原因在于大多数学校该课程既没有专职的教师队伍,也没有专职的形势与政策基层教学组织,很多学校的"形势与政策"课程放在思想道德修养与法律基础教研室。但是《教育部关于加强新时代高校"形势与政策"课建设的若干意见》的印发大大缓解了这一局面。根据《意见》的相关要求,各高校不仅要在马克思主义学院下设立独立的基层教学组织——形势与政策教研室,而且要高标准配备专职的形势与政策任课教师,同时吸收一部分兼职教师参与形势与政策课程教学。"要配备高素质专职教师负责'形势与政策'课组织工作,坚持高标准,按照'优中选优'原则,从思想政治理论课教师、哲学社会科学专业课教师、高校辅导员等教师队伍中择优遴选'形势与政策'课骨干教师",这是对"形势与政策"课程专任教师队伍的建设要求。与此同时,对于课程兼职教师队伍建设实行"形势与政策"课特聘教授制度,分层建立特聘教授专家库,将社科理论界专家、企事业单位负责人、各行业先进模范等纳入"形势与政策"课教学中。②由此,新时代"形势与政策"课程的师资力量将大大得到加强,逐步形成"专职为主,专兼结

---

① 中华人民共和国教育部:《教育部关于加强新时代高校"形势与政策"课建设的若干意见》,教社科〔2018〕1号。

② 中华人民共和国教育部:《教育部关于加强新时代高校"形势与政策"课建设的若干意见》,教社科〔2018〕1号。

合"的课程师资队伍结构。

3.4 结语

回顾中华人民共和国成立以来高校"形势与政策"课程的发展和演变，从成立"时事学习委员会"到初次开设"形势与任务"课程，从恢复形势与政策教育到正式开设"形势与政策"课程，从党和国家首次专门针对"形势与政策"课程设置下发文件到新时代进一步规范和推动课程的全面建设，"形势与政策"课程在过去的70多年中经历了飞速的发展。"形势与政策"课程的发展和演变与党和国家的高度重视、国内外形势的发展以及中国的国际地位的改变紧密相关。展望未来，作为一门理论性强、时效性强、针对性强、综合性强的课程，新时代"形势与政策"课程的发展也会伴随着推进中华民族伟大复兴中国梦的实现和中国日益走近世界舞台的中央而愈加重要，发挥的作用越来越大，课程建设的规范性也会越来越凸显。

（作者：高小升，西北农林科技大学马克思主义学院副教授）

4 新时代高校开展劳动教育若干问题的思考

为深入贯彻习近平总书记关于教育的重要论述，落实《中共中央国务院关于全面加强新时代大中小学劳动教育的意见》，2020 年7 月 7 日，教育部印发了《大中小学劳动教育指导纲要（试行）》（以下简称《纲要》）。此前，习近平总书记在 2018 年 9 月 10 日全国教育大会上强调，新时代教育的培养目标是培养德智体美劳全面发展的社会主义建设者和接班人，突出了劳动教育的时代性和紧迫性。随后，2020 年 3 月 20 日中共中央、国务院发布《关于全面加强新时代大中小学劳动教育的意见》（以下简称《意见》）。《意见》强调构建德智体美劳全面培养的教育体系，把劳动教育与德智体美"五育并举"，更加突出了劳动教育在教育改革和立德树人中的时代意义和作用。① 这次印发的《纲要》主要面向学校，重点针对劳动教育是什么、教什么、怎么教等问题，细化有关要求，加强专业指导。从劳动教育性质和基本理念、劳动教育目标和内容、劳动教育途径、关键环节和评价、学校劳动教育的规划与实施、劳动教育条件保障与专业支持五个方面对劳动教育作了具体的指导，对高校下一步更好地开展劳动教育具有重要作用。在这样的大背景和具体要求下，系统总结当前高校劳动教育的开展情况，以《意见》和《纲要》

---

① 《中共中央国务院关于全面加强新时代大中小学劳动教育的意见》，人民出版社 2020 年版，第 2 页。

为指引，针对其中存在的问题提出相应的解决方案，对于新时代高校切实做好劳动教育和人才培养工作意义重大。

4.1　新时代劳动教育的内涵

4.1.1　劳动的内涵

对劳动教育内涵的解读要立足于解读"劳动"的内涵，这是马克思主义劳动观的基础。《现代汉语词典》中将"劳动"释义为："人类创造物质或精神财富的活动；专指体力劳动；进行体力劳动。"①《辞海》中将"劳动"释义为："人们改变劳动对象使之适合自己需要的有目的的活动。即劳动的支出或使用。"②马克思指出："体力劳动是防止一切社会病毒的伟大的消毒剂。"③以上对"劳动"概念的诠释都突出了劳动的价值与作用，强调生产劳动和体力劳动，认为劳动是具体的实践活动，反映了劳动是人的本质属性。所以《纲要》一开始便指出，劳动是创造物质财富和精神财富的过程，是人类特有的基本社会实践活动。《纲要》在这里强调的是劳动的社会属性，这与马克思主义劳动教育关于人的社会属性的培养价值目标是一致的。

4.1.2　劳动教育的内涵

在立足于马克思主义劳动观，明确了"劳动"的内涵之后，再来进一步阐释"劳动教育"的内涵，就更加科学体系化了。《教育大辞典》将"劳动教育"定义为："劳动、生产、技术和劳动素养方面的教育；主要任务是培养学生正确的劳动观点和劳动态度、良好的劳动习惯、艰苦奋斗作风，使学生获得工农业生产基本知识和技

---

① 《现代汉语词典》(第 7 版)，商务印书馆 2019 年版，第 780 页。
② 《辞海》(1999 年版缩印本)，上海辞书出版社 2000 年版，第 4619 页。
③ 《马克思恩格斯全集》(第 31 卷)，人民出版社 1972 年版，第 538 页。

能。"①《辞海》将"劳动教育"定义为："德育内容之一。对学生进行热爱劳动和劳动人民、珍惜劳动成果、树立正确的劳动观点和劳动态度、通过日常生活培养劳动习惯和技能的教育活动。"②而马克思在《资本论》中指出："未来教育对所有已满一定年龄的儿童来说，就是生产劳动同智育和体育相结合，它不仅是提高社会生产的一种方法，而且是造就全面发展的人的惟一方法。"③一段时间以来，人们对"劳动教育"内涵的解读大多把教育和劳动进行结合，教育界也在这样的理解下开展各类劳动教育实践，强调在日常生活中养成劳动习惯。这与马克思主义劳动观是有明显差异的。所以《纲要》一开始便指出，劳动教育是发挥劳动的育人功能，对学生进行热爱劳动、热爱劳动人民的教育活动。由此可见，劳动本身就是教育，具有育人功能，不能将劳动和教育分割开来，而且劳动不仅是道德，更是人才培养的基本技能，是基础性的教育。

4.1.3　新时代高校劳动教育的内涵

新时代，中国特色社会主义市场经济体制不断深入发展，随着云计算、大数据、人工智能等新技术在各领域得到更加广泛的应用，人类正不断进入智慧时代，劳动本身也发生了翻天覆地的变化，如传统体力劳动逐渐被机器替代，简单重复的脑力劳动日益被人工智能取代，人类劳动已经进入崭新的历史阶段。因此，我们在理解劳动教育内涵时，要赋予其新的时代内涵。新时代的劳动教育不仅要发扬传统劳动教育的优良传统，还要有新时代的鲜明特点。准确全面把握劳动教育的内涵，必须立足于马克思主义关于人的全面自由发展的理论，从"立德树人"的视域对劳动教育进行时代解读。特别是对于高等学府，必须对劳动教育要有一个准确全面的理解，这是切实开展好劳动教育的前提。如同《纲要》指出的那样，

---

①　顾明远：《教育大辞典（增订合卷本）》，上海教育出版社 1998 年版，第 2214 页。

②　《辞海》（1999 年版缩印本），上海辞书出版社 2000 年版，第 4622 页。

③　《马克思恩格斯全集》（第 23 卷），人民出版社 1972 年版，第 530 页。

新时代高校的劳动教育是以"立德树人"为根本任务，重点是在系统的文化知识学习之外，有目的、有计划地组织学生参加日常生活劳动、生产劳动和服务性劳动，让学生动手实践、出力流汗，接受锻炼、磨炼意志，培养学生正确劳动价值观和良好劳动品质。①

4.2 新时代高校开展劳动教育的现状

党的十八大以来，特别是 2018 年全国教育大会之后，不少高校开展了劳动教育实践，部分高校甚至将劳动教育纳入人才培养体系，施行学分制，积累了一定的实践经验。然而在实际培育过程中，由于对劳动教育内涵认识片面，使得劳动教育一直被忽视或没得到重视，包括劳动教育主体作用也有待加强；劳动教育平台和课时量紧缺等，从整体性上影响了高校人才培养质量，无法适应新时代的人才需求。

4.2.1 对劳动教育内涵认识片面

首先，长期以来，人们认为劳动教育是德育内容之一。这样的片面认识导致教育实践中劳动教育被弱化和淡化。事实上，"劳动教育与德育、智育、体育、美育相互交织、有机联系，是贯穿于一切教育形式中的独特教育内容和形式"②。因而，我们不能把劳动教育简单划入德育内容。劳动教育与德智体美"四育"相互联系，但有其独立性，劳动教育的使命、任务、地位与作用是其他"四育"不可替代的。事实上，劳动不仅是德育，其本身也是一种教育，在劳动过程中学生能够得到教育，感受到劳动本身的价值和作用，从而更加珍惜劳动成果。但是，这些认识在实际教育过程中并没有得到正确理解和重视。

---

① 《教育部关于大中小学劳动教育指导纲要（试行）》，http：//www.moe. gov. cn/jyb_xwfb/gzdt_gzdt/s5987/202007/t20200715_472806. html，2020 年 7 月 15 日。

② 刘丽红：《劳动教育与德智体美"四育"的关系》，《教育家》2019 年第 17 期。

其次，现实中对"劳动教育"内涵的片面认识还表现为，将劳动教育等同劳动技术教育(专业教育)、把劳动教育中的"劳动"理解为体力劳动或简单劳动等。事实上，"劳动教育的核心是培养劳动价值观、劳动情感态度和劳动伦理品德，掌握经过抽象化、带有总括性的劳动科学知识，而不仅是具体工作或专业的知识与能力培养"①。新时代劳动教育既包括生产劳动，也包括非生产劳动，还包含思想品德的教育。专业教育中的劳动技术教育主要属于生产劳动，把劳动教育混淆为劳动技术教育，是对劳动教育的片面理解。与此同时，将劳动简单理解为体力劳动，容易在社会上造成轻视普通体力劳动者的社会心理。当前，有部分高校把劳动教育的内容主要界定为参加打扫卫生之类的简单体力劳动，可见对劳动教育内涵的认识是极其片面的。

4.2.2 劳动教育主体作用有待加强

当前，高校开展劳动教育的最大短板莫过于学生的主体作用不强。作为教育主体，很多大学生认为自己是高知识分子，不需要开展劳动教育，只有低学历层次的人才需要劳动，在潜意识中存在鄙视普通劳动者、体力劳动的心理，对劳动教育存在严重的抗拒心理。大学校园里，时常能见到不爱劳动、不会劳动、不珍惜劳动成果的行为习惯。不少受教育者把打扫卫生之类的体力劳动作为惩罚犯错学生的手段，将"劳动"与"惩罚"联结起来，没有意识到劳动本身的价值和作用，无形中对劳动形成抵触心理。这也和学生在中小学阶段对劳动教育内涵的认识不正确有关，从而给大学阶段对劳动教育的开展留下了"后遗症"，进而严重影响了受教育者在劳动教育过程中主体作用的发挥。

4.2.3 劳动教育平台和课时量紧缺

劳动教育是一种以学生实践体验为主的教育，不能只停留在书

---

① 刘向兵：《新时代高校劳动教育该如何加强》，《中国教育报》2019年9月5日。

本上、课堂上，不是请一两个"大国工匠"开展一次讲座就能达到教育目标，必须通过多次系统的劳动实践，使劳动理念、精神、意识渐渐内化为劳动行为习惯，才能从根本上提升学生的劳动素质。当前，高校劳动教育实施面临四大难题：一是校内外劳动教育基地不足，二是劳动教育师资紧张，三是劳动教育设备、耗材缺乏，四是教材资源开发相对滞后。造成这四大难题的根本原因在于高校劳动教育缺乏制度平台和课时量保障。如不少高校未明确将劳动教育列入专业人才培养方案，即没有制度来保障劳动教育的定位、内容等，"无位"就会导致"无为"，劳动教育就只能停留在"嘴上重要"。目前，高校劳动教育平台和课时量紧缺很常见，学生缺乏固定合适的平台和课时量来开展劳动实践和体验。如有些高校不仅公共教学区承包给物业公司，甚至学生班级固定教室卫生也外包给物业公司，学生连扫地、擦桌子这样简单的劳动机会都被"剥夺"了。所以，劳动教育要突出实践性，要让学生动脑动手解决自身实际生活学习问题，才能在现实劳动中懂得"劳动最光荣、劳动最崇高、劳动最伟大、劳动最美丽"的真正内涵。

4.3 新时代高校开展劳动教育的路径

党的十九大提出"培养担当民族复兴大任的时代新人"的战略，高校作为人才培养的关键阶段，切实开展好劳动教育，对于培养合格的"时代新人至关重要。"时代新人"首先应该是个合格的"劳动者"，为了切实开展好高校劳动教育，需要全员全程全方位共同努力，在国家层面要加强战略谋划，完善相关劳动教育政策制度体系；在社会层面要强化劳动观念，倡导学习践行劳动精神；在高校层面要提高认识，结合学科专业强化劳动锻炼；在家庭层面要加强家风培育，发挥劳动在家庭教育中的突出作用；在学生层面要激发学生主体作用和学生组织的劳动创造能力。

4.3.1 国家层面：加强战略谋划完善相关劳动教育政策制度体系

党的十八大以来，国家在劳动教育方面做了许多努力，2018

年全国教育大会强调了"五育并举"，此后中共中央、国务院、教育部等高度重视。特别是近期《意见》和《纲要》的印发，为高校开展劳动教育提供了全面的指导原则和充分的开展理由，也对高校开展劳动教育内容、方式、评价等进一步细化明确提供了价值引领和指导原则，从而把劳动教育"软任务"变成"硬指标"纳入学校工作考核体系，同时给予一些政策支持，以统筹建立健全师资、基地、经费等制度保障体系，为高校实施劳动教育、开展进一步的劳动教育实施方案就奠定了坚持基础。因此，只有加强战略谋划，理论与实践相结合，劳动教育才能真正在高校扎下根并枝繁叶茂。

4.3.2 社会层面：强化劳动观念倡导学习践行劳动精神

党的十九大报告中明确提出："建设知识型、技能型、创新型劳动者大军，弘扬劳模精神和工匠精神，营造劳动光荣的社会风尚和精益求精的敬业风气。"社会的劳动观念进一步增强，为劳动精神的践行营造了良好社会氛围。工匠精神是一种职业情怀，承载着广大普通劳动者的美好理想和不懈追求。对于国家、社会和个人特别是大学生的发展而言，工匠精神既是宝贵的文化资源，也是强大的精神动力。作为劳动精神的生动体现，在新时代，工匠精神反映的是一种敬业精神、创新精神、奉献精神、精益求精的职业道德精神。当前，我国正在从制造大国向制造强国迈进，劳动者的精神风貌可直接影响到我国未来制造业的发展水平，因此，要高度重视"工匠精神"的传承与弘扬。然而众所周知，长期以来，工匠的劳动价值一直被低估，没有得到与其技能相匹配的价值回报，工匠劳动与价值之间的偏离，薪酬作为劳动价值的外在体现直接影响着社会的价值导向。事实上，每个劳动者内心都潜藏着工匠精神，强烈渴望自己的劳动价值得到公平公正的认可。因此，实现对劳动技能与贡献的准确评估和价值衡量，这就需要全社会特别是企业通过切实的物质奖励和精神鼓励来引领劳动价值的回归。例如，把公益劳动与高校资助育人体系有机结合起来，将公益劳动时数作为教师（学生）评奖评优的重要条件之一。

4.3.3　学校层面：提高认识结合学科专业强化劳动锻炼

首先，新时代高校开展劳动教育，要在认识上提高对劳动教育的重视力度。劳动教育能否在校园里蔚然成风，关键看学校领导能否充分认识到劳动教育的重要性和深远意义，能否起到模范带头作用；学校教师能否言传身教，以身作则。将劳动教育融入教师日常，既能让全体教师经历体验深刻甚至是触及灵魂的劳动教育洗礼，也能为学生们树立良好的榜样。全体教职工通过亲身实践坚定"热爱劳动、勤奋劳动、尊重劳动、劳动光荣"理念，给学生开展劳动教育时才能更加重视以见实效。

其次，新时代高校开展劳动教育，要结合学科专业强化劳动锻炼。第一，加强专业制度建设。只有将劳动教育落实到人才培养方案，形成基本教学制度，才能避免劳动教育走过场，停留于形式，从而形成长效机制。例如将劳动教育纳入专业人才培养方案，明确其定位与内容；将劳动教育纳入"第二课堂"建设，制定劳动教育实施方案，明确教学目标、内容、时间表、考核要求以及相关部门及人员责任分工以保证劳动教育有效实施；建立健全劳动教育考评相关制度，将劳动教育成绩与学生评奖评优挂钩，并对组织有力、效果明显的单位相应增加教师（学生）评优评先指标，增加绩效奖励等，从而在全校上下形成崇尚劳动的新风尚。第二，创新课程开发。劳动教育课程开发必须以学习需求为导向，即教育内容生活化、专业化、职业化，符合大学生的身心发展规律，贴近大学生生活实际，能体现大学生的成长价值，给予大学生手脑并用的实践空间，在学习劳动知识与技能的同时培养人文精神，体验劳动的乐趣，开发以学习需求为导向的劳动教育课程。同时可以依托劳动教育基地开发课程，既加强与校内劳动实践基地的课程开发，又加强与各专业校外实习实训基地的课程开发。当前不少高校开设的劳动教育课程形式单一，甚至以简单的打扫卫生作为劳动教育内容，这自然不能唤醒学生主体意识。产学研结合、校企合作是开展劳动教育的重要渠道，这也是落实马克思主义关于"教育与生产劳动相结合"的根本途径。积极推动"互联网+"劳动教育课程开发。通过互联网平台整合资源来实现师生共享是解决当前高校劳动教育资源不足的重要途径。比如，涉及劳动教育的理论教学及通识性劳动技能的教学都可以通过网络平台来实现。同时，高校也可以聘请技术特长的家长担任劳动教育的教师，教学方式可以采用线上教学，这在一定程度上也能缓解劳动教育师资短缺问题更好地提升劳动教育的效果。第三，创建校际联盟，共建共享课程资源，以联盟方式建立劳动教育共同体，加强劳动教育研讨，交流劳动教育改革经验。特别是联盟内的高校通过实地参观、现场听课、合编教材、互派师资等方式解决劳动教育资源短缺困境，共享优质教育资源。

4.3.4 家庭层面：加强家风培育发挥劳动在家庭教育中的突出作用

家庭是劳动教育的启蒙基地，是学生劳动观念、劳动习惯养成的人生第一站。大学阶段的劳动教育是家庭教育的延伸与拓展，其效果好坏在很大程度上受到家庭教育的影响。若有家庭的支持与配合，高校的劳动教育才能事半功倍。随着信息技术的推广与普及，教育已经突破校园围墙限制，打破时间与空间的约束，家校之间的联结变得更加紧密。每个家庭可以在家风培育中发挥劳动在家庭教育中的突出作用。例如，利用双休日、小长假、寒暑假等安排劳动教育活动，让学生通过照片、微视频等方式来记录自己的家庭劳动过程，展示劳动成果，抒发劳动情感。

4.3.5 学生层面：激发学生主体作用和学生组织的劳动创造能力

首先，新时代高校开展劳动教育要激发学生的主体作用。习近平在2018年新年贺词中指出："幸福都是奋斗出来的"，"新时代是奋斗者的时代"。新时代的大学生，要创造属于自己的美好幸福生活当然要靠自己的艰苦奋斗来实现，而劳动正是实现美好生活的基础和前提。因此，劳动教育目标的实现与否关键要看受教育者的行动表现，让大学生自觉自愿、尽心尽力地积极投入劳动教育之中，劳动教育才能见实效。新时代高校开展劳动教育培育"时代新人"，要激发学生的主体作用，使其自觉提升劳动素养，成为合格的"劳动者"，这才是劳动教育目标的真正实现。

其次，新时代高校开展劳动教育要激发学生组织的劳动创造能力。所谓从劳动创造能力方面对学生组织进行激励，就是要给予学生更多的选择权和参与权，让学生亲身体验到行使劳动权利的愉悦，而不仅仅是简单的让学生履行劳动的义务。例如，在学校学生会组织架构上增设"劳动部"，让学生广泛参与到学校劳动教育实施过程；发挥学生社团组织(如志愿者协会)作用，让学生自发地融入劳动教育，使劳动教育变被动为主动，让学生在志愿劳动中体会到自己个人价值和社会价值的实现的幸福感；发挥党员学生干部在劳动教育中的组织管理作用和模范带头作用，以点带面，带动全体学生的劳动积极性。

4.4　结论

劳动教育是教育体系中的重要内容，需要教育部门高度重视，特别是作为教育体系中的关键阶段，高等教育作为培育"时代新人"的"最后一公里"，其劳动教育的开展质量对于人才培养目标的实现至关重要。当前，我国正处于全面建成小康社会和开启全面建设社会主义现代化国家的历史交汇期，大学生将是实现"两个一百年奋斗目标"和中华民族伟大复兴中国梦的主力军，新时代的美好生活需要靠当代大学生的双手来创造，靠大学生的朴实劳动来支撑。因此，加强大学生劳动教育对于实现中华民族伟大复兴的"中国梦"意义重大。

(作者：王跃，合肥财经职业学院马克思主义学院教师、上海财经大学马克思主义学院博士研究生)

5 出场视域下高校思想政治理论课意识形态教育的逻辑理路

5.1 前言

　　全球社会的大变转引发了世界范围内的思想激变。在这个思想与现实加速脱节的时代，西方意识形态话语空间几乎霸占了人类文明发展的专席，我国部分青年大学生也因此深受影响。"如果在全部意识形态中人们和他们的关系就像在照像机中一样是倒现着的，那末这种现象也是从人们生活的历史过程中产生的，正如物象在眼网膜上的倒影是直接从人们生活的物理过程中产生的一样。"①意识形态领域的异化和颠倒是社会现实交织激荡的直接产物，凸显出高校意识形态教育刻不容缓、极端重要。

　　大学生意识形态教育的出场逻辑不是纯粹的从"形态"问题出发，直叙意识形态教育"是什么"，"正确的东西总是在同错误的东西作斗争的过程中发展起来的。真的、善的、美的东西总是在同假的、恶的、丑的东西相比较而存在，相斗争而发展。"②大学生意识形态教育是在与错误的意识形态斗争中，保证正确的意识形态教育

---

①　《马克思恩格斯全集》(第 3 卷)，人民出版社 2016 年版，第 29~30页。

②　《毛泽东文集》(第 7 卷)，人民出版社 1999 年版，第 230 页。

的持续"出场",即在任何情况下意识形态教育都不能"缺场""退场"或"空场"。所谓"出场"是思想在特定场域下从遮蔽到出面、上场的创造性过程;"出场学"视域关注的就是在创新时代语境中探究某一思想学说因何出场、怎样出场、出场如何等问题;"出场学研究范式是以一种'宏大视野'和'整体视域'对某一思想学说进行整体性考量和方法论审视,旨在探索其如何在差异化的时空语境中不断选择恰当的出场路径,形成相应的出场形态,以此不断推动其理论创新与发展。"①因此,要在思想政治理论课上守好意识形态"责任田",需要构建与宏大叙事背景下的出场语境相适应的意识形态教育范式,对高校思政课意识形态教育的出场形态和路径进行整体性考量和方法论审视。

梳理已有研究成果,大部分学者将研究目光首先聚焦于高校意识形态教育所面临的境遇和考验,一方面,剖释宏观背景下显现的突出问题,例如复杂的国际环境、多元的中国现实、交互的自媒体传播等;② 另一方面,从思想政治教育各要素的微观角度切入,探索当前意识形态教育的地位、目的、内容、方法等方面的困境。③在此基础上,一些学者着重探索高校意识形态教育产生实效性的逻辑理路,④ 为这一问题提供诸多解决路径。出场学视域作为马克思主义研究方法论自觉的创新范式,引领了马克思主义相关研究走进当代、深入中国。以出场为视域基础的学术研究路径也逐步延伸至思想政治教育研究领域,有学者指出:"马克思主义'与时俱进'的理论品格以及思想政治教育的应用型学科特征,势必召唤出场学视

① 贾莎:《出场学:马克思主义中国化研究范式转型的新视角》,《思想教育研究》2019 年第 11 期。

② 刘洪波、李斌雄:《高校社会主义意识形态教育的价值、问题与对策探析》,《思想教育研究》2017 年第 5 期。韩凯辉、张英魁:《自媒体时代大学生意识形态教育的异化问题研究》,《高教发展与评估》2019 年第 6 期。

③ 代金平、陈雨轩:《文化自信视域下高校意识形态教育路径创新》,《重庆社会科学》2019 年第 6 期。寇翔:《高校意识形态教育面临的挑战及其应对》,《学校党建与思想教育》2018 年第 8 期。

④ 李辉、任美慧:《论新时期高校意识形态教育的逻辑起点》,《学术论坛》2015 年第 6 期。

域的'解释框架'在思想政治教育学理论基础研究中的及时出场。"①高校思政课的意识形态教育以此为视角，将呈现出一种从出场语境到出场路径再到出场形态的崭新理解。

5.2　出场立意：高校思政课意识形态培育的教育旨归

中共中央办公厅、国务院办公厅印发的《关于深化新时代学校思想政治理论课改革创新的若干意见》指出，思政课在"大学阶段重在增强使命担当，引导学生矢志不渝听党话跟党走，争做社会主义合格建设者和可靠接班人"②。这为高校思政课进行了明晰的课程定位，成为思政课教学中意识形态教育的目标源头。高校思政课堂是大学生意识形态"出场"的重要场域，将意识形态教育置于思政课的场域中加以审视，能够为高校意识形态教育的演进提供有力支撑。

5.2.1　构筑立德树人的教育初心，聚焦根本任务的达成点

人无德不立，育人的根本在于立德，这是人才培养的辩证法。③ 立德树人是党和国家人才培养的核心理念，是我国教育的根本任务和育人的方向指引。高校的立身之本在于立德树人，④ 而思政课作为高校实现这一育人目标的重要载体，已然成为大学生思想政治教育的主要渠道以及高校意识形态培育的重要平台。然而，高

---

① 钱美玲、丁三青：《出场学视域中的思想政治教育学理论基础》，《学校党建与思想教育》2016 年第 9 期。

② 中办国办印发《意见》：《深化新时代学校思想政治理论课改革创新》，《人民日报》2019 年 8 月 15 日。

③ 习近平：《在北京大学师生座谈会上的讲话》，《人民日报》2018 年 5 月 3 日。

④ 《习近平在全国教育大会上强调 把思想政治工作贯穿教育教学全过程 开创我国高等教育事业发展新局面》，《人民日报》2016 年 12 月 9 日。

校的思政课教学效果不尽理想，其中一个原因在于大学生对课程价值理解不够深入，思政教育的"工具意识"偏转明显。因此，以大学生意识形态的培育推进高校思政课的改革创新，势在必行。

高校思政课是我国主流意识形态生发、传导和渗透的主要思想出场通路。在思政课的场域下意识形态教育旨归的出场，不仅是知识、理论、概念的单维传递，更是对大学生核心价值的全面型塑和理想信念的多维培育，具有强烈的德性功效和独特的育人优势，对帮助大学生坚持中国共产党的集中统一领导、树立正确的人生价值观、培养良好的道德素养起着重要的引导作用。因而，在思政课的场域中更应发掘学科教学的育人功能，让意识形态教育融入课堂教学，自觉将立德树人作为课程的价值归宿，深化推进立德树人的育人进程。

5.2.2　转化课堂育人的实践范式，建立文化自信的链接点

传统的思政课通常以静态的教材文本和固化的教学流程为依托，课程的价值意义潜藏在高度理论化结构化的文本符号和话语体系中，容易被弱化甚至虚化，难以建立从外部课堂教学向内在自我发展的连接，进而无法实现内隐品格向外显行为的转化。意识形态教育是搭建在课程价值与学生精神世界的"桥梁"，能够为思政教育范式提供转换路径，跳出"学科本位"，走向"育人本位"。思政课堂只有活化，才能将知识理论转化为学科智慧，才能实现课程功能和意义。

大学生的理想信念、道德修为、国家意识、民族精神等意识形态，是一个通过教育逐步形塑和循序发展的过程，而思政课是承接这个教育过程的实施中介。大学生的思维密码需要在课堂教育中主流意识形态的解构和潜在道德价值观的编辑，才能组成社会共同认可的文化价值规定方式。可以说，大学生的意识形态教育不仅是文化认知与文化情感的输送，更多的是文化自信与文化精神的培植。

5.2.3　涵育核心价值的共生场域，寻找政治认同的共识点

进入新时代，前所未有的社会变革和纷繁芜杂的社会思潮对大学生的理想信念、价值观念和道德品行的影响日益凸显，各种思想与文化互相激荡，对意识形态话语权的争夺更加激烈。在多元交织的价值场域中，大学生面临着更复杂的成长环境和更严峻的困难挑战。习近平总书记指出，青少年阶段是人生的"拔节孕穗期"①，大学阶段更是意识形态形成的关键时期，最需要精心引导大学生培育和践行社会主义核心价值观，为扣好人生的第一粒扣子蓄积思想动能。

面对鱼龙混杂的文化矛盾和碰撞，一方面，思政课致力于寻求与大学生思想相契合的共识，让他们能够避免价值迷失，涤荡思想郁积，做出正确的价值判断和价值选择；另一方面，思政课着力于构筑青年学生价值认同的信仰基石，帮助大学生深化政治认知、激发政治情感、坚定政治意志，并将这些政治素质内化到自身的价值体系中，最终形成对中国特色社会主义道路、理论、制度、文化的坚定认同。总之，在这样的时代发展背景和成长阶段特征下，加强思政课意识形态领域的教育教学工作显得尤为重要。

5.3　出场范式：高校思政课意识形态教育的矩阵式课堂架构

"创新的逻辑、与时俱进的逻辑，本质上就是差异出场的逻辑。"②每一次的出场，都意味着创新叙事的成型。因而，以出场学的视野建构一种范式，就具有了逻辑理据和客观必然。建构主义观认为学生并不是被动的信息接收者，而是积极地参与意义建构过程

---

① 习近平：《思政课是落实立德树人根本任务的关键课程》，《求是》2020 年第 17 期。

② 任平：《出场学叙事》，《学术界》2018 年第 2 期。

的主动学习者。① 高校思想政治理论课中意识形态教育的矩阵式架构是基于建构主义出场逻辑而构建的教学活动结构和程序，是开展思政课教学的一套方法论框架体系。它以教师的价值引领线为主导，以学生的思维进阶线为主体，以意识形态养成线为目标，形成三条主线；以教学预设为基础、以教学呈现为中心、以教学生成为旨归，构成三个要素。图 1 描绘出了"三纵三横"矩阵式的课堂新样态，交织出从宏观理路到微观塑建的意识形态教育"图景"。

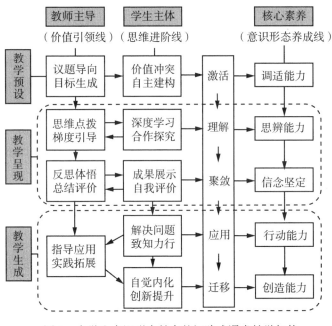

图 1 大学生意识形态教育的矩阵式课堂教学架构

5.3.1 "三条主线"：纵向课堂架构

(1)价值引领线：串联教学发展的主轴

大学生意识形态教育的出场方式绝不仅仅是教授知识和方法，

---

① ［美］莱斯利·P. 斯特弗：《教育中的建构主义》，高文、徐斌艳译，华东师范大学出版社 2002 年版，第 307 页。

而是对大学生思想的健康输出"有用"的精神养料，因而有效的课堂教学离不开价值引领。高校的思政课要铺设一条价值管道线，将意识形态教育的价值元素精准传递到课堂教学的每一环节，不需要添补贴标签式的说教内容，也不需要刻意加载学生的学习负担，深厚而广博的人文价值关怀会为大学生的自我发展注入不竭动力。价值教育线的循序展开，将串联起精神点化和人格润泽的高尚思政课堂。

①议题导向，目标生成。议题式教学是承载话题选择、主题内容及问题形式等教学信息，并关注学生情感升华的价值生成过程。议题导向的思政课堂教学是为了弥补大学生社会活动的经验不足，通过择优剪辑形成的与真实社会境况高度吻合的教学模拟情境活动。教师以议题设置为课堂教学起点，组织形式包括课堂思辨、问题探究、调查研究、社会实践等。通过选取真实情境，明晰议题指向，将情境预设与教学内容有机衔接，围绕某一中心议题层层递进呈现序列化的问题链，在此基础上引导学生形成所预期的情感态度和目标要求，以彰显思政课中意识形态教育的价值导向。

②思维点拨，梯度引导。教师在开启大学生的意识形态教育之路后，根据教育教学的目标培养要求，开始展开饱含思想张力的教学活动。在思政课堂中，教师针对不同思维能力的学生，巧妙调控课堂发展方向，设置不同思维层级，按照教学设计循序渐进地推进教学进程，做到张弛有度、有的放矢。尽量控制讲授时间，增强师生之间的交流互动，给予学生充足的学习机会，促进意识形态教育的价值流动在不同层次的学生间渗透融通。教师结合学生实际，对其学习思路和方法进行适时适度指导，合理探寻大学生的学习可能空间，通过激励进步、排除疑惑、指点迷津、启发新知，及时调整他们的学习状态。

③反思体悟，总结评价。意识形态教育的效果很难在短时间内进行衡量，"时滞"的特殊现象常常造成教育反馈浮于表面，教育价值的出场过程戛然而止。反思和总结是捕捉教育闪光点、改进教学失误点、寻觅课堂发展点的重要方式，可以消解课堂教学原初设计与教育实际发生过程之间的二元隔阂，有助于保持意识形态的教

育目标与教育效果的一致性。教师跟踪和检验学生学习行为，关注学习结果，将学生的个体表现与集体合作综合考查，把控学生的意识形态生成和价值观生发趋向，帮助学生澄清价值认知、挖掘思维潜能、提升核心素养。同时，教师通过获取课堂教学的反馈意见，对自己教学中的行为以及教学效果进行反省，提炼总结和反思调整，来解决教学中存在的问题，积极探索新的具有创造性的教学策略，以掌握大学生意识形态出场的灵活性和判断力，最终实现课堂由一元主导向双元互动转向。

④指导应用，实践拓展。习近平强调，高校思想政治理论课要"坚持理论性与实践性相统一"①。理论与实践的结合是教育价值生产的最后"工序"，需要将课堂阐发的大道理放入学生的小生活中，在实际面临价值迷失和纷扰时考察意识形态教育的适用性和发挥作用的程度。教师结合学生的课堂教学展示和表现，进一步提出具有思维延展性的实践议题，组织学生继续开展教学实践活动，拓展和创新学生参与政治实践的渠道，为其提供更多的实践机会，从而在获得实践的同时主动感悟、有意识反思。教师将抽象的理论观点与生动的社会生活有机结合，开阔学生视野，强化学生知识运用转化的能力，从而在实践应用阶段实现主流意识形态认同的形塑和价值引领目标的升华。

（2）思维进阶线：推动教学发展的齿轮

教师的价值引领促推着意识形态教育的出场理路，大学生在教师的精心培育和精细引导下，达成对自身观念意识和道德价值的深刻聚焦。思维进阶是思维依次递进、逐渐深化的发展过程，在这一过程中学生突破思维的桎梏，并进入思维升级的通道，体现思维的伸展性和深刻性。要想让大学生意识形态的培植在思政课堂中入脑、入心，考验着课堂教学如何碰击出思维的火花和教育的智慧。

①价值冲突，自主建构。意识形态教育具有复杂的要素结构和丰富的思想内蕴，并易受到社会嬗变和更新的影响。多元复杂的社

---

①　习近平：《思政课是落实立德树人根本任务的关键课程》，《求是》2020 年第 17 期。

会价值暴露出各种社会矛盾、冲突和危机，折射到大学生的心灵成长过程中，议题的设置就是通过还原社会生活的本真面貌，能够引起大学生内心观念的冲突，需要他们理性面对不同的价值观点，改变原有的认知结构，重新建立思维习惯，从而获得更多的独立思考契机和更大的意义建构空间。大学生在情境抉择中激发主动性，在价值冲突中找准成长方向，通过获取正确的价值认识、设立明晰的价值准则、构筑坚实的价值底线，在倡导个体自由发展的同时，使自身的接受内化过程真正与意识形态的外部教育相契合。

②深度学习，合作探究。有研究表明，深度学习策略可以显著正向地影响问题解决、元认知和团队协作这些高阶思维能力[1]。思政课堂的价值拐点就在于意识形态教育的深度学习和合作学习代替了浅表学习和孤立学习。在充满思维深度的课堂教学里，大学生在教师的课堂指导下，围绕议题参与有意义的主动学习历程，通过自主探究、学思结合，搭建符合个人需求和学习要求的思维工具和学习支架，进而深度理性地表达自己的看法，辩证批判地分析自己的观点。尔后，在学习小组内展开交流与分享，博采众长，互助学习，合作完成任务。自主与合作学习的整合优势，能充分激发大学生全面的深度潜能和协同品格，完成从低阶到高阶的价值进化过程。

③成果展示，自我评价。学生利用演讲、辩论、汇报等形式展示其在课堂参与、思辨过程中的成果，对自己的观点进行翔实的阐释与缜密的论证。同时，对自身在学习过程中的表现进行理性的审视和反思，优化学习方法，实现自我完善和自我发展，在自我观念的形成中感悟价值衍生的脉络并生成自信、进取、创新等优秀品质。通过非考试或测验的形成性评价，可以随时收集学习的进展情况，实时获取教育过程的连续反馈，为学生把控自己的学习状态和教师调节意识形态的出场轨道提供适宜的参考。

④解决问题，致知力行。意识形态教育有时候会出现知行脱节

---

① 王靖、崔鑫：《深度学习动机、策略与高阶思维能力关系模型构建研究》，《远程教育杂志》2018 年第 6 期。

现象，"知"与"行"是意识形态教育学生思维进阶线上的关键节点，两端必须打成密不可拆的联结，才能完整勾画出知行合一、行知互动的连贯教育图景。大学生的意识形态教育终究要走出课堂进入社会，要自主参与、亲自验证课堂中的探究过程和结果。在社会实践历练中，大学生运用课堂习得的知识与经验学以致用，不断增强主体意识，提高综合素质和实践技能，提升政治参与热情，进而摆脱课堂教学的局限，开始自觉能动地寻找解决社会问题的方案。

⑤自觉内化，拓展创新。内化既是个体自觉学习的结果，也是人们自主接受的结果。① 通过理论学习与实践活动，大学生把主流意识形态内化为自己的情感认同，外化为自己的行为习惯。大学生在自省和践行的基础上，深刻理解外部环境和内心世界，以全新的视域重新认知自我，探索自身独特的视域价值和存在意义，由此形成更复杂的思维空间结构，创造性地形成自己的思想见地和觉悟。意识形态教育至此不仅完成了既定的出场亮相，更赋予思想政治教育鲜活灵动的创新动能，使当代大学生内聚优秀的道德修为，外显卓越的创新能力。

（3）意识形态养成线：产出教学发展的产品

意识形态教育养成的各项能力是思政课堂育人价值的集中体现，是大学生通过学习逐步孕育出来的综合品质和关键能力，是大学生正确人生观、价值观最终塑形的内在动力系统。课堂教学发展每一阶段的核心素养能力都指向特定的行为预期和表现，它们不是"标准答案"的刻度，而是"情境面对—问题分析—方案解决"的系列行为特质。

①调适能力，指向"成长型"思维的激活。这种能力改变大学生接受意识形态教育时被动、冷漠、应付的学习态度，培育接受挑战的乐观精神和追求成功的自信心态，并积极扩展大学生的能力素质。大学生通过调适，拥有明确的目标，热衷接受新鲜事物，逐步适应学习环境，保持良好的自我意识与积极进取的状态。

---

① 王仕民：《思想政治教育心理学概论》，中山大学出版社 2015 年版，第 80 页。

②思辨能力，指向高阶思维的深化。具备这种能力之后，大学生能真正拥有独到的见解，与不同的观点进行辩驳并获得共识；能掌握科学方法的本质并把科学方法应用到假设中；能拥有价值判断能力，独立发现问题并寻求论证。当思维进阶时，形象思维向本质逻辑转变，具体思维向辩证理性转变，为学生持续的思考和探究奠定能力基础。

③信念坚定，指向社会主义意识形态的培植。坚定理想信念是大学生世界观、人生观、价值观形成的心理动能，是在分析情境、自主探索、合作交流后表现出来的综合性能力品质。心中秉持这股力量的学生，以科学信念指引人生方向，以真理信仰追寻人生梦想，坚定"四个自信"，保持政治定力，对国家和民族的光明前路充满信心。

④行动能力，指向社会主义核心价值观的落实。将学习行为向纵深推进的行动能力，是在知识和能力的铺垫下，大学生通过整理、加工、转化，将内在观念外化的行为呈现。具有这种种能力，大学生能够时刻严格要求自己，脚踏实地，刻苦磨炼，笃行致远，理论联系实际，用行动践行责任担当，用实干服务人民群众，用奋斗实现人生价值。

⑤创造能力，指向中华民族伟大复兴的实现。富有创造力的大学生，勇于破除思想僵化和传统束缚，敢于冲破条条框框的禁锢，充分利用自己的经验，主动调动自己的能力，始终保持思想活力，在探索中胸怀自我革新的勇气，不断突破、大胆创新。大学生把创新精神贯穿到学习和工作中，善于在处理问题中融会贯通，积极探寻新规律、解决新问题、制定新举措，增强自己行为的科学性和预见性，为实现中华民族的复兴梦提供源源不断的动力。

5.3.2　"三个要素"：横向课堂教学架构

高校思政课意识形态教育的程序，链式嵌套于"三条主线"的教学活动之中，由定向、行动、反馈三个向度互为衔接，形成思维连贯的教学环节。教学的预设、呈现、生成凸显出课堂教学的深度、宽度、效度，具体包括激活、理解、聚敛、运用、迁移等环节，综合发挥知识传授、价值形成和个性发展的教育功能，实现意识形态教育"投入"与"产出"的均衡。

（1）教学预设：指向使命担当的价值目标

预设是对课堂教学的规划设计，是保证教育过程有序性及教育质量达成性的基本要求。教学预设是基于学生客观实际，对课堂将要达到的结果的预期判断，它作为课堂教学实施前的一项重要任务，在很大程度上规定着课程价值取向和课程愿景。意识形态教育具有强烈国家意志和明确价值导向，因此，明晰课程价值、制定教学目标是高校思政课的基本要素和起始环节，是开展思政课意识形态教育的起点和方向。对于任何课堂教学，教学预设都是必要的，具有明确价值定位的预设，能够从高处着眼，纵向构建一个学生逐"本"思"虑"的场域空间。面对思维灵活敏感的大学生，意识形态教育的思政课堂必须维持应变、动态的过程，对课堂上可能出现的状况、学生可能生成的个性化感受、教育可能产生的价值分歧等进行前瞻性的估测，预设相应的出场路径及应对方式，突出强调准确到位地掌握意识形态教育出场过程的整体态势。

（2）教学呈现：培养思辨精神的序列发展

教学过程关系着教学目标的达成和教学结果的生成，是教学场域中承上启下的关键要素，是师生、生生之间良性互动和有序发展的纽带。在思政课中，正确的价值观念不能自发形成，而需要序列化的教学设计和安排，为大学生提供一个开展理性对话、开启思辨的平台。意识形态教育除了要有充足的教学资源，还要丰富的思辨精神，需要判断、抽象、推理、论证、整合等思维活动的参与，指向多元认知建构的深度学习。思政课教师有目的、有计划地连续展开教学活动，引导学生能动地获取知识，触发学生的思维能量，循序渐进地提升理性思考与思辨意识的能力，培养理性精神，以帮助学生构建意识形态学习的内驱力，由感性思量走向理性辨析，由崇尚知识学习走向提升思维品质。

（3）教学生成：关注获得感的生活回归

教学生成不是单纯确认现成知识的恒定过程，也不是追求教育过程的最优化效果，而是突出教育个性建构和学生经验生长的开放式、互动性的动态共享过程。意识形态教育要求思政课教学具有可变性和适应性，能够祛除学生的思想迷惑，呵护学生的思想萌发迹象，把准学生的思想发展走向，向学生展现他们人生价值观念的真实成长和发展轨迹。因而，当教学成果呈现后，需要对课堂教学进行延伸和拓展，在关注教学内容、教学方法和教学过程的同时，更应该关注学生在课堂中的获得感。思想政治教育获得感是教育对象获得的精神利益及积极的主观体验。① 对于高校思政课的意识形态教育来说，以获得感作为教育的落脚点，是思政课堂的重要生成要素，也是意识形态教育的价值诉求。在充满生成力和获得感的课堂教学里，师生、生生和生本之间彼此形成一个统一多边的"共同体"，互教互学、共识共进，使学生生长出内心深处的高尚德行，让教育回归他们生活本真，也为后续的意识形态教育留下更充足的包容性和自由度空间。

5.4 出场路径：高校思政课意识形态教育的实践转向

高校意识形态课堂样态的创新，改变了传统课堂教学预设、呈现、生成等环节的出场方式。但对意识形态教育的理解不能只限于抽象理论的建构，而应当立足于实践视野，深刻把握高校思政课意识形态教育的出场新路径。从矩阵式课堂教学架构的"三条主线"中，可以剥离出教学、学生和教师三个转场要素，这些根植于思政课堂背景中的要素有着重要的意识形态功能。要想充分发挥这一功能，就需要跨越意识形态同教学、学生、教师三方面的阻碍，使意识形态教育不再漂浮于理论认知层面，而逐渐向理论认同、情感认同、政治认同的实践形态转化，最终强化对大学生主流意识形态教育的价值认同。

---

① 程仕波、熊建生：《论思想政治教育获得感》，《思想教育研究》2017年第 7 期。

5.4.1 引导教学从课堂灌输形式向"三全育人"格局转向

教育不能走统一工艺、统一规格的批量生产道路。[①] 传统的意识形态教育形式较为单一，内容枯燥，方法传统，学生参与率低，课程教学缺乏感染力，没有找到意识形态教育的切入点和出发点。这种缺乏活力、延用单调的理论灌输式的被动说教，大学生的思想问题自然抓不准、弄不透、解不开，意识形态教育的效果也不会理想。因此，高校思政课意识形态教育的改革创新，首先是推动育人形式的立体化转型。"三全育人"格局是系统规划、协同配合、注重实践的高校意识形态教育改革的新探索，进而衍化为高校人才培养与发展的创新模式。实现全程育人、全员育人、全方位育人，首先，要打造高质优效的思政"小课堂"。转变教学方式，创新教育方法，多渠道、全方位地丰富意识形态的教学内容，破解高校思政课堂意识形态教育"难入脑、难入心"的难题，助推新时代高校思政第一课堂的育人发展变革。其次，要打破思政"小课堂"和社会"大课堂"的界限。有研究采用量化分析方法指出，不应忽略第二课堂对整体教育产出的贡献，应将第二课堂作为第一课堂的有机延展，构筑互动显著的共育模式。[②] 高校思政课作为意识形态教育课程的核心，要与社会实践教育结合形成优势互补、协作紧密、联动发展的思政育人体系框架，从而有助于形成相嵌、融通、共生的教育合力，帮助学生在知行合一中充分参悟科学真理的理论魅力、解释力和践行力。

5.4.2 引导学生从浅层机械植入向深度情感共鸣转向

高校的思政课堂时常会遭遇这样的教学情景：教师站在讲台上授课，逻辑清晰；学生却枯坐于讲台之下，思维脱节。在这种课堂

①　熊晓梅：《坚持立德树人 实现"三全育人"》，《光明日报》2019 年 2 月 14 日。

②　陈玲、陶好飞、谢明昊：《论第二课堂在人才培养过程中的作用——以高校一二课堂学习联动为中心》，《北京师范大学学报(社会科学版)》2019 年第 5 期。

中，意识形态教育只能机械式地植入学生脑中，难见师生共同学习与探究的情感火花。为了改变旧式课堂的境况，高校思政课的意识形态教育重点应从重"教"转向重"学"，既通过教师外部驱动建构新的思想，更通过内在生发的情感共鸣内化为学生自己的精神追求和价值目标。意识形态的产生表明共识的不可或缺，① 思政课堂的生命意义就在于实现学生从浅层的情感触碰转变为深层的激情共鸣。灵动鲜活的思政课能够引发学生的情感共响，升华学生的生命思悟。在这种课堂教学下，教师娓娓而谈、循循善诱，始终关注个体的生命状态，敏锐发现学生成长中遇到的困惑并及时进行疏导；学生心情怡然舒畅，以极大的热情来加强知识学习和情感沟通；师生之间的交往、对话与共情成为意识形态教育冲破表层化浅学，形成教育参与者相互汲取、互为融合的存在样态。思想的撞击"意味着多元思想间相互打磨，激活各自真正有价值的思想"②，高校思政课堂只有触动大学生内心，触发大学生情感认同，才能使意识形态的教育由外铄转化为自觉，由分化渐趋融合。

5.4.3　引导教师从知识本位评价向多元参与评价转向

教育的知识本位倾向即指以知识授受为中心并止于知识授受的教育倾向。③ 长期以来，政治学科的知识传授都被简单地等同于思想政治教育本身，知识本位教育在传统的思政课中产生了诸如片面强调共性评价标准、忽视个性发展需求等弊端。这样既削弱了大学生对思政课意识形态教育的接受度和获得感，更无法全面考量学生实际的思想政治觉悟。从单一走向多元、从封闭转向互动、从课堂延伸社会，是思政课意识形态教育生成的思路转变和创新方向，从

---

① 任平：《当代视野中的马克思》，江苏人民出版社 2008 年版，第 509 页。

② 任平：《当代中国马克思主义研究》，北京师范大学出版社 2017 年版，第 503 页。

③ 陈佑清：《论教育的知识本位倾向》，《湖北大学学报（哲学社会科学版）》1998 年第 3 期。

而达到立德树人的教育目的。① 高校思政课应该构建多元生成的新模式，用以综合评估大学生的意识形态品格，使意识形态的教育从课堂场域拓展到生活全域。一方面，完善以学生为中心的多主体评价体系。主流意识形态的建设需要最广泛的课堂主体的共同参与，不同主体由于知识经验、观察角度、反馈方式不同，可以全方位地收集教学过程中学生的行为表现，对标育人目标检验思政教育教学的完成情况，更能全面地评价学生不同层次意识形态素养的形塑水平。另一方面，拓展过程性的多向度评价。教学中要运用多种尺度动态地衡量学生的表现，不仅评价学生基本概念和基本原理的掌握情况，还要注重评价学生情感态度、判断能力、思维品质和价值观念的发展情况。

随着高校思政课改革创新的深入推进，在思政课的场域体系中增强大学生意识形态教育愈显重要。以"出场"的研究范式进行整体考量和审思，构建矩阵式课堂创新模式，有助于探索高校思政课意识形态教育如何在创新语境中形成恰当的出场形态和出场路径，从而准确把握大学生意识形态教育的当代特征和未来形态，不断推动高校思想政治教育与时俱进地创新发展。

（作者：李尉清，华南理工大学马克思主义学院研究生）

---

① 王洪才、吴日明、杨兴林：《立德树人与高校思想政治理论课建设（笔谈）》，《重庆高教研究》2019 年第 7 卷第 4 期。

6 全面从严治党视域下红色廉政推进新时代高校思政课的思考

2019 年是思想政治理论课发展史中具有里程碑意义的一年，习近平总书记在 3 月 18 日主持召开了学校思想政治理论课教师座谈会，提出了新时代思想政治理论课建设要求。在守正创新的要求下，思想政治理论课教师政治要强、情怀要深、思维要新、视野要广、自律要严、人格要正，思想政治理论课的建设要做到"八个相统一"。2019 年 8 月 14 日，中共中央办公厅、国务院办公厅印发《关于深化新时代学校思想政治理论课改革创新的若干意见》；2019 年 9 月 3 日，中共教育部党组印发《"新时代高校思想政治理论课创优行动"工作方案》；2019 年 10 月 30 日，教育部发布《关于一流本科课程建设的实施意见》。从顶层设计到具体实施，学校思想政治理论课有了定位、有了方向、有了路径，迎来了前所未有的春天。2020 年，新冠肺炎疫情又对思政课提出了更高要求，如何做好应急状态下思政课授课工作成为新课题。用好新时代信息化慕课、翻转课堂等平台和工具，实现好思政课的共鸣、共情，激发出当代大学生的爱国之情、报国之志，鼓励他们用战疫情的实际行动来展现思政课最终效果，是思政课的历史使命。

春意融融暖人心，前路茫茫需探索。高校思想政治理论课如何顺应新时代新变化，勇立潮头成为新青年的引路者和掌灯人？办在革命老区的高校又如何用好红色资源，传承红色基因？全面从严治党态势下，高校廉政建设如何深入推进？这三个问题逐渐凝聚到一处，成为我们探索红色廉政推进新时代高校思政课的新思路。新时代的思政课教师需做到：清正自律，言嘉行懿；霁月光风，赓续承继；守正创新，八个统一；红色基因，六要牢记；理论开拓，实践联系；革故鼎新，勒石实绩；坚守初心，勇担使命；征途漫漫，我心不弃。

　　党的十八大以来的反腐高压态势已经常态化，党的十九大、中共十九届四中全会、十九届中央纪委四次全会对新时代全面从严治党提出了更高的要求，在坚持和完善中国特色社会主义制度推进国家治理体系和治理能力现代化的进程中，传承红色基因、弘扬红色文化、深化廉政教育都是全面从严治党的题中应有之义。在2019年进行的两轮"不忘初心、牢记使命"主题教育活动中，涌现出众多传承红色基因的典型，取得了良好收效，促进了高校党风廉政教育的质量提升。《中共中央关于坚持和完善中国特色社会主义制度、推进国家治理体系和治理能力现代化若干重大问题的决定》（以下简称《决定》）中概括了我国国家制度和国家治理体系的十三大优势，其中就包括了"坚持党的集中统一领导，坚持党的科学理论，保持政治稳定，确保国家始终沿着社会主义方向前进的显著优势"①。在《决定》中，明确提出了"要建立不忘初心、牢记使命制度"②和"完善全面从严治党制度"③，从制度自信、制度建设层面对党的廉政建设提出了新时代新要求。倡导清廉中国、推进红色廉政、传承红色基因、弘扬红色文化是新时代全面从严治党的必然的和本质的要求。2017年，教育部发布《高等学校马克思主义学院建

---

　　①　本书编写组：《〈中共中央关于坚持和完善中国特色社会主义制度、推进国家治理体系和治理能力现代化若干重大问题的决定〉辅导读本》，人民出版社2019年版，第3页。

　　②　本书编写组：《〈中共中央关于坚持和完善中国特色社会主义制度、推进国家治理体系和治理能力现代化若干重大问题的决定〉辅导读本》，人民出版社2019年版，第6页。

　　③　本书编写组：《〈中共中央关于坚持和完善中国特色社会主义制度、推进国家治理体系和治理能力现代化若干重大问题的决定〉辅导读本》，人民出版社2019年版，第9页。

设标准》，其中明确提出了"八支队伍"上好思想政治理论课的要求，即"选聘高水平专家担任特聘教授，统筹好地方党政领导干部、企事业单位负责人、社科理论界专家、各行业先进模范以及高校党委书记校长、院（系）党政负责人、名师大家和专业课骨干教师、日常思想政治教育骨干等八支队伍上思想政治理论课讲台"①。党政干部、高校领导、专业名师讲好思想政治理论课，既能推进全面从严治党深化发展，又能够把实践经验与马克思主义理论相结合，是新时代全面从严治党、党风廉政建设的新思路、新格局。党的十九大报告中明确阐述了新时代党的政治建设总要求；十九届四中全会提出了要建立不忘初心、牢记使命的制度，完善全面从严治党制度；十九届中央纪委四次全会进一步总结了党的十八大以来全面从严治党成效，对用全面从严治党新成效推进国家治理体系和治理能力现代化作出战略部署。

6.1 强化文化自觉、推进红色廉政、锻造清廉中国

6.1.1 全面从严治党的必然要求

中国特色社会主义进入新时代，中国共产党一定要有新气象新作为，全面从严治党永远在路上。新时代中国共产党面临着新的考验与压力，牢牢把握意识形态工作领导权，时刻掌握马克思主义话语权是当前工作的要点。我们要用新时代中国特色社会主义思想武装全党，坚定中国特色社会主义文化自信，秉承文化自觉，实现文化强国的历史目标。文化是一个民族生生不息的动力，离开文化，任何一个国家都会成为无本之木和无源之水。中华文化源远流长，在近代涌现出了无数救亡图存的仁人志士，而现在更是涌现出了无数的社会主义建设英雄和模范。中国特色社会主义建设不仅仅需要

① 中华人民共和国教育部社会科学司：《高等学校马克思主义学院建设标准（2017 年本）》。

道路自信、理论自信、制度自信，还需要中国特色社会主义文化自信。

　　全面从严治党是党的十八大以来党中央作出的重大战略部署，是"四个全面"战略布局的重要组成部分，也是全面建成小康社会、全面深化改革、全面依法治国顺利推进的根本保证。全面从严治党，基础在全面，关键在严，要害在治。2017 年 10 月 18 日，习近平同志在党的十九大报告中强调，坚定不移全面从严治党，不断提高党的执政能力和领导水平。新时代的历史站位中，中国共产党面临着复杂的考验与挑战，打铁还需自身硬，全面从严治党永远在路上。全面从严治党要求我们把党的政治建设摆在首位，用新时代中国特色社会主义思想武装全党，建设高素质专业化干部队伍，加强基层组织建设，持之以恒正风肃纪，夺取反腐败斗争压倒性胜利，健全党和国家监督体系，全面增强执政本领。"中国共产党是世界上最大的政党。大就要有大的样子。实践充分证明，中国共产党能够带领人民进行伟大的社会革命，也能够进行伟大的自我革命。我们要永葆蓬勃朝气，永远做人民公仆、时代先锋、民族脊梁。全面从严治党永远在路上，不能有任何喘口气、歇歇脚的念头。"①

　　2019 年 1 月，为深入贯彻落实习近平新时代中国特色社会主义思想和党的十九大精神，切实加强党的政治建设，坚持和加强党的全面领导，推进全面从严治党向纵深发展，不断提高党的执政能力和领导水平，确保全党统一意志、统一行动、步调一致向前进，中共中央发布了《关于加强党的政治建设的意见》。在该文件中提出了加强党的政治建设的总体要求，强调了坚定政治信仰，强调了坚持党的政治领导、提高党的政治能力、净化党的政治生态、强化党的组织实施等具体措施。2019 年 5 月 6 日，《中国共产党党员教育管理工作条例》颁布实施，其中要求"党员应当主动学网用网，依托各类党员教育管理信息化平台，积极参加在线学习培训，认真参加党组织的活动，自觉接受党组织的教育管理。通过网络向群众

---

　　① 《习近平谈治国理政》（第 3 卷），外文出版社 2020 年版，第 67 页。

宣传党的理论和路线方针政策，听取群众意见，联系服务群众"①。2018 年 12 月 28 日，《中国共产党农村基层组织工作条例》颁布实施；2019 年 5 月，中共中央办公厅印发《关于加强和改进城市基层党的建设工作的意见》；2019 年 8 月中共中央印发《中国共产党问责条例》。全面从严治党从顶层设计进入全体党员的生活中，从城市到农村，从南方到北方，全面从严治党深入基层，做实落细。

全面从严治党必然要求进行体系化的廉政建设，自中国共产党成立之日起，廉政建设就伴随党的建设不断深化发展。在明确中国特色社会主义新时代的历史站位后，十九届四中全会进一步明确要强化对于权力运行的制约和监督，要一体推进不敢腐、不能腐、不想腐的体制机制建设。十九届中央纪委四次全会进一步明确了用全面从严治党新成效来推进国家治理体系和治理能力现代化，从严是全面从严，是越来越严，"严紧硬"的基调将长期存在。正是在全面从严治党新成效的基础上，党风廉政建设水平进一步提升，赓续红色基因、讲好红色故事、弘扬红色文化成为新时代中国革命精神守正创新的基础。红色廉政，正是在党的十八大以来全面从严治党环境下，传承红色基因需求下，弘扬红色文化的成果，是廉政建设与红色基因的有机统一。全面从严治党是"四个全面"的的重要组成部分，"四个全面"的实现与中国特色社会主义"四个自信"的落实紧密联系。坚定中国特色社会主义文化自信，是中国文化自觉的体现，是实现文化强国目标的要求，是全面从严治党的题中应有之义。蕴含了红色基因的红色文化，是中国革命文化的重要组成部分，是展现中国共产党发展历程的历史记忆和载体，其中包含了党的廉政建设的重要内容，红色廉政伴随着党的诞生发展的历史进程，在新时代更体现在全面从严治党的理论与实践中。

6.1.2 传承红色基因的本质要求

在党的十八大、十九大以来全面从严治党的视域中，坚定文化

---

① 《中国共产党党员教育管理工作条例》，中国法制出版社 2019 年版，第 19~20 页。

自信、强化文化自觉、传承红色基因、弘扬红色文化、推进红色廉政、锻造清廉中国同样是"四个自信""五位一体"的总体要求。党的十八大以来，"美丽中国"的概念深入人心，老百姓们熟知了绿水青山就是金山银山的理念，生态环境纳入"五位一体"建设总布局中。作为中国特色社会主义建设领导者的中国共产党，在新时代提出了全面从严治党的更高要求，锻造清廉中国、传承红色基因是保持复杂环境中党的先进性和纯洁性的基本要求。中国特色社会主义文化来源于中华优秀传统文化、中国革命文化和社会主义先进文化。中国红色文化是中国共产党在领导中国人民、中华民族在中国近现代历史中救亡图存，以马克思主义为指导，以共产主义为目标，进行的一系列社会主义革命和建设历程中所形成的特殊文化形态。中国红色文化包含马克思主义、共产主义、社会主义、无产阶级等核心关键词，与不同地域相结合又可以划分为不同的子红色文化形态。大别山红色文化、井冈山红色文化、西柏坡红色文化、延安红色文化等都是中国红色文化的组成部分，因与具体地域相结合又具有了独特的历史地理特性。子红色文化系统既具有中国红色文化的基本核心关键词，又具有独特的革命历史阶段、历史地理环境的特性，涌现出不同的红色文化物质状态、人物历史事迹、红色革命遗迹、红色革命精神。闫茹冰定义"红色文化"为："红色文化是中国共产党以马克思主义为指导带领各族人民以社会主义为信念，以共产主义为理想，在完成我国革命、建设和改革开放不同阶段历史任务的实践过程中形成的物质文化、精神文化、制度文化的总和。"[1]也有学者探讨了红色基因与红色文化的关系问题，贾晓薇认为："红色文化基因在现实世界中表现出来的形式多种多样，既有革命文化、党史文化、社会主义文化，又与中国传统文化的结合。"[2]从汤红兵开始，国内学者对红色文化都给出了自己的定义，

---

[1] 闫茹冰：《利用红色文化强化中国共产党意识形态领导权研究》，华南理工大学 2018 年硕士学位论文，第 14 页。

[2] 贾晓薇、邱小云：《从文化基因的角度再论红色文化——兼论红色文化与其他文化的从属和融合关系》，《广西社会科学》2019 年第 1 期。

吴佳丽则认为红色文化是以马克思主义为核心的先进文化，具有物质和精神两种形式。

有学者认为，在马克思主义诞生的欧洲，象征着烈士和鲜血的红色成为革命的代表色，随着巴黎公社和欧洲工人运动的兴起，红色逐渐进入马克思、恩格斯所领导的工人运动中，成为工人运动和马克思主义的象征。1917 年十月革命后，苏联的国旗就采用红色作为底色。中国共产党自诞生后的党旗也都采用红色作为底色和主体色，中华人民共和国的国旗也采用了红色作为基底色。红色与马克思主义、共产主义、社会主义、工人运动、无产阶级的紧密联系是在人类社会历史发展进程中，在社会主义与资本主义的两制斗争中逐步稳固下来的。

自 1921 年 7 月中国共产党诞生开始，党旗和党徽都参照苏联的样式进行了不同形制的设计，但总体颜色是红色。据党史史料记载，中国共产党在秋收起义期间打出的第一面旗帜就是红色底色的镰刀和斧头标志的旗帜。虽然在国共合作期间的旗帜有一些变化，但到 1927 年中共中央正式确立了使用红旗的基本原则。到 1943 年，中共中央确立了党旗的基本形式，红色依然是底色。1945 年，党的七大召开，第一面中国共产党党旗正式出台，红色是底色，上面是象征工农的镰刀与锤头。中华人民共和国成立后，中华人民共和国的国旗和中国共产党的党旗都采用了红色作为底色，一直延续到今天。其间中国共产党不断对党旗的形制进行规范化，1996 年中央办公厅印发了《中国共产党党旗党徽制作和使用的若干规定》。党的十九大以来，随着中国共产党党章修订和党内法规建立健全，对中国共产党党旗党徽的规范化也进一步到位。红色伴随着中国共产党的诞生、中华人民共和国的成立、社会主义制度的建立和发展而成为中国革命和社会主义建设的底色。[①] 坚持中国红色文化的底色，就是坚持马克思主义、社会主义、共产主义、中国共产党的领导、人民民主专政这一系列基本原则。面对西方资本主义的"颜色

---

①　此处部分史料来源于中国共产党新闻网：《党旗和党徽的历史演变》，http：//cpc.people.com.cn/GB/64162/64172/85037/85040/6465079.html。

革命",社会主义中国首要的就是坚持红旗不倒,坚守中国红色文化的阵地,牢牢把握马克思主义意识形态领导权,全面从严治党,传承红色基因。

守正是坚守马克思主义的指导思想,守正是坚持社会主义制度,守正是坚持中国共产党的领导,守正是坚持中国特色社会主义的"四个自信",守正是贯彻习近平新时代中国特色社会主义思想,守正是贯彻"四个全面",守正是传承革命精神,守正是坚持社会主义核心价值观。世易时移,无论新时代面临何种困难与挑战,对中国红色文化的守正和对红色基因的传承是使得中国共产党牢牢立于不败之地的基石,是中国革命和建设的根本。近两年来,习近平总书记的足迹踏遍了红色革命老区的土地,2019 年他在河南考察时指出:要让广大党员、干部在接受红色教育中守初心、担使命。红色廉政教育既是党员干部需要的,也是新时代青年所需要的,赓续红色基因是中国共产党自身血脉传承的必然和必须。

6.1.3　红色廉政发展的进程规律

习近平总书记多次在视察中强调要传承红色基因,不要忘记中华人民共和国的颜色是红色的,他的红色足迹遍布了革命老区,从河北西柏坡、山东临沂、福建古田、陕西延安、贵州遵义、江西井冈山、浙江嘉兴、江西于都到河南新县。近年来,传承红色基因结合全面从严治党的廉政建设,许多地方做出了较好实绩,红色文化中所蕴含的红色基因包含了丰富的廉政建设内容,红色廉政发展形成了一定规模,有自身进程规律。

有学者概括红色廉政文化的内涵指出,"红色廉政文化是中国共产党组织和领导人民群众在 90 多年革命斗争的血雨腥风中创造的具有中国革命特色的先进文化"①,其核心要件包括着先进性、革命性、政治性、精神性。中国红色文化是随着马克思主义传播到中国的进程、科学社会主义发展历程和共产主义运动在中国的发展

---

① 李丹:《传承与创新:红色廉政文化的当代价值及实现路径》,《思想教育研究》2019 年第 10 期。

而孕育出来的，红色文化中蕴含着红色基因，必然包含着马克思主义、社会主义等核心要件和合理内核。廉政文化是红色文化的重要组成部分，中国共产党自成立之日起，就建立了严明的政治纪律，在革命战争年代中无论是革命领袖还是普通战士都遵守着同样的廉政纪律，树立了良好的群众形象，赢得了群众的信任和拥戴。延安时期，毛泽东同志住着窑洞，在异常困难的环境下写作了《实践论》《矛盾论》，与普通战士同吃同住，克服了革命战争年代生存困境，为民族解放和独立奠定了基础。周恩来同志亲自纺线，克服生活中的各种困难坚持工作。在抗战如此艰苦时期，中国共产党坚持了严格的纪律约束，制定了一系列关于党的纪律的文件。党的六届六中全会通过了《关于中央委员会工作规则与纪律的决定》《关于各级党部工作规则与纪律的决定》《关于各级党委暂行组织机构的决定》等民主集中制和纪律建设文件。这个时期，毛泽东和陈云等老一辈革命家强调了党的纪律的首要性，以身作则，带头遵守党的纪律，群众口碑良好。在这一时期，违反党的纪律的同志同样受到了严厉惩罚。① 在这一时期形成的红色文化蕴含着惩前毖后、治病救人、勤俭节约、艰苦朴素、谦虚谨慎等红色廉政核心思想，与其他红色文化组成部分共同构成了一个红色文化整体。解放战争前夕，在西柏坡，任弼时同志的家人领取了六尺白布，被任弼时同志询问后知道是要做衣服，但任弼时同志觉得还不需要做，不能浪费这六尺白布，就要求家人退还了这些布，为国家节约物资，同时更严格管束家人行为。1947 年，毛泽东同志又起草了《三大纪律八项注意》的人民军队版本，后续又有领导干部版本，对党政干部和人民军队纪律进行了明确要求，其中的借东西要还、损坏东西要赔偿、不拿群众一针一线、不打人骂人、不损坏庄稼、不调戏妇女等都是严格的政治纪律要求，也是非常明确的。

党的十八大以来，全面从严治党成为"四个全面"的重要组成部分之一，党的十九大报告明确提出了新时代"我们党一定要有新

---

① 相关史料见郭建明：《延安时期党内政治生活的优良传统探析》，《中国延安干部学院学报》2017 年第 2 期。

气象新作为"，"全面从严治党永远在路上"。① 针对我们当前面临的执政、改革开放、市场经济和外部环境的考验，以及党自身所面临的精神懈怠、能力不足、脱离群众、消极腐败四种风险，党的十九大报告明确提出了新时代党的建设总要求，管党治党是为根本，政治建设是为统领，五项建设制度贯穿。全面从严治党常态化，把中国共产党人勇于自我革命的精神贯彻到实践中，不断补足精神上的"钙"，全方位扎紧制度的笼子，使党的纪律成为带电的高压线。中共十九届四中全会开篇就提出了坚持和完善党的领导制度体系的要求，规划建立不忘初心、牢记使命的制度，进一步强调了全面从严治党和新时代党的建设总要求，首次提出了"完善和落实全面从严治党责任制"②。全面从严治党向制度化过渡，党的建设步伐更加稳定有力。同时，十九届四中全会也提出了权力运行监督体系制度的构建，从健全党和国家监督制度、完善权力配置和运行制约机制，到构建一体推进不敢腐、不能腐、不想腐体制机制。十九届中纪委四次会议总结了党的十八大以来全面从严治党新成效，强调了用新成效进一步推进十九届四中全会提出的国家治理体系和治理能力现代化的目标。反腐败国家立法《中华人民共和国监察法》于2018 年发布施行，自此对所有行使公权力的公职人员的监察实现了全覆盖。全面从严治党下的廉政建设也有新时代的新要求，需要在传统与现代、理论与实践中找到最佳契合点。在传承红色基因、赓续红色文化的中国特色社会主义道路环境下，将廉政建设与红色基因传承相结合是新时代新要求，既是廉政文化发展的必然，也是红色文化传承的必须。红色廉政以中国共产党诞生之日为开端，历经新民主主义革命、社会主义革命和社会主义建设阶段，在 21 世纪的今天，也势必要在守正创新、开拓创新、革故鼎新中探索新思

---

① 习近平：《决胜全面建成小康社会夺取新时代中国特色社会主义伟大胜利——在中国共产党第十九次全国代表大会上的报告》，人民出版社 2017年版，第 61 页。

② 本书编写组：《〈中共中央关于坚持和完善中国特色社会主义制度、推进国家治理体系和治理能力现代化若干重大问题的决定〉辅导读本》，人民出版社 2019 年版，第 10 页。

路、新路径、新实践。

6.2　红色廉政融入新时代高校思政课的路径方法

6.2.1　红色廉政融入思政课理论课堂的守正创新

思政课不仅仅是一门简单的课程，思政课课堂更是立德树人、铸魂育人，为社会主义培养合格人才的重要场所。2019 年 3 月 18 日，习近平总书记主持召开学校思想政治理论课教师座谈会，提出了"培养什么人？怎样培养人？为谁培养人？"的根本问题。习近平总书记提出了思政课改革创新需要做到"八个相统一"，其中包含了政治性和学理性相统一、价值性和知识性相统一、理论性和实践性相统一等具体内容。红色廉政融入思政课理论课堂，正是贯彻"八个相统一"的路径之一。思政课不仅仅包含着马克思主义基本原理、科学社会主义等基本理论而具有学理性，更重要的是包含了意识形态所具有的政治性。红色廉政是伴随着中国共产党诞生而来的，蕴含了丰富的红色基因，带有显著的政治性。红色廉政也是一种价值取向，体现了历代中国共产党人清正廉洁、勤俭节约、克难奋进、艰苦朴素、明辨是非、重义轻利、以人民为中心等优秀品质，在思政课中融入红色廉政内容本身就会产生一种价值影响，能够对新时代大学生树立正确的世界观、人生观和价值观起重要作用，引起当代新青年的共鸣。新时代的大学生也终将进入社会就业，把红色廉政理念植入当代大学生的头脑，对于其一生遵纪守法、清正廉洁产生重要影响。习近平总书记对新时代思政课提出了守正创新的要求，思政课必须因时而动、因地制宜、因材施教，在全面从严治党视域下，红色廉政融入思政课能够体现时代特征、地域特点、分类分层。党的十八大以来，全面从严治党不断深化，逐步向制度化和治理体系构建过渡，这也正是十九届四中全会中所提出的要求。2016 年 10 月 27 日，《中国共产党党内监督条例》发布；2017 年 7 月 1 日，《中国共产党巡视工作条例》发布；2018 年 8 月 18 日，《中国共产党纪律处分条例》发布；2019 年 8 月 25 日，《中国共产党问责条例》发布；2020年3月，《党委（党组）落实全面从严治党主体责任规定》发布施行。近四年来出台的中国共产党党内法规制度接续承继，形成了党内法规制度体系，为进一步构建不忘初心、牢记使命制度和完善全面从严治党制度奠定了基础。全面从严治党的"四个全面"要求下，党委（党组）的主体责任明确，倡导风清气正的党风廉政建设已经成为党的政治建设的重要内容，把红色文化与廉政建设相结合形成红色廉政，不仅仅有说服力和影响力，更阐明了党风廉政建设的源头活水在哪里。

以当前高校思想政治理论课为例，按照思政课"05"方案开设有五门思想政治理论课："形势与政策""思想道德修养与法律基础""中国近现代史纲要""毛泽东思想和中国特色社会主义理论体系概论""马克思主义基本原理概论"。以"形势与政策"课程为例，我们按照教育部和中宣部"形势与政策"教育教学要点开设了若干专题，主要包括：不忘初心、牢记使命，加强政治建设；全面从严治党、坚定文化自信；当前两岸关系形势与中央对台政策；红色黄冈、人文黄冈、魅力黄冈；中国经济行稳致远；中国周边安全形势分析；走好城乡融合发展之路。在"形势与政策"课程中，我们尝试性加入了传承红色基因、弘扬红色文化、倡导红色廉政的内容，整个课程系统性介绍了我校地域性的红色文化基本情况和特点，介绍了与韶山、井冈山并称的大别山的红色文化的人、物、事、魂，有两个专题进行了红色文化介绍，在红色文化中讲述了红色廉政故事。在这门课程的专题"全面从严治党、坚定文化自信"中，我们专门讲述了中国共产党在延安时期的廉政精神，延安精神的核心要件包含了全心全意为人民服务的宗旨，倡导勤俭节约、廉洁爱民的红色廉政思想，其中列举了一首描述延安时期勤俭节约、以人民为中心进行选举的歌谣，即当时的选举是往碗里投豆子来决定，"金豆豆、银豆豆，豆豆不能随便投，选好人，办好事，投在好人碗里头"①。延安时期是中国抗战最艰苦时期，在当时的情况下毛泽东

---

① 王炳林：《初心：重读革命精神》，人民出版社2018年版，第156页。

同志于 1940 年指出了延安的"十个没有"①，其中第一条就是延安没有贪官污吏，中国共产党自诞生之日起就是以人民公仆身份定位的，无论在哪一个历史时期这一条都不会变。红色廉政在延安时期表现得非常充分，不仅延安没有贪官污吏，而且中国共产党的高级领导干部亲自参加根据地建设。毛泽东、周恩来、任弼时等同志都参与了开荒、纺纱等力所能及的劳动，军民一体、党群和谐，这种清正廉洁、以身作则、以民为中心、亲力亲为的红色廉政思想对推动中国抗战胜利产生了极大的促进作用，也形成了对党内外影响深远的延安精神。在"形势与政策"课上，红色廉政以这样的方式融入了高校思政课课堂，不仅能够达到阐释全面从严治党理论的目标，还深入浅出，具备较好的故事性与可读性，有效提升了思政课课堂教学效果，把马克思主义理论与实践相结合、政治性和学理性相统一、价值性和知识性相统一都做到了。在讲述这些红色廉政故事时，我们也并未仅仅采取灌输讲授的方式进行，近年来我们采取了慕课、翻转课堂、对分课堂等方式，把红色微视频、红色影视资料、红色展馆、红色校史馆、红色农耕博物馆、红色调查等都融入思政课课堂，利用信息化时代慕课平台进行抢答、模拟、测试、视频、调查等，形成了推进红色廉政融入高校思政课的系列方法，实现了思政课的守正创新。2020 年，新冠肺炎疫情的蔓延又成为新时代"四大风险"和"四种考验"的现实，全国高校的思政课必须根据疫情防控形势采用网络和其他方式进行。在疫情防控的每一阶段，纪检监察都及时跟进，成为疫情防控的推进器和监控器，全面从严治党体现在疫情防控的令行禁止中，廉政建设体现在应急处理的进程中。我们的思政课课堂要展现疫情防控中涌现出来的先进典型，展现火神山、雷神山建设体现的中国速度，展现万众一心、众志成城的中国力量，展现倡导人类命运共同体的中国价值，展现疫情防控中体现的全面从严治党成效，展现新时代党风廉政建设成效。高校思政课是立德树人、铸魂育人的人生课堂，需要红色廉政

---

① 王炳林：《初心：重读革命精神》，人民出版社 2018 年版，第 157页。

的丰富资源来开拓视野，真正做到习近平总书记提出的"视野要广"。

6.2.2 红色廉政融入思政课实践教学的开拓创新

近年来，随着思政课课堂教学效果要求日益提高，开展思政课实践教学成为思政课重要形式之一。在教育部发布的《马克思主义学院建设标准（2017 年本）》中也明确规定了思政课实践教学的组织，即"制定实践教学计划，统筹思想政治理论课各门课程的实践教学，落实学时学分、教学内容、指导教师和专项经费。实践教学原则上覆盖全体在校学生，建设相对稳定的校外教学实践基地"①。在高校五门思政课中都需要开设实践教学环节，并赋予一定的学时学分，教育部的明确要求是全覆盖，并有稳定的教学实践基地。2019 年 3 月，在习近平总书记主持召开的学校思想政治理论课教师座谈会上，总书记也提出了要进行思政课实践教学的问题，指出思政课要把握好的根本方向是要扎根中国大地办教育，要同社会实践相结合。习近平总书记在这次讲话中提出了"八个相统一"的具体要求，其中一个相统一就是理论性和实践性相统一，再次强调了思政课的实践性。2019 年 8 月，中共中央办公厅、国务院办公厅印发了《关于深化新时代学校思想政治理论课改革创新的若干意见》，其中明确提出了要开门办思政课，把思政课实践教学与社会服务相结合，要求建立思政课实践教学基地，要求完善思政课实践教学机制，推动全社会办好思政课。2019 年 9 月 3 日，中共教育部党组印发《"新时代高校思想政治理论课创优行动"工作方案》，其中对思政课实践教学提出了更加具体的要求，要求用习近平新时代中国特色社会主义思想和新中国 70 年成就等进行思政课社会实践研学，要建立"新时代高校思政课教师研学基地"，要以一系列中国革命精神谱系、红色基因为内容进行体验式社会实践研修，要

---

① 《教育部关于印发〈高等学校马克思主义学院建设标准（2017 年本）〉的 通 知》，http：//www. moe. gov. cn/srcsite/A13/s7061/201709/t20170926 _ 315339. html，2017-9-26。

建设一批"全国高校思想政治理论课教师研修基地"，实施国外研修计划等。在工作方案中对思政课社会实践进行了全面的设计，规定了社会实践的内容、方式、机制、机构等，形成了思政课实践教学的全方位、立体化顶层设计。

在思政课实践教学的顶层设计中，既有国内的思政课实践教学和体验式教学基地，又有国外实践研修；既有习近平新时代中国特色社会主义思想、新中国70年成就、改革开放40年成就，又有红船精神、延安精神等中国革命精神谱系的红色基因；既要建立实体的思政课实践教学研究基地，又要建立思政课培训、实践、研究一体化的制度与机制。在思政课实践教学中，包含了弘扬文化自信中的重要组成部分中国革命文化的成分，其中包含了非常丰富的中国革命精神、红色文化，蕴含了红色基因。红色文化中涵盖了丰富的红色廉政内容，在各类思政课实践教学基地中，倡导红色廉政的内容也是其中重要的组成部分。以河南省信阳市为例，就建立了河南省纪委监委的大别山红廉文化园，其中包含了红廉园、清廉园、红军纪念园等组成部分，把传承红色基因与全面从严治党、党风廉政建设紧密联系在一起，这些不仅仅是纪委监委的实践教学基地，更是高校思政课的实践教学和体验式教学基地，可以体验大别山地区红军前辈们是如何勤俭节约、清正修身的。河南省新县还挖掘了红色廉政文化的典型，吴焕先"红薯地里埋银元"、刘邓大军"借粮条"等故事是大别山地区广为百姓熟知的故事，具有很好的思想政治教育功能。[①] 湖北省黄冈市也地处大别山区，同样有着丰富的红色廉政文化资源，湖北红安的李先念故居纪念园、黄麻起义和鄂豫皖苏区革命烈士纪念园、七里坪镇许葛楼村红二十五军军部旧址、列宁小学等都可以作为高校思政课实践教学基地，而红安县本身就位列"十大将军县"之首。地处大别山麓的黄冈市英山县，红二十五军陶家河革命根据地纪念馆、陶家河乡陶家河村委会、陶家河红二十五军军部旧址、英山县烈士陵园等地都与红色廉政有关，都是

---

① 以上内容援引自《红廉文化 传承润初心》，河南日报网，2019年9月23日。

很好的高校思政课实践教学基地。在湖北石首，当地纪检监察机关在桃花山红军树革命烈士纪念园进行了红色廉政宣传，聆听红军廉洁故事，讲述红军廉洁纪律。这些红色廉政资源都同样可以发挥高校思政课实践教学的重要功能。同样，全国进行红色廉政资源开发已经逐步形成了集中点，在浙江景宁畲族自治县，人民政府也推行红色廉政与学校教育相结合的路子，重走红军路，红军归还半支铅笔的故事感人至深，充分体现了红色故事中的廉政因素，既是传承红色基因，也是赓续廉政基因。

新时代的高校思政课，要讲好中国故事、传播中国价值、树立中国形象，必不可少的就是讲好中国革命故事，红色廉政是中国革命故事不可或缺的组成部分，也是高校思政课优良素材。在高校思政课实践教学中充分融入红色廉政，是马克思主义执政党的必需，是社会主义的本质要求，是新时代中国特色社会主义国家治理体系和治理能力提升的必然。

6.2.3 红色廉政融入思政课选修课程的革故鼎新

党的十八大以来，党和政府加强了对廉政建设的统筹和宣传力度，全面从严治党环境下对廉政建设的要求更高了。2018年3月20日，经中华人民共和国第三号主席令，《中华人民共和国监察法》公布实施，自此反腐败合力体系建立，全面从严治党进入新阶段。《中华人民共和国监察法》的发布是贯彻党的十九大提出的国家治理体系和治理能力现代化的重大举措，在监察法说明中这样明确指出："改革的目标是，整合反腐败资源力量，加强党对反腐败工作的集中统一领导，构建集中统一、权威高效的中国特色国家监察体制，实现对所有行使公权力的公职人员监察全覆盖。"①以往党的纪律检查机关依据党章党规对党员违纪行为进行审查，行政监察机关依照行政监察法对行政机关工作人员违法违纪行为进行监察，检查机关依照刑事诉讼法对国家工作人员职务犯罪行为进行查处，权力交叉分散较多，《中华人民共和国监察法》公布实施后，所有

---

① 《中华人民共和国监察法》，法律出版社2018年版，第27页。

反腐败资源全部集中，廉政建设从分散到合力已经形成，攥指成拳。党的十九大以来，依法治国、依规治党的体制机制逐步完善，全面从严治党蔚然成风。十九届四中全会更是明确把对权力运行的制约和监督作为一项重要内容，全面从严治党是实现自我净化、自我完善、自我革新、自我提高的重要举措，加强对所有行使公权力的公职人员的监督监察是国家治理体系和治理能力现代化的重要体现，十九届四中全会更是要求"构建一体推进不敢腐、不能腐、不想腐体制机制"①。随着新时代廉政建设要求不断提高，红色廉政推行也顺应了全面从严治党的重大举措，讲述好中国红色故事、传播好中国红色基因、彰显好中国精神价值正是红色廉政的重要价值。

2019 年是思想政治理论课重大推进年，自习近平总书记主持召开学校思想政治理论课教师座谈会后，思政课改革创新两个方案相继出台，既有顶层设计又有具体措施，既能照着行又能有发挥。高校思想政治理论课除了包含的五门主体课程以外，还包括了自主开设的内容丰富的思想政治理论类、马克思主义理论类等的思政选修课。思政课选修课程是对五门主体课程的重要补充，是高校思政课阵地守正创新的重要渠道。2019 年 4 月开始，教育部开始开展"一省一策思政课"集体行动，在全国 32 个地区推行思政课改革创新样板，思政课选修课程和实践课程的优秀样板开始进入思政课推广序列。以湖北省为例，就是"深度中国"示范思政课，天津市就是思政课实践教学创新探索，上海市是高校马克思主义学院"大手牵小手"结对共建，北京市是"习近平新时代中国特色社会主义思想在京华大地的生动实践"案例教学。② 纵览这 32 个地区的思政课改革创新样板，其中仅有贵州省遵义师范学院的项目名称是"红色

① 本书编写组：《〈中共中央关于坚持和完善中国特色社会主义制度、推进国家治理体系和治理能力现代化若干重大问题的决定〉辅导读本》，人民出版社 2019 年版，第 44 页。

② 此处数据及内容来源于中华人民共和国教育部网站：《教育部办公厅关于开展"一省一策思政课"集体行动的通知》，http：//www.moe.gov.cn/srcsite/A13/moe_772/201905/t20190510_381508.html，2019-5-10。

文化融入思政课教学"，红色文化、红色基因在思政课选修课和实践类课程中仍然有着较大的发展空间，其中红色廉政目前还并未有较大的推广项目。

湖北省内有着丰富的红色文化资源，各地纪检监察机关也都在开发这些红色廉政资源。湖北省纪委监委网站于2019年10月曾报道了石首市深挖红色资源、传承红廉文化的新闻报道。湖北省黄冈市麻城市也充分挖掘红色资源，用红色歌谣来传唱红色廉政，既是对全面从严治党廉政建设的守正创新，更是传承红色基因的革故鼎新。以黄冈麻城市为例，其首任书记蔡济黄的诗篇"明月照秋霜，今朝还故乡；留得头颅在，雄心誓不降"，就彰显了其革命英雄主义气概和誓不投降的革命气节，这些都是红色廉政的最朴实也最深刻的第一手教育材料。大别山地区红色廉政歌谣众多，《毛委员派来学生军》《送郎当红军》《红军纪律歌》《将军组歌》《放哨歌》《十绣新四军》《十二月探郎》《刘邓大军似天神》《望郎归》《喜做拥军鞋》《八月桂花遍地开》等都是传唱至今的红色歌谣，这些歌谣本身就具有宣传功能，具备思想政治教育功能。[①] 在众多高校中，开设了名称各异、种类繁多的思政课，其中也包含着传承本地红色基因的内容，红色廉政融入思政课选修课，既有各地纪委监委、各类实践教学基地的支撑，亦有相互合作的经验和需求。2020年1月，十九届中央纪委四次全会上，习近平总书记进一步提出了要把握好党风廉政建设规律，一体化推进不敢腐、不能腐、不想腐，形成联动机制、厘清三者关系。2020年3月，《党委（党组）落实全面从严治党主体责任规定》中明确了党委（党组）落实全面从严治党主体责任要求，要求提升全面从严治党自觉和能力。全面从严治党的党内法规和国家法律逐步健全的同时，也更需要"接地气""活起来"，把红色廉政贯穿到高校思政课中也是有效方法之一。对新时代新青年来讲，在大学期间接受廉政教育，并把红色基因熔铸其中，可能对

[①]　蔡济黄及其后麻城地区红色廉政歌谣见中共黄冈市纪律检查委员会黄冈市监察委员会网页新闻：《麻城：传唱红廉歌谣 传承红廉文化》，http：//www.hgjjjc.gov.cn/Item/25842.aspx，2018-7-3。

其人生产生重大深远影响。把红色廉政融入高校思政课选修课是一种革故鼎新，把全面从严治党的廉政建设实践与马克思主义理论的思想政治理论课相结合，本来就是习近平总书记提出的"八个相统一"的要求。

6.3 关于红色廉政与高校思政课的几点思考

6.3.1 马克思主义经典作家关于廉政的观点

马克思主义是科学性和革命性的辩证统一，红色的源头在于马克思主义，红色基因蕴含于红色文化之中，红色文化是红色基因的载体。马克思主义经典作家们的主要视角是对资本主义的批判和对社会主义的构建，而其间有一定关于廉政的观点，涉及马克思主义政党的属性、社会主义国家等内容，具有启发意义。

在《〈黑格尔法哲学批判〉导言》中，马克思剖析了旧制度的等级和不平等："社会无止境地继续分成各色人等，这些心胸狭窄、心地不良、粗鲁平庸之辈处于互相对立的状态……"①在资本主义社会，资产阶级是特权阶层，他们的利益变成了社会整体利益，马克思在《德意志意识形态》中批判资产阶级："所以它必须在全国范围内而不再是在一个地域内组织起来，并且必须使自己通常的利益具有一种普遍的形式。"②在马克思那里，对资产阶级政党和无产阶级政党作了区分，由于不同的阶级利益，两者的政党性质不同，谈纪律和廉政就有不同的含义。在《共产党宣言》中，马克思和恩格斯指出，"无产者没有什么自己的东西必须加以保护，他们必须摧毁至今保护和保障私有财产的一切"③。马克思、恩格斯指出，无产阶级没有与整个阶级不同的特殊利益，随着无产阶级打碎资产阶级国家机器，民族之间的斗争和对立也将日益消失。在马克思和恩

---

① 《马克思恩格斯选集》(第 1 卷)，人民出版社 2012 年版，第 4 页。
② 《马克思恩格斯选集》(第 1 卷)，人民出版社 2012 年版，第 212 页。
③ 《马克思恩格斯选集》(第 1 卷)，人民出版社 2012 年版，第 411 页。

格斯设想的未来社会中，"每个人的自由发展是一切人的自由发展的条件"①，无产阶级政党也没有凌驾于人民之上的利益，清正廉洁是马克思主义政党的本质属性和必然要求。马克思在 1871 年撰写的《法兰西内战》中深刻批判了资本主义制度下的腐败问题，他指出："表面上高高凌驾于社会之上的国家政权，实际上正是这个社会最丑恶的东西，正是这个社会一切腐败事物的温床。"②马克思指出资本主义制度下腐败问题的最本质的根源在于社会制度，而各种丑恶现象只是本质之上的表象，要真正解决资本主义的腐败问题，要从社会制度上进行根本性的变革。恩格斯在《社会主义从空想到科学的发展》中，也主要是从社会制度层面来进行政治权力分析，揭示腐败问题的本质的。恩格斯指出："这并不妨碍阶级的这种划分曾经通过暴力和掠夺、欺诈和蒙骗来实现，这也不妨碍统治阶级一旦掌握政权就牺牲劳动阶级来巩固自己的统治，并把对社会的领导变成对群众加紧剥削。"③马克思、恩格斯站在人类社会发展的高度去探查了复杂的社会问题的根源，这种探查和剖析是本质性的。

马克思主义经典作家列宁也对廉政问题有过部分论述，但主要是在站位较高的社会制度层面去分析的。在列宁的经典著作《帝国主义是资本主义的最高阶段》中这样分析帝国主义的性质及其社会政治："食利国是寄生腐朽的资本主义的国家，这不能不影响到这种国家的一切社会政治条件。"④他认为，整个社会政治的腐败是与帝国主义的本质紧密关联的。在《帝国主义和社会主义运动中的分裂》中，列宁进一步指出了帝国主义的寄生与腐朽，他指出，"罗马的无产者靠社会过活；现在的社会靠现代无产者过活"⑤。列宁认为资产阶级对无产阶级的剥削压迫甚至超越了古代罗马的无产者，后者尚且能够靠当时的社会而生存下去，资本主义制度产生的

①　《马克思恩格斯选集》(第 1 卷)，人民出版社 2012 年版，第 422 页。

②　《马克思恩格斯选集》(第 3 卷)，人民出版社 2012 年版，第 98 页。

③　《马克思恩格斯选集》(第 3 卷)，人民出版社 2012 年版，第 813 页。

④　《列宁选集》(第 2 卷)，人民出版社 2012 年版，第 663 页。

⑤　《列宁选集》(第 2 卷)，人民出版社 2012 年版，第 705 页。

腐朽腐化让无产阶级无处容身，除了觉醒和打碎国家机器别无选择，任何的妥协并不能改变自身的阶级地位。

6.3.2 红色廉政与马克思主义意识形态领导权、话语权

红色廉政直接关系到马克思主义意识形态领导权和话语权问题。自葛兰西提出马克思主义的意识形态领导权后，关于意识形态领导权和话语权一直都是马克思主义重要领域。马克思主义是中国特色社会主义建设的指导思想，这就要求马克思主义牢牢把握意识形态话语权。新时代的历史站位中，"意识形态领域斗争依然复杂，国家安全面临新情况"①，坚守红色意识形态阵地，把握好马克思主义意识形态话语权是马克思主义中国化和马克思主义发展的逻辑必然。

马克思和恩格斯认为："思想、观念、意识的生产最初是直接与人们的物质活动，与人们的物质交往，与现实生活的语言交织在一起的"②，"道德、宗教、形而上学和其他意识形态，以及与它们相适应的意识形式便不再保留独立性的外观了"③。早在19世纪40年代，马克思、恩格斯就厘清了意识形态与物质基础的关系，阐明了意识形态所依赖的经济基础。关于统治阶级的意识形态，马克思、恩格斯认为，"占统治地位的思想不过是占统治地位的物质关系在观念上的表现，不过是以思想的形式表现出来的占统治地位的物质关系"④。自马克思、恩格斯开始，重视意识形态话语权是伴随着马克思主义的发展历程的。作为无产阶级的革命导师，列宁也是非常重视意识形态话语权的，在《关于无产阶级文化》中，列宁阐明了无产阶级意识形态的重要性，他认为以《共产党宣言》为代表的无产阶级意识形态才能代表无产阶级的利益，"马克思主义这

---

① 习近平：《决胜全面建成小康社会　夺取新时代中国特色社会主义伟大胜利——在中国共产党第十九次全国代表大会上的报告》，人民出版社2017年版，第9页。

② 《马克思恩格斯选集》(第1卷)，人民出版社2012年版，第151页。

③ 《马克思恩格斯选集》(第1卷)，人民出版社2012年版，第152页。

④ 《马克思恩格斯选集》(第1卷)，人民出版社2012年版，第178页。

一革命无产阶级的意识形态赢得了世界历史性的意义"①。列宁还就出版自由、党的组织和党的出版物等多种关于马克思主义意识形态话语权的主题进行了论述，阐明了自己的马克思主义观点，强调了马克思主义意识形态的重要性。列宁认为如果不巩固马克思主义意识形态领导权和话语权，厘清反马克思主义者的社会思潮，那么作为无产阶级"它就不可避免地会瓦解，首先在思想上瓦解，然后在物质上瓦解"②。在意识形态领域的斗争中，列宁识别了无产阶级和资产阶级的不同的意识形态，他指出了各种反马克思主义意识形态伪装成马克思主义的危险性："马克思主义的发展、马克思主义思想在工人阶级中的传播和扎根，必然使资产阶级对马克思主义的这种攻击更加频繁，更加剧烈……"③列宁指出："马克思主义在理论上的胜利，逼得它的敌人装扮成马克思主义者，历史的辩证法就是如此。"④而马克思主义的生命力正是在与敌对意识形态的每一次战斗中获得的，其理论的生机勃勃正是在批判否定各种反马克思主义意识形态中所获得的。

在马克思主义中国化的历史进程中，中国每一代领导人都非常重视马克思主义话语权问题，不光是"姓马"，还要"信马"。陈先达认为："这个道路我们称之为马克思主义中国化的道路。"⑤党的十八大以来，习近平总书记重视马克思主义指导思想地位，重视马克思主义意识形态话语权，重视宣传舆论工作，倡导马克思主义新闻观，重视思想政治理论课，重视青年人在新时代中国特色社会主义建设中的作用，形成了一套完整的马克思主义话语体系，正在发出中国声音，讲好中国故事，显示中国存在。在新时代中国特色社会主义建设过程中，马克思主义话语权必须"在场"，而不能缺席。任何背离社会主义、马克思主义的社会思潮，其本质必然是反马克思主义和反社会主义的。习近平总书记深刻指出："世界社会主义

---

① 《列宁选集》（第 4 卷），人民出版社 2012 年版，第 299 页。
② 《列宁选集》（第 1 卷），人民出版社 2012 年版，第 665 页。
③ 《列宁选集》（第 2 卷），人民出版社 2012 年版，第 1 页。
④ 《列宁选集》（第 2 卷），人民出版社 2012 年版，第 307 页。
⑤ 陈先达：《马克思主义十五讲》，人民出版社 2017 年版，第 36 页。

实践的曲折历程告诉我们，马克思主义政党一旦放弃马克思主义信仰、社会主义和共产主义信念，就会土崩瓦解。"①

马克思主义意识形态领导权是伴随着红色工人运动诞生发展的，马克思主义话语权是随着无产阶级在革命斗争中不断总结经验而得出的结论，正如马克思、恩格斯在《共产党宣言》中所描述的："代替那存在着阶级和阶级对立的资产阶级旧社会的，将是这样一个联合体，在那里，每个人的自由发展是一切人的自由发展的条件。"②在未来的共产主义社会里，阶级和国家都消亡了，人对人的剥削消失了，劳动的异化消失了，人的自由发展成为常态。无产阶级政党从诞生起就意识到了马克思主义意识形态领导权和话语权的重要性，阐明自身也正是《共产党宣言》的主旨。红色既是无产阶级政党的底色，更是无产阶级抗争牺牲精神的体现，红色廉政自始至终是与无产阶级政党的纯洁性和先进性结合在一起的。在《共产党宣言》中，马克思、恩格斯明确指出，无产阶级"他们没有任何同整个无产阶级的利益不同的利益"③。因此，自无产阶级政党诞生开始，腐败问题就是与其阶级本质相背离的异化，倡导红色廉政是无产阶级政党阶级性质的体现和本质必然要求。

6.3.3 高校思政课铸魂育人与红色廉政价值引领结合

党的十八大以来，中央高度重视马克思主义意识形态领导权和话语权问题，倡导社会主义核心价值观，在全社会倡导明荣知耻的价值引领，进一步树立文化自信，强化文化自觉。高校思想政治理论课是体现马克思主义意识形态领导权和话语权的主阵地，随着2019年习近平总书记主持召开学校思想政治理论课教师座谈会，思想政治理论课的守正创新成为总书记布置的重大任务，成为"六要"思政课教师、做到思政课"八个相统一"将会是近年来思想政治理论课领域主要的阶段性任务。

---

① 《习近平谈治国理政》（第 2 卷），外文出版社 2017 年版，第 326 页。
② 《马克思恩格斯选集》（第 1 卷），人民出版社 2012 年版，第 422 页。
③ 《马克思恩格斯选集》（第 1 卷），人民出版社 2012 年版，第 413 页。

党的十八大以来，全面从严治党成为政治生活常态，要严防"宽松软"，走向"严紧硬"，发挥党的政治建设统领作用，指导各项事业全面推进。党的十九大报告中明确以一个部分的内容来具体阐明全面从严治党的目标要求和具体措施，提出了新时代党的建设总要求是全面从严治党，提高党的执政能力和执政水平，以推进党的五项建设为基础，把制度建设贯穿其中，锻造"始终走在时代前列、人民衷心拥护、勇于自我革命、经得起各种风浪考验、朝气蓬勃的马克思主义执政党"①。党的十九大报告中提出了全面从严治党的八条具体措施，其中第五条、第六条和第七条均涉及廉政建设。第五条要求持之以恒正风肃纪，要求保持密切联系群众的作风，强调六种纪律和监督执纪问责。第六条强调要夺取反腐败斗争压倒性胜利，"推进反腐败国家立法"②。第七条是强调健全党和国家的监督体系，将进行监察体制改革试点，加强监督合力。在全面从严治党的顶层设计下，一系列法律和党内法规建立健全，攥指成拳形成监管从严的合力。2018年3月20日，《中华人民共和国监察法》公布施行，自此对党员干部、行政机关工作人员和国家工作人员的监察一体化，形成了监督体系，健全了国家治理体系，提升了国家治理能力。在党内法规方面，党的组织法规、党的领导法规、党的自身建设法规、党的监督保障法规在党的十八大、十九大之后不断建立健全，形成了党内法规体系。2015年《中国共产党廉洁自律准则》发布，2016年《关于新形势下党内政治生活的若干准则》发布，2016年《中国共产党党内监督条例》发布，2017年《中国共产党巡视工作条例》发布，2018年《中国共产党支部工作条例(试行)》发布，2019年《中国共产党党组工作条例》发布，2019年《中共中央关于加强党的政治建设的意见》发布，2019年《中共中央办

---

① 习近平：《决胜全面建成小康社会　夺取新时代中国特色社会主义伟大胜利——在中国共产党第十九次全国代表大会上的报告》，人民出版社2017年版，第62页。

② 习近平：《决胜全面建成小康社会　夺取新时代中国特色社会主义伟大胜利——在中国共产党第十九次全国代表大会上的报告》，人民出版社2017年版，第67页。

公厅关于加强和改进城市基层党的建设工作的意见》发布，2019 年《中国共产党四个问责条例》发布。以上这些条例仅仅是党的十八大以来主要的党内法规，加上各种规章细则，实际党内法规已有近300 部，形成了比较全面的党内法规制度。党的十八大以来，全面依法治国成为"四个全面"战略布局的重要组成部分，依法治国与依规治党成为新时代治国理政的重要方式，是中国共产党领导的中国特色社会主义建设的必然选择。在这些党内法规中，涉及廉政建设的占据了较多的篇幅，成为新时代全面从严治党的利器，全面从严治党有法可依、有规必循。倡导红色廉政正是在党的十九大之后全面从严治党环境下守正创新的需要，正是十九届四中全会提出的坚持和完善党的领导制度体系要求，正是其中"建立不忘初心、牢记使命的制度""完善全面从严治党制度"的需要，正是"坚持和完善党和国家监督体系，强化对权力运行的制约和监督"的需要，①也正是十九届中央纪委四次全会强调一体化推进不敢腐、不能腐、不想腐体制机制构建的需要，是新时代全面从严治党一以贯之的需要。

　　正是在党的十八大以来高度重视马克思主义意识形态领导权和话语权、全面从严治党的环境下，高校思想政治理论课迎来了新时代的春天。2019 年以来，从中央到地方掀起了一股思想政治理论课的研究和创新热潮，贯彻习近平总书记在学校思想政治理论课教师座谈会上的讲话精神成为当下思政课重要任务。习近平总书记指出，思政课是立德树人、铸魂育人的重要课程，青少年阶段需要思政课的引领指导，加强"四个自信"的同时强化家国情怀和爱国主义精神，思政课要明确培养什么人、怎样培养人、为谁培养人的根本性问题。习近平总书记提出了守正创新思政课改革的"八个相统一"，其中要求坚持价值性和知识性相统一。红色廉政不仅仅是纪委监委的优良资源，更是思政课重要资源，其中不仅仅包含着红色

---

　　①　本书编写组：《〈中共中央关于坚持和完善中国特色社会主义制度、推进国家治理体系和治理能力现代化若干重大问题的决定〉辅导读本》，人民出版社 2019 年版，第 6、9、42 页。

文化的知识性，更蕴含着马克思主义、科学社会主义、中国特色社会主义的价值引领，充分体现了知识性和价值性相统一。长期以来，党建党务工作与专业建设和课程建设呈现出"两张皮"的历史现象，在 2019 年进行的"不忘初心、牢记使命"主题教育活动中有效解决了这个问题。高校思政课建设与党建党务工作综合一体化提升，提升高校思政课教学效果，把红色廉政纳入高校思政课和思想政治工作环节，不仅能够有效促进高校风清气正环境的形成，更能够在价值上对新时代的师生进行引领。高校思政课的目标是立德树人、铸魂育人，这是与红色廉政的价值引领相一致的。红色廉政不仅仅体现了对国家公权力的监督，对清明、清正、清廉的目标向往，更体现了马克思主义意识形态领导权和话语权，体现了无产阶级执政党的没有任何超越自身阶级利益的本质、体现了处于社会主义初级阶段的无产阶级执政党的价值选择和目标导向。高校思政课是为社会主义培养合格人才的重要领域，是为执政党培养治国理政优秀人才的第一课程，马克思主义学院也是第一学院，马克思主义学科更是第一学科。高校思政课与红色廉政的有效融合，既是高校思政课守正创新实现知识性和价值性的高度统一，更是全面从严治党的深入要求，这两者之间的高度一致体现的是马克思主义意识形态领导权和话语权的需求。

（作者：蔡潇，黄冈师范学院马克思主义学院副教授）

7 推动习近平关于疫情防控重要论述专题教学研究

　　2020 年新冠病毒肺炎疫情发生以来，习近平总书记围绕如何打赢这场人类抗疫发展史上空前艰巨的阻击战发表了一系列重要论述，这些论述精准研判了疫情的发展态势，极大鼓舞了中国乃至世界人民的战"疫"信心，广泛动员了国际、国内各领域、各阶层、各行业的积极性，不仅有针对性地指导了中国疫情防控工作，而且赢得了全世界人民的积极评价和普遍赞誉。新冠肺炎疫情的突袭再一次表明人类是一个休戚与共的命运共同体，在经济全球化时代，这样的重大突发事件不会是最后一个，各种传统安全和非传统安全问题还会不断带来新的考验。因此，总结阐释习近平总书记关于疫情防控的重要论述，不仅具有中国价值，更具有世界意义。中国疫情防控形势已经呈现持续向好的态势，中国人民通过同舟共济、共克时艰，取得了这场阻击战的阶段性胜利，再没有比这种直接源于生动事实的"带着锅气"的重要论述更具说服力的理论，同时这些理论也正是消除青年学生思想困惑的有力武器。如何充分运用马克思主义理论工具，深刻解读习近平总书记关于疫情防控重要论述的理论内涵，并把这些理论研究成果作为鲜活教材融入思想政治理论课教学中，对于提升青年学生在疫情期间的理论修养、保持身心健康、获得成长力量，具有重要意义。

7.1 习近平关于疫情防控重要论述融入专题教学的必要性

习近平总书记关于疫情防控重要论述高屋建瓴、内涵丰富，从历史到现实，从国内到国际，从战略到战术，指导中国人民取得了可歌可泣的成绩。这些重要论述现已引起学界的高度重视，只是限于研究周期和疫情防控的现实需要，更多学者还是从解读文件精神和落实工作部署的视角发表一些评论性文章，即使偶有研究成果关注中国抗"疫"经验背后的理论光辉，这些研究相对于"重要论述"本身所蕴藏的理论价值也只能算作初级阶段的蜻蜓点水，放眼长远系统总结"重要论述"的理论内涵和重大意义，不断推进"重要论述"的成熟发展和落地生根将是一种必然趋势。从完善理论体系，到植根生活实践，表面上看是实现理论"顶天""立地"的两条射线，实际上却是每一个理论实现自洽所必须经历的闭环，这两个过程是否可以在某个载体中一并推进，将"重要论述"融入思政课教学无疑是最佳的选择，这样既有益于深入探析"重要论述"的理论渊源、衍生过程、现实基础、价值旨归、核心要义、内容架构、内在逻辑、中国价值和世界意义等诸多领域，更有益于增强思政课的针对性和实效性，提升青年学生的理论修养。

7.1.1 "重要论述"融入思政课教学是满足理论自身发展的需要

理论发展通常要遵循两条轨迹：一条是通过不断加强对元理论的探索与拓展，逐步丰富和完善对自然界和社会发展某一领域规律的认识，最终建构起全面、系统的理论体系；另一条是将已有研究成果应用于日常生活实践，既在检验和批判中汲取理论发展的养分，又通过实践确证争取大众支持、彰显理论魅力，这也符合马克思主义认识论的要求。一个正确的理论往往需要经过从实践到认识、由认识到实践这样多次的反复，才能够完成，"重要论述"的成熟与发展同样要经过这样的历程。只是在融入思政课的过程中，

第一条要求更为强烈。因为若想开展关于"重要论述"专题教学，首先要把"重要论述"理论学懂、弄通、悟透。理论研究的道路并非一帆风顺，我们既要保持足够的耐力，又要抢抓机遇，掌握科学的方法。正如列宁所说："我们在革命时期学会了'讲法语'，就是说，学会尽量向运动提出一切能推动人们前进的口号，加强群众直接斗争的威力，扩大这一斗争的规模。现在，在出现停滞、反动和瓦解的时候，我们必须学会'讲德语'，就是说，学会缓慢地（在新的高涨没有到来以前非这样做不可）、不断地和顽强地行动，一步一步地前进，一点一点地争取胜利。谁感到这种工作枯燥乏味，谁不懂得在这条道路上、在这条道路的拐弯处也必须坚持和发展社会民主党策略的革命原则，谁就是徒具马克思主义者的虚名。"[1]我们开展理论学习与研究同样也要耐得住寂寞、禁得住诱惑，适应时代要求，把握推进节奏，在不同阶段既能"讲法语"，也能"讲德语"，而且能够根据思政课专题教学的需要，聚焦问题，建立理论联系，对标现实需求回应青年学生的重大关切，彰显理论的阐释力和穿透力。

7.1.2 "重要论述"融入思政课教学是提升思政课教学实效性的需要

将"重要论述"融入思政课教学是对青年学生开展理论教育，推进习近平新时代中国特色社会主义思想进课堂、进教材、进学生头脑的重要途径。加强"重要论述"专题教学研究，既体现了理论创新每前进一步、理论武装就要跟进一步的工作要求，也符合历史发展的辩证法。列宁说："历史发展的辩证法就是这样：前一时期的迫切任务是在国内生活的各方面实现直接改革，后一时期的迫切任务是总结经验，使更广大的阶层掌握这种经验，使这种经验深入到所谓底层，深入到各阶级的落后群众中去。"[2]这里的"所谓底层"只是一个相对的概念，重要的是"总结经验"，并且使"这种经

---

① 《列宁选集》（第2卷），人民出版社2012年版，第265页。
② 《列宁选集》（第2卷），人民出版社2012年版，第281页。

验"被"更广大的阶层掌握"，这里将"重要论述"融入思政课教学正是要完成这一重要使命。思政课的针对性与实效性就体现在，将充分反映马克思主义中国化的最新成果引入课堂，用最新理论成果回应重大时代问题和社会关切，在理论与实践相结合的过程中完成理论的闭环。一方面，理论只有充分融入中国实际和时代特色，才能凝聚感召力量，起到引领实践的作用；另一方面，思政课只有及时将最鲜活的理论引入课堂，唤起青年学生的广泛共鸣，才能让学生真切感受到理论的魅力并内化为自身行动的指南，从而推动"重要论述"落地生根。因此，思政课不仅仅是传播马克思主义理论，更重要的是将理论与生活实际对接，让理论真正派上用场。用理论指导实践的鲜活案例证明书斋只是理论的襁褓，生活才是理论的最终归宿，只有坚持这样的理念，我们才能不负"坚持不懈地推动中国特色社会主义理论体系进教材、进课堂、进头脑，不断改善思想政治理论课教学状况，努力把思想政治理论课建设成为学生真心喜爱、终身受益、毕生难忘的优秀课程"①的光荣使命。

7.1.3 "重要论述"融入思政课教学是消除青年学生思想困惑的需要

抗击疫情期间，一面是中国共产党和中国人民依靠"重要论述"的正确指导，团结一致、众志成城，为保障生命安全和遏制疫情向世界各国蔓延，冲锋在疫情防控第一线，留下了一幕幕催人泪下的感人画面；另一面是一些别有用心的人不但拒绝伸出援助之手，而且故意混淆视听，发表一系列污蔑抹黑、造谣生事的言论，这些不负责任的言论自然会影响青年学生对疫情防控的客观认识，造成其思想上的困惑。如疫情初期有些青年学生对国家能否战胜疫情缺乏信心，羡慕自己在海外读书的同学躲过人生劫难；有些青年学生从反面认识中华民族近代以来所经历的多次灾难，认为中国人

① 《中央宣传部教育部关于印发〈普通高校思想政治理论课建设体系创新计划〉的通知》，http：//www. moe. gov. cn/srcsite/A13/moe _ 772/201508/t20150811_199379. html，2015-8-11。

的体质有问题，中国文化有问题，中国制度有问题，进而对一些基础性的马克思主义重大理论产生困惑；有些青年学生受到西方反动思想的蛊惑，在疫情期间妄谈所谓的"人权"问题；还有一些青年学生，基于中国疫情初期个别外国人的不友好表现，对于给予一些疫情较重国家和地区力所能及的援助也有一些微词。除此以外，还有疫情连锁引发的责任担当问题、人生价值问题、风险应对问题、心理疏导问题、舆情引导问题等，这些困惑都值得回应。尤其是疫情期间青年学生的活动空间和活动方式都受到一定限制，思想更容易受到外部因素的影响，如果这些问题在萌芽阶段没有得到有效化解，必然会给青年学生的健康成长埋下隐患。而若想正确回应这些问题，必须依靠"重要论述"的理论感召，通过有针对性地开展专题教学，同时紧密结合青年学生的思想困惑、认知规律和接受心理，瞄准青年学生的思想共鸣点、情感融会点发力，真正实现从"理论教化"到"观念内化"，从"真学真懂"到"真信真用"，不断推进思政课建设的内涵式发展。

7.2 习近平关于新冠肺炎疫情防控重要论述教学专题设置

新冠肺炎疫情发生后，中国人民在"重要论述"的理论指引下，采取了历史上最全面、最严格、最彻底的防控措施。960 多万平方公里的土地上，14 亿中国人民同舟共济、共克时艰，汇聚起疫情防控的磅礴力量，中国医生和科学家们的辛勤付出，中国人民的无私奉献和中华民族自强不息的民族精神，书写了令世界瞩目的中国抗疫故事。这些生动实践既充分展现了中国的大国担当，也为世界防疫事业树立了典范，尤其疫情防控过程中重点突出的"始终把人民群众生命安全和身体健康摆在第一位""秉持人类命运共同体理念"" '大战' 与 '大考' ""中国青年堪当大任"等重要思想，充分体现了中国经验、中国倡议、中国主张和中国力量。这些思想具有很强的政治性、思想性和针对性，不但向世界传递了中国智慧，而且为开展思政课专题教学提供了鲜活的理论素材，围绕这些专题开展思政课教学，将有助于进一步加强青年学生的理论修养，解决其思想困惑，帮助其形成正确的世界观、人生观和价值观，促进其身心和人格健康发展。思政课的价值使命正是"为学生点亮理想的灯，照亮前行的路，激励学生自觉把个人的理想追求融入国家和民族的事业中，勇做走在时代前列的奋进者、开拓者"①。

7.2.1　设置"始终把人民群众生命安全和身体健康摆在第一位"专题

人民群众生命安全和身体健康是中国开展疫情防控工作的出发点和落脚点，也是中国抗疫经验的灵魂所在，中国所有的疫情防控措施都是围绕这一理念制定的。疫情防控期间，习近平总书记高度重视人民群众生命安全和身体健康，2020 年 1 月 7 日就对新型冠状病毒肺炎疫情防控工作做出了重要部署；1 月 20 日做出批示，要求各级党委和政府及有关部门把人民群众生命安全和身体健康放在第一位，采取切实有效措施，坚决遏制疫情蔓延势头；1 月 25日农历正月初一，习近平总书记在主持中央政治局常委会会议时再次强调，"各级党委和政府必须按照党中央决策部署，全面动员，全面部署，全面加强工作，把人民群众生命安全和身体健康放在第一位"②。相关论述不胜枚举，通观总书记历次讲话，"人民群众生命安全和身体健康"每论必提，而且每次都放在显要位置，这也为我们开展专题教学设计提供了重要启示。

开展此专题教学，首先要从历史维度透析疫情防控期间党对人民群众生命安全和身体健康的重视，体现了我们党全心全意为人民服务这一执政理念的一以贯之，事实充分证明"我们的党是全心全意为人民服务的党，我们的国家是人民当家作主的国家，党和国家一切工作的出发点和落脚点是实现好、维护好、发展好最广大人民

---

① 《习近平在全国高校思想政治工作会议上强调 把思想政治工作贯穿教育教学全过程 开创我国高等教育事业发展新局面》，《人民日报》2016 年 12 月 9 日。

② 《中共中央政治局常务委员会召开会议研究新型冠状病毒感染的肺炎疫情防控工作》，《人民日报》2020 年 1 月 26 日。

根本利益"①。其次，要从现实维度坚决回击西方的"人权"谎言，在人权理论和实践中，生命和健康权始终是最基本的人权，人民生活幸福是最大的人权，而幸福生活的根本前提是人的生命和健康。这次疫情防控阻击战，我国始终以人民的生命健康权为出发点，对待病人不论民族、种族、国别、年龄均能做到一视同仁，对待疫情防控信息高度透明，为世界人权发展树立了标杆。最后，要从比较维度讲好中国特色社会主义制度的优越性。

7.2.2 设置"秉持人类命运共同体理念"专题

人类命运共同体理念最初就是为了应对人类发展过程中必须共同面对的全球风险而提出的，源于中国，属于世界，而今新冠肺炎疫情在全球肆虐，进一步证明了这一理论的科学性和彻底性。疫情发生以来，习近平总书记先后与多个国家领导人和国际组织负责人通过电话、书信、慰问电等形式保持密切沟通，也多次表明中方应对新型冠状病毒肺炎疫情的立场及战胜疫情的决心，概括起来包含五方面信息。一是病毒没有国界，任何国家都不能置身其外，国际社会唯有共同应对才能战而胜之。二是中方始终秉持人类命运共同体的理念，始终坚信团结合作是最好的武器，呼吁各国相互搭台而不拆台，凝心聚力共同抗击疫情。三是中国是负责任的大国，大疫面前绝不会谋求独善其身，中方不仅要保障中国人民的健康，还要对世界公共卫生安全作出应有贡献。四是中国有能力、有信心打赢这场人类历史上空前的防疫战争。疫情发生以来，中国人民用中国速度与病魔赛跑，用中国力量与病毒搏斗，用中国效率防止疫情扩散，取得了抗击疫情的阶段性胜利。五是中方主要依靠中国人民的力量抗击疫情，同时也对国际社会提供的帮助表示感谢，对于新近爆发疫情的国家，中方也会在克服自身巨大困难的前提下提供力所能及的帮助。

这些论述蕴含着丰富的理论思想，充分涵盖了中国倡议的实践

---

① 习近平：《在哲学社会科学工作座谈会上的讲话》，《人民日报》2016年5月19日。

基础、理论渊源、基本主张、主体力量和国际意义等重要内容，值得我们进行深入的理论挖掘，研究成果应及时融入思政课专题教学，助力学生增强理论修养。与此同时，中方在疫情防控过程中所采取的负责任行动和世界各国的积极评价同样应一并融入思政课教学。疫情发展至今，中国已为 120 个国家和 4 个国际组织提供了抗疫援助，联合国秘书长古特雷斯称赞中国在遏制新冠病毒肺炎疫情的传播中做出了"了不起"的努力，中国人民"正在为全人类作贡献"。世界卫生组织总干事谭德赛指出："在疫情面前，中国政府展现出坚定的政治决心，采取了及时有力的举措，令世人敬佩。中方采取的措施不仅是在保护中国人民，也是在保护世界人民……中国行动速度之快、规模之大，世所罕见，展现出中国速度、中国规模、中国效率，我们对此表示高度赞赏。"①

7.2.3 设置"'大战'与'大考'思想"专题

"大战"与"大考"思想是习近平关于疫情防控重要论述的精髓，也是我国遏制疫情蔓延、取得阶段性胜利的法宝，充分体现了应对疫情的中国主张。关于"大战"思想，最早可追溯到习近平总书记在 2020 年 1 月 25 日主持召开的中央政治局常委会会议，他强调，"疫情就是命令，防控就是责任。只要坚定信心、同舟共济、科学防治、精准施策，我们就一定能打赢疫情防控阻击战"②。关于"大考"思想，可追溯到 2020 年 2 月 3 日习近平总书记在中央政治局常委会会议研究应对新型冠状病毒肺炎疫情工作时的讲话："这次疫情是对我国治理体系和能力的一次大考。"③"大战"与"大考"一起提，出现在 2020 年 2 月 12 日中共中央政治局常委会会议上："统

---

① 《习近平会见世界卫生组织总干事谭德塞》，《人民日报》2020 年 1 月 29 日。

② 《中共中央政治局常务委员会召开会议研究新型冠状病毒感染的肺炎疫情防控工作》，《人民日报》2020 年 1 月 26 日。

③ 《中共中央政治局常务委员会召开会议研究加强新型冠状病毒感染的肺炎疫情防控工作》，《人民日报》2020 年 2 月 4 日。

筹做好疫情防控和经济社会发展，既是一次大战，也是一次大考。"①

将疫情防控定位为一次大战，就是按照战争配置从"战略"和"战术"上做好应对。战略思想包括将人民群众生命安全和身体健康摆在首位的战略目标，坚定信心、同舟共济、科学防治、精准施策的战略要求，做好打一场疫情防控的人民战争、总体战、阻击战的战略准备，以及主要依靠中国人民，同时积极争取国际支持，依靠中国特色社会主义制度优势，统一领导、统一指挥、统一行动的战略部署。战术方面包括"四早"、四个"集中"、四道防线、两个统筹、两条战线、两个阵地、两个关键、联防联控、群防群控、分区分级差异化防控策略、五大应急管理体系等。将疫情防控定位为一次大考，就是要求秉持考试闯关心态应对疫情，为人民交上一份满意答卷。其中包含大考的出题人、阅卷人和答卷人，大考中的经验与教训，大考的内容——考初心、考能力、考韧劲、考行动（责任、担当），大考的要求——当前与长远、国际与国内、团结与协同等。总之，"大战"侧重如何化解当前的燃眉之急和突发问题，既需要责任担当之勇，又需要科学防控之智，"大考"侧重如何做好广泛动员，上下联动、群策群力，既要求统筹兼顾之谋，又要求组织实施之能；"大战"是防止疫情蔓延、解救人民脱离险情的手段，"大考"是考评防疫工作成效的参照；"大战"侧重举措，"大考"侧重闯关；"大战"是化危，"大考"是鉴安。二者统一于整个疫情防控工作之中，既分别具备独特的指导意义，又相互作用、相互贯通。"大战"与"大考"思想的辩证法意蕴与思政课专题教学天然契合，同时这一思想还会给青年学生带去重大启示，即只要我们在"大战"中常怀"大考"之心，在大考中浸入"大战"之勇，就一定能打赢疫情防控这场人民战争、总体战和阻击战。

---

① 《中共中央政治局常务委员会召开会议 分析新冠肺炎疫情形势研究加强防控工作 中共中央总书记习近平主持会议》，《人民日报》2020 年 2 月 13 日。

7.2.4　设置"中国青年堪当大任"专题

中国战"疫"的根本力量源自英雄的中国人民，尤其中国当代青年作为抗疫一线的主力军，在这场没有硝烟的斗争中勇于担当、挺身而出，充分展现了新时代中国青年的精神风貌。在驰援湖北的4.2万余名医护人员中，有1.2万多名是"90后"，其中相当一部分还是"95后"甚至"00后"，他们在疫情防控过程中甘于吃苦、不怕牺牲，一边与病魔战斗，一边向习近平总书记书信汇报坚决打赢这场攻坚战的决心，总书记专程复信："你们青年人同在一线英勇奋战的广大疫情防控人员一道，不畏艰险、冲锋在前、舍生忘死，彰显了青春的蓬勃力量，交出了合格答卷。广大青年用实际行动证明，新时代的中国青年是好样的，是堪当大任的"，"青年一代有理想、有本领、有担当，国家就有前途，民族就有希望。希望你们努力在为人民服务中苦壮成长、在艰苦奋斗中砥砺意志品质、在实践中增长工作本领，继续在救死扶伤的工作岗位上拼搏奋战，带动广大青年不惧风雨、勇挑重担，让青春在党和人民最需要的地方绽放绚丽之花"。①

总书记重要回信发表以来，不仅在湖北抗疫前线的广大青年、党员干部、医务工作者、人民解放军、普通群众备受鼓舞，全国各地各高校也迅速掀起了学习贯彻回信精神的热潮。设置"中国青年堪当大任"专题，就是要以此为契机，深入领会总书记重要回信精神的丰富内涵和精神实质，对标湖北抗疫一线的青年榜样，以思政课为载体，紧扣时代背景，激励广大青年学生牢固树立为人民服务的理想信念，厚植爱国情怀，砥砺意志品质，练就过硬本领，以奋进的精神、优良的作风、报国的行动证明新时代青年是堪当大任的。这一专题与青年学生的角色归属和现实生活最为贴近，通过横向对比，让广大青年学生从同辈群体的英雄事迹中获得启示，校准人生坐标。疫情发生以来，一部分青年学生选择直面风险挑战，积

---

①　《习近平回信勉励北京大学援鄂医疗队全体"90后"党员　让青春在党和人民最需要的地方绽放绚丽之花》，《人民日报》2020年3月17日。

极加入抗疫志愿者队伍，在实践中经受考验和受到锻炼，还有一大部分学生按照防疫要求整日待在家里，尽管他们也认为作为新时代大学生该做些什么，但现实条件限制了行动，惶恐、焦虑与困惑无时无刻不在侵蚀着他们，这时的青年学生迫切需要正确的思想引导，"中国青年堪当大任"思想恰恰阐发于疫情防控中的新生力量，与青年学生群体高度契合，从青年中来，到青年中去，为确保"思想的闪电"彻底击中学生这块"素朴的人民园地"奠定了坚实基础，有助于切实提升学生的理论素养。

7.3 正确处理习近平关于疫情防控重要论述与思政课、学生思想困惑之间的关系

专题教学是提升思政课教学内涵和教学实效的有效途径，也是精准推进马克思主义理论最新成果进课堂的主要载体。将"重要论述"融入思政课专题教学是一项系统工程，前面我们分别探讨了"为什么融"和"融什么"的问题，接下来还要解决"怎么融"的问题，即若想确保"重要论述"专题教学取得实效，必须正确处理"重要论述"与思政课、学生思想困惑之间的关系，选择精准融入的科学方法，找准融汇点，跨越融通界，拓宽融合渠，否则再好的理论也只能搁浅在喊口号阶段。列宁曾经说过："谁如果只机械地重复口号，不去领会它的意义，对事物不作深入的思考，仅仅死记一些词句而不分析它们的含义，那么，在这样的人看来，任何口号都是而且将永远是'背叛性的'。"①因此，我们一定要深入分析影响融入的诸重要因素，探索诸要素之间的互动规律，完成从自发到自觉的良性关系建构。

7.3.1 处理好"重要论述"与思想政治理论课之间的关系

(1)厘清主要矛盾

思政课提供的是一种教学范式，这种范式具有特殊的目标指

---

① 《列宁选集》(第2卷)，人民出版社2012年版，第737页。

向、教学模式和教学方法，同时也包括独特的考核方式和评价方法，而"重要论述"则是准备借助思政课平台增强传播效能的理论素材。更进一步说，思政课是形式，"重要论述"是内容，如果将二者合并看作教学过程中的一对矛盾，"重要论述"始终是根本，讲什么、教什么终归是教学的出发点和落脚点，一切技术方法都必须围绕并服务于这个中心，这是在融入之前首先要搞清楚的问题。

（2）做好"转码"工作

思政课为求取得良好的教学效果，"重要论述"在融入思政课的过程中也必须按照思政课的要求进行相应"转码"。这里的"转码"通常要经过两个阶段：一是理论体系向教材体系的转化，其中重点要突出预设的培养目标符合学生的认知规律，而不是一味遵循理论发展的自洽规律，正如习近平总书记所指出的，"做好高校思想政治工作，要遵循思想政治工作规律，遵循教书育人规律，遵循学生成长规律"①；二是教材体系向教学体系的转化，关键在于提炼核心观点和锁定教学的重点难点，以及在编制富有教师个性的教案上下功夫，总的原则是"要精、要管用"。

（3）找准融汇点

融入过程的本质是一种矛盾转化，矛盾转化往往要从建立联系开始，"重要论述"与思政课从哪里发生联系呢？显然要从青年学生在疫情防控期间所遇到的思想困惑入手，这也充分体现了马克思主义理论始终指向现实生活的实践意蕴。找到融汇点仅代表融入工作开始启动，接下来还要让"重要论述"与思政课之间的互动达到一定的度，从而消除壁垒，扩大融合面，完成由点到线、由线到面，最后形成融通渠道的历程。此外，在"重要论述"融入思政课过程中还要确立相向而行的思维理路，思政课要不断借鉴灵活、多样、有针对性的讲授方式，"重要论述"也要常更常新，及时把新提法、新论断和新观点补充进思政课教学中，二者都要积极为对方

---

① 《习近平在全国高校思想政治工作会议上强调 把思想政治工作贯穿教育教学全过程 开创我国高等教育事业发展新局面》，《人民日报》2016年12月9日。

做出改变，同时还要注重贯通"重要论述"与思政课所承载的其他马克思主义理论之间的联系，对标青年学生诉求，逐渐拉近距离，这样才能确保问题聚焦、融入自然。

7.3.2 处理好"重要论述"专题教学与学生思想困惑、认知规律和接受心理的关系

（1）聚焦学生思想困惑

开展"重要论述"专题教学的目的是解决问题，这里的"问题"既非纯粹理论问题，也非纯粹社会问题，而是与学生发生联系的理论问题和社会问题。一方面，我们当然不否认讲授纯粹理论问题有助于提升学生的理论意识和科学素养，但仅仅为了科学而讲科学并非教育的初衷；另一方面，"纯粹"的社会问题本身并不存在，因为它须要建立在具体的人的社会活动基础之上，即便是仅与疫情相关的社会问题也无法在课堂上穷尽，因此我们的专题教学一定要定位在与学生相关、令学生感到困惑的社会问题，而且这些问题又是我们的理论能够做出彻底回应的问题。换句话说"重要论述"专题教学的理想状态是在理论问题、现实问题、学生困惑之间架设一座桥，打通壁垒，解疑释惑。

（2）契合学生认知规律

如今的"00后"最显著的特点是喜欢体验过程，而反感被动接受结论，对象在变，教学模式也要变，一方面授课方式要进行与时俱进的包装，如"重要论述"专题教学可适当采用青年学生喜闻乐见的自学自讲、小组点评、故事再现等方式呈现，但引导方向、核心内容和环节设置等一定要保证向教学目标看齐；另一方面，不仅要注重每个教学专题的内涵挖掘，更要加强各专题之间逻辑联系的建构，做到逻辑严密、层次鲜明、阐述有据。专题设置的顺序既要符合教师讲授逻辑，又要充分考虑学生认知逻辑，尽量实现两者的有机统一，讲授过程多以"是什么""为什么"做铺垫，重点放在"怎么看""怎么办"，在环环相扣中加深学生对教学内容的掌握。

（3）充分考量学生心理

青年学生正处于抽象思维迅速发展的阶段，他们喜欢接受新事

物，却往往因缺少明辨而带有一定的主观片面性。对照青年学生的心理特点，我们开展"重要论述"专题教学时，应尽量以开放式问题切入，引发学生思考和兴趣，再以学生回答带动下一个问题的思考，进而层层深入，循循诱导，鼓动学生沿着问题线索探寻问题的本源。例如，设置如下问题："疫情突袭我们该如何面对，是静待云开，还是积极行动？""如何行动才能确保有的放矢？""中国抗疫取得了哪些成果？遵循了哪些规律？""比较国内国际疫情变化，中国抗疫有哪些亮点？""中国抗疫取得阶段性胜利的理论启示是什么？""如何从中国经验、中国倡议、中国主张、中国力量的视角解读习近平总书记疫情防控期间发表的一系列重要论述？"让学生在相互交流和思维碰撞中体会真理的力量，在反思、诠订、比较中将"重要论述"思想内化为行动指南。

7.3.3　充分发挥教师的主导作用

（1）坚定人民立场

思政课是一门灵魂课程，政治性是其最本质特征。思政课的使命是让马克思主义信仰在学生内心扎根，这也要求思政课教师必须带着信仰上课，只有让有信仰的人讲信仰，才能使思政课充分发挥铸魂育人的功能。教学过程中，教师能否站在人民立场上，坚定共产主义理想信念，用扎实的理论功底指导学生成长成才，决定着"重要论述"专题教学的质量。列宁曾经指出，"在任何学校里，最重要的是课程的思想政治方向，这个方向由什么来决定呢？完全而且只能由教学人员来决定"①，若想让信仰之光照进学生内心，教师自身先要坚定正确的信仰，"重要论述"专题教学之所以将"始终把人民群众生命安全和身体健康摆在第一位"设置为第一专题，就是要从人民立场来掌控教学方向和价值观取向，从而在教学实践中，既要对学生进行正确的引导，又要给予学生自由和空间，积极调动学生创新思考的主动性和自觉性，不断提升专题教学效果。

---

①　华东师范大学教育系：《列宁论教育》，人民教育出版社1990年版，第344页。

（2）做好充分备课

在备课方式上，充分借助集体备课汇聚团队智慧，找准专题理论与学生理论兴趣的共鸣点，为彻底讲清讲透"重要论述"奠定基础；在资料收集上，既要有广度，又要有信度，以"中国青年堪当大任"专题为例，授课内容若仅限于《习近平给北京大学援鄂医疗队全体"90后"党员的回信》，则整个授课过程必然流于空泛和干涩，若想提升授课质量，必须围绕专题框架收集更多鲜活的教学素材，包括关于中国青年投身抗疫和体现青年担当奉献的文字、数据、图表、口号、音频、视频等，同时还要依据资料来源做好分类，哪些源于马列经典、教材和论文数据库，哪些源于学习强国、微信公众号、微博、新闻头条等网络信息平台，条分缕析，按需调配；在资料整理上要善于整合，信息时代最难的就是整合信息，备课水平最终体现在教师的整合本领上，资料整合要注意与专题教学深度融合，摒弃"披萨饼""汉堡包"和"三明治"，向"佛跳墙"看齐。

（3）善于相机而变

当前国内与国际疫情防控形势随时都在发生变化，思政课教师同样也要紧跟抗疫步伐，把握发展趋势，增强"重要论述"专题教学的时代感和针对性。在教学方式上，教师要充分利用多媒体、新媒体、新知识的结合，创新探索教学模式，灵活机动安排专题教学内容设计，让学生全面参与到课程教学活动中来；在考评方式上，探索过程式考核机制，最大限度激发学生热情，将学生从被动学习中解救出来，尽可能做到学以致用；在实践教学中，积极探索课内实践、专业实践、社会实践、网络实践组合推进的新路径，强化巩固理论知识，让学生从内心深处认同"重要论述"理论；在教学组织上，要以先进的教学理念和方法为指导，增强专题教学灵活性，遇到问题及时调整，聚焦为增强教学效果而服务，充分发挥教师的积极性、主动性和创造性，在专题教学中善做设计者、组织者、点评者和引导者。

（作者：王殿文，吉林建筑大学马克思主义学院讲师）

叁

新时代高校思想政治理论课教学方法研究

1 高校思想政治理论课活力提升研究：基于学生实际问题

习近平总书记 2020 年 8 月 31 日在《求是》发文《思想政治理论课是立德树人的关键课程》，指出办好思政课，就是要用新时代中国特色社会主义思想铸魂育人，引导学生增强"四个自信"，厚植爱国主义情怀，并自觉融入中国特色社会主义伟大实践中。同时，也指出了思政课建设中一些亟待解决的问题，包括课堂教学效果需要提升，教学研究力度需要加大、思路需要拓展等。随着全面改革的系统性、整体性和协同性不断深入，思想政治理论课改革创新要"不断增强思政课的思想性、理论性和亲和力、针对性"，"要向改革创新要活力"。鉴于此，以问题为导向，基于学生实际，就高校思想政治理论课活力提升展开研究，以期提供思想政治理论课持续推进改革创新的一个视角。

1.1 基于学生"三观"摇摆问题开展社会主义核心价值观教育

面对百年未有之大变局，国内外形势日趋复杂，西方意识形态渗透日益隐秘、思想思潮纷繁复杂、多元文化相互激荡以及各种价值观念交融交锋。在这种形势下，当代大学生在世界观、人生观、价值观上还未成熟定型，必然面临理想信念是否坚定、人生态度是否积极、价值观念是否纯正等问题，在诸多考验中会产生偏离摇摆的现象。因此，正确的思想与价值引导极其关键，"思政课教师，要给学生心灵埋下真善美的种子，引导学生扣好人生第一粒扣子"①。

依托思政课针对学生"三观"进行思想政治教育尤为重要，而社会主义核心价值观在思政课的融入成为解决这一问题的抓手。作为进行社会主义核心价值观传扬与教育的核心课程，思政课的重要任务就是促进社会主义核心价值观入脑入心入行，内化为学生的知识体系、信仰体系和价值体系，这是一个庞大而复杂的工程。在学生的"三观"中涵育社会主义核心价值观，最有效的方式是深度了解和精准定位学生实际并进行针对性教育，实践路径就是以科学的调查研究为基础和参照，引领融入到思想政治理论课中。

在新生入校时进行深度精准调研，了解其思想、道德及理想信念等基本状况，形成可视化、系统化的统计数据。以此为参照，在"思想道德修养与法律基础"（以下简称"基础"）课程、"中国近现代史纲要"（以下简称"纲要"）课程中进行"三观"教育。"基础"课程以扣好人生的第一粒扣子为线索，将世界观、人生观、价值观融入如何引导学生坚定理想信念，抵御道德虚无主义、极端自由主义，培养正向道德品质的教学问题中。具体而言，以新时代爱国主义为基底的理想信念教育，这一宏观图示被框定在对新时代与大学生的关系解读中；个人奋斗置于国家富强、民族复兴的远大理想的叙事之中。反对极端自由主义，正确处理个人与社会关系，这一图示通过对个人—社会、个人—集体、个人理想—社会理想等多对一、一对多关系的分析，呈现出一幅人与社会辩证统一的三观图，折射出当代中国青年应有的人生格局。"纲要"课程通过对近代以来中国历史发展的线索与脉络、在世界历史中的方位与价值，中国近代历史人物与事件，塑造青年大学生世界观、人生观和价值观。世界观塑造在教材"上篇综述、第一章、第十一章"中都有鲜明的体现，帮助大学生了解"三千年未有之大变局"与"百年未有之大变

① 习近平：《思政课是落实立德树人根本任务的关键课程》，《求是》2020年第17期。

局"的世界局势深刻变动与中国所处的历史方位；价值观塑造体现在引导学生深入理解马克思主义历史观并正确评判近代以来中国历史发展趋势与走向。

在一年级学期结束时需再进行返场调研，通过动态信息追踪了解学生价值理念变化和继续学习的状况，在"马克思主义基本原理概论"（以下简称"原理"）课程、"毛泽东思想和中国特色社会主义理论体系概论"（以下简称"概论"）课程中进行"三观"教育。"原理"课程中讲"世界观"，要求人们按照世界的本来面目和事物发展的规律，唯物地、辩证地看待世界，透过现象把握本质，克服以偏概全、两极对立的形而上学世界观，正确地认识世界，针对当代大学生世界观中存在的自我否定、爱钻牛角尖、害怕挫折等问题，对大学生进行世界观教育，指导他们既唯物又辩证地认识和解决成长中遇到的困难和挑战。马克思的劳动价值理论指出，劳动是创造价值的唯一源泉，其人生观体现了劳动创造价值的原理，其意义在于寻找崇高的理想追求，并为之努力奋斗。针对当代大学生人生观中存在的好逸恶劳、安于现状、贪图享乐等偏差，结合劳动创造价值原理，对大学生进行人生观教育，让他们崇尚劳动，充分发挥主观能动性，自觉投入社会主义现代化建设中。受到拜金主义、个人主义等不良思潮的影响，当代大学生价值观出现了偏差，部分大学生成了"精致的利己主义者"。结合群众史观原理，对大学生进行价值观教育，培育他们的人文关怀，教育他们把全心全意为人民服务作为自己的价值追求，在实现自我发展的同时帮助他人、奉献社会。"概论"课程在社会主义建设道路初步探索的意义和经验教训中融入"三观"教育：初步探索的曲折发展体现了人类社会发展的前进性与曲折性的统一，体现了社会存在决定社会意识、生产力与生产关系辩证统一的世界观；结合"两弹一星"中的留学归国人员，甚至资本主义工商业改造中对荣氏家族的认识，确立正确的人生观；"两弹一星"的科研人员的付出和成就体现了艰苦奋斗、无私奉献、攻坚克难的价值观。在"邓小平理论的基本问题和主要内容"中融入"三观"教育：社会主义初级阶段理论是马克思主义发展理论用于具体实践的成功范例，体现了"解放思想，实事求是"的世界观；改革开放前后，社会生活发生巨大变迁，怎样顺应改革开放的大趋势，是对人生观的挑战；对计划经济和市场经济的正确认识是社会主义核心价值观的重要体现。本科阶段还贯穿有"形势与政策"、"习近平新时代中国特色社会主义思想概论"、"四史"教育等课程，"三观"教育是主题和主线。到研究生阶段，以"新时代中国特色理论与实践""马克思主义与当代"课程为主体，开展更加深入的"三观"教育。

通过调研实现借力持续性和开展多向度的思政课，不断提升学生系统的理论认知和科学的实践分析能力，实现对学生"三观"的调整与形塑，并由此产生强大的精神力量与物质力量，为分析世界，更为改造世界。

1.2　基于学生"知识碎片化"问题实现思政课程与课程思政协同

思政课程和专业课程承担着不同的人才培养任务，形成了不同的知识散点。思政课程的意义在于坚持不懈用习近平新时代中国特色社会主义思想铸魂育人，引导学生立德成人、立志成才，坚定对马克思主义的信仰、对社会主义和共产主义的信念、对中国特色社会主义的信心；专业课程更加细致，仅本科就有 13 个门类、92 个大学专业类、506 个大学专业，专业课、公共课、通识课等构成的课程体系，在知识呈现形态上具有明显的碎片化特征。这不仅需要思政课程体系化，还需要思政课程与专业课程的协同，正如习近平总书记所说："使各类课程与思想政治理论课同向同行，形成协同效应。"①

因学生的学习阶段不同，思政课程有不同的知识内涵，本科阶段四门主体思政课中，"基础"课程涵盖新时代马克思主义的人生观、价值观、道德观、法治观，从理论上把握社会主义核心价值观、社会主义法治建设等问题，旨在提升思想道德素质和法治素

---

① 《习近平谈治国理政》(第 2 卷)，外文出版社 2017 年版，第 378 页。

养。"纲要"课程内容包括中国近代以来争取民族独立、人民解放和实现国家富强、人民幸福的历史，从理论上把握近现代以来中国的国情、四个选择的科学判断及其内在逻辑关系，旨在提升对党史、国史的理性认识。"原理"课程包括马克思主义基本原理，以及贯穿其中的马克思主义根本立场、基本观点、实践方法，从理论上分析掌握马克思主义的整体特征，旨在进行马克思主义理论素养的培养。"概论"课程包括毛泽东思想和中国特色社会主义两大理论成果，从理论上把握两大理论成果之间的关系、两大成果与马克思主义之间的关系，旨在坚定"四个自信"。习近平新时代中国特色社会主义思想概论课程和"四史"选择性必修课程，则是强化开展新时代马克思主义最新成果的理论教育，加深学生对党史、新中国史、改革开放史、社会主义发展史的理解和认识。思政课程体系，以整体性思维，通过课程目标、课程设置和课程教材内容等方面的一体化，实现思想政治理论教育的全覆盖和全过程，有效整合了学生的知识碎片，聚合学生的知识散点，构建起学生全面、稳固和系统的知识体系。

除了用思想政治理论课的知识体系提升学生的素养外，还需要有专业知识和技能的学习，为此，学生知识体系的构建需要发挥不同课堂之间的联动效应。因此，需要形成"思政课程"和"课程思政"交互嵌随的思想政治教育联动，需要将思想政治教育的课程体系延伸拓宽，即将思想政治教育贯穿于课程建设各层次、各类别、全过程，把思想政治教育要求融入学校的师资队伍建设中，落实落细落小到课堂教学的内容中，细化到学生的个体化差异中，进而构建科学合理的质量监控和评价体系。具体而言，思想政治教育应贯穿于本科教育、研究生教育、网络教育及成人教育各层次；贯穿于文理工医农各学科、各专业；贯穿于公共课、基础课、专业课、文化素质课等各类别；贯穿于人才培养方案制定、课程设置、教材建设、课堂教学、实践教学、师资配备、教学管理和质量评价等全过程。

思政课具有统领思政教育的功能，正如习近平总书记所说：

"思政课是落实立德树人根本任务的关键课程，思政课作用不可替代。"①思政课程有马克思主义理论学科作为支撑，需要加强学科建设，需要将思想性、理论性和亲和力、针对性有机统一。同时，习近平总书记指出，要挖掘其他课程和教学方式中蕴含的思想政治教育资源，实现全员全程全方位育人，各类课程同思政课建设的协同。通过"思政课程"和"课程思政"建设，实现思想政治教育的课程门类全覆盖、课程运行过程全覆盖，围绕课程建设构筑思想政治教育的全方位格局，进而以全课程体系的交互、叠加与联动，有效串联学生的知识碎片，织密学生的知识体系，夯实学生的知识基础。

1.3 基于学生"接受需求"问题展示思政课理论阐释强大魅力

马克思曾说："任何人如果不同时为了自己的某种需要和为了这种需要的器官而做事，他就什么也不能做。"②这种需要包括物质需要、精神需要和发展需要。物质需要由生产力水平决定，而精神需要和发展由教育完成。思政课所针对的是通过专业课学习所获得的专业知识、专业素养、专业技能之上的精神层面或者发展层面的需要，为此，思政课在"课"的改革中应以学生为主体，以学生的需求为导向，运用马克思主义理论解教师之渴、释学生之惑、破课程之困，彰显理论在教学过程中的现实魅力和在立德树人中的影响力。

通过"大调研"可知，目前高校本科四门思政课存在理论性和思想性融合不够、政治性和学理性统一不足的问题，表现在诠释课程重点难点问题的深度不够，从而造成不断发展着的马克思主义理论难以在青年大学生中内化于心、外化于行。为此，思政课需要进

---

① 习近平：《思政课是落实立德树人根本任务的关键课程》，《求是》2020年第17期。

② 《马克思恩格斯全集》（第3卷），人民出版社1960年版，第286页。

行充分的理论阐释。比如"基础"课程中的时代新人的内涵及其实现路径，人的本质及其与人生观的关系，个人理想与社会理想的关系，中国精神的内涵及其时代特征，新时代爱国主义的内涵及其实现路径，社会主义核心价值观的内涵和特征及其践行路径，中华优秀传统道德的创造性转化与创新性发展，我国社会主义法律的内涵与特征，法治思维的内涵及其实践路径，中国特色社会主义法治的内涵及其实现路径等问题的理论阐释；"纲要"课程中的资本-帝国主义带给中国的影响，近现代中国的改良和革命，西方资本主义制度在中国的命运，马克思主义传入中国并为中国先进知识分子所接受，农村包围城市、武装夺取政权道路的发展与创新，中国共产党在抗日战争中发挥了"中流砥柱"的作用，中国革命胜利的原因正是国民党失败的原因，社会主义制度在中国的确立是历史和人民的选择，改革开放40年实践进路及基本经验阐释等问题的理论阐释；"原理"课程中的新时代需要怎样的马克思主义，如何看待人工智能与人的意识本质，价值与价值认识，人的本质和人的发展，社会是如何发展的，商品经济及其价值规律，如何看待劳动价值论的当代价值，经济全球化与建立国际经济新秩序，从社会主义观念的四次变革看科学社会主义的发展规律，共产主义是不是乌托邦之梦等问题的理论阐释；"概论"课程中的如何科学评价毛泽东及毛泽东思想，社会主义初步探索的经验教训及时代价值，社会主义本质理论，社会主义市场经济理论，"三个代表"重要思想及科学发展观对邓小平理论的继承与发展，中国特色社会主义新时代社会主要矛盾的变化，建成社会主义现代化强国的战略安排，"四个全面"战略布局，构建人类命运共同体思想，中国特色社会主义最本质特征等问题的理论阐释。阐释清楚这些问题，满足学生的知识需求，需要用文献综述、现实审视、问题概念（做概念史梳理）、问题阐释的理论基础、问题在教学中的运用等方面的研究做强大支撑。

然而，思政课面临一个很现实的问题：教师授课课时量极大。据不完全统计，高校思政课教师年均课时在400学时以上，有些规模大的高校教师年均课时量接近600学时。教师开展教研的时间和精力被耗尽，为此，加强思政课的理论阐释，加强问题研究，就必须解决教学支撑乏力的问题，其核心路径就是推进项目制。项目制既可以夯实思政课的学科支撑，也可以延伸到思政课建设和改革创新。具体来说，包括三个方面。一是项目立项采用三级申报。即对于省部级教改项目，在鼓励申报的同时，学院可组建优秀专业团队集体攻关、重点申报；对于学院确定的重要教改项目，可评审后作为校级教改项目；对于一般教改项目，可评审后作为院级教改项目立项。二是项目实施采取三维管理。一维是通过学校教务处、学院教学科研协作科、项目负责人进行三级管理（院级项目实行学院和项目负责人两级管理）；二维是对每个项目的实施过程由项目申报书、项目中期检查报告、项目结题报告等组成的物化流程节点进行精细化流程管理；三维是通过开题报告会、中期检查会、项目考核评估会等进行多渠道、多形式的项目重要节点质量管理。同时，多元化开展项目评估，即根据项目申报书所确定的教改任务，注重灵活性，允许项目结项成果多元多样，如形成教改专著、教改论文、授课PPT等成果应用转化，以教学成果多元化的评估方式，促进各教改项目各展所长、特色鲜明。

通过聚焦学生接受需求，加大对学生的认知规律和接受特点的研究，将学生成长规律与思想政治工作规律、教书育人规律充分结合，坚持问题导向，以项目制推进教育对象、教学内容、课堂组织、活动方式等方面的研究，引导学生发现问题、分析问题、思考问题，水到渠成得出结论，进而实现以学生为中心的要求，发挥学生主体性作用。

1.4　基于学生"三全教育"问题加强思政课与其他力量的聚合

《关于加强和改进新形势下高校思想政治工作的意见》提出，坚持全员全过程全方位育人（简称"三全育人"），这是以制度刚性确定的工作要求，思想政治教育是贯穿整个过程的一条红线。"三全育人"的关键在于整合协同学校各项教育工作、各项育人元素。目前在实践推进中，各个部门、各个岗位、各项工作的协同协作、同向同行还存在问题。

当前，思政课教师队伍面临着数量与力量不足的问题。就个体而言，面临教师承担繁重的教学任务而带来的教研开展聚力不够的问题；就群体而言，面临因个体教研不足而带来的教学内涵式建设聚力不够的问题；就学科而言，也面临教研反哺不足致使学科支撑有限的问题。有效且精准回应和解决学生关切的实际问题，聚力提升教学效果，就成为思政课改革创新的必然要求。思政课改革创新如何聚力？应该通过院政共建、院部协力、院院联动、院企协作"四个协同"新路径建设思政课，聚力构建"大思政、大教育、大宣传"格局。其中，院政共建是指承担思政课的马克思主义学院认真贯彻实施相关政策制度，积极与政府相关部门协同，做好与教育部、教育厅的协同工作。院部协力是指马克思主义学院与学校各机关部处的协力，包括与教务处、研究生院协力，做好课程管理与实施；与学工部、研工部、团委协力，切实开展好第二课堂教学，主阵地与主渠道有机结合；与宣传部协力，采用师生喜闻乐见的形式开展网络宣传教育，使马克思主义理论思想广泛传播、入脑入心。院院联动是指马克思主义学院与其他学院联动，提升思政课教学质量，促进学生素养提升。院企合作是指马克思主义学院充分借助社会力量，请精英人才进入思政课堂，以企业的专业化服务为思政教学实践活动提供保障等。

要实现思政课与其他力量的集合，需要解决聚力不够的问题。多年的实践证明，有效手段就是思政课的团队建设打造。一是以课程为载体的课程教学团队，是团队建设的主体。其建设要分层分类进行，即基于课程本身的共通性和差异性，分为本科主体课程的团队建设、研究生思政课课程的团队建设、形势与政策课程的团队建设、选择性必修课程的团队建设，还有基于团队成员交叉分类进行，包括教研团队、课堂教学团队、实践教学团队等。主要是以马克思主义学院的教研室为平台，聚合马克思主义学院专任教师和非马克思主义学院的兼职教师(含有相关专业的辅导员队伍和学校行政干部、企事业单位有相关工作经历且有较深思考的领导干部和精英人才、国内同行业的专业人才等)力量，"坚持在改进中加强、在创新中提高，及时更新教学内容、丰富教学手段"，高效开展教材体系向教学体系、教学体系向价值体系转化的工作，完成思政课教学任务。二是以问题为导向的学科建设团队，其基础是教学问题研究。其主要是基于专题研究进行建设，专题是从课程教学和建设中抽象出来的重大理论问题、重大现实问题、重大经验总结问题，直指热点问题、焦点问题、难点问题。目前高校马克思主义学院的做法是构建马克思主义研究院，开展马克思主义理论创新研究，或者成立思想政治理论课课程研究中心，开展教育教学的研究，或者在马克思主义研究院下设思想政治理论课程建设中心，将课程建设纳入问题研究中，贯穿其中的核心是教学提问题、研究回答问题，即是按照问题导向，以项目制方式开展问题研究，反哺教学。三是学科团队协同创新。团队主要由马克思主义学院分管教学和科研的管理人员牵头，对内联动教研室主任(或课程负责人)，对外协同各部处，形成"大思政""大教育""大课程"的协同工作格局，其最有效的是马克思主义理论学科群建设，即以马克思主义理论为核心，按照圈层进行链接，开展协同。第一圈层是紧密学科，包括哲学中的马克思主义哲学，政治学中的中共党史、科学社会主义与国际共产主义运动，理论经济学中的政治经济学等，将这些学科中的课程统整，开展思想政治教育。第二圈层是相关学科，包括哲学、政治学、理论经济学、中国历史、法学等学科，将这些学科中的相关课程，按照马克思主义工程教材和高水平教材的要求，开展思想政治教育。第三圈层是人文哲学社会科学的其他学科，将思想政治教育的理论知识、价值理念以及精神追求等融入各门课程中去，实现专业课程与课程思政的融合。第四圈层是涵盖学校所有学科的课程，充分挖掘思政元素，使各类课程与思政课同向同行，形成协同效应，实现思想政治教育的全覆盖。

通过聚焦"三全育人"目标聚合思政课与其他各方力量，核心就是主渠道(高校党委领导下的学工部、团委、研工部等，主要负责学生思想政治教育工作)与主阵地(高校马克思主义学院，主要承担思想政治理论课程教学工作)的力量聚合。二者都担负"三全教育"的责任，因此，二者在教育目标、教育内容、教育形式、教育效果等方面相辅相成。为此，学校分管领导之间要协同，将马克思主义学院与教务处、研究生院和学工部、团委、研工部等部门链接起来，在制度设计、队伍建设、教学环节、教育教学方式、教育内容、评价体系等方面，既统整又分工，达到单体力量和集体力量的组合优化，实现"三全育人"目标。

1.5 基于学生"情感认同"问题营造思政课以文化人校园氛围

学生对思政课的情感认同反映在心理认同和情感接受两个方面，有较为系统的认知、基本清晰的理论、相对成熟的"三观"等内容作为前提。同时，将"三观"、认知、理论等要素有机结合，需要改变传统的一元教学环境，即除课堂组织形式外，还有第二课堂，包括校园环境这个重要一环，而思政课链接校园环境的关键点就是校园文化建设。高校校园文化以思政教育为核心，其作为重要支撑，推动着思政课建设，贯穿的主线就是以文化人，即突出校训、课堂、环境、活动、网络五大载体建设，在丰富多彩的校园文化建设中提炼优质育人素材，大力弘扬社会主义核心价值观，推进高素质、创新性和全面发展型人才培养，这是思政课践行"大思政"理念的体现。

高校思政课要在教学内容中抽出文化元素，融入校园文化建设。中国近代史的开端——鸦片战争，诞生先进政党——中国共产党，建立社会主义国家——中华人民共和国，建设有中国特色的社会主义国家——改革开放，奋力推进社会主义现代化国家建设——进入新时代，等等，都可以作为重要历史节点、重大历史事件，以思政课为载体，进行知识介绍、理论阐释和"三观"引导。林则徐、严复、孙中山、陈独秀、李大钊、蔡和森、毛泽东、周恩来、邓小平等重要历史人物的生平介绍和伟大贡献也是可利用的资源。毛泽东思想和中国特色社会主义理论体系是马克思主义中国化的两大理论成果，是思政课给予学生认知、理论和"三观"最核心的内容，是可以转化为物质力量的思想武装，可以夯实校园文化建设的理论基础。其中习近平新时代中国特色社会主义思想既是指导思想，又是当代最新的马克思主义，引领思政课程，融入校园文化建设。同时，思政课也要将校园文化融入课程中，挖掘校园文化中的思政资源(校史、校训、校徽、人物、地标等)，形成校本教材。邀请专业课程的名师进入思政课堂，打造示范课堂和优质课堂。

同时，以思政课为基础和引领，将思政课的触角延伸到丰富的校园文化体系中，助推思政课建设，弥补扩充思政课的教学内容。在打造辅助思想政治理论教学的讲堂、论坛等的基础上，突出活动载体，倾力打造校园文化活动体系和实施若干学生社团建设计划等内容；在突出校训载体中，通过挖掘学校历史教育资源、校训文化内涵，推进学校精神和国家精神落地生根，借助学校周年校庆，依托思政课对校园文化进行深刻解读，将课程内容显化为价值追求和服务承诺；在突出环境载体中，充分利用学校的各类教育基地，包括校史展览馆、博物馆、自然博物馆、美术馆等，以及校外的各类红色教育基地，以人文景观对学生进行校园文化精神的熏陶和教育；在突出网络载体中，全力打造"一网三微"新媒体平台，精心谋划和组织网络"微"活动，创新网络思想政治教育，打造"线上思政"和"空间思政"，以"微活动"助力"大思政"，助推思政课的思想政治教育功能的释放。

通过聚焦学生"情感认同"，思政课在课堂中将碎片化知识转化为系统认知、在"三进"中使理论阐释入脑入心，在入行中摆正"三观"，奠定了思政课以文化人、建设校园文化和营造校园氛围的基础。思政课以校训、课堂、环境、活动、网络五大载体建设，引导和融入校园文化建设，起到以文化人的实效。

（作者：刘吕红，郑州大学马克思主义学院院长，教授）

2 "八个统一"原则与新时代高校思政金课的内容方法创新

思想政治课是思想政治教育内容与教育方法的统一，新时代高校思政金课的改革也必须以内容的确定和方法的选择为抓手，提升内容的思想性和理论性，增强方法的亲和力和针对性。在学校思想政治理论课教师座谈会上，习近平总书记为新时代思想政治课改革提出了"八个统一"的重要原则，即"坚持政治性和学理性相统一，坚持价值性和知识性相统一，坚持建设性和批判性相统一，坚持理论性和实践性相统一，坚持统一性和多样性相统一，坚持主导性和主体性相统一，坚持灌输性和启发性相统一，坚持显性教育和隐性教育相统一"①。可以看出，习近平总书记讲的前四个统一是从内容角度出发，强调思想政治课既要政治坚定又要学理透彻，既要价值正确又要理论科学，既要是非鲜明又要思辨灵活，既要理论扎实又要紧扣现实；后四个统一则从方法角度出发，侧重强调思想政治课在授课方式、互动方法、启发路径和涵化效果方面的方法论原则。

对照"八个统一"原则要求，本节围绕新时代高校思政金课的课程改革这一命题展开以下三个方面的论述：一是以"八个统一"

---

① 《习近平主持召开学校思想政治理论课教师座谈会强调 用新时代中国特色社会主义思想铸魂育人 贯彻党的教育方针落实立德树人根本任务》，《人民日报》2019 年 3 月 19 日。

原则为遵循，论述新时代高校思政金课的内容创新必须要学理透彻、理论科学、思辨灵活、知行合一地"讲清道理"，提升内容的系统性、科学性、价值性和实践性。二是以"八个统一"原则为指导，提出新时代高校思政金课的方法创新需运用协同思维，将"贯通""呼应""研讨""体验"等新老方法统筹起来，以达到内容传播固化、实化、持久化和涵化的"讲好道理"的效果。三是从内容与方法相统一的要求来说，思想政治课教师是"转化教育内容、使用教育方法的主体，是思想政治教育内容与方法发挥协同效应的关键因素"①，因此，做好新时代高校思政金课的课程改革，还需教师切实肩负起立德树人的使命职责，做到"讲清道理"和"讲好道理"二者统一。

2.1 "八个统一"原则与新时代高校思政金课的内容创新

2.1.1 依据政治性和学理性相统一原则，"学理透彻"地讲好政治

在思想政治课的教育实践中，有两种不好的倾向：一是"去政治化"，将思想政治教育内容变成生活化的"说理教育"，或无限拓展的"人文教育"，抑或是纯粹的心理教育，模糊、淡化甚至削弱思想政治教育的"政治性"；二是"泛政治化"，即思想政治课形式主义严重，只讲观点、不讲道理，只讲内容、不讲体系，只讲框架、不讲逻辑，科学性不足，学理性欠缺。对此，必须要辩证地把握政治性和学理性的关系，突出政治性，依托学理性，"学理透彻"地讲好政治，提升思想政治课内容的系统性。

首先，政治性是思想政治教育的本质属性，而政治性又集中表现为意识形态。正如马克思所说，"统治阶级的思想在每一个时代

---

① 代玉启：《新时期思想政治教育内容与方法面临的挑战与发展要求》，《思想教育研究》2015 年第 12 期。

都是占统治地位的思想"①，作为上层建筑思想的组成部分，思想政治教育必然是一项合目的性的特殊的社会实践活动。我国是人民民主专政的社会主义国家，思想政治教育的政治性也必然表现为能否符合社会主义的意识形态，能否体现最广大人民群众的政治意志。党的十八大以来，习近平总书记在多次讲话、多个场合强调思想政治课必须"正本清源，守正创新"，这个"正"就是要端正思想政治课的价值取向和阶级立场。从思想政治教育的内容来看，突出"政治性"，就是要把马克思主义作为思想政治教育的指导思想，把马克思主义的思想教育、政治教育、道德教育、价值观教育和心理健康教育作为思想政治教育的主要内容，把培养中国特色社会主义建设者和接班人作为思想政治教育的基本目标。

但是，突出"政治性"并不是以独断、武断甚至极端的方式进行"思想灌输"和"政治宣传"，而是要坚持"求真""求实""求是"的马克思主义的科学精神，以透彻的学理分析和严谨的逻辑分析来回应学生提出的"真问题"，以彻底的思想理论和权威的统计数据来释解学生留存的"真疑虑"，以强大的真理力量和坚定的信仰精神来消弭学生怀有的"真困惑"，以达到让学生真学、真懂和真信的效果。也只有这样，才能真正整合思想政治课在政治上、思想上、教育上三位一体的系统，树立思想政治教育的学科权威。

2.1.2 依据价值性和知识性相统一原则，"理论科学"地滋养价值

价值性与知识性的分离，是影响思想政治教育有效组织内容的一个突出问题，也直接影响到思想政治教育的实际效果和目标达成。比如，在讲授马克思主义理论时，仅仅将其放置在西方社会科学理论知识的系统中，而没有进一步从人民性的根本立场出发做出价值性的判断；在讲授思想道德修养时，仅仅将其停留在一般的道德思想和理论流派的介绍上，而没有从世界观的真理性层面做出价值观的辨析；或是在讲授中国特色社会主义思想时缺乏深刻的历史

---

① 《马克思恩格斯文集》(第1卷)，人民出版社2009年版，第550页。

思维和理论剖析，缺乏对现实的理解力和对问题的解读能力，仅仅照本宣科地进行"政治宣传"，这都是割裂价值性与知识性的做法。

要寻找思想政治课的价值性和知识性，最根本的还是要回到马克思主义的价值性与科学性辩证统一的关系上来。对这个问题，习近平总书记曾有过清晰的阐释："马克思主义理论的科学性和革命性源于辩证唯物主义和历史唯物主义的科学世界观和方法论，为我们认识世界、改造世界提供了强大思想武器，为世界社会主义指明了正确前进方向。"①作为一种价值，马克思主义是站在无产阶级乃至全人类的立场之上的"人的解放问题的哲学革命"，它揭示了人的存在以及实现人"自由而全面发展"的价值体系，指出了摆脱异化、实现真正人性复归的历史途径，回答了存在和本质、对象化和自我确证、自由和必然、个体和类之间矛盾斗争的历史之谜，为人类社会的发展提供了一种正确的价值追求。作为一种科学，马克思主义理想是建立在马克思主义唯物史观和剩余价值学说基础之上，符合人类社会发展客观规律的科学预见，以现实世界为根基的对现实世界的一种科学认识。共产主义理想"人的解放"是"人和自然界之间、人和人之间的矛盾的真正解决"，共产主义理想每前进一步都是为个体寻求更高层面的发展提供平台和支撑，共产主义理性为人类社会发展指明了一条科学的发展道路，这正是人类未来新形态社会区别于人类过往社会的本质所在，也是共产主义理想保持恒久感召力和价值的根源所在。

由此，回归我们的思想政治课，其内容的确定和实现既要坚持明确的政治目的和意识形态性的教育的属性，把价值取向、价值引导旗帜鲜明地讲给教育对象，以正确的价值观实现人才道德素养和理想信念的培育；又要坚守马克思主义科学的观点、立场、方法，讲清楚思政课包含的知识性内容，即与思政课相关的知识体系、知识框架、知识要点，使思政课成为学生知识体系中的有机部分。寓思政教育于知识传授之中，寓知识传播于思政教育之中。

———————————

① 习近平：《学习马克思主义基本理论是共产党人的必修课》，《求是》2019 年第 22 期。

2.1.3 依据建设性和批判性相统一原则,"思辨深刻"地理性批判

"问题是时代的声音",理论只有直面问题、注入时代,才能散发出真理的光芒,呈现出其科学的真理力量。在思想政治课上,不少老师都存留着一个疑虑,即思想政治课目前还是以讲历史为主,那么当下的热点事件,尤其是学生关注和社会关注的所谓"政治敏感"事件,要不要提出来,要不要讲出来?这个问题在实践形态上其实已经有了不争的结论,因为学生喜爱的思政课老师都有一个共同点,那就是敢于直面难点、痛点、焦点,不讲套话、空话、虚话。因为"真理不辩不明,信仰不疑不真",如果让学生把种种疑问留存心底,其结果只能是教书和育人"两张皮",如此怎么达到传播真知识的效果?

我们处在一个价值多元、泥沙俱下的信息时代,杂音与噪音的产生是必然,学生也不可能只接受来自教师的一种声音和一种观点。由此,思想政治课要想实现其价值导向的核心功能,就必须了解和直面学生抛掷来的"真问题",不能躲,更不能怕。尤其是面对诸如"普世价值论""自由主义""个人主义""历史虚无主义"等错误思潮的冲击时,思想政治课的教师更要注重发挥"思想旗手"的引领作用,要敢于也善于从理论上、现实上予以驳斥。这种针对问题、分析问题,针对挑战、应对挑战的精神,就是思想政治课内容改革中亟需加强的"批判性"精神。当然,批判不是对我们所坚持的社会主义意识形态以外的思想和理论都"一棒子打死",因为批判的意义不是为了"批判","破而后立"的本身价值在于增强思想政治课内容的思想性、理论性、科学性,培育学生的革新思维和创新精神。这也是习近平总书记所讲的,必须将建设性和批判性统一。

从具体的方面来说,建设性和批判性统一要坚持把以下三个方面作为着力点:一是坚持辩证的否定观,一旦批判跳脱出马克思主义否定之否定哲学辩证法,而成为一种"非黑即白"的"绝对主义",那这种批判本身就会失去其意义,必须用去其糟粕、取其精华的态

度去理性"批判"；二是坚持真理与谬误相对统一的关系，坚持传播真理、讲清道理，明晰事理，给人以真善美，在批判中树立真理的权威；三是坚持理论创新，在批判中审视自身，让思想内容活起来，呈现出与时俱进的开放性。

2.1.4　依据理论性和实践性相统一原则，"知行合一"地深化学习

"实践"是马克思主义哲学的本质特征，马克思对唯心主义哲学的起底就是从其抽象的、思辨的"实践"批判开始的。在马克思主义哲学的视阈中，实践必须是一种现实的、具体的、物质性的改变世界的力量，而不能是西方传统哲学的崇尚理论思维和理智世界的伦理行为。中国古代教育就强调"知"与"行"相统一，对应马克思主义哲学的实践观来说，就是认识来源于实践，认识回归于实践，认识与实践相互联系、相互促进的关系。

审视当前我们思想政治课的"实践性"，有些教师认为，实践性就是将理论与现实、历史相结合，比如讲中国特色社会主义理论，就是多联系社会新闻，多举事实列数据，多切合同学们的所思所感，也就是在"内容"的组织上突出"实践性"；有的教师则认为，实践性就是要丰富教学手段，在方式方法上实践起来，比如组织同学们看"电影"、做"演讲"、搞"辩论"，组织同学们撰写调查研究报告等。这些"实践性"活动依然是让"认识"的获取途径停留于间接经验，没有让认识真正地回归于实践，去接受实践的检验并指导实践。

对于高校人才培养来说，政治的理论性与实践性具有天然融合统一的特点，新时代高校的思政金课应当将理论课堂和社会课堂更加紧密地结合起来，丰富理论学习、国情认知、品质砥砺的平台和载体，让学生在社会实践中受教育、长才干、作贡献。例如，一些高校结合专业特色，将思政课向见习实习、志愿服务等实践教育环节延伸，在这些实践活动中及时挖掘先进人物、先进事迹与优秀成果，并编入思政课教学教案和相关教材，由此为思政课教学提供鲜活事例和有力支撑。

2.2 "八个统一"原则与新时代高校思政金课的方法创新

2.2.1 依据统一性和多样性相统一原则，通过"贯通"方法讲好道理

要把思想政治理论看作立体的理论和思想，通过对马克思主义理论体系的"整体性"原则的把握，把马克思主义理论放置于人类思想发展史中做系统的考察，让中国传统文化、西方哲学和政治理论、当代文化思潮等与马克思主义理论形成彼此联系、互相"贯通"的体系，在比较、分析、批判、辨析中讲授理论、阐释问题。

在忠诚教育的过程中，我们应当引导高校大学生正确认识到，对于"忠诚"的认识要去伪存真，留存中华民族传统的"忠诚"美德，更要在新时代的意义上去科学理解马克思主义政治忠诚的内涵。马克思主义政治忠诚思想，是一个历史形成的思想体系，其内涵不仅内蕴于马克思主义经典作家的文本阐释之中，还体现于无产阶级政党为实现政治理想的伟大实践之中。应当更多地在忠诚教育中融入中国革命史、建设史、改革发展史，在中国共产党人对科学真理不懈追求、对正义事业勇敢坚守的历史现实阐释中，帮助高校大学生寻求政治忠诚的情感动力。在当前，就是要把疫情防控中战"疫"的鲜活案例引入思政课，把抗疫一线的英雄人物、感人事迹作为高校思政课的鲜活教育素材。由此，思想政治课也才能真正把理论、价值、历史、现实相互贯通，将爱国主义教育、思想道德教育、公民素质教育、职业精神内涵融入教学内容，让学生真正进入立体的思想政治教育体系，实现情感浸润、知识获取、价值追求、行为选择等相互交织的思政政治教育固化效果。

2.2.2 依据主导性和主体性相统一原则，通过"呼应"方法讲好道理

应当让教学内容转化为教材体系，让教材体系回应学生关切的

理论现实问题，更加注重线上线下的课堂互动，坚持以学生为中心的教学理念，不搞教师的"一言堂"，而是更多地给予学生表现和表达的机会，通过讨论、提问、辩论、质疑、纠错等方法鼓励学生主动学习、积极思考、热情参与。

比如在新冠肺炎疫情的特殊时期，在线直播教学模式兴起，而这种新的教学方式也凸显出一些新的特点，比如视频回放非常方便，利于学生课后自主复习；直播中学生可以更方便地及时反馈问题，老师能更及时地作出反应；而在线的案例思考、作业互评、章节测试、答疑、讨论等功能，更让课程的形式丰富多样，也更好地调动了学生的积极性。而当课程从线上转到线下，思政课的教学也应当汲取之前的线上教学的形式，在课堂讲授之余，更多地与同学们展开教学互动，诸如引导同学开展经典阅读、合作学习、问题辨析等形式的思想层面的互动，也可以在课下搭建更多的互动平台，突破思政课的"孤岛效应"，开展座谈、讲座、展演等多种形式的宣传教育；邀请"思政课程"教育教学专家学者来校讲学，为高校大学生提供高端思政课程、专业课程资源；还可以利用学生暑期到基层一线、农村、社区进行实践锻炼的契机，鼓励同学们撰写在线日记和实习记录，与其他同学分享自己的亲身感知和体验。

2.2.3 依据灌输性和启发性相统一原则，通过"研讨"方法讲好道理

在课堂的授课活动组织过程中，教师应当是领学人，而学生是课堂的学习主体，这就要求我们在课程设计的理念中突出"问题导入"和"问题牵引"的意识，让课程由原来的"老师讲学生听"变成"师生协作"，完成"启动问题—发现矛盾—辨析解惑—达成共识"这一过程。当然，在这一过程中，并不意味着教师不要说理，而是在调动学生兴趣，鼓励学生追问和启发学生思考的基础上，针对学生理解的难点和疑点进行透彻的教学讲授。

比如，在马克思主义基本原理课的教学中，我们时常会引用马克思主义经典作家的文本，而"读原著、学原文、悟原理"也正是掌握马克思主义理论最为有效的途径。但是原著学习并非易事，同

学们在解读中也存留着许多难解难知的问题，也就需要教师引领这一研读的过程，组织线上线下的学习分享会和研讨会，在学生"自主学"的基础上，再对经典文献进行逐层意义的推导、剖析、分解讲授，让学生品味人类思想家深邃观点的智慧精华。再如，当前社会思想和文化多元，一些负面的价值观念和理想判断也会深刻地影响学生的思想，而西方意识形态所推行的思想渗透和政治颠覆，现代网络信息技术的传播、社会矛盾问题的集聚，也会使得思想政治课面对更为复杂多变的政治生态环境。由此我们要更加旗帜鲜明地在政治立场、政治方向、政治原则、政治道路上同以习近平同志为核心的党中央保持高度一致，确保高校思政课教学的政治安全。要真正帮助同学们深刻地关注和理解世界所发生的变化，社会中存在的问题，以及与各种敌对的思潮做斗争，还要真正了解同学们的所思、所想、所疑、所惑，从能够引起同学们思考和共鸣的方面出发，启示他们真诚地探讨和交流有关人生价值、理想信念、道德法律、心理健康等方面的问题，引导同学们作出正确的选择和回答，帮助学生学会用马克思主义的立场、观点、方法观察、分析和解决问题。

2.2.4 依据显性教育和隐性教育相统一原则，通过"体验"方法讲好道理

教师在讲课中除了讲述知识之外，还可结合自己的亲身经历，或通过他人的故事，或通过大量的案例，或通过带领学生考察参观，现身说法，情景体验，从而把科学的真理和人生的道理有效地传输给学生。

思政课教育不同于单纯的知识教育，教师在行为中"隐含"的思想政治倾向，其实比口头上"宣讲"的思想政治方向更能深刻影响学生，思政课中的隐性教育总是在不同程度地增强或消减显性教育的效果。比如在讲"如何认识中国社会主义改革的性质"这一问题时，我们不单纯地"定性说理"，而是以"合作课堂"的方式请不同年龄段的老师和同学们一起以座谈的方式开展"讲故事，悟道理"的活动，讲述自己经历的真实故事，讲述改革开放在自己心目

中的形象，在讲述过程中，积极地融注情感体验，以价值坚守和精神引领增强学生对改革开放的政治认同。在此基础上，再引申道理，阐明原理，这样就会让课堂成为一种桃李不言、下自成蹊的无痕教育。此外，教师也可以根据教学要求，以时政热点作为素材来设置教学情境，为学生设置不同的角色，以设想、课堂讨论、小品表演、研讨辩论等方式，进行现场的情境模拟，调动学生的积极性、主动性。在课程导入环节，更多地选取贴近学生生活的场景和情景，帮助同学们由浅入深，从生活经历潜入到原理内容，再活学活用地把课堂上所学习的知识与生活场景、生活事件相互对应，进行分析思考，辅以教师的适时点拨，也能让学生主动获取知识、水到渠成。

2.3　新时代高校思政金课课程改革关键在教师

习近平总书记强调："办好思想政治理论课关键在教师，关键在发挥教师的积极性、主动性、创造性。思政课教师，要给学生心灵埋下真善美的种子，引导学生扣好人生第一粒扣子。"①这就启示我们，从新时代高校思政金课内容与方法相统一的要求来说，思政课教师是转化教育内容、使用教育方法的主体，是思想政治教育内容与方法发挥协同效应的关键因素，因此，做好新时代高校思政金课的课程改革，还需教师切实肩负起立德树人的使命职责，做到"讲清道理"和"讲好道理"二者的统一。

所谓"讲清道理"，就是要深化"内容"，在"守正"的基础上有所"创新"。即首先端正自身的道德理想信念，加强自身的理论素养和教学能力修养，学理透彻地掌握科学理论，学懂弄通马克思主义，深入了解马克思主义发展史，时刻跟进马克思主义研究最新进展，灵活运用马克思主义思维方法，通过生动、深入、具体的学科

---

① 《习近平主持召开学校思想政治理论课教师座谈会强调 用新时代中国特色社会主义思想铸魂育人 贯彻党的教育方针落实立德树人根本任务》，《人民日报》2019 年 3 月 19 日。

横向比较和历史、现实的知识纵向贯通，真正做到"以透彻的学理分析回应学生，以彻底的思想理论说服学生，用真理的强大力量引导学生"①。

具体来说，"讲清道理"需要做到两点。一方面深耕教材，提出深入研讨教材的"教师三问"，即：是否能够准确把握教材中的"思政语言"，准确把握教材的政治立场和根本观点？是否能够对教材中的基本观点产生发自内心的共鸣，产生一种认同感和信奉感？是否能够找到让学生与你产生共鸣，对科学原理、思想内容产生认同的切口和方式？只有在心中认真地思考和回答好这"三问"，才能紧紧把握思政课的政治属性，准确定位教材的课程性质，在教学实践中向学生呈现一堂精彩的"思想课""信仰课"和"灵魂课"。另一方面，做好思想的领航人和精神的旗手。思想政治教育不是躲在实验室或书斋里研究一些和现实严重脱节的"曲高和寡"的问题，而须站在实践前沿密切关注现实，去积极地思考关切社会生活的重大现实问题；思想政治教育不是照本宣科地说一些无关痛痒的问题，而须旗帜鲜明地站在捍卫科学真理的阵地上，对种种误读的、片面的、混淆视听的言论声音进行批驳和回应；思想政治教育也不是如白水般无味平直的，而应当蕴含真情、热情、激情，满满的正能量，带给人思想上、情感上的冲击力。

所谓"讲好道理"，就是要创新方法，在"创新"的基础上有所突破。近年来，高校思政课不断创新，涌现出一批极富影响力和示范性的教学方式，如专题式教学、互动式教学、实践性教学、多媒体教学，以及慕课、微课等，思想政治课的具体形式也由单纯的课堂讲授延伸至微电影、文艺展演、实践参观等形式，完全颠覆了思政课原有的"疏离"形象，彰显出方法创新和形式改革的活力。因此，思想政治教师要"讲好道理"，就必须善于学习，善于借鉴，不断更新自己的课堂教学，积极参与教学改革的研究培训，自觉地以"八个统一"重要原则来指导自己提升教学。

---

① 习近平：《思政课是落实立德树人根本任务的关键课程》，《求是》2020 年第 17 期。

　　总体来说，"讲好道理"一方面就是让教学内容和教学方法相统一，让教学要求和教学改革相一致，善于和敢于开展广泛的教学探索，以学生喜欢的方式来组织实施课程内容的教学，积极地把先进的教学方法引进自己的课堂，提升教学效果。当然，另一方面思政课教师也必须认识到，无论是什么样的教学方法创新，核心目标都是激发学生自主学习的"内生动力"，在教学方法的选择上，并不能盲目地运用或者推崇哪一种，而是应依据课程内容"灵活调用"，提前花时间、花功夫做好学情分析，把"教学方法"的创新与学生的实际需求和实际情况，以及课程的重难点和核心目标对应起来，在教学实践中不断探索和完善，形成自己的教学经验和教学体系，争取做到既遵循一般教学的规律，又呈现个性色彩的创新，在教学方法上有所突破，在教学过程中有所提升，在教学效果中有所检验。

　　（作者：韩璐，西北师范大学马克思主义学院讲师；李辰，甘肃省委党校战略哲学专业 2019 级研究生）

3 以底线思维办好思政课的价值底蕴与实践要求

底线思维植根于中国共产党人自觉抵御和化解重大风险的伟大实践，既闪耀着马克思主义哲学的智慧光芒，又彰显了中华优秀传统文化的独特气质。习近平总书记在多种场合多次强调要坚持底线思维，为我们防范化解重大风险指明了方向，特别是在指挥和部署防控新冠肺炎疫情的工作中再次强调："我们要坚持底线思维，保持战略定力，勇于斗争，善于斗争。"①底线思维是一种以底线为基本导向，对底线心存敬畏，对全局了然于胸，朝着预定目标，谋定后动，执着前行，应对挑战，以争取最佳结果的思想方法和工作方法，蕴含着战略性、辩证性、自觉能动性等特征。底线思维要求主体具有战略眼光，高瞻远瞩，统筹全局，未雨绸缪，坚守底线，积极追求高线。思政课是培养大学生树立正确的世界观、人生观、价值观的主渠道和主阵地。我们认为，以底线思维办好思政课具有深厚的价值底蕴，办好思政课应理直气壮地坚持底线思维。

3.1 以底线思维办好思政课的价值底蕴

底线思维作为一种高瞻远瞩、统筹全局的科学思维和战略思

---

① 《习近平主持专家学者座谈会强调 构建起强大的公共卫生体系 为维护人民健康提供有力保障》，《人民日报》2020 年 6 月 3 日。

维，可以为办好思政课提供重要的思想武器和基本遵循，具有深厚的价值底蕴。

3.1.1 防范和化解高校意识形态重大风险，离不开底线思维

察势者智，驭势者赢。习近平总书记指出："必须增强谨慎之心，对风险因素要有底线思维。"[①]当今世界处于百年未有之大变局，国内社会处于改革攻坚期和深水区，各种思潮观念风起云涌，各种社会矛盾日益凸显，反映于意识形态领域的博弈从未休止。高校处于意识形态领域的前沿阵地，大学生属于意识形态争夺的重要群体，高校意识形态建设正面临前所未有的严峻挑战，高校意识形态重大风险亟待得到有效防范和化解。习近平总书记曾强调："要持续巩固壮大主流舆论强势，加大舆论引导力度……要高度重视对青年一代的思想政治工作，完善思想政治工作体系……"[②]高校思政课作为意识形态建设的重要载体，作为支撑和巩固主流意识形态的关键课程，理所应当地承担传导主流意识形态的职责使命。在当前情势下，以底线思维办好思政课，有助于牢牢把握思政课的意识形态性，有效发挥思政课的意识形态功能，有力增强高校意识形态工作的政治引领、价值引领、思想引领。以底线思维办好思政课，有利于坚定推进马克思主义理论教育，巩固马克思主义在高校意识形态领域的指导地位，坚定主流意识形态主导权、话语权，守好政治底线，巩固好全党全国人民团结奋进的思想基础，以有效应对风云变化的意识形态局势，有效防范化解高校意识形态重大风险。

3.1.2 办好社会主义大学，离不开底线思维

办学方向是立校之本，兴校之要。办什么样的大学，如何办好大学，关乎国运文脉。习近平总书记指出："古今中外，每个国家

---

① 习近平：《在统筹推进新冠肺炎疫情防控和经济社会发展工作部署会议上的讲话》，《人民日报》2020 年 2 月 24 日。

② 《习近平谈治国理政》（第 3 卷），外文出版社 2020 年版，第 220 页。

都是按照自己的政治要求来培养人的，世界一流大学都是在服务自己国家发展中成长起来的。"①思政课是坚持社会主义办学方向的主要阵地，是保证中国大学具备社会主义属性的重要渠道，办好思政课是应对世界百年未有之大变局与党和国家建设发展全局的必然之举。扎根中国大地的中国高等院校必须坚持以底线思维办好思政课，这对办好社会主义大学、走好中国特色社会主义办学之路意义斐然。一是以底线思维坚定马克思主义这一立党立国的指导思想，巩固马克思主义在高校的指导地位，这是确保高校社会主义属性的根本保证；二是以底线思维牢牢坚持思政课的政治导向性，把稳思政课的政治方向，这是办好社会主义大学的必要保障；三是以底线思维坚定为党育人、为国育才的立场，向学生传播马克思主义立场方法观点，使之深入人心、落地生根，引导大学生坚定不移听党话、跟党走，坚持培养一代又一代中国特色社会主义事业的合格建设者和可靠接班人，这是保证中国大学社会主义特色的目的归宿；四是以底线思维增强高校发展的战略定力，坚定不移地走中国特色社会主义高校发展之路，在改革中站稳立场，在实践中明辨方向，不能亦步亦趋，不能随波逐流，这是使高校保持社会主义底色的必由之路。

3.1.3　落实立德树人的根本任务，离不开底线思维

立德树人理念既涵养着中华优秀传统文化的深厚精华，又指明了当代中国高水平大学的前进方向，还折射出中国社会的人才评价标准。思政课是落实立德树人根本任务的关键课程，在高校课程体系中彰显重要地位，关系着"培养什么人，怎样培养人，为谁培养人"这一根本问题的高效解决。思政课欲勇担立德树人的光辉使命，积极践行立德树人的育人自觉性，需要一以贯之地坚持底线思维。这一方面有助于研判大学生的总体思想现状，警惕大学生价值观领域出现的问题，促进以师德育生德，引导大学生坚守伦理底

---

① 习近平：《在北京大学师生座谈会上的讲话》，《人民日报》2018 年 5 月 3 日。

线、法律底线、做人底线，提升大学生思想水平、政治觉悟、道德品质、文化素养，指引大学生健康成长，另一方面有助于对处于"拔节孕穗期"的大学生进行精心引导和栽培，引导大学生筑牢思想之基，补足精神之钙，坚持立人之本，满足大学生成长需求与期待，用新时代中国特色社会主义思想铸魂育人，培育担当民族复兴大任的时代新人。

3.2 以底线思维办好思政课的实践要求

我们研究和讨论底线思维，出发点和落脚点在于运用。底线思维作为科学思维体系中的重要一环，要求我们在实践中谋定而后动，掌握战略主动权。以底线思维办好思政课、为思政课建设提供丰厚滋养，在实践中要做到以下四个方面：

3.2.1 以底线思维办好思政课，在教学方向上要把握政治性

政治性是办好思政课不可逾越的底线，是思政课的首要属性，决定思政课的性质和方向。办好思政课，政治红线不可逾越，政治立场不能偏移，政治信念不得动摇，政治纪律不可松懈。办好思政课，既需要把握正确的政治方向，又需要研判防控高校意识形态领域风险。

①树立立场意识，把握正确的政治方向。习近平总书记强调，办好思政课要"坚持马克思主义指导地位，贯彻新时代中国特色社会主义思想，坚持社会主义办学方向，落实立德树人的根本任务"①。办好思政课一方面要牢牢把握思政课在主流意识形态、政治导向上的正确方向性，坚定马克思主义立场、中国共产党立场，筑牢理想信念之基，守好意识形态责任田，确保思政课服务于中国共产党治国理政，服务于改革开放和社会主义现代化建设，服务于中华民族的千秋伟业。另一方面要在实践中敦促教师发扬斗争精

①《习近平谈治国理政》(第3卷)，外文出版社2020年版，第328页。

神，在大是大非面前保持政治清醒、坚定政治信念，在课上课下敢于亮剑、网上网下敢于发声，以掷地有声的理论回应质疑点，以铿锵有力的声音回应困惑点，坚决捍卫马克思主义基本立场观点，坚决守好政治红线。

②培育前瞻意识，研判防控高校意识形态领域风险。习近平总书记指出："要坚持底线思维、注重防风险，做好风险评估，努力排除风险因素"①，"既要有防范风险的先手，也要有应对和化解风险挑战的高招"②。以底线思维办好思政课，第一，需要具备前瞻意识，善于对思政课教学进行意识形态安全方面的预判、防控、评估。如部分思政课教师主流意识形态学理研究和阐释功力有限，一定程度上存在减弱主流意识形态引领力的风险；各种社会思潮无孔不入，部分学生追之信之，甚至质疑课堂上传播的主流意识形态，存在消解主流意识形态的风险。第二，提升风险化解能力，积极寻求化解方法，找准原因，抓住要害，转危为机。如面对以上风险，要严把思政课堂入口关，增强思政课教师的学理阐释和价值引领功力，增强主流意识形态的说服力、引领力和传播力；既要见微知著，把握学生思想动态，捕捉学生心理倾向，做到心中有数，又要防微杜渐，警惕、防范各种错误观点与社会思潮，引导学生认清现实，廓清迷雾，坚定政治方向，从而巩固壮大主流舆论。

3.2.2 以底线思维办好思政课，在教学过程中要坚持"有守有为"

习近平总书记多次强调："要善于运用'底线思维'的方法，凡事从坏处准备，努力争取最好的结果，这样才能有备无患、遇事不慌，牢牢把握主动权。"③底线思维不仅要求主体划定不可逾越的底线，预判可能出现的最坏结果，还要求主体在科学预判的基础上坚

---

① 《习近平在中共中央政治局第十九次集体学习时强调 加快实施自由贸易区战略 加快构建开放型经济新体制》，《人民日报》2014年12月7日。

② 《习近平谈治国理政》（第3卷），外文出版社2020年版，第220页。

③ 中共中央宣传部编：《习近平总书记系列重要讲话读本》，学习出版社、人民出版社2014年版，第180~181页。

定信心，掌握主动，争取最佳结果。办好思政课，在教学过程中既要坚持"有守"，又要争取"有为"。

坚持"有守"是办好思政课的前提。第一，坚持将价值引领寓于知识传授中，提升思政课的高度。习近平总书记指出："价值先进、思想解放，是一个社会活力的来源。"①思政课的重大使命就是要给予学生正确的价值引领和清晰的价值导向。思政课教师既要夯实专业基础，扎实理论功底，提升专业自信，理直气壮、旗帜鲜明地向学生传授马克思主义理论的科学知识，又要引导学生坚定马克思主义信仰和中国特色社会主义信念，启迪学生运用马克思主义的真理魅力与力量廓清思想迷雾，治理思想混乱，增强理论自觉，提升文化自信，反对重知识性、轻价值性倾向。第二，坚守内容为王，拓展思政课的宽度。要具备宽广的知识视野、宏阔的历史视野和博大的国际视野，既可以滋养学生培育博大精深的智慧，又能引导学生树立正确的历史观，提升其用历史观点分析问题的自觉，还能启发学生在比较中客观理性地认识当代中国和世界；要钻研内容、精雕细琢、深耕细作，反对一味迎合学生、一味追求新奇而遮蔽思政课的思想性。第三，坚持以学理讲政治，挖掘思政课的深度。要善于将理论视野从宏观向微观转换，从知其然深入至知其所以然，即不仅明晰理论展现的宏观架构，还要深入研究理论生成的内在机理，切实关注理论发展的严密逻辑，增强思政课的理论建设，夯实课堂的学理性支撑；要对教学内容进行深入的学理阐释，做到真学、真懂、真用、真信马克思主义，以鞭辟入里的学理分析说服学生，以丝丝入扣的分析论证引导学生，以雄浑深厚的真理力量掌握学生，反对空洞说教，反对浮于表面。

争取"有为"是办好思政课的关键。习近平总书记指出："做好高校思想政治工作，要因事而化、因时而进、因势而新。要遵循思想政治工作规律，遵循教书育人规律，遵循学生成长规律，不断提

---

① 习近平：《在纪念马克思诞辰 200 周年大会上的讲话》，《人民日报》2018 年 5 月 5 日。

高工作能力和水平。"①办好思政课，要在坚持"有守"的基础上，科学把握、遵循、运用"三大规律"。思政课教师不但要践行培育时代新人的使命，孕育深沉的家国情怀，而且要坚持教书与育人相统一，言传与身教相统一，还要善于激发学生主体性，勤于研究学生特点，敢于直面学生思想困惑，乐于满足学生成长需求和期待。要在教学中勇于探索，在改进中逐步加强，在守正中积极创新，在创新中日渐提高，使思政课教学掌握主动，争取最好结果，促进思政课有虚有实、有棱有角、有情有义、有滋有味。

3.2.3 以底线思维办好思政课，在教学内容上要守底线、攀高线

底线思维中蕴含着博大精深的辩证法智慧，守住底线是根本，是基础，是前提，但并非最终目的，还要积极主动，发挥主观能动性，找到高线、力攀高线，这是坚持底线思维的核心价值指向。坚持底线思维启迪我们在思政课教学内容中既要抓好马克思主义理论教育、底线教育，守住底线，又要抓好理想信念教育，追求高线，实现超越，做到"守乎其低而得乎其高"。

抓好马克思主义理论教育，教育大学生用马克思主义立场、观点、方法看问题。习近平总书记在学校思政课教师座谈会上强调："办好思政课，就是要开展马克思主义理论教育。"②马克思主义理论教育彰显着社会主义大学的鲜亮底色，折射着办好思政课在教育内容维度的底线。马克思主义理论要入脑入心，内化为大学生日用而不知的精神支柱和价值选择，需要扎扎实实将马克思主义理论教育落实到教学内容中，需要思政课教师夯实理论功底，发掘理论供给，挖掘马克思主义理论的真理性和彻底性，生动活泼地讲好马克思主义理论，以提升马克思主义理论教育的亲和力、洞察力、穿透

---

① 《把思想政治工作贯穿教育教学全过程 开创我国高等教育事业发展新局面》，《人民日报》2016 年 12 月 9 日。

② 习近平：《思政课是落实立德树人根本任务的关键课程》，《求是》2020 年第 17 期。

力。正如习近平总书记所指出的，"理论上清醒，政治上才能坚定"①，思政课教师尤其要坚定马克思主义信仰，亲近马克思主义经典，把读经典、悟原理"当作一种生活习惯、当作一种精神追求"②，从经典中汲取理论滋养，用经典的力量指引思政课教学，以保证思政课"姓马"。

抓好底线教育，引导大学生知敬畏、存戒惧、守底线。底线思维是坚守目标底线和行为底线联动共存的统一体，既要坚守目标底线，设立最低目标，又要坚守行为底线，找寻到行为临界线。习近平总书记指出："面对外部诱惑，要保持定力、严守规矩。"③要在思政课教学中积极开展社会主义核心价值观教育、法治教育，引导大学生自觉遵守最低限度的道德规范，敬畏法纪，增强自律能力，从而在多元的价值选择中坚守成长发展的底线，做到心有所畏、言有所戒、行有所止。在此基础上，要在课堂中有意识强化学生运用底线思维的主体自觉。主体自觉"是一个主动的持续的自我唤醒过程，彰显个体的自主性和独特性"④，要引导学生用底线思维约束自我，省思自身短板，心怀危机意识，谋定后动，未雨绸缪，全方位提升综合素质，以备在未来的竞争洪流中有的放矢，遇事不慌，有备无患，达到"暮色苍茫看劲松，乱云飞渡仍从容"⑤的境界。

抓好理想信念教育，引导大学生树立崇高的理想信念以追求高线。理想信念是精神之钙，理想信念教育是高校思想政治教育的核心，作为主渠道、主阵地的思政课应该当仁不让、责无旁贷地承担起培育大学生理想信念的重任。习近平总书记在纪念五四运动100周年大会上指出："青年的理想信念关乎国家未来。青年理想远

---

① 习近平：《在庆祝中国共产党成立 95 周年大会上的讲话》，《人民日报》2016 年 7 月 2 日。

② 习近平：《在纪念马克思诞辰 200 周年大会上的讲话》，《人民日报》2018 年 5 月 5 日。

③ 《习近平谈治国理政》（第 3 卷），外文出版社 2020 年版，第 337 页。

④ 贺来：《"主体性"观念的反思与意识形态批判》，《马克思主义与现实》2007 年第 3 期。

⑤ 《毛泽东诗词》，人民文学出版社 1963 年版。

大、信念坚定，是一个国家、一个民族无坚不摧的前进动力……新时代中国青年要树立对马克思主义的信仰、对中国特色社会主义的信念、对中华民族伟大复兴中国梦的信心。"①人不是一种"本质先定"的"现成性存在"，而是一种"动态发展"的"生成性存在"。② 理想信念教育为"生成性存在"提供内在动力，引导大学生实现对自身的内在超越，这是追求高线的题中之义，有利于帮助大学生追寻内在的意义感和价值感，丰盈精神世界。办好思政课，要让思政课教师心怀高远的理想信念，追求高线，让传道者先明道、信道，让有信仰之人讲信仰；要利用好课堂讲坛，引导大学生点燃对高远目标的向往，激发其奋进潜力，鼓励其在庸常生活之中超越自我，引领大学生健康成长。

3.2.4 以底线思维办好思政课，在教师队伍上要严守师德底线

办好思政课，关键在教师。在北大师生座谈会上习近平总书记指出："评价教师队伍素质的第一标准应该是师德师风。"③他在这次会议上再次强调"四有好教师"的要求，其中"有道德情操"占据重要位置。在学校思政课教师座谈会上，习近平总书记强调思政课教师要具备"六个要"，其中"自律要严"和"人格要正"赫然位居其中。立德先立师，树人先正己。思政课教师承担着启迪思想、温润心灵、以文化人、以文培元的重要职责，理应以身作则，涵育良好品德。要严格自律，做到"吐辞为经、举足为法"，坚守师德底线，坚持自重、自省、自警、自励，这是全体思政课教师人人应知应做、必知必做的行为底线，是保证立德树人根本任务真正落实的关键之举。

坚守做人底线，以德立身。思政课教师要严于律己，自觉遵守

① 《习近平谈治国理政》(第3卷)，外文出版社2020年版，第334页。

② 岳伟、王坤庆：《生成性存在：当代教育的一种人学探寻》，《华东师范大学学报(教育科学版)》2010年28卷第4期。

③ 习近平：《在北京大学师生座谈会上的讲话》，人民出版社2018年版，第9页。

党纪国法，明大德、守公德、严私德；要以身作则，作风正派，坚持原则，言行雅正；要做到在课上课下和网上网下保持一致性，积极弘扬主旋律，传递正能量，不得损害国家利益和社会公共利益，不得违背社会公序良俗。

坚守学术底线，以德立学。"学术是现代大学的本质和核心价值，是现代大学形成与发展的内在根据。"①思政课教师要具备秉持学术良知的自省、恪守学术规范的自律和反对学术不端的自觉；要坚守学术自由与学术规范相统一，严谨治学，积极维护学术尊严和学者尊严；要对学术持敬畏之心，崇尚精品，力戒浮躁，潜心问道，脚踏实地，实事求是，坚守学术诚信，涵育科学精神，反对学术失范，反对学术腐败，反对功利主义，不得抄袭剽窃他人学术成果，不得滥用学术影响力和学术资源。

坚守教学底线，以德施教。思政课教师要敬畏教学，敬畏课堂，敬畏学生，一丝不苟备好每一堂课，多下苦功，多练真功，深耕教学内容，细磨教学技艺；要严守课堂讲授纪律，坚守政治规矩，把握好其中的度与法；要坚持马克思主义立场、观点、方法，严肃认真、旗帜鲜明地将马克思主义基本原理的理论精华向学生讲清、讲实、讲透，不得在课堂内外有损害党中央权威的言行，不得通过课堂、讲座等渠道发表错误观点和虚假信息。

坚守育人底线，以德育德。习近平总书记强调："思政课教师，要给学生心灵埋下真善美的种子，引导学生扣好人生第一粒扣子。"②思政课教师要在做学生的学问之师的同时，也做学生的品行之师，时刻铭记教书育人的使命，具备甘当人梯的自觉，积极促进自我道德完善。在此基础上，要用良好的道德形象影响学生，用深厚的仁爱情怀感染学生，用强大的人格魅力赢得学生，以心育心，以德育德，促进学生发展道德认知，启发道德养成，规范道德行为，提高道德品质，开展道德实践；要担当起学生锤炼品格的引路

①　陈锡坚：《现代大学发展的学术文化价值取向》，《教育研究》2013 年 34 卷第 8 期。

②　《习近平谈治国理政》(第 3 卷)，外文出版社 2020 年版，第 330 页。

人，成为学生塑造品德的良师益友，引领学生扎实打牢道德根基，明辨是非，恪守正道，追求更有高度、更有品位的人生。

底线思维作为一种积极主动的战略性思维，启迪我们不仅要坚守底线，还要积极追求高线。"止于至善，是中华民族始终不变的人格追求。"①塑造思政课教师师德，不仅需要师德规范的底线要求，还需要具备崇高师德境界的高线追求，实现底线要求与高线追求的有机结合，以使思政课教师成为中华先进思想文化的积极传播者和中国共产党治国理政的坚定支持者，担当起学生健康成长的指导者和引路人。

（作者：韩静文，华中师范大学马克思主义学院）

---

① 《习近平谈治国理政》（第3卷），外文出版社2020年版，第337页。

4 开启全面建设社会主义现代化国家新征程视域下增强高校思政课感染力的路径创新探析

2020年是非同寻常的一年，我们经历了新冠肺炎疫情的大考，经历了国内外复杂局势的磨炼，然而也是我国实现全面小康壮举和达成中国共产党第一个百年奋斗目标的奋进之年，也是擘画新蓝图、奋起全面建设社会主义现代化国家新征程和开启第二个百年奋斗目标新长征的发轫之年，这一年终会令人瞩目地镌刻在中华民族发展史、世界社会主义发展史和人类社会发展史的史册上。

在2020年"十三五"主要目标任务即将全面实现之时，党的十九届五中全会提出了《中共中央关于制定国民经济和社会发展第十四个五年规划和二○三五年远景目标的建议》，开启了全面建设社会主义现代化国家新征程，集中回答了新形势下实现什么样的发展、如何实现发展等重大问题，特别强调"坚持创新在我国现代化建设全局中的核心地位"，"坚持目标导向和问题导向相结合，坚持守正和创新相统一"，① 也为提升高校思政课亲和力的路径创新提供了方向和指针。

高校思政课是落实立德树人根本任务的关键课程。习近平总书记指出，"办好思政课，要放在世界百年未有之大变局，党和国家

---

① 《中共中央关于制定国民经济和社会发展第十四个五年规划和二○三五年远景目标的建议》，《人民日报》2020年11月4日。

事业发展全局来看待，要从坚持和发展中国特色社会主义、建设社会主义现代化强国、实现中华民族伟大复兴的高度来对待"，① 因此，"思政课要向改革创新要活力"，就要做到"无论组合拳怎么打，最终要落到把思政课讲得更有亲和力和感染力、更有针对性和实效性上来"，② 让学生做到内化于心、外化于行。这不仅指出了思政课在一定程度上存在着教学内容不够鲜活、教学思路还需拓展、教学研究力度还应加强、教学效果还要提升等问题，同时也为增强高校思政课感染力点亮了前进的明灯。加强思政课建设，首要之义就是要增强感染力，"让学生真心喜爱、终身受益"③。在开启全面建设社会主义现代化国家新征程中，增强高校思政课感染力就要结合《中共中央关于制定国民经济和社会发展第十四个五年规划和二〇三五年远景目标的建议》制定的奋斗目标，抢抓机遇，围绕立德树人这个中心，以问题为抓手，以落实为根本，在增强思政课感染力的路径创新上精准发力，"努力培养担当民族复兴大任的时代新人，培养德智体美劳全面发展的社会主义建设者和接班人"④。

4.1　开启全面建设社会主义现代化国家新征程让高校思政课明确了新的方向

4.1.1　立足点更新，更强调生"培养担当民族复兴大任的时代新人"之"根"

"解决好培养什么人、怎样培养人、为谁培养人这个根本问

---

① 习近平：《思政课是落实立德树人根本任务的关键课程》，《求是》2020 年第 17 期。
② 习近平：《思政课是落实立德树人根本任务的关键课程》，《求是》2020 年第 17 期。
③ 习近平：《思政课是落实立德树人根本任务的关键课程》，《求是》2020 年第 17 期。
④ 习近平：《思政课是落实立德树人根本任务的关键课程》，《求是》2020 年第 17 期。

题"成为十九届五中全会中国特色社会主义高等教育事业的发展方向，为开启全面建设社会主义现代化国家新征程中我国高等教育的改革创新提供了根本遵循，萌生了"培养担当民族复兴大任的时代新人"之"根"。在开启全面建设社会主义现代化国家新征程中，高校更强调肩负着"努力培养担当民族复兴大任的时代新人，培养德智体美劳全面发展的社会主义建设者和接班人"①的重任。习近平总书记指出，"青年的价值取向决定了未来整个社会的价值取向，而青年又处在价值观形成和确立的时期，抓好这一时期的价值观养成十分重要"②，因此，要"着力培养担当民族复兴大任的时代新人"③，就需要"推动理想信念教育常态化制度化，加强党史、新中国史、改革开放史、社会主义发展史教育"④。因此，"我国的社会主义社会性质、立党立国的根本指导思想，决定了中国大学必然要把马克思主义作为最鲜亮的底色"⑤，高校"就是要开展马克思主义理论教育，用新时代中国特色社会主义思想铸魂育人，引导学生增强中国特色社会主义道路自信、理论自信、制度自信、文化自信，厚植爱国主义情怀，把爱国情、强国志、报国行自觉融入坚持和发展中国特色社会主义、建设社会主义现代化强国、实现中华民族伟大复兴的奋斗之中"⑥。高校思政课是一门可以从根本上实现"努力培养担当民族复兴大任的时代新人，培养德智体美劳全面发展的社

---

① 习近平：《思政课是落实立德树人根本任务的关键课程》，《求是》2020 年第 17 期。

② 习近平：《青年要自觉践行社会主义核心价值观——在北京大学师生座谈会上的讲话》，《人民日报》2014 年 5 月 5 日。

③ 《习近平对全国道德模范表彰活动作出重要指示强调 深化群众性精神文明创建活动 着力培养担当民族复兴大任的时代新人》，《人民日报》2019 年 9 月 6 日。

④ 《中共中央关于制定国民经济和社会发展第十四个五年规划和二〇三五年远景目标的建议》，《人民日报》2020 年 11 月 4 日。

⑤ 陈培永：《永葆中国特色社会主义大学底色》，《中国教育报》2018 年 6 月 6 日。

⑥ 习近平：《思政课是落实立德树人根本任务的关键课程》，《求是》2020 年第 17 期。

会主义建设者和接班人"①的提神振气和凝神聚力的课程。高等教育的责任使命与高校思政课的地位角色要求高校思政课要紧紧围绕立德树人这一中心工作，立足于落实思政课的责任使命与时代责任，立足于"努力培养担当民族复兴大任的时代新人"②，于持续推进中增强与提升，满足大学生成长成熟的需求和期待，为"培养德智体美劳全面发展的社会主义建设者和接班人"实现理论与实践、价值与追求的统一。

4.1.2 着力点更新，更强调发"最终要落到把思政课讲得更有亲和力和感染力、更有针对性和实效性上来"之"芽"

在开启全面建设社会主义现代化国家新征程中，高校思政课如何提质增效？如何增强感染力？习近平总书记给出了明确的回答，更强调发"最终要落到把思政课讲得更有亲和力和感染力、更有针对性和实效性上来"之"芽"，为深入推进和增强高校思政课建设描上了神来之笔，昭示了着力点和切入点。"亲和力和感染力"之"芽"表现的是一种情不自禁的带入感和"春风化雨，点滴入土"的启迪力，是实现思政课课程教育效果的应有之义。高校思政课要落实好"努力培养担当民族复兴大任的时代新人，培养德智体美劳全面发展的社会主义建设者和接班人"③的神圣职责，就必须要做到"用料"新鲜、"调料"独到、"火候"恰到好处，让大学生愿学、能学、会学、善学，从而实现"如沐春风、潜移默化"的教育效果。"针对性和实效性"之"芽"就是立足于问题根本，结合大学生实际，抓紧抓细抓实来开展增强思政课教育质量的常态性工作。针对思政课存在的教学内容还不够鲜活、教学思路还需拓展、教学研究力度

① 习近平：《思政课是落实立德树人根本任务的关键课程》，《求是》2020年第17期。

② 习近平：《思政课是落实立德树人根本任务的关键课程》，《求是》2020年第17期。

③ 习近平：《思政课是落实立德树人根本任务的关键课程》，《求是》2020年第17期。

还应加强、教学效果还要提升等问题，有所侧重地不断增强和提升，全面、充分、有效地让思政课起到铸魂育人、提纲挈领的作用。由此，开启全面建设社会主义现代化国家新征程中，高校思政课更强调发"最终要落到把思政课讲得更有亲和力和感染力、更有针对性和实效性上来"之"芽"。

4.1.3 切入点更新，更强调结"德智体美劳全面发展的社会主义建设者和接班人"之果

在开启全面建设社会主义现代化国家新征程中，更强调结"德智体美劳全面发展的社会主义建设者和接班人"①之果。因此，思政课应做到结深度之"果"，有理有力有节地给学生"压担子"，让学生在有难度和挑战度的学习进程中动起来；应做到结厚度之"果"，有理有力有节地给学生"增挑子"，让学生在有精度和准确度的知识体系中实起来；应做到结广度之"果"，有理有力有节地给学生"找茬子"，让学生在分析问题和解决问题中强起来。按照教育部高教司吴岩司长提出的"两性一度"，即强调高阶性、创新性、挑战度。所谓"高阶性"，就是知识能力素质的有机融合，是要培养学生解决复杂问题的综合能力和高级思维。所谓"创新性"，是课程内容反映前沿性和时代性，教学形式呈现先进性和互动性，学习结果具有探究性和个性化。所谓"挑战度"，是指课程有一定难度，需要跳一跳才能够得着，对老师备课和学生课下有较高要求。②

因此，唯有感染力足才能让高校思政课取得"学生真心喜爱、终身受益"③的成效；唯有感染力强，才能让高校思政课真正用科学理论武装大学生；唯有感染力浓，才能秉承以生为本的理念，解决大学生的思想和实际问题；唯有感染力实，才能让大学

---

① 《中共中央关于制定国民经济和社会发展第十四个五年规划和二〇三五年远景目标的建议》，《人民日报》2020 年 11 月 4 日。

② 吴岩：《建设中国"金课"》，《中国大学教学》2018 年第 12 期。

③ 习近平：《思政课是落实立德树人根本任务的关键课程》，《求是》2020 年第 17 期。

生在社会实践中深化对理论的理解，并让理论指导其认识社会现实问题。

4.2 阻碍高校思政课感染力增强的几个因素

4.2.1 教学内容不够鲜活

高校思政教学内容强调思想性、政治性和理论性。目前其主要问题有两点：一是教学内容理论性有余、鲜活性不足，严重影响了感染力的增强。高校各门思政课不仅各有特色、自成理论体系，同时相互支撑，构筑起全面有序的高校意识形态教育的理论体系、学理逻辑。二是教学内容目标指向未能体现鲜活性。高校思政课应"引导学生增强中国特色社会主义道路自信、理论自信、制度自信、文化自信，厚植爱国主义情怀，把爱国情、强国志、报国行自觉融入坚持和发展中国特色社会主义、建设社会主义现代化强国、实现中华民族伟大复兴的奋斗之中"①。

思政课的内容不仅仅是知识的输入与记忆，更应注重思想与价值的引领，最核心的是让学生具备运用马克思主义理论分析和解决问题的能力和素养。唯有立足于将理论理清理深，借助课程内容的学术特性和理论品位来引导和帮助学生，方能真学善学会学马克思主义的世界观与方法论，全面有效地实现立德树人的根本任务。

思政课教学内容不够鲜活影响其感染力的增强。从针对的对象来看，思政课属于公共必修课程，涵盖的主体是所有专业的大学生，牵涉面广、人数多，学生的理论素养各有差异，爱好也截然不同。"要针对不同学段，根本思想政治理论教育规律和学生成长规律科学设置具体教学目标，抓好教学目标设计、课程设置、教材编写、教学改革、教师培养、考核评价等环节，既不能揠苗助长、操

---

① 习近平：《思政课是落实立德树人根本任务的关键课程》，《求是》2020 年第 17 期。

之过急，又不能刻舟求剑、故步自封。"①要立足于认知规律，人类对事物的认知总是从低层次到高层次、从局部到整体、从具体到抽象，但更多的人倾向吸纳直观、简洁、明了的知识和学问。一般来讲，很多学生会认为思政课教学内容过于抽象、不够鲜活而望而却步、退避三舍，因而学习兴趣不浓、参与积极性不强。思政课若不能实现情理交融、简单易懂，必将会因丧失感染力而失去大学生的追随和向往，效果自然就无法实现。

4.2.2　教学思路不新和研究力度不够

"马克思主义思维方式是马克思主义思考和认识问题的根本方式，是由人本思维、实践思维、批判思维、历史思维、全球思维等一系列相互区别、相互联系的根本思维方法构成的统一整体，集中展现了马克思主义的思维品格和思想高度，是马克思主义最深层、最稳定、最本质、最重要的内容。"②思政课对大学生开展全面有效的马克思主义理论教育，就是要借助好的教学思路将马克思主义理论由外而内地映射到大学生的头脑中，实现入脑入心入神。若强行沿用旧式、压迫式的教学思路，而非创新性、引导性的教学思路，必然违背教育教学规律，会让大学生本能地抗拒和否定。

如今，高校思政课教学思路不新问题依旧存在，生硬、单向输出的教学现象依旧屡见不鲜，这必然会在较大程度上影响思政课感染力的发生发展。《中共中央关于制定国民经济和社会发展第十四个五年规划和二〇三五年远景目标的建议》中特别强调"加强基础研究、注重原始创新"，"激发人才创新活力"，"健全学校家庭社会协同育人机制，提升教师教书育人能力素质"，③ 力争实现高校思政课"用料"新鲜、"调料"独到、"火候"恰到好处。同时，这也

---

① 习近平：《思政课是落实立德树人根本任务的关键课程》，《求是》2020 年第 17 期。

② 肖冬松：《论马克思主义思维方式》，《光明日报》2016 年 11 月 30 日。

③ 《中共中央关于制定国民经济和社会发展第十四个五年规划和二〇三五年远景目标的建议》，《人民日报》2020 年 11 月 4 日。

反映出以往和如今的高校思政课教学思路在一定程度上依旧缺乏开拓进取的现象，同时也为今后高校思政课教学思路明确了努力的方向。增强高校思政课的感染力，教学思路应着眼于借助教学改革加大互动力度，提升学生学习兴趣和投入，以增强其学习的自觉性、针对性和持久性，实现由压迫式的"让我学"发展为主动型的"我要学"。

4.2.3 教学效果不足

高校思政课教学效果还要不断提升与增强，在一定程度上依旧存在着教与学的平衡还不够、教学准备还不足、资源开发还不齐、引导机制还不活等问题，因此，造成大学生的融入感、带入感与参与感呈现出起伏较大的趋势。倘这些问题未能充分得以落实和处理，就会造成学生无法"见招拆招"，无法实现随机应变，无法锻炼分析问题与应对问题的能力，从理论到实践、从局部到整体的把控都会有欠缺。高校思政课要聚焦立德树人，不仅要"授之以鱼"、教授学生"学会"，而且要"授之以渔"、教授学生"会学"。"要采取多种方式综合考核学生对所学内容的理解和实际运用，注重考查学生运用马克思主义立场观点方法分析、解决问题的能力，力求全面、客观反映学生的马克思主义理论素养和思想道德品质。"①这是今后改进完善高校思政课的基本要求。

4.3 开启全面建设社会主义现代化国家新征程视域下增强高校思政课感染力的路径创新

4.3.1 创新思政课的"道"，做到教学内容有深度

教学内容是高校思政课感染力的根本和源泉，我们可以称之为

---

① 《新时代高校思想政治理论课教学工作基本要求》，http：//www. moe. gov. cn/srcsite/A13/moe_772/201804/t20180424_334099. html，2018-4-24。

思政课的"道"。提升高校思政课感染力，从教学内容上入手，应做到：第一，明确思政课教学内容的导向。如今，思政课教学内容应强调时代性、意识形态性和学理性的结合，遵循教学规律，强化教学目标，狠抓教学体系建设，彰显马克思主义理论特性，贴近实际、贴近生活、贴近学生，让学生在思政课教学进程中拥有更多的满足感和幸福感。因此，为提升思政课教学质量，就需要将习近平新时代中国特色社会主义思想融入思政课教学内容之中，把实践中"活的灵魂、活的思想、活的理论"融入思政课教学内容之中，帮助学生明是非、清正误、找对错、区长短，做到虚实结合、棱角分明、情理交融。第二，夯实思政课教学内容的基础。思政课教学内容应夯实基础，注重教学内容与世情、国情、社情、民情深度融合，不断丰富和拓展，形成融时代性、意识形态性、学理性和趣味性于一体的立体化教学内容，全面、生动、切实地展现出马克思主义中国化的最新成果，"以透彻的学理分析回应学生，以彻底的思想理论说服学生，用真理的强大力量引导学生"①。第三，加强思政课教学内容的认同。思政课教学内容加强认同，应选用最能展现出马克思主义中国化最新成果的素材，选取与思政课教学内容认同相关的，教师易用、学生喜欢的多元化模板，寻找与思政课教学内容相关的最具中国道路特色、中国制度特色、中国理论特色和中国文化特色的范例，"用高尚的人格感染学生、赢得学生，用真理的力量感召学生，以深厚的理论功底赢得学生"②。

4.3.2　创新思政课的"术"，做到教学方法有温度

提升高校思政课感染力，应注重"把思政课讲得更有亲和力和感染力、更有针对性和实效性上来，实现知、情、意、行的统一，叫人口服心服"③，因此，就必须创新思政课的"术"，做到思政课

---

①　习近平：《思政课是落实立德树人根本任务的关键课程》，《求是》2020 年第 17 期。

②　习近平：《思政课是落实立德树人根本任务的关键课程》，《求是》2020 年第 17 期。

③　习近平：《思政课是落实立德树人根本任务的关键课程》，《求是》2020 年第 17 期。

教学方法有温度，持续地"讲好中华民族的故事、中国共产党的故事、中华人民共和国的故事、中国特色社会主义的故事、改革开放的故事，特别是要讲好新时代的故事"，让思政课真正实现入脑入心。一是要实现理性与感性教育的统一。思政课"要解决学生理想信念问题。要让有信仰的人讲信仰"①。思政课不仅要让学生主动积极地传承马克思主义理论，尤其是习近平新时代中国特色社会主义思想，而且更应强调用马克思主义中国化的最新成果夯实和厚筑思政课，引领学生愿学能学会学马克思主义理论；同时，思政课也应在马克思主义理论传授的进程中持续融入感性的认识，让学生在感性中深刻体会到马克思主义理论的活力和魔力，推动感性认识，吹响思政课的协奏曲。二是要实现显性与隐性教育的统一。"思政课是落实立德树人根本任务的关键课程，思政课作用不可替代"②，因此，必须实现显性与隐性教育的统一，涵盖范围从硬核显性的人文教育和理性疏导到柔婉隐性的氛围营造和心灵抚慰。思政课教育教学中，应打造显性的教育场境，讲究轻重适度、泾渭分明，理清聚焦点、找准关注点。教师应有序、有效、耐心、周到地规划好教学进程，让教学内容扎实、层次分明、有条有理。并且，紧扣教学目标，狠抓教学中心环节，让学生深入思考相关问题，形成学科的思维方式，借助科学的方法观察、剖析和落实路径，激发学生的参与积极性，让学生勤思善思、能思会思。同时，教师可以让学生来讲自己的切身体会，用润物细无声的隐性方式将思政课 DNA 植入学生的心间脑中，化枯燥、抽象的授课为生动、具体的讲述，让学生从中受到教益。三是要实现课内与课外教育的统一。"把思政小课堂同社会大课堂结合起来"③。坚守思政课课堂主阵地有助于提升高校思政课的感染力，实现学生的幸福感和愉悦感。因此，思政

---

① 习近平：《思政课是落实立德树人根本任务的关键课程》，《求是》2020 年第 17 期。

② 习近平：《思政课是落实立德树人根本任务的关键课程》，《求是》2020 年第 17 期。

③ 习近平：《思政课是落实立德树人根本任务的关键课程》，《求是》2020 年第 17 期。

课应从创新课堂教学内容和教授方法着手展开思考。在课堂教学上，应注重课堂教学怎样谋划、课堂聚焦点怎样入手、课堂政治方向怎样导入、课堂教学方法怎样取得实效、理论与实践怎样实现统一、师生怎样实现无障碍沟通、学生怎样认可和接纳等，要求思政课教师从学生的情感、阅历和客观实际出发做全面梳理、精心规划，让学生真正做到"真学、真懂、真信、真用"。在课外教学上，应注重将优秀传统文化、革命文化和社会主义先进文化融入教学中，构筑起思想融通的"动力源"，让学生沉浸在文化的海洋之中，以提升高校思政课的感染力。

4.3.3 创新思政课的"效"，做到师资队伍建设有力度

习近平总书记指出："办好思想政治理论课关键在教师，关键在发挥教师的积极性、主动性、创造性。"[1]因此，提升高校思政课感染力需要创新思政课的"效"，做到师资队伍建设有力度。一是思政课教师队伍要真信马克思主义，准确把握好质量与数量的关系。"要配齐建强思政课专职教师队伍"[2]，打造一支"政治要强、情怀要深、思维要新、视野要广、自律要严、人格要正"[3]的思政课教师队伍。教育部印发的《普通高等学校思想政治理论课教师队伍培养规划（2019—2023 年）》中指出："努力培养造就数十名国内有广泛影响的思政课名师大家、数百名思政课教学领军人才、数万名思政课教学骨干，推动全国高校思政课教师队伍更平衡更充分发展。"一方面，促进思政课教师队伍的质量建设，必须始终同以习近平同志为核心的党中央保持高度一致，从理论素养、教授能力、教学水平方面夯实思政课教师的马克思主义理论基础。另一方面，促进思政课教师队伍的数量提升，按照国家要求抓准建强教师队

---

① 习近平：《思政课是落实立德树人根本任务的关键课程》，《求是》2020 年第 17 期。

② 习近平：《思政课是落实立德树人根本任务的关键课程》，《求是》2020 年第 17 期。

③ 习近平：《思政课是落实立德树人根本任务的关键课程》，《求是》2020 年第 17 期。

伍，满足教学科研的人才需求。二是思政课教师队伍要真持马克思主义，准确把握好笃学与探求的关系。思政课教师应时刻秉持以一名马克思主义政治家、理论家和教育家的理想信念来引领毕生的学与研，将其作为理想信念坚持的方向和目标；要静气凝神读原著、学原文、悟原理，在笃学勤思、触类旁通、知行合一上下大力气；要始终不渝地践行终身学习的理念，深刻把握马克思主义中国化的最新成果；要将思政课教学实践与习近平新时代中国特色社会主义思想理论紧密结合，正确处理好笃学与探求的关系，以笃学促探求，以探求促笃学。三是思政课教师队伍要真通马克思主义，准确把握好教书与育人的关系。思政课教师要学懂弄通做实马克思主义，善于运用科学的理论和先进的思想正确应对、处理和解决问题；要以厚基础、宽口径、多样化为根本，深刻遵循、理解和把握思想政治教育教学规律和育人成才的规律，持续提升教书与育人的本领和才干；要始终坚定政治站位，强化正确的政治导向，实现教书与育人的深度融合，不但能教授给学生科学的理论和先进的思想，而且要让学生在学深悟透上持续发力，构建良性的世界观、人生观和价值观。

（作者：刘建锋，四川外国语大学马克思主义学院副教授）

5　精准思政：提升大学生思政课获得感的新理念与新路径

　　放眼过去与立足当下，精准思维早已渗透到我们党各项深化改革和社会治理工作的方方面面。将精准思维与高校思想政治教育相融合所形成的"精准思政"新理念，不仅是我们党思想政治教育工作一以贯之的办事风格，更是新时代背景下各高校思想政治教育改革创新的必然要求。在精准思政理念的指导下，有规律性、针对性、时代性地把握思想政治理论课课堂教学，有助于进一步提升高校大学生思政课获得感。思政课获得感作为思政课教学改革的主要目标，不仅是检验思政课程质量和水平的试金石，更是保持思政课实效性和可持续性的核心要义。因此，如何在认识层面将精准思政理念理解透彻，如何抵御新时代全媒体快速发展给大学生思政课获得感带来的种种挑战，如何在思政课课堂教学中融入精准思政新理念，将是当前高校思政课改革创新、提升大学生思政课获得感的重要课题，同时也为思想政治教育的创新与发展提供了研究新视角。

5.1　精准思政的深刻意蕴

　　精准思政是"精准思维"和"思想政治教育"的融合名词。党的十八大以来，精准思维成为我们党治国理政的鲜明特征和做好各项工作的有效思维方法。精准思维得以成立，在于其深厚的马克思主义哲学基础。"精准"二字实质指的就是具体情况、具体分析，有针对性地、有目的性地高效率分析问题、解决问题，以此提高事物发展的实效性。一般来讲，精准思政是精准思维在高校思想政治教育的具体运用。所谓精准思政，是指在结合时代背景的前提下把握思想政治教育规律，针对学生群体及独立个体在思想政治教育过程中出现的思想、心理、学习上的具体现实问题加以全方位、全过程、全领域的精准识别、分析、追踪和解决，从而有效实施思想政治教育的过程。精准思政这一新理念，为高校思政课改革创新指明了新方向，将"精准思维"落实到思政课课堂教学中，将会大大提升大学生思政课获得感和实效性。

把握规律性是精准思政的前提。列宁指出："规律就是关系。……本质的关系或本质之间的关系。"①思想政治教育的规律，就是指思想政治教育系统中各要素之间的本质联系。把握好其中规律，认识透其中本质，才能聚焦到某一点上，精准发力，有效地推进思政工作的效率。习近平总书记在全国高校思想政治工作会议上指出，做好高校思想政治工作，必须遵循"三大规律"，即遵循思想政治工作规律、遵循教书育人规律、遵循学生成长规律，不断提高工作能力和水平。这是新时代高校增强思想政治工作实效性的根本遵循。在思政课课堂教学中，把握好思想政治教育和学生成长发展的规律性，有助于更好地发挥思政课"立德树人"的课程优势，从而精准地把握学生获得感不足之处及其原因，对症"教学"，对人"教学"。精准思政之"准"就在于把握思想政治教育的规律性，以最快、最有效的思想政治教育方式方法解决问题，在把握规律中提升大学生思政课获得感和增强思政课实效性。

把握针对性是精准思政的立足点。习近平总书记在学校思想政治理论课教师座谈会上强调，要推动思想政治理论课改革创新，"增强思政课的思想性、理论性和亲和力、针对性"②，其中，针对性是提高思政课教学质量的重点，也是难点，为高校思政课的改革

① 《列宁全集》（第38卷），人民出版社1959年版，第161页。
② 习近平：《思政课是落实立德树人根本任务的关键课程》，《求是》2020年第17期。

创新指明了新方向，有利于提升大学生思政课获得感。目前大学生思政课获得感还不够强的一个重要原因，就是思政课课堂教学过程中教师和学生的双向互动性不强。这种互动性被"大班教学""教师所讲与学生所需未同步匹配"等因素所割裂，进而使得学生真正的思想"问题"没有被触及，思想"疙瘩"没有被解开。在日常的思想政治教育过程及课堂教学中，要有针对性地从各高校思政教学的需要和实际出发，分层次地实现全方位的教学效果。精准思政之"准"就在于始终以针对性为立足点，这不仅仅是思政课面对事物发展变化的新态度，更是思政课教学的新目的、新的落脚点。

把握时代性是精准思政的现实要求。中国特色社会主义进入了新时代，这是我国新的历史方位。以全程、全息、全员、全效为鲜明特征的全媒体时代的到来，更是时代发展的深深印记。全媒体作为高校思政课的重要依托平台，应当好好把握和利用。当前，我国日益走向世界舞台中央，国际话语权也有效提升。但同时，各种大数据、信息技术等数字手段的出现引发出一系列的道德、政治等方面的不和谐，与我国主流价值观不符甚至背道而驰的错误价值观和多元思潮正大肆蔓延至国内，在一定程度上影响我国主流价值观的传播和引导。再者，新时代的到来，也加快了我国社会矛盾的变化，人们的需要不仅仅满足于吃饱穿暖，更是注重一种有品质的美好生活，而这种美好生活的追求又呈现出多样化、个性化的特征。从社会到思政课堂、从思政课堂到社会，需要思政课教师以敏锐的时代"嗅觉"加以引导，使得思政课打破陈规，跟上时代的发展步伐，以新面貌、新变化促进思政课的新发展，让学生真真正正地感受到思政课的时代感，从而以一种主动的姿态学习思想政治理论知识。精准思政之"准"就在于对时代的深刻把握，并善于将思政课融入时代变化发展的潮流中，赋予思政课新的时代使命和时代活力，为提升大学生思政课获得感提供充足的时代条件。

规律性、针对性、时代性包含于精准思政的深刻意蕴中，三者内在联动的协调性有利于为提升大学生思政课获得感提供新的价值方向。① 把握好规律性和时代性是思政课有针对性地开展课堂教学的重要前提，把握好针对性是对思政规律和新时代背景下思政课出现的新问题、新变化的准确把握和有效解答。在深刻把握精准思政规律性、针对性和时代性的基础上，将精准思维与思政课相融合，使得大学生在思政课上真正地有所获、有所得、有所感的同时，也更加需要注重新时代背景下高校大学生思政课获得感面临的现实挑战。

5.2 当前高校大学生思政课获得感面临的现实挑战

5.2.1 全媒体时代的不断发展使传统思政课堂话语导向受到影响

以全程、全息、全员、全效为鲜明特征的全媒体时代的出现和不断发展，在给思政课拓宽教学渠道和丰富教学资源的同时，也使思政课教学目标及话语价值导向受到不同程度的影响。当代大学生被称作"互联网原住民"，其生活、工作和学习都在网络环境下。全媒体时代背景下的社会发展日新月异，使得大部分学生常常依赖于网络媒体。据中国互联网网络信息中心（CNNIC）2020 年 9 月发布的《第 46 次中国互联网络发展状况统计报告》：截至 2020 年 6 月，我国网民规模达到 9.40 亿，互联网普及率达 67.0%。其中，20~29 岁网民群体占网民整体比例为 19.9%，各类学生的占比达 23.7%，而受过大专、本科及以上教育的网民群体占比为 18.8%。② 这足以证明大学生群体正处于网络潮流中。全媒体时代

---

① 李辉、孙晓晖：《精准思政：必要与可行》，《思想教育研究》2020 年第 6 期。

② 中国互联网络信息中心：《第 46 次中国互联网络发展状况统计报告》，http://www.cnnic.net.cn，2020 年 9 月 29 日。

背景下的多元社会思潮，因网络媒介的传播而影响广泛，诸如拜金主义、利己主义及历史虚无主义等，让大学生群体应接不暇，难以辨别。再加上大学生群体大多未步入社会，社会阅历较少，且缺乏一定的媒介素养，可能会在网络上出现盲从现象，从而发出一些不恰当的言论。再者，在传统媒体时代，思政课教师在课堂教学的过程中具有较为突出和重要的主动权和主导权，其思政课堂所传播的意识形态及思想政治理论知识都能很好地传递给学生，使学生有较强的获得感。反观如今的全媒体时代，大学生群体大多可以自主通过多媒体等途径获取信息，选择性地了解自己所想要的知识，不用也不再需要全方位地依靠教师的课堂教学获取知识。长此以往，思政课教师的主导作用、课堂教学的主渠道便会受到影响，致使思政课堂的话语导向价值不足。

5.2.2 当代大学生的个性化需求强烈与"信息茧房"的主观认知制约

当代大学生的生活方式、成长环境、思维特点和行为表现等不断呈现出新特征和新变化。追求个性的自我意识、时尚化潮流和多元化的价值取向使得部分大学生群体表示目前思政课所传授的思想政治理论知识不足以满足自身需求，可能会出现主观认知上的局限性。同时，高校思政课的教学知识与中学思政课框架内容的相似性，使得部分学生对所学知识缺乏兴趣。再加上现实社会中一些与思政理论背道而驰的社会现象会在一定程度上蒙蔽部分学生群体的双眼，从而导致学生不信思政理论知识，甚至会出现抵抗心理，从而不易产生较强的获得感。网络世界的丰富多彩在给学生提供丰富了教学资源和拓宽了学习方式的同时，也会对部分大学生的价值观教育造成一定影响，从而使其受困于"信息茧房"。虚拟的网络世界中，每一次的网页浏览、搜索都会在网络上留下痕迹，在大数据等技术的作用下，以个人为单位对每位用户进行精确的图像"描绘"，并在用户此后的浏览过程中根据其喜好的信息形成"信息茧房"，将其推送给每一位用户，从而将用户的视角限制在一小块狭隘的空间，阻碍了用户的认知和思维发展。在这种网络环境下，由于部分大学生群体的思想不够成熟、个性较为活跃，长期信息的单一性和狭窄性可能会使得某些大学生出现主观认知上的局限，认为思政理论课是一种"假、大、空"的说教，脱离了社会实际，对他们没有多大用处；也会导致部分大学生极易受到多元化价值取向的影响，不能形成正确的价值判断和价值选择，以至于会迷失在自己的主观世界里无法自拔。

5.3 "精准思政"理念下高校大学生思政课获得感的提升路径

"精准思政"的开展并非是对传统思想政治教育或整体思维的忽视，而是依据精准思维的指导，在传统思想政治教育的基础上寻求规律、探索方法，从而以"精准性"视角对传统思想政治教育加以完善和提升。通过现象看本质，大学生思政课获得感不强，大多在于思政课的规律性把握不当、针对性有所缺乏、时代性不强等原因。因此，将精准思维融入思政课课堂中，必须得从精准把握思政规律、精准定位教学目标、精准讲授教学内容及精准探索教学方法这四个层面提升大学生思政课获得感，将思想政治教育的改革创新落到实处。

5.3.1 精准把握思政规律，满足学生成长需求和发展期待

把握好思政规律，关键就是要正确审视学生思想变化，不断总结学生成长规律，从而有针对性地满足学生成长需求和发展期待。全媒体时代的出现和不断推进使得思政课教师对新时代下的学生群体在思想、情感、心理上的了解存在部分盲区。因此，必须要精准把握好思政规律，充分了解学生的心理特点及情感变化，才能在课堂教学中因材施教，具体到每一个学生进行针对性教学。一方面，要善于利用大数据等信息手段了解学生特征和问题。思政课教师要树立大数据思维，不局限于传统课堂教学的惯性思维和教育定势，并善于依托信息技术对每一个教育个体的特征及问题进行把握分

析，实现教育个体的"独立性"，从而有针对性地对各个教育个体进行有效施教，激发学生学习兴趣和主动性，进一步提升学生思政课获得感。另一方面，思政课教师需积极转变教学观念、育人理念，努力适应全媒体的发展潮流，主动融入学生的全媒体"圈子"，感受全媒体时代下学生情感、心理等各方面的变化，针对出现的不良情况，应及时采取相应的对策对学生进行正确的价值引导，并在育人过程中不断总结提练新时代思政课"专属"的教育教学新规律、新理路，全员、全过程、全方位地为大学生成长成才提供思想引领，夯实理论基础。综上所述，精准思政要求在掌握和探索思政新规律过程中为学生思想政治问题"把脉"，在结合学生特征的基础上制定与学生期望一致的课堂教学。只有这样，才能实现学生思政课获得感最大化，从而增强其认同感和参与积极性，推动思政课教学的改革创新。

5.3.2 精准定位教学目标，坚定政治方向，全方位强化思想引领

习近平总书记在学校思想政治理论课教师座谈会的讲话中谈道，思想政治理论课是落实立德树人根本任务的关键课程，是加强社会主义核心价值观教育的核心课程，从意识形态建设战略高度突出强调了思政课的重要意义。思政课作为一门以马克思主义为指导，始终坚持社会主义办学方向的理论课程，具有重要的思想价值和导向作用，应当将立德树人的根本任务贯穿于整个思政课堂，在精准定位教学目标的过程中提升大学生思政课获得感。

要坚持政治性和学理性相统一。相比于其他课程，思政课是一门具有鲜明政治属性的课程，是传播国家大政方针、意识形态的主渠道。要想提升大学生思政课获得感，就要从意识形态出发，提升大学生思政课的政治认同和政治情怀。因此，思政课必须要坚持以政治性为灵魂，以科学的政治理论进行课堂教学；在思政课堂上，要通过增强理论的解释力、说服力，着力用真理的强大力量引导学生，让学生在加强学理性探索中更科学、自觉地坚持马克思主义、社会主义的政治立场、政治观点和政治方向，收获满满的精神

食粮。

要坚持价值性与知识性相统一。思政课的教学目的不仅仅在于政治理论的传授，更在于价值理念和思想观念的传播，是指引学生"把小我融入大我"的特殊课程。相比于其他课程，思政课所传授的知识更具有价值性和知识性，是传播国家大政方针、意识形态的主渠道。因此，在思政课课堂教学中，要确定好每一门课和每一堂课的具体目标，注重将更多的思政元素融入课堂教学中；要及时将党中央最新的大政方针、讲话精神融入课堂教学目标中，以"显性"和"隐性"的教学方式传递给大学生；要在知识传授过程中以透彻的学理分析和思想理论回应学生，为学生释疑解惑，帮助学生在事实判断的过程中学会价值判断，学会正确的价值选择，从而树立科学的世界观、人生观、价值观。

5.3.3 精准讲授教学内容，推动思政课教学与时代同频共振

大学生思政课获得感由"获得"和"感"两部分组成。其中，大学生只有在思政课堂上有所获，且是实实在在地得到，才能有所感，才能有发自内心、真真切切的感悟。大学生思政课获得感不强的很大一部分原因，在于教学内容缺乏针对性、真实性和时代性，教学内容的精确制定在很大程度上决定了学生对思政课的学习兴趣和主动性。

首先，要加强教学内容的针对性。具体情况具体分析，思政课教学内容也需要加强其针对性。有针对性，事半功倍；反之，则事倍功半，甚至毫无成效。"精准思维"指导下的思政课必须要对着解决学生思想困惑、思想问题而开展具有针对性的教学。因此，精准思政要求思政课教学内容一定要有"学生气"。在教材内容的编写上应当注意文字要简洁、朴素，要以学生读得懂、读得清、读得会的标准编写教材；教材内容的设计上可采用图文结合的方式，利用插图、漫画等趣味素材增加趣味性；在教学内容的讲解上，要善于从"大水漫灌"向"精准滴灌"转变，选准重点内容进行讲解，要注意避免全面的"理论灌输"，否则会在一定程度上影响学生学习

的主动性和积极性。基于思政教育规律及人才成长规律下精准制定和讲授具体的教学内容,不仅能逐步激发学生内在的受教育动力,长此以往,还将会帮助学生掌握扎实的思政理论知识,进而让其产生较强的获得感。

其次,要加强教学内容的真实性。教学内容的真实性是相对于思想政治教学内容理论性、抽象性而言的,旨在以精准制定、讲授更贴合学生群体生活实际、学生思想发展的教学内容,激发学生的学习兴趣,让学生感受到有真情实感的思政课堂,收获实实在在的理论知识。因此,在思政课教学过程中,教师的教学内容一定要有"生活气",要善于从生活的角度思考问题,积极地将生活中鲜活的素材融入教学内容,以生动、真实的生活案例将课程中难以理解的重难点知识以一种生活化的方式进行讲解,从而有助于学生对知识点的理解,进而在思想上加强对思政课的认同感。

最后,要加强教学内容的时代性。中国特色社会主义进入新时代,这是我国高校思想政治教育的深刻时代背景。思政课作为一门紧跟时代潮流、反映时代变化的课程,应当注重教学内容的时代性。第一,思政课教师要立足于新时代,正确认识、深刻理解培养担当民族复兴大任的时代新人的重要意义,将立德树人的总要求细化到每门思政课、每堂思政课的具体教学目标中,从而解决好培养什么人、怎样培养人、为谁培养人的根本问题,履行好铸魂育人的神圣使命。第二,在教材内容的编写上,要将最新的讲话精神和思想理论融入教材,且在教学内容的讲解中,要将课本上的内容置于整个时代背景下讲解,借用时政热点进行案例分析,增强学生对理论的领会和感悟;第三,要善于与社会、学校实际相结合,挖掘区域内实践发展的特色内容,从而内化为新的思政课教学方案和提炼出新的理论思想,进而丰富教材内容,拓宽学生的知识面。

5.3.4 精准实施教学方法,实现思政课师生之间的双向互动

"教学手段是在教学过程中,教师和学生为实现教学目的、完

成教学任务而采取的教与学相互作用的活动方式。"①全媒体时代的到来，依托于互联网、多媒体等信息技术的发展与应用，极大地改变了信息的传播方式，拓宽了信息的获取渠道，电脑和手机等便携式的学习载体成为学生群体获取知识、了解未来的重要方式。在思政课课堂教学中，教学方式的运用是否恰当、灵活，很大程度上决定着大学生获得感的多少。因此，新时代背景下思政课教学的改革创新，必须以提升大学生思政课获得感为基本出发点，依托于全媒体这一主要平台，积极转变思政课教学观念和精准实施教学方法，努力跟随全媒体时代发展脚步，争做新时代"全媒体"思政课教师。首先，思政课教师需善于结合全媒体展开教育教学，利用大数据、人工智能、云计算等新兴技术，按照不同划分标准(比如学科专业、教学班级等)统计，结合学生特点进行分众化的思政教育，有针对性地制定教学方案，并能利用分组讨论、时政热点和知识竞赛的方式将课程知识转化为学生能真正参与的实践活动。例如对日语专业的学生要侧重于中日关系的讲解，对英语专业的学生要侧重于中美关系的讲解，以一种分化式的教学方法有效地提升大学生思政课获得感。其次，在思政课堂上，思政课教师教学要注重将全媒体舆论传播规律和思政课课程特点相融合，进一步创新教学方式方法，善于把抽象枯燥的理论术语转化成形象生动、深入浅出的大众化语言；把空洞的说教融进学生喜闻乐见的视频、文字作品、影片及实证新闻中去，让主流价值如同空气般浸透生活又润物无声，这样不仅能增强思政课的教学效果，激发学生的学习兴趣和主动性，对于改变思政课教师一贯的严肃形象，增强其个人魅力也具有重要的作用。最后，思政课教师除了在课堂中的教学方法要精准，更需实现课上课下的合理联动，增强师生之间的双向互动。思政课教师要善于利用 QQ 群、微信群和该班学生取得持续联系，可以在群聊里共享一些与该课程相关的知识内容，将本章内容的重难点梳理后分享给同学们进行课后的知识巩固；思政课教师可以透过屏幕，以

① 冯建军：《现代教育学基础》，南京师范大学出版社 2007 年版，第224 页。

平等的身份、具有亲和力的文字语言进行"虚拟教学"，为同学们难以理解的课程重难点知识答疑解惑。但同时，无论是思政课教师自身，还是学生群体，都需要提升网络媒介素养，在网络环境中不"失语""迟语"和"乱语"。由此，思政课课堂教学和线下联系能实现教学手段上与学生的无缝对接，增强师生之间的有效互动，教师在潜移默化地影响着学生对思政课程的认知的同时，更能提升其内在获得感，从而促进"精准思政"的价值实现。

（作者：王毅，成都理工大学马克思主义学院2019级硕士研究生；陈淑丽，成都理工大学马克思主义学院副教授）

6　对话式教学：高校思想政治理论课教学的新思路

习近平总书记在主持召开学校思想政治理论课教师座谈会上指出，"思想政治理论课是落实立德树人根本任务的关键课程"①。高校思想政治理论课（以下简称"思政课"）作为培养大学生世界观、价值观、人生观的主战场，如何对其进行有效的改革，以增强思政课的思想性、理论性和亲和力、针对性，在现阶段尤为重要。而对话式教学作为思政课教学的一种创新模式，不仅有着深厚的理论基础，还使深刻的理论教学与学生思想实际、行为实践更为紧密地联系在一起，以"对话"为主导，真正实现"思政课课程教学的入脑入心"。②

6.1　对话式教学的理论基础

作为一种教育教学模式，对话式教学有着深厚的理论基础。③保罗·弗莱雷提出的"对话式"教学理论为开展思政课的对话式教

---

① 《用新时代中国特色社会主义思想铸魂育人 贯彻党的教育方针落实立德树人根本任务》，《人民日报》2019 年 3 月 19 日。

② 杨林香：《思想政治理论课对话式教学改革探索》，《思想教育研究》2014 年第 11 期。

③ 郭现军：《对话式教学在高校思想政治理论课教学中的应用——基于和谐德育的视角》，《教育探索》2013 年第 9 期。

学提供了有力的理论基础，皮亚杰提出的建构主义学习理论以及布鲁纳提出的认知发现学习理论均为对话式教学提供了强有力的理论支撑。

6.1.1 对话教育理论

保罗·弗莱雷将传统教育概括为"储蓄式教育"，并主张向"解放的教育"进行转变，并提出解放人性的"对话式"教学。弗莱雷认为，教育应具有对话性，因为人是社会性的动物，人都是通过与别人的对话来认识这个世界，进而对世界产生批判性的认知。假若没有了对话，就没有了交流，没有了交流，也就不会有真正的教育。进行对话式教学时，教师需要进行"爱的倾注、保持谦逊的态度、对学生产生信任以及带有批判性思维"，[①] 这些使得师生双方能共同处在一个对话关系中。弗莱雷的教学理念为思政课教师开展对话式课堂教学提供了行为标准，师生或针对某些理论政策，或针对现实问题，在对话的基础上共同学习、反思、行动，为学生树立正确的世界观、价值观、人生观，并引导学生成为一名德才兼备、能堪当时代大任的社会主义接班人。

6.1.2 建构主义学习理论

皮亚杰建构主义学习理论认为，学习是学生发挥主观能动性，去构建属于自己的知识经验的过程，教师要为学生创设条件，对学生进行指导与帮助，促进学生自身建构意义以及拥有解决问题的能力。建构主义学习理论既强调学生的主体性，又强调教师的主导性。在进行对话式思政课教学时，教师要时刻观照学生的主体地位，知识并不是被动获取的，而是在教师的指导下，通过对话，让学生发现自身存在的不足并发挥主观能动性去构建知识意义，最终能自觉地把马克思主义当作理论武器和行动指南，让学生真正做到"知马、信马、懂马、用马"。

---

① [巴西]保罗·弗莱雷：《被压迫者教育学》，顾建欣等译，华东师范大学出版社 2001 年版，第 1~41 页。

6.1.3　发现学习理论

当代著名心理学家布鲁纳提出认知—发现学习理论。他认为，学习是一种对知识探索的过程，而不是行为的结果。课堂教学的重点应放在学生获得知识的内部认知过程以及教师如何组织课堂以促进学生"发现"知识的问题上。在此理论指导下，教师在进行对话式思政课教学时，应首先确定课程内容的对话主题，其中应包括对时事政治、社会现象等敏锐而又关键的问题的探讨，然后应与学生一起参与到对此主题的讨论过程中，学生在已有认知水平上进行探讨，教师引导学生层层递进，在课堂上不仅能收获新的知识点，同时对时事政治、社会现象等现实问题能获得更深刻的认知。在整个对话式教学过程中，让学生实现在学习中发现，在发现中学习，使学生思想不断深化，整体水平不断提高。

6.2　对话式思政课教学的现实困境

在新课程改革背景下，"对话式"教学已然成为一种思政课改革的新途径。对话教学因其理念的深刻性与形式的进步性而广受认可，但在具体的教学实践中，仍存在着一些现实问题亟待解决。笔者发现，当前思政课教师在实施"对话式"教学时，"程式化""虚假化""标准化"等状况频出，"阻碍着思政课堂真正对话的开展，也影响着思政课堂的有效性"。①

6.2.1　预设课堂流程的"程式化"教学

在当前"对话式"思政课课堂中，教师的课堂行为确实发生了一定转变，虽然并不是以往采取的独角戏形式，但依然完全控制着课堂，教师由以往的"自说自话"转变为当下的"自圆其说"。虽然在课堂上设置有小组探究学习，学生会针对教师在课堂上提出的某

---

① 张莉莉：《"对话式"德育课堂的问题反思与合理改进》，《教育理论与实践》2018 年第 34 期。

一议题进行研讨，但大部分活动是教师已经定好规则、预设好流程走向的，让学生按照流程"走一遍"，使"对话式"思政课教学面临"程式化"的困境。

产生此类问题的原因大致分为以下两点。其一，中国几千年来的教育文化传统使得教师的权威地位一直被认可并被推崇。近几十年以来，我国虽然一次又一次地推进教育模式的改革，但长期的教育观念和教学行为习惯经过沉淀而形成的心理和行为，并不是仅上几堂思政课就能解决的。而以考试为取向的教学考核也为教师主导教育过程提供着现实导向。其二，"对话式"思政课教学极为考验教师的综合能力。在思政课教学中，常常需要贯通多个学科，比如地理、历史、心理等多个领域，这要求着教师拥有庞杂的知识储备。而由于一些教师对相关学科领域涉猎较少，对课堂上能否自如应答学生提出的问题而产生自我怀疑，生怕暴露本身的不足，因此，产生了"程式化"的思政课教学。此种教学方式严格按照预设的流程，以至于不敢也不能从对话和互动中捕捉到有效信息。由此，进行预设流程的"程式化"教学，并不能发挥"对话式"思政课的作用。

6.2.2 课堂知识传授的"虚假化"教学

与"讲授式""灌输式"思政课教学相比，"对话式"思政课教学已然具有了较大的进步，但在教学过程中，教师却将其逐渐弱化为封闭的单向交流，不知不觉间已窄化为"问答式"教学。在此过程中，教师根据思政课教材或者相关知识点提出一个接一个的问题，也许会出现学生踊跃作答的场景，学生会出现一种积极应答的现象。这种行为指向的情感活动虽是主动的，但最终指向教师，而非学生本身。在这种窄化了的"对话式"教学中，问答已成为常态。学生确实会存在一定程度的参与，但是这种由教师主动提出问题、学生只能被动回答问题的现象，并未构成平等的对话式参与。在这种"虚假化"的对话课堂中，学生只能成为被动的接受者。

"对话式"思政课教学的一个显著特征是课堂中"自我"与"他人"的特殊关系，这种特殊关系是"自我与他人"之间发自内在的精神与心灵世界的联系，需要双方的理解与热情。而当前存在的这种被"虚假化"的"对话式"教学，毋庸置疑已经忽略了这种特殊关系，最后在课堂教学中仍呈现出教师是教师、学生是学生的现象，并未发挥学生的主体性，以至于产生这种只注重课堂知识传授的"虚假化"的"对话式"思政课教学。

6.2.3 漠视学生差异的"标准化"教学

当前思政课堂中，有时会出现一种冷场现象，即教师预设的对话无法引起学生共鸣甚至学生不清楚教师在讲什么，最终教师只能自说自话，变为"讲授式"教学。这是由于教师采用自己的一套标准，忽略了学生主体的差异以及认知水平，更甚者在课堂上讲授的知识过于晦涩，太难太深，远远超出了学生的认知水平。而初入大学校园的学生还未从单纯的高中生活中转化过来，并不能从"大思政"的角度来理解以及解释他们所遇到的问题，也无法使自己全身心进入一个完全的知识世界，从而出现一种迷茫的状态。思政课要为学生"立德树人"提供关键遵循，但长此以往，漠视学生差异，以学生沉默的方式进行思政课教学，又该如何使学生"立德树人"？

从"对话式"教学的理论基础来看，无论是发现学习主义理论还是建构主义理论，都重点表明在学习过程中要发挥学生的主体性，并强调自身经验的重要作用。对话应该去关注学生的体验与认知，在此基础上引导学生形成自己的认识与看法。在对话过程中，需要形成师生、生生之间良好的互动，进行思想的碰撞，使学生产生新的体验和认知。形成有效的对话教学，需要提前了解学生的想法，而非处处以教师为标准，忽略学生的认知，以造成"对话式"思政课堂的"标准化"教学。

6.3 对话式思政课教学的实践路径

为破解对话式思政课教学的"程式化""虚假化""标准化"等现实问题，特提出从课前、课中、课后开展全方位、多层次，以学生为主体，改善评价方式的"对话式"思政课教学。

6.3.1 课前：集体攻关，全方位、多层次开展对话

仅靠课堂远远不足以增强对话教学的深度、广度，同时需要在课前通过多渠道深入了解学生。有效的"对话"不仅局限于课堂教学之中，亦需将对话的对象扩展到学生、思政课教师、辅导员，以在全方位、多层次开展完整的对话。

建立完整的对话，首先应形成思政课教师与辅导员、学生紧密联系的联合对话形式。这要求思政课教师要从学生的根本需求出发，在整体课程开始前，思政课教师需及时与辅导员沟通，因为辅导员是学生的知心人与引路人，能及时了解学生更真切、更具体的现实情况。思政课教师应与辅导员紧密联系，了解学生的民族、省份等基本信息，并对学生的思想状况进行调查，以明确学生在课前的真实想法，在此基础上建立持续稳定的思想动态调查机制，随时掌握学生的思想行为动态及个人需求。同时建立期中期末反馈评价机制，与学生直接沟通，在课程的关键时期把握学生在各方面的发展变化，与辅导员一同尽可能地对每一位学生进行人文关怀，从学生的根本需要出发，及时调整课堂内容，以增强思政课的亲和力和针对性。

其次应形成思政课教学团队，集体攻关，全方位把握教学内容的深度与广度，充分把握对话的内容、形式、对象，增强思政课的思想性与理论性。"对话式"思政课教学有别于传统的讲授式教学，教师对课堂掌控的难度加大，对教师的知识水平、应对能力均提出了更高的要求，单靠教师的个人力量很难开展优秀的教学。思政课教师可以充分利用学校平台，形成思政课教学团队，集体备课、合作攻关。进行集体备课时，教师首先需要注意交流对学生的认识，此举可最大限度掌握学生在课堂上的动态变化，增进共识；其次，团队对教材要进行更加深入的分析，共同分析对话过程中可能出现的问题及对相关问题的处理方式，同时也能更完整地构建"对话式"思政课教学的知识体系，做到课堂深度与广度的融合；最后要对开展对话课堂的技巧进行沟通交流，例如上课应该按照何种方式，采用何种教学话语能带动课堂氛围，应如何将传播马克思主义

思想与对话课堂相统一等问题。运用团队的力量，使思政课教师的交流合作成为一种趋势，最终形成集体统一方向和教师个性化安排相结合的"对话式"思政课教学模式。

6.3.2　课中：角色转移，以学生为主体拓展对话

在课堂中进行"对话式"思政课教学时，要以学生为主体、教师为主导，营造"师生"对话、"生生"对话、"物人"对话互为一体的课堂氛围，在课堂上拓展对话，最大限度地增强"对话式"思政课教学的效果。

在进行"师生"对话时，教师与学生平等开展交流对话。在教学安排上，可采用多样的教学方式，例如"案例式""表演式""演讲式""辩论式"等。但在此过程中要防止教学内容碎片化，保证教学内容在贴近学生生活的同时也能引领学生发展；在情感态度上，教师要真切且坦诚，以真挚的情感与坚定的信仰去感染学生、引导学生，让学生在"情理中得到教师的感召"；① 在实施过程中，教师要参与到学生活动中，及时与学生互动，避免产生疏离感，也要随时关注学生，使"师生"之间对话更有效。

在"生生"对话过程中，教师要设置好议题，学会倾听反馈，与同学保持联系。"生生"对话开始前，教师应将参与对话的组内成员进行合理安排，时刻关注学生之间的互动并积极沟通、及时参与。在"生生"对话开展时，教师与学生的身份将不复存在，教师也应将自己的个人身份进行转变，参与"生生"对话的各个环节，要始终保持在场并做出正确的引导。当前的"对话式"思政课教学中，虽然已经初步形成了一种即时的反馈机制，但仍需对其进行深化。思政课教师在教学过程中要鼓励学生反馈感受，分享关注的热点问题，使得"生生"对话的链条完整，以便师生之间共同提升。

在"物人"对话中，要充分利用好教学环境。良好的教学环境可以使对话教学更加有效。可借鉴美国高校课堂中对教学环境的布

---

① 　高洁：《思想政治理论课对话式教学的"乔哈里窗"机制探索》，《思想教育研究》2019 年第 8 期。

置，比如，桌椅可随意移动，教师根据不同的教学模式来改变桌椅的摆放形式。如在进行对话交流时，可将桌椅改变为弧形摆放，①形成近距离接触。利用此形式可使学生在心理上形成对话预期，从而积极思考，时刻准备。一般而言，我国高校思政课堂中的桌椅是固定的，而多数学生都会选择坐在教室后排远离教师，避免同教师进行交流。而我国高校思政课堂人数普遍较多，难以实现小班教学，因此，在我国高校思政课堂上进行此种形式的教学需要多做尝试。当前常见的"对话式"课堂的教学方式有划分小组教学、教师走到学生中间教学等。而对于教学场域的变化，也可以进行尝试，比如布置环形教学场域，并注意教师授课时的位置，最好融入学生之中，这样既可以让学生保持一定的精神紧张感，又可以密切关注"生生"交流环节，让大多数学生可以及时与教师进行交流，而非以三尺讲台之隔，降低师生之间的亲密度。

6.3.3 课后：深化教学，改善评价方式巩固对话

当课堂授课结束之后，教师不能存在下课铃声一响、任务就完成了的解脱心理，深化教学要体现在全过程。下课后，教师可邀请学生对课堂整体包括教学内容、教学方式等进行反馈，或与不同类型的学生进行简单的交流，以获得学生对本堂课的想法与体会。教师可以根据学生在课堂上的表现及课后的反馈，对每节课的内容进行总结并随之调整自己的教学安排。同时也要支持已经结束思政课课程学习的高年级学生乃至毕业生提出相应的意见，形成持续发展的反馈机制，配合学生特点，对教学做出全面、系统的分析和改进。

学生的主要任务是学习，而分数是其学习成果的主要表现形式。这也就使得学生在学习思政课时，不仅关注思想上的成长，同样也会关心自己的考试成绩，这也是学生对自己负责的表现。所以在"对话式"思政课教学中，对学生的过程性评价就显得尤为重要。

---

① 倪愫襄主编：《高校思想政治理论课程的国际视野》，中国社会科学出版社 2013 年版，第 1~10 页。

可以设置不同环节的分值比重、随机抽取学生并让其成为评价的主人、及时记录学生参与课堂对话的次数及表现，这些均需要教师保持严格的公平公正。除此之外，在成绩评价机制方面也要下功夫。有些学生性格内敛，不积极、不主动甚至不敢在公众面前发言，但不能出现因为学生性格问题而导致成绩低的现象，需要健全评价机制，保证学生的利益。

如今思政课的考核模式大多为"一考定全局"，一次期末考试并不能完全反映出学生的真实素质，有些学生擅长写出来，而有些学生擅长讲出来，我们不能一锤定音，应选择全面而又不失公平的方式考察学生成绩。比如有些学校的思政课教学采取过程考评与期末考试并存的方式，在期末考评中，学生可自主选择考核方式，或二者均选，最终取成绩高的作为期末成绩。此类型的考核方式将大大增强学生参与思政课的积极性，更能巩固"对话式"思政课教学的成果。

6.4　对话式教学的现实意义

在高校思政课的教学改革中采用"对话式"教学，有助于建立民主和谐的师生关系、形成灵活开放的教学智慧、培养自主自觉的学生意识，使得教师为主导、学生为主体的课堂愈发精彩。

6.4.1　建立民主和谐的师生关系

在"对话式"思政课教学中，应坚持"爱的倾注、谦逊的态度、彼此信任、批判的思维"，让师生进行积极的沟通与交流，构建一种和谐融洽的师生关系。"对话式"思政课教学应体现师生之间的谦逊的态度与批判的思维。在对话教学中，师生互为主体，在人格和地位平等的基础上进行沟通交流。教师不再说教，也不再以权威自居，而是在对学生关爱的基础上，以合作者的身份与学生共同学习。与此同时，学生以批判的眼光看待问题，不再是对教师的盲从，在同教师的对话中锤炼思维并获取真正的知识，最终养成良好的世界观、价值观、人生观，达成认识世界、改造世界和自我解放的目的。"对话式"思政课教学意味着师生之间的爱与信任。教育是爱的事业，没有爱就没有教育。在对话式教学中，教师从生活、学习各方面了解学生、关爱学生，在情感和心灵上拉近彼此之间的距离，赢得学生的信任，双方形成一种爱与信任兼备的融洽关系。

6.4.2　形成灵活开放的教学智慧

"对话式"思政课教学是以人的全面发展为价值旨归的一种新的教学模式。① 教师从"独白"走向"对话"，却并非简单地对"独白"与"对话"相加，而是一种对传统思政课教学的革命，既是教学认识上的革命，又是教学实践上的革命。② 此种改革积极借鉴了西方对话教学思想和理论，使教师在教学过程中具备全局观，使全员在民主、平等、开放、自由的基础上进行"师生"对话、"生生"对话、"物人"对话。教师在对话交往实践中，因为需要庞杂的知识储备，所以也应不断提升自己以适应教学需要，在上课的同时实现自己精神世界的充盈、生命质量的提升以及个体与人类文化之间生命精神能量的创造性转换和生成。这种新的教学对话方式创立了一种新的教学精神、新的教学理念，瓦解了传统灌输式教学中存在的单一封闭型主体思维方式，使教师灵活掌握课堂教学形式，形成开放、互动、灵活的教学智慧。

6.4.3　培养自主自觉的学生意识

"对话式"思政课教学更加强调学生的主体性，对学生的知、情、意、行等方面进行全方位锻炼，这有助于促进学生的全面发展，帮助其形成自主自觉的意识。首先，在师生的平等对话中，学生在教师的帮助下，会大胆发言、主动探索，不断增强主体意识，在"生生"对话中不停对思维进行锤炼，不断思考，最终形成问题意识。其次，"对话式"思政课教学有利于让师生共同直面现实问

---

① 高良坚：《论高校思政课 1+1 对话式课堂建构的理论逻辑与实践创新》，《思想政治教育研究》2017 年第 1 期。
② 刘庆昌：《对话教学初论》，《教育研究》2001 年第 11 期。

题，在教师的引导下，使学生对道德、法律等社会规范产生自觉认同，使学生"将外在的规范内化为自觉的意识，进而发展为积极的情感和强烈的意志，并将意志外化为自觉的行为"①，最终使学生做到自主自觉，知行合一，实现学生身心的统一协调发展。

（作者：代天天，东北师范大学马克思主义学部）

---

① 郭现军：《对话式教学在高校思想政治理论课教学中的应用——基于和谐德育的视角》，《教育探索》2013 年第 9 期。

7 立德树人视域下思政课教学实效性评价的理论框架及其生成路径研究

2020 年 9 月 1 日，《求是》杂志以《思政课是落实立德树人根本任务的关键课程》为题目，刊发了习近平总书记于 2019 年 3 月 18 日在学校思想政治理论课教师座谈会上讲话主要内容的重要文章，强调思政课教学需要不断地满足和引导大学生成长成才精神需要，为高校立德树人根本任务的实现，提供关键性的帮助。这一论断，为思政课教学所需要实现的目标提供了根本方向。本节将依托立德树人相关政策文本，运用质性研究的方法进行组织编码，精准提炼影响思政课教学实效性的要素维度；并结合实证调研，运用结构方程模型模拟思政课教学实效性提升的运行机制，以深化思想政治教育规律的学理探索，帮助新时代思政课教学在立德树人上发挥关键课程的应有实效。

7.1 回顾与展望：思政课教学实效性评价研究的时代发展

追求实效性是思想政治教育永恒的目标，[①] 但在不同的历史阶段，对思想政治教育实效性的具体要求各不相同。回顾思政课教学

---

① 时胜利、崔华华：《思想政治教育实效性评价的困境及其出路》，《探索》2014 年第 6 期。

实效性的研究，有助于抓住思政课教学实效性的核心本质，区别于其他相关评价方式；有助于站在"百年未有之大变局"和"两个一百年战略全局"新的历史方位下，思考思政课教学如何培养大学生"顺应时代浪潮、解答时代命题、担负历史使命、展现时代担当"等重要问题。

7.1.1　新时期以来思政课教学实效性评价的研究内容概况

（1）思政课教学实效性评价的本质是什么？

亚里士多德认为，"个体事物和其本质是同一的"[①]，因此，想要准确把握思政课教学实效性的本质，需要全面了解思政课教学实效性研究现状。在已有文献中，研究者对思政课教学实效性本质的认识大体持有三种不同观点：其一，价值论的观点。认为"实效性是价值属性的实现程度，实效性测评离不开客体功能属性对主体需要的满足"。蒋荣、代礼忠将思政课教学实效性的本质归纳为，对大学生关于党倡导的思想观念、政治观点、道德规范的认知、认同与践履等价值认同的测量。其二，目的论的观点。认为"思想政治教育实效性本质是思想政治教育目标的实现程度"，而"追求实效性是思想政治教育工作的永恒目标"[②]。其三，实践论的观点。强调"马克思主义理论教育内容是思想政治理论课的核心内容"，以此与德育、思想政治教育、思想政治工作等相关领域相区别。刘文革将思想政治理论课教学的本质归纳为，培养大学生马克思主义理论运用能力。研究者对思政课教学实效性本质的认识，是思政课教学实效性评价实施的根本前提。

（2）思政课教学实效性是否可以被测量？

教育测量学与现代教育理论，关于"人的思想观念能否被测

---

①　[古希腊]亚里士多德：《工具论》(下)，余纪元译，中国人民大学出版社 2003 年版，第 355~357 页。

②　时胜利、崔华华：《思想政治教育实效性评价的困境及其出路》，《探索》2014 年第 6 期。

量"持有不同的观点：教育测量学认为"凡是存在的东西都有数量，凡有数量的东西都可以测量"；① 但现代教育理论却认为，人的思想观念作为一种精神因素是不能直接被测量。② 在思想政治教育领域，研究者认为，思想政治教育的研究对象兼具思想与行为双重属性，因而，可以通过人的思想与行为相关性与稳定性的特征，将人的行为进行量化，从而推演出人的思想观念的变化情况。③ 时胜利、崔华华提出，有效的思想政治教育，能够改变人的思维，进而影响人的行为，通过比较受教育者在接受思想政治教育前后的思想变化或者行为的具体表现，可以判定思想政治教育的实效情况。朱平、陈薇结合上述观点，通过建立特定主客体关系、特定时空条件，具体化思想政治教育目标，将能否顺利实现"核心任务"作为标准，作为测量人的思想政治素质的依据。④ 因此，思想政治理论课教学实效性可以被测量，成为理论研究领域的一项基本共识。

（3）思政课教学实效性评价内容的研究现状

如何评价思政课教学实效性，无论是在理论还是实践领域，人们都普遍持有可以不证自明的态度。通过综合梳理"思政课教学实效性""思政课教学有效性""思政课教学满意度""思政课教学获得感"等相关文献发现，关于思政课教学实效性的评价内容，主要依据以下重要观点：其一，立足于教学本体的思政课教学实效性评价。有论者认为思想政治理论课教学实效性的评价应当包含：对某一教育过程的目标是否达到，教育内容是否合适，教育者所运用的方法是否恰当，教育者和受教育者的互动是否正常，受教育者的思

---

① 王茂胜：《思想政治教育评价论》，中国社会科学出版社 2006 年版，第 62 页。

② 王洪才：《论高等教育的本质属性及其使命》，《高等教育研究》2014年第 6 期。

③ 项久雨：《思想道德教育价值评价的合理性》，《教育研究》2002 年第 8 期。

④ 朱平、陈薇：《构建高质量高校思想政治工作体系的诊断学分析——基于生命有机体视角的考察》，《思想理论教育》2019 年第 12 期。

想品德表现是否有进步，教育活动对工作和生产是否具有促进作用等。① 其二，立足于学生个体发展的思政课教学实效性评价。查朱和认为，思想政治理论课教学的实效性，是指思想政治理论课教学对大学生的思想和行为产生的实际效果，主要体现在四个方面：知识的接受、情感的认同、意志的培养、实践的指导。② 林滨提出，思想政治理论课要想成为学生真心喜爱、终身受益的课程，必须具有真理的力量、逻辑的力量、艺术的力量与情感的力量。③ 其三，立足于"培养学生成为符合社会发展要求的人"的思政课教学实效性评价。刘文革提出，思想政治理论课教学实效性是指根据社会发展的要求，在思想政治理论课教学中，以培养大学生运用马克思主义理论指导知与行的能力为核心，促进其思想品德全面发展的实际效果等。④

7.1.2 新时期以来思政课教学实效性评价研究的总体评述

当前思政课教学实效性已有研究成果，定性类研究多、实证类研究少，经验性描述多、精准化建议少。研究的重点集中在提升思政课教学实效性的对策方面，对实效性测评的前提、尺度、模式及方法探讨不够。⑤ 研究者对思政课教学实效性评价标准、评价对象与评价方法的观点各异，尚未构成客观、统一的思政课教学实效性评价体系。

（1）思政课教学实效性的评价标准模糊

---

① 王勤：《思想政治教育学新论》，浙江大学出版社 2004 年版，第 257 页。

② 查朱和：《思想政治理论课教学实效性论析》，《思想教育研究》2011 年第 4 期。

③ 林滨：《试论提高思想政治理论课教学实效性的四种力量》，《思想理论教育导刊》2011 年第 2 期。

④ 刘文革：《思想政治理论课教学实效性的涵义初探》，《思想理论教育导刊》2013 年第 2 期。

⑤ 蒋荣、代礼忠：《大学生思想政治教育实效性的测评研究》，《重庆大学学报(社会科学版)》2012 年第 4 期。

①思政课教学"实效性""有效性""满意度""获得感"等相关概念界定模糊，是思政课教学实效性的测量标准各异的重要原因；②"思想政治教育实效性""思想政治理论课实效性"与"思想政治理论课教学实效性"相关概念的外延重叠，导致思政课教学实效性评价标准区分层次不明晰；③研究者对思政课教学实效性的本质认识不同，导致实效性评价标准纷繁各异。思政课教学实效性的评价标准，作为衡量教学实际效果的客观尺度，研究者可谓仁者见仁、智者见智，不易在研究中形成共同体的合力，思政课教学实效性研究结果导向乏力。

（2）思政课教学实效性的评价对象抽象

思政课教学是思想政治教育次级概念，在研究对象上具有内在一致性。思政课教学的研究对象是"受教育者的思想品德形成规律"与"教育者对受教育者进行思政课教学的规律"。在思政课教学实效性评价环节，要兼顾"受教育者的思想品德形成过程"和"教育者进行思想政治教育过程"两个部分。已有研究多是对思政课教学过程环节的测量，较少有深入大学生"知—情"的具体环节的相关研究，因而无法精准测量理论知识"入耳、入脑、入心"的程度；也很少看到能够有效衔接"意—行"转化过程的相关研究，因而无法精准监控理论知识"内化于心、外化于行"受阻碍的部分。"受教育者思想品德形成过程"作为思政课教学研究对象的重要组成部分，因其具有难以量化的特性，使得思政课教学实效性评价对象抽象化，难以回归学生本位的思政课教学实效性评价宗旨。

（3）思政课教学实效性的评价方法简单

现有的思政课教学实效性评价，通常以教育者单次教学行为的主观价值判断作为评价结果，定性评价占据评价方式的主流；同时，思政课教学实效性评价，也经常被当作一个笼统的概念，很少有学者对五门具体思政课的教学实效性做精细化处理，形成有序衔接的课程整体测量体系。思政课教学的实效性并不能用简单的"好"与"坏"进行评价；思政课教学的实效性，也不能通过单次教学行为作恒常的定性评价。因此，未来思政课教学实效性评价方法研究，需进一步尝试与大数据信息处理技术以及定量研究方法有机结合。

7.1.3 立德树人视域下新时代思政课教学实效性评价的研究展望

党的十八大以来，习近平总书记站在新的历史方位下，对高校"培养什么人、怎么培养人、如何培养人"作出系统论述，提出高校立德树人的根本任务，思政课是高校立德树人的关键课程；并在多种场合下，有针对性地对"青年""教育""教师"提出殷切嘱托。在新时代对思政课教学实效性进行研究，需要依托政策性文本，在新的历史方位下挖掘思政课教学的"时代之新"，系统提炼出在思政课教学中，有助于培育时代新人的影响因素；归纳好牢牢把握高校思想政治工作主阵地、主渠道的重要经验，形成立足学生本体需要，具备明晰评价主客体，能够精准反映思政课教学过程和人的思想品德形成过程的，新时代思政课教学实效性评价体系。

（1）依托政策文本分析，细化思政课教学实效性的评价标准

依托党的十八大以来，党中央及相关部委发布的关于"青年""教育""教师"等的重要政策性文件与讲话，如《青年要自觉践行社会主义核心价值观》《决胜全面建成小康社会 夺取新时代中国特色社会主义伟大胜利》《在纪念五四运动 100 周年大会上的讲话》《中长期青年发展规划（2016—2025 年）》《在北京大学师生座谈会上的讲话》《在同各界优秀青年代表座谈时的讲话》《在知识分子、劳动模范、青年代表座谈会上的讲话（2016 年 4 月 26 日）》《在纪念马克思诞辰 200 周年大会上的讲话》《习近平在全国教育大会上强调：坚持中国特色社会主义教育发展道路 培养德智体美劳全面发展的社会主义建设者和接班人》等。将"紧紧围绕立德树人根本任务，培育担当民族复兴大任的时代新人是教育的根本目标"和"发挥思政课的立德树人关键课程的重要作用"，作为思政课发挥"铸魂育人"实效性的根据，细化能够充分体现思政课教学实效性、评价时代内涵的，层次分明的多维目标。

（2）立足于学生本体需要，进一步明晰思政课教学实效性的评价主体与评价对象

习近平总书记在学校思想政治理论课教师座谈会上的讲话中提出，"政治性、学理性、亲和力、针对性"是思政课改革的重要方向；思政课教师作为办好思政课的关键群体，要切实做好"六要"与"八个统一"的具体要求；并殷切期盼学生能够通过思政课教学产生"满意度"和"获得感"。为此，在立德树人视域下的思政课教学实效性评价中，需要立足于学生本位，始终将学生的"所思、所感、所行"作为评价主体。将"学生对理论知识的接纳度、情感升华度和因思政课教学产生的获得感"作为评价对象；同时，评价对象也要充分考虑到教师的基本素养，以及教师对教学过程参与要素的统筹兼顾能力。

(3)采取定性与定量相结合的方法，精准评估思政课教学实效性

定性评价保证思政课教学的政治性、方向性，有利于宏观上对思政课作出定向判断；定量分析法则是结合实证调研，深入思政课教学对象、思政课教学过程，采用多样化的实证调研手段，力求通过数量关系反映思政课教学实效性全貌的评价方法。定量评价可以通过数量关系间的相互作用，探索思政课教学实效性的影响因素及影响因素间的相互作用关系，细化"知—情—意"的转变过程，精准提出增强思政课教学实效性的建议与对策。

7.2 立德树人视域下新时代思政课教学实效性生成要素的质性分析

扎根理论作为一种自下而上的建构理论的研究方法，其主要特点在于能够从经验事实中抽象出新的概念和思想。① 依托扎根理论的政策文本分析，一般指对给定范畴的政策文本进行挖掘，能够明确和提炼出特定群体政策制定者的共性行动路线与政策设计思路，

---

① A Strauss, J Corbin. *Grounded Theory Methodology: An Overview*, Thousand Oaks : Sage Publications, 1994: 22-23.

从而实现分析政策设计者认知和理念的目的。①

7.2.1 宏观维度：高校立德树人实效性评价矩阵模型

本研究将运用 Nvivo12 对 2014 年 4 月—2020 年 10 月期间权威媒体发布的关于"青年""教育""思政课"等报道，进行文本抓取，经过数据清洗，最终得到 9 篇权威政策性文本。经过开放式编码②、主轴编码③和选择性编码④，形成高校立德树人评价的矩阵模型。高校立德树人是思政课教学重要的外延概念，对高校立德树人政策文本的分析，有利于厘清思政课教学实效性的内涵与外延，进一步完善思政课—思想政治教育—高校立德树人的分级目标。高校立德树人实效性评价矩阵模型，包含内容和层次两个组成部分：高校立德树人责任主体是横向维度；以"目标层面""过程层面""结果层面"划分的不同层次目标是纵向维度（见表 1）。

（1）目标维度

本研究运用扎根理论，以政策文本为依托，探析立德树人实效性的目标维度，共抽取出 11 个基本范畴；在主轴编码环节，提练出三大重要维度，依次为"根本领导""指导思想"与"宏观目标"。高校立德树人，必须坚持党的全面领导，发挥党总揽全局、协调各方的领导核心作用；始终将马克思主义作为根本的指导思想；同时，要以习近平新时代中国特色社会主义思想为引领，不断增强"四个自信"；在高校育人环节，要积极探索培育时代新人的新

① 魏巍：《学科建设中六大要素间的互动关系——基于 71 所一流学科高校建设方案的政策文本及社会网络分析》，《江苏高教》2020 年第 8 期。

② 开放编码（Open Coding）指将所获得的数据记录逐步概念化和范畴化，用概念和范畴来正确反映数据内容，并把数据记录以及抽样出来的概念打破、揉碎并重新综合的过程，其目的在于指认现象、界定概念、发现范畴。

③ 主轴编码（Axial Coding）的主要任务是发现和建立范畴之间的各种联系，以表现资料中各个部分之间的有机关联。

④ 选择编码（Selective Coding）是通过第三次编码选择核心范畴，厘清诸多概念类属及其内在联系，从所有已发现的概念类属中选择"核心类属"，分析不断地集中到那些与核心类属有关的编码上。

表1　扎根分析维度

层面	维度	可操作定义	参考文本
A 目标层面	A1 根本领导	中国共产党的领导	1.《用新时代中国特色社会主义思想铸魂育人 贯彻党的教育方针，落实立德树人根本任务》，人民日报（2019-3-19） 2. 中共中央国务院《关于进一步加强和改进大学生思想政治教育的意见》（2019-10-14） 3.《坚定理想信念站稳人民立场 练就过硬本领教身强国伟业》，人民日报（2020-5-4） 4. 教育部《关于全面深化课程改革 落实立德树人根本任务的意见》（2020-5-22） 5.《青年要自觉践行社会主义核心价值观——在北京大学生座谈会上的讲话》，人民日报（2014-5-5） 6.《把思想政治工作贯穿教育教学全过
	A2 指导思想	坚持马克思主义为指导，全面贯彻党的教育方针，以习近平新时代中国特色社会主义思想为引领；社会主义核心价值观；中华优秀传统文化	
	A3 宏观目标	世界一流大学，全面提高人才培养能力；为人民服务，为中国共产党治国理政服务，巩固中国特色社会主义现代化服务，放和社会主义现代化建设服务，培养社会主义建设者和接班人；落实立德树人根本任务；全面深化课程改革	
B 过程层面	B1 党和国家	党对教育工作全面领导，是办好教育的根本保证	
	B2 社会组织	组织、宣传、教育等部门要各负其责，形成齐抓共管的工作局面；各级党委和政府要为学校办学安全托底	
	B3 学校	正确的政治方向；高校党委一体化建设，全部教育要素与思政课同频共振；课程思政与思政课程同向协行，大中小学一体化建设	

续表

层面	维度	可操作定义	参考文本
B 过程层面	B4 家庭	家庭是人生的第一所学校，家长是孩子的第一任老师	程，开创我国高等教育事业发展新局面》，人民日报（2016-12-9） 7.《着力构建一体化育人体系　高校思政打通育人最后一公里　工作质量提升工程实施纲要发布》（2017-12-7）8.《举旗帜聚民心育新人兴文化展形象　更好完成新形势下宣传思想工作使命任务》，人民日报（2018-8-23） 9.《坚持中国特色社会主义教育发展道路　培养德智体美劳全面发展的社会主义建设者和接班人》（2018-9-10）
	B5 思政课教师	师德师风是第一标准，政治素质强、业务能力精、育人水平高"六要""四个引路人""四有好老师""八个相统一"	
C 结果层面	C1 国家层面	培育时代新人；培养德智体美劳全面发展的社会主义建设者和接班人	
	C2 思政课程层面	明辨真善美，形成理想信念；爱国情、强国志、报国行	
	C3 思政教学层面	教学内容；教师的素质构成；要素间协调匹配	

方法、新模式，不断完善高校育人体系，努力完成立德树人根本任务；在思政课程目标上，要进一步完善马克思主义整体性的学科体系，增强理论的彻底性和理论的现实说理性；同时，在思政课教学环节，坚持依靠思政教师这一关键力量，积极贯彻"六要"和"八个统一"的重要方针原则；在教学实践中，系统总结"学生成长成才""教书育人"和"思想政治教育"新规律，构筑新时代立德树人目标体系。①

（2）过程维度

培育时代新人，着眼于将青年学生培养成为德智体美劳全面发展的社会主义建设者和接班人。高校立德树人，是对学生五育成才的根本着力点。② 社会责任共同体共同承担"培育青年学生成为时代新人"重要使命，责任主体包含党和国家、社会组织、学校、教师、家庭等多维主体要素。其中，党和国家对教育起到全面领导的作用，是保证高校办学政治方向不动摇的根本所在；社会组织成员，包括组织、宣传、教育等部门，也包含各级党委、政府等社会组织，它们肩负着上传下达、细化政策、保障学校办学安全、为学校教书育人保驾护航等重要使命，在培育时代新人的环节，要求它们各司其职，同时也要齐抓共管、共同合作，把立德树人融入思想道德教育、文化教育和社会实践的各个环节；以高校和教师为主的责任主体，要贯彻"思政教育是立德树人中心环节"的重要方针，高校党委在这一过程中，要承担起"党委统一领导、党政齐抓共管，实现工作协同中上下联动、同频共振"的重要责任，推进"大思政"格局的实现和"三全育人"工作体系的构建，以开创我国高校教育事业发展新局面；③ 做好多维主体的衔接工作，改变"家庭依赖学校，学校归咎家庭"和"学生培养脱离社会，社会期待学校培养"的育人现状，深入挖掘家庭、社会育人元素，探索并健全整体

---

① 杨志成：《学校思想政治教育的根本遵循》，《前线》2020 年第 10 期。

② 邵捷、李艳：《培育时代新人的三重维度》，《学校党建与思想教育》2020 年第 17 期。

③ 刘文宇、伦嘉言、范静：《框架分析视域下"三全育人"政策的演化与推进建议》，《现代教育管理》2020 年第 9 期。

化、系统化育人长效机制，真正建构起"个人—家庭—学校—社会"协同联动的新局面。[①] 思政课教师是高校立德树人的第一责任人，政治要强是根本要求、师德师风是基本准则，需要在"六要"和"八个统一"中发挥"四个引路人""四有好老师"的重要使命。思政课教师的统筹兼顾能力，是高校立德树人实效性发挥的关键环节。

（3）结果维度

经过对政策文本的三重编码，最终提练出高校立德树人工作"三阶段论"，明确以"顺利完成从'思政课教学—思政课程—立德树人'逐层进阶"为目标，缩小思政课教学实效性的职能范围，从而达到精准思政课教学的目的。国家层面，以"培养时代新人"与"培育德智体美劳全面发展的社会主义建设者和接班人"为根本要求，将其作为高校教书育人工作的根本任务。课程层面，以"学生实现'知识获得—情感升华—信仰坚定—知行合一'有效衔接与顺利转化"为结果导向，完成思政课程"明辨真善美，形成理想信念"和"厚植爱国情、砥砺强国志、实践报国行"的使命要求。课堂教学层面，坚持"内容为王"，以"思政课教学内容的思想性和理论性"为思政课教学实效性评价的基本内核；同时，考察"教师对教学参与要素统筹兼顾发挥关键作用"的能力，以学生的"悦纳度、参与度、满意度、获得感"为根本导向。

其中，在立德树人实效性评价体系中，要注意"思政课课堂教学"与"思政课程"之间的有效衔接，通过整体化的思政课程体系建构，为新时代思政课发挥应有实效提供必要前提；要注意"思政课程"与"高校立德树人"之间的有效衔接，通过构建"大思政格局""三全育人"，鼓励青年学生在参与社会实践的过程中，进一步深化"知—情—意—行"的循环发展，实现"自在人—社会人"的过渡与转变。

---

① 邓国彬：《新时代高校"三全育人"格局体系构建》，《社会科学家》2020 年第 3 期。

7.2.2 精准思政：立德树人视域下影响思政课教学实效性的主体要素构成

（1）以学生的感受为评价主体

思政课教学承担帮助学生"明辨真善美，形成理想信念""厚植爱国情、砥砺强国志、实践报国行"的重要使命。了解学生从知到情、从意到行的具体转变轨迹，需要以全面掌握学生的感受为前提。建立以学生感受为评价主体的思政课教学实效性评价体系，将学生对思政课教学的感受，具体细分为"悦纳度""参与度""满意度""获得感"四个逐层进阶的评价层级。通过学生主观感受，了解思政课教学实效性的实现程度。

（2）以教师对思政课教学过程要素的统筹情况作为评价对象

悦纳度是学生对思政课认识的前见，直接影响学生对思政课教学内容"入耳、入脑、入心"的程度。教师在此环节发挥着重要作用，课堂教学的导入环节是提升学生悦纳度的一个重要契机，考验教师对学生、教学内容等要素的统筹安排能力。参与度是贯穿思政课教学全过程的关键要素，教师作为主导主体需要调动学生发挥主动主体的重要作用，只有双主体联动才能发挥思政课教学应有实效。为避免消极参与、被动式参与，鼓励积极参与和批判性参与，需要教师努力协调学生与教学过程要素之间的配合。满意度是思政课教学实效性的浅层获得，是单次教学行为中学生对思政课预期的反馈。假如有学生对思政课预期程度低，但通过思政课教学获得了意外收获，反而会对思政课教学形成较高的满意度。另外，学习动机的不同，也是导致学生对思政课满意度形成差异的重要因素，例如将"知识获得"作为学习动机的学生，其对思政课教学的期望常常容易被实现；而以"获得人生意义"为学习动机的学生，其对思政课的期望却不容易被满足。获得感反映的是思政课教学实效性的深层获得情况，学生对思政课产生获得感，需要在前面几个环节不中断的前提下，继续经历情感共鸣、意义提升等具体环节，才能最终实现。

7.3 立德树人视域下新时代思政课教学实效性运行机理

依据扎根理论对政策文本进行分析，提炼"立德树人视域下思政课教学实效性影响因素"，筛选出能够影响思政课整体教学实效性的六大因素，形成20道调查问卷题目，并将各题的备选项，设置为李克特5级量表。在2020年5—7月，研究小组向北京市5所高校的在读本科生发放网络调研问卷550份，以获取被试者对相应题目的态度或倾向，有效回收率为90.5%，样本特征总体分布较为理想。基于上述扎根理论提炼结构变量，综合运用SPSS24.0软件与AMOS22.0软件作为分析工具，进行模型运行与假设检验。结果显示，模型内部各变量具有较强的内部一致性；测量模型收敛效度检验结果总体表现良好；研究模型的拟合优度良好，适合进一步的研究分析(详见图1)。

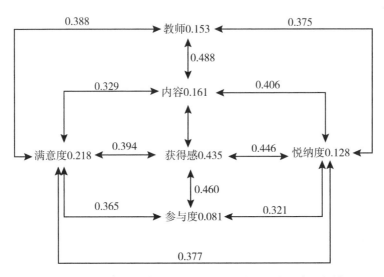

图1 立德树人视域下高校思政课教学实效性影响因素运行模型

7.3.1 获得感是思政课教学实效性的根本要素

在思政课教学实效性影响因素运行机制中，学生对思政课产生获得感，能够直接反映出学生在思政课教学过程中，积极悦纳、主动参与的现状；同时，也能够从侧面反映出教师对教学过程参与要素的合理匹配与有效统筹安排的情况。学生在思政课教学环节形成满意的评价，便可以顺利地实现"知识接纳—情感升华"向"意志形成—行为趋向"的有效衔接。检验结果证实，学生对思政课的获得感对思政课教学实效性影响效应为 0.435，是思政课教学实效性最为重要的影响因素。学生对思政课产生充实的获得感，会成为思政课教学环节完成后，思政课程实现培养学生"明辨真善美，形成理想信念""厚植爱国情、砥砺强国志、实践报国行"重要目标的必然前提，同时也为最终完成立德树人关键课程应有使命提供了充分可能。

增强学生对思政课教学的获得感，一方面，可以作为思政课教学诸多环节协调匹配、有序衔接的结果体现；另一方面，可以作为思政课教学与思政课程、高校立德树人工作有序衔接的重要桥梁。因而，在一定程度上讲，学生对思政课教学产生获得感，就意味着思政课实效性在课堂教学环节达成。学生能否在思政课教学中产生获得感，是判断思政课教学实效性最为直接、根本的评价要素。

7.3.2 "以内容为王"是实现思政课教学实效性的根本方法

思政课教学"特别强调要以内容为王、要以理服人"[1]，"理论只要彻底，就能说服人"[2]，"理论常新才能魅力长存"[3]。研究模型检验结果显示：教学内容对思政课教学实效性的影响效应为 0.161，处于影响思政课教学实效性的中间位序；教学内容与教师

---

① 韩喜平、王晓阳：《论思政小课堂与社会大课堂的结合》，《思想理论教育》2019 年第 10 期。

② 《马克思恩格斯文集》（第 1 卷），人民出版社 2009 年版，第 11 页。

③ 王天泽、马涛：《思想政治理论课建设坚持理论性与实践性相统一论析》，《思想教育研究》2020 年第 7 期。

综合素质、学生对思政课接纳度和学生对思政课教学的满意度均呈现显著的正向相关关系，影响效应分别为 0.431、0.406 和 0.329。

研究结果证明，学生对思政课教学内容的评价，不仅能够反映教师综合素质，也是评价学生对思政课接纳度和满意度的重要依据。"以内容为王"是教师对教学参与要素有序统合的关键，也是学生对思政课产生悦纳、主动参与课堂和形成满意度的关键。思政课教学内容，可以成为实现思政课教学实效性的根本方法。

7.3.3 统筹兼顾是实现思政课教学实效性的关键所在

教学过程要素的适配度是测量教学目的、教学内容、教学方法与手段等教学实体要素之间协调运作匹配程度的重要指标，是评价教学整体满意度的重要参考依据。在坚持"主动性与主体性相统一"的思政课教学中，教师需要对教学过程参与要素（包含"物"的要素、"人"的要素和"关系"的要素）进行有序集合和统筹安排，才能保证教学过程的有序开展。

"教师的综合素质和统筹兼顾的能力"是影响思政课教学实效性的重要因素，能够与其他各影响因子之间产生联系、发生作用。模型检验结果表明：教师对思政课教学实效性的影响效能为 0.153，是连接其他教学参与要素的关键环节，与教学内容、学生悦纳度、参与度、满意度均具备正向显著相关性。"教师的综合素质和统筹兼顾的能力"是影响思政课教学实效性的关键所在。

7.3.4 高悦纳度是实现思政课教学实效的基本前提

悦纳度是学生对思政课教学的"前见"认识，具有很强的主观色彩，社会对思政课教学不正确的评价，会直接导致学生对思政课产生低悦纳情绪，直接影响具体教学环节，制约学生与教师、教学过程参与要素之间的连接与互动，进而影响到学生对思政课教学的满意度与获得感的评价。

检验结果证明，学生对思政课的悦纳度对教学实效性的影响效能为 0.128，处于影响因素的后位序，虽然学生对思政课的悦纳度不能直接影响教学实效，但会成为思政课教学内容"入耳"环节的重大影响因素。悦纳度对教学内容的影响效应为 0.461，学生对教学内容有"先入为主"的评价，会影响其对思政课持有的整体态度。教师作为思政课教学的关键要素，学生悦纳度对其影响效应为 0.377；最终，学生会通过对思政课的悦纳度，实现获得感，影响效能为 0.446。

7.3.5 高参与度是实现思政课教学实效的必要条件

参与度是反映思政课教学实效性的重要维度，研究结果显示：学生参与度对思政课教学实效性的影响效能为 0.081。虽然影响权重占比较低，但该环节仍是影响教学实效的关键。在实际教学中，学生参与思政课教学的形式各异，大体可分为"批判建构型参与、积极主动型参与、被动型参与和消极参与"四种类型，实现思政课教学实效，需要进一步鼓励学生由"被动、消极"变为"主动、建构式参与"。

学生的参与度作为教学过程的重要指标，经过相关性检验，结果证明：学生的获得感与教师、悦纳度具有正向相关关系，影响效应分别为 0.460、0.365 和 0.321，是影响思政课教学实效性的因素中不可或缺的重要组成部分，高参与度是实现思政课实效性的必要条件。

7.3.6 高满意度是实现思政课获得感的重要表征

思政课教学要取得高满意度，需要有效满足学生的成长发展需求，并针对学生的认知规律和接受特点，对教学内容进行专题化设计和组织架构，努力提升思政课教学的思想性、理论性和亲和力、针对性，使思政课既"有意义"又"有意思"。[①] 本部分通过设置"教师综合素质""思政课教学内容""学生对思政课悦纳度"三个潜在变量，间接观测学生对思政课教学的满意程度。通过预设潜在变量之间的相关性，探讨思政课教学满意度是否具备教师主导主体统筹

---

① 马东：《论打造既"有意义"又"有意思"的思政课》，《学校党建与思想教育》2020 年第 20 期。

"人与物"的关系，形成思政课教学实效性浅层效果的因果关联。

检验结果表明：教师综合素质、思政课教学内容、学生对思政课接纳度对思政课教学满意度的影响效应分别为 0.388、0.329、0.377；思政课教学满意度对思政课教学获得感的影响效应为 0.394。因而，思政课教学满意度可以作为思政课教学获得感的重要表征。

7.4 提升立德树人视域下思政课教学实效性的对策与建议

7.4.1 坚持"以内容为王"的根本方法：以问题为导向，推动理论与实践的互释、互补与互构

立足于新时代中国特色社会主义实践，坚持以问题意识为导向，尝试对五门思政课程进行体系化梳理，并对课程间重复内容进行有机重构，实现"用理论言说现实、用理论解释现实、用理论预见未来"的目标；在理论与实践双向补给中，让学生真正认同思政课教学内容。

首先，重构体系化的思政课教学内容。以习近平新时代中国特色社会主义思想为体，关注理论知识的系统性、普遍性和完整性，尝试用体系化的理论解释现实、回应现实、预见未来。把握五门思政课的内在联系，做好各门课程内容上的递进与衔接，依照各门具体课程的特性，对重复的内容进行有所侧重的整合。

其次，探索"文本—教学—实践"的深度融合路径。"原著名篇"是思政课教学用文本言说理论的知识供给站，通过对原著的深度研读，扭转"碎片化理论—知识体系"的独白；通过历史叙事对理论内容的生动说理，弥合"教学内容—生活世界"空场现状。通过对整体化的马克思主义理论文本的精深研读，与时俱进地尝试与马克思主义中国化的实践探索深度融合，以马克思主义大众化意识形态传播方法，实现文本内容、教学体系与实践视域的深度交融，真正为理论优势转化为教学优势和实践优势探索实现路径。

最后，剖析思政课教学从理论到信仰生成的本质意蕴。思政课教学的本质是主体对一个具有完整理论体系的、带有价值属性的思想理论在价值上的认同，其实质是标志着完整理论体系以价值形态开始进入主体的价值认识的"三位一体"逻辑架构。[①] 因此，推动理论与实践的互释、互补与互构，能够为思政课教学发挥应有实效提供最为根本的质量保障

7.4.2 坚持"以学生为中心"的主体性原则：构建开放对话的教学场域，激发主体在"势位差统"规律下对知识秩序进行自觉统合

以人与人之间的关系世界为基点，遵循交往主体的价值规范，鼓励多元主体共同建构具有内在交互性、情境在场性以及过程反复性的对话关系场域。在具体的思政课教学过程中，主体间对话遵循人的认识本性——"势位差统"规律，教学参与主体自觉选择"高势位"认知统合"低势位"认知的方式，实现新知识秩序的自觉建构。以对话助推说理实效，实现理论通达人心，满足受教育者对思政课至真至善至美的需求。通过主体间对话，将以逻辑为主的理性说理、以情感为主的感性说理及以与问题无关的信誉说理三种形式融汇于教学过程中，完成理论解释现实问题、理论回应现实所需、理论预见未来，从而达到"以理服人"的目的；在多元价值选择中，通过历史叙事与逻辑叙事相统一的价值澄清方法，形塑信仰——"以情感人"；在第二课堂实践育人环节，主导主体率先垂范，用理论促成物质力量的转化——"以身示人"。通过坚持以学生为中心的主体性原则，实现开放场域下知识秩序的自觉统合，为理论知识—情感升华提供有效进路，是最终实现思政课教学"理论—信仰—行为"的跃阶所应遵循的重要方法论原则。

---

① 耿锐：《思想政治教育视角下对价值理论进行理性层面的价值跃升过程》，《中国高等教育》2019 年第 22 期。

7.4.3 坚持"三度一感"的逐层进阶：以历史叙事—情感 共通的深层对话方式，生成理论认知与价值判断 的一致体验

立足中国、回顾历史、放眼世界，以共享知识和中国叙事的开放视角，以"四史"教育的生动案例为基础，推动教学参与者在宏观视角生成主体间的深度对话，实现主体要素的本体回归，提升学生对思政课教学的悦纳度；以问题为依据、以发展为导向，在多元主体对话中激发研究意识和批判意识，通过强化对思政课理论的理解，充实、修正和巩固原有价值的判断，使主体把握"武器批判"的能力，提升学生对思政课的参与度；在历史叙事和多元价值判断的交锋中，激发主体情绪体验，在多元价值比较中激发主体用理论知识论证合理性与合法性的内驱力，使主体在情感上生成理论认知与价值判断相一致的体验，提升学生对思政课教学的满意度；最终在思政课教学理论由知识形态向价值形态的转化环节，通过逻辑论证和情感认同让学生逐步形成信仰，产生对思政课教学真实的获得感。

7.4.4 坚持"教师统筹安排"的关键作用：构建主体建构 式的思政课教学共同体，实现"理论—信仰"境界 跃阶

破解当前思政课教学实效性评价主体结构单一、评价范式封闭及评价过程定向等问题，需要通过主体间深层对话的方式，厘清主次关系、明晰主体责任，营造平等包容的实效性评价氛围；将教学评价主体置于实践情境，接触到具象化的开放场域，以价值中立原则为假设前提，抱有以问题为依据的对话宗旨，秉持以发展为导向的评价理念，评价对象的起点和发展过程的动态变化，破除教学评价结果导向论；多元主体借助"对话"的方式，在联结之余仍保持个性和独到见解，激发批判思维；在主体参与评价中产生信任理解、合作协商，形成评价共同体，有助于破除单一评价主体"自我中心论"的桎梏。"对话"可充盈思政课教学多元评价的精神世界，

成为处理多方参与主体意见"悬置"与分歧的有利抓手。在此过程中，教师起到统筹安排的关键作用。

主体间对话是贯穿"理论—信仰"境界跃阶的主线，需要建立在关系理性和为他人的主体性的基础之上；共同感是通达主体对至真、至善、至美境界追求的关键。教师主导主体在对话中需秉承"经师"与"人师"的辩证统一，以乔哈里窗的深度沟通四象限的递推，① 促成高势位认知对低势位认知的统合，完成"知识建构—价值互识—情感共通—信仰塑造"的全过程。因此，充分发挥教师主导主体的关键作用，通过建设主体建构式思政教学共同体的方式，实现"理想—信仰"的境界，完成思政课教学环节的目标任务，为进一步承接立德树人视域下思政课课程目标、高校立德树人根本教育目标提供了基本前提。

（作者：于欣宜，中国矿业大学马克思主义学院）

---

① 乔哈里窗（Johari Window），又称乔哈里资讯窗、约哈里窗，是一种关于沟通的技巧和理论，亦被称作"自我意识的发现—反馈模型"。这一模型把人际沟通信息视作一个窗口，并依据传播双方对传播内容的熟悉程度，将其划分为四个区域，即公开区、盲目区、隐藏区（或称隐秘区）和未知区（或称封闭区）。

8 基于建构主义的"四维协同"思政课互动式教学模式设计

——以建设"主导性和主体性相统一"的思政课为视角

8.1 问题的提出

思想政治理论课是高校落实立德树人根本任务，培养有理想、有本领、有担当的新时代社会主义建设者和接班人的主干课程、灵魂课程、关键课程，必须一以贯之地重视、理直气壮地办好。习近平总书记在思政课教师座谈会上就加强思政课建设提出了"八个统一"的要求，强调讲好思政课要打好组合拳，提高针对性，增强说服力，为进一步做好思政课教学工作提供了行动遵循。其中，"主导性和主体性相统一"的要求从师生角色关系角度准确把握了教学双主体性规律，明确了教师与学生作为教学共同体的相生相长关系，对提高思政课教学实效性有重要的指导意义。当前，党和国家对思政课的高度重视正不断引领我们对思政课教学中存在的难点堵点问题进行深入细致的思考，以学生为中心积极推动思政课教学变革已经成为学界与一线思政课教师的共识。但在高校思政课教学实践中，师生有效互动少、教学设计针对性不强、教学活动亲和力不够等影响学生主体性作用发挥的问题依旧突出，教师主导性强而学生主动性弱的矛盾仍然普遍存在，这与思政课教学坚持"主导性和主体性相统一"的要求背道而驰。思政课如何转型才能有效纾解教师主导性与学生主体性之间的矛盾，成为办好思政课迫切需要回应的现实问题。本节以建构主义学习理论为依据，运用线上交互式教学平台和现代智能化教学手段创新设计"四维协同"思政课互动式教学模式，打造思政课教学的"协作备课空间""线上教学空间""线下教学空间"和"反馈提升空间"，在课前、课中、课后实现教与学全时空、立体化的交流互动，促进教学同构、师生协同，为建设"主导性和主体性相统一"的思政课探索一种模式遵循与路径参照。

8.2 建构主义是建设"主导性和主体性相统一"思政课的理论指南

习近平总书记强调，思政课教学既需要教师发挥主导性作用，也需要尊重并发挥学生的主体性作用。"主导性和主体性相统一"是有效开展思政课教学活动必不可少的条件。在思政课教学中实现二者的有机统一，需要在科学把握"主导性和主体性相统一"内在规定的基础上，以科学的教学理论为指导，构建二者相互结合的教学模式。而建构主义作为信息技术与教育教学加速融合背景下催生出来的重要教学理论，从"以学生为中心"的角度重新诠释了教与学的共生逻辑，为平衡教师主导性和学生主体性之间的张力，破解学生主体性发挥不足难题，建设"主导性和主体性相统一"的思政课提供了理论指南。

8.2.1 科学把握"主导性和主体性相统一"的内在规定

教师主导性和学生主体性作为思政课教学矛盾的两个方面，既有同一性，又有对立性。同一性表现为二者相互依存、相互制约，一方的存在以另一方的存在为前提，一方作用的发挥影响另一方作用的发挥。主导性是指教师在思政课教学中居于主导地位，发挥引导、教导、辅导、疏导作用，主要表现为确定思政课教学的方向和目标，选择思政课教学的内容和方法，发挥思政课教学手段和载体的中介作用，从具体环境出发组织和推动思政课教学进程，其作用对象主要是作为学习活动主体的学生。主体性是指学生在思政课学习中居于主体地位，既是思政课教学活动的对象，又能够主动参与思政课教学过程，在思政课教学方向和目标、内容和方法、手段和载体的接受上具有选择性和能动性。教师主导性和学生主体性互为对方存在和发展的条件，教师主导性离不开学生主体性的参与和配合，而学生主体性的正确发挥也离不开教师主导性的导向作用。同时，教师主导性和学生主体性相互影响，教师在确定思政课教学方向和目标、选择思政课教学内容和方法时，需要以学生的核心素养发展为引领，关注学生成长成才的需要，充分考虑学生的接受心理和接受能力。而学生主体性反过来会影响教师主导性，学生主体性的发挥水平能够在很大程度上影响思政课教学活动的运行和思政课教学的实效性。思政课教学所追求的目标之一在于塑造学生的主体性，使学生能够自觉自主地进行自我教育，在教师的引导下把思政课教学内容从外部要求转化为内在行动。因此，教师主导性最终要通过学生主体性的有效发挥才能落地见效，培育和激发学生的主体性是思政课教学取得更佳效果的关键。

对立性表现为二者相互区分、相互斗争，在思政课教学中各自有其独立的功能与作用，不可相互替代。首先，教师要在价值引领和深化认知上发挥主导性。铸魂育人是思政课的价值目标，与侧重于知识传授的专业课程不同，思政课是"育人"和"铸魂"相统一的课程，在"育人"中"铸魂"，寓"铸魂"目标于"育人"体系之中是思政课的本质要求。思政课不是不需要传授知识，而是必须要有价值导向地传授知识。在整个思政课运行过程中，教师都要承担起思想引领者和政治引路人的角色，把塑造学生的"三观"、厚植学生的"四个自信"作为思政课教学的根本任务。同时，思政课又是"价值性和知识性相统一"的课程，只强调价值性而忽视知识性的做法会弱化思政课的科学性。特别是面对已经具有一定认知水平和判断能力的大学生讲授思政课，高校教师尤其需要善于拿起"批判的武器"，以"彻底的理论"说服学生，深化学生对马克思主义科学性和真理性的认知，用科学理论强大的真理力量感染和引导学生。其次，学生要在接受知识和学习知识上发挥主体性。学生是思政课的教学对象，需要在教师的指导下学习理论知识、参与实践锻炼、增进思想认识、提高政治觉悟。脱离了教师的主导性，学生难以在高层次上发挥主体性，甚至会在主体性的发挥上偏离正确的价值方向。尽管学生是有主动性、选择性、创造性地参与思政课教学活动，但学生仍然是被教育者和被塑造者，学生主体性不能替代教师主导性，教师主导性也不能一味迎合学生主体性。

8.2.2　建构主义学习理论与"主导性和主体性相统一"要求的内在契合点

始于认知发展理论的建构主义学习理论以其"以学生为中心"的教学理念和关注"情境""协作""会话""意义建构"的教学模式，为互联网时代的教育教学提供了理论依据。建构主义学习理论颠覆了传统的学习观和教学观，重新定位了师生关系，强调学生是学习的主体，教学是帮助学生建构知识意义的过程，教师是学生自主建构知识意义的帮助者、促进者和引导者。建构主义学习理论为纾解教师主导性和学生主体性之间的矛盾提供了可供遵循的行动指南，其与"主导性和主体性相统一"要求的内在契合点体现在以下两个方面：

首先，建构主义学习理论认为教学以塑造学生的主体性为归宿。在建构主义学习观视域下，学生是学习的主人，学习是学生通过"同化"和"顺应"主动建构知识意义的过程，而不是被动接受知识灌输的过程。与建构主义学习观相适应的教学观倡导把学习的自主权还给学生。为此，教师在设计教学环节时应当服务于学生的学习需要，创设具体的教学情境调动学生的学习兴趣，创造有利于协作和会话的教学环境促进师生之间、生生之间的高效互动，为学生自主建构知识意义提供帮助。可见，培育和塑造学生的主体性是以建构主义学习理论为指导的教学模式的应然目标。在思政课教学实践中，教师与学生共同构成了教学共同体，教学活动并非教师的"独角戏"，离开了学生的参与，或者缺少了学生与教师之间的双向互动，都不能构成一个完整的教学环节。遗憾的是，传统的思政课教学侧重于"教"而忽视了"学"的重要性，致使思政课陷入教师主导性强而学生主体性弱的困境，这也成为建设"主导性和主体性相统一"思政课的"梗阻"和"顽疾"。当前，尽管有不少教师已经意识到这个问题并在思政课教学中做出了"问题引导式"或"任务驱动式"等教学方法改革的尝试，但设计的问题和布置的任务游离于学生的知识经验和认知偏好之外，不足以激发学生学习兴趣的矛盾依旧突出。建构主义学习理论则重点关注"联系"和"思考"对于意义建构的重要性，认为高质量的意义建构需要"把联系与思考的过程与协作学习中的协商过程联系起来"①。以建构主义学习理论为指导的教学模式要求教师设计出有价值、有意义的问题和任务，并使之与教学内容相联系，以激发学生的学习热情，同时在教学过程中引导学生持续思考，在问与答中自主更新已有的知识结构和经验体系，因而特别有利于培养和塑造学生的主体性。

其次，建构主义学习理论重视发挥教师的主导性，倡导教师主导性和学生主体性的同频共振。建构主义教学观认为，教师需要在帮助学生建构知识意义上发挥主导性。在教学过程中，帮助学生建构知识意义就是要"帮助学生对学习内容所反映的事物的性质、规律以及该事物与其他事物之间的内在联系达到较深刻的理解"②，也就是要深化学生对应学内容的认知。教学活动是教师与学生共同完成的交往实践活动，师生之间的协作与配合是教学活动不可或缺的重要环节。建构主义学习理论认为教师应充分利用各种资源、信息、媒体、现代科技手段设计既切合教学内容，又贴近学生知识经验、认知体系和兴趣圈层的各种问题和任务，引导学生持续思考，激发学生的好奇心和求知欲，培养学生自主建构知识意义的能力。在思政课教学实践中，教师的"教"是外因，学生的"学"是内因，尽管学生的"学"在根本上规定了思政课教学效果的基本趋向，但教师的"教"也能够在很大程度上影响思政课教学的实效性。建设"主导性和主体性相统一"的思政课，要求"教"的外因与"学"的内

---

① 何克抗：《建构主义——革新传统教学的理论基础（上）》，《电化教育研究》1997 年第 3 期。

② 刘邦奇、吴晓如：《智慧课堂——新理念 新模式 新实践》，北京师范大学出版社 2018 年版，第 27 页。

因共同发挥作用。教师在组织实施思政课教学过程中，应当因势利导地启发学生主动思考问题，在循循善诱中深化学生对马克思主义真理的科学认知，引导学生树立崇高而坚定的信心、信念、信仰。建构主义理论强调"情境""协作""会话"和"意义建构"，但无论是情境的创设、协作和会话的达成，还是意义的建构，都离不开教师对信息和知识的加工制作和选择利用。以建构主义学习理论为指导的教学模式要求教师发挥创造性和能动性，充分利用各种条件创设理想的学习环境，辅助学生形成对知识更为深入的理解，为学生自主建构知识意义提供丰富的资源和积极的支持。这正是契合了"主导性和主体性相统一"的思政课建设要求。

8.3 基于建构主义的"四维协同"思政课互动式教学模式设计

教学模式，即教学过程的组织方式，指的是"在一定教学思想、教学理论和学习理论指导下的、在某种环境中开展的教学活动进程的稳定结构形式"①。教学模式是教学理论和教学实践的中介，它将抽象的教学理论以程序性的框架结构反映出来，能够为教学活动提供可参照实施的行为框架和活动程序，便于教师理解、掌握和运用。在实践中，教学模式的选择需要以一定的教学目标为导向，综合考虑教学内容、教学条件和师生情况。思政课是政治性和学理性高度统一的灵魂课程，通过寓价值观引导于知识传授之中的教学内容设计，解决学生的"知""情""信""意""行"问题，塑造学生的价值观是思政课的教学目标。价值观的塑造重在"内化"，故而促成学生自主建构意义是思政课教学的重中之重。建构主义学习理论强调教师用"情境""协作""会话"辅助学生自主建构知识意义，特别适应思政课教学目标的需要。

---

① 何克抗：《建构主义的教学模式、教学方法与教学设计》，《北京师范大学学报(社会科学版)》1997 年第 5 期。

8.3.1 "四维协同"思政课互动式教学模式的含义和特点

"互动"即不同对象之间彼此发挥作用、发生影响并相互改变的过程。"互动式教学"是以建构主义理论为指导的教学模式，它是指在相对开放、动态的教学环境中，教师以学为导向设计教学目标和教学程序，通过协作、研讨、探究等鼓励对话与协作的教学方法启迪学生思维，引导学生主动参与教学过程，促进师生之间、生生之间的相互作用，进而把教师的"教"和学生的"学"统一起来，实现教学相长的教学活动过程。互联网科技和现代化教学手段赋能互动式教学模式发展，使之更加智能、便捷、效率，而互动式教学模式也只有与网络化的学习环境、智能化的学习平台、信息化的学习资源、移动化的学习终端相结合，才能在教育信息化 2.0 时代的教学实践中发挥更大作用。

"四维协同"思政课互动式教学模式是对互动式教学模式的具体应用。它依托网络化、信息化、智能化的教学平台，打造思政课教学的"协作备课空间""线上学习空间""线下学习空间"和"反馈提升空间"，运用协作、对话、研讨、探究等交互式教学方法在上述"四维空间"实现师与师在课前以及师与生、生与生在课前、课中、课后全空域、全时域的信息交流与活动交往，通过教师有意识设计的"问题链""任务链"启迪学生思维，引导学生主动建构知识意义，促进其价值观内化，在"四维空间"实现教师主导性和学生主体性的高效协同，进而达成寓价值观引导于知识传授之中的思政课教学目标。"四维协同"思政课互动式教学模式的基本结构如图1所示。

"四维协同"思政课互动式教学模式的基本范式在于"全程互动，全员协同，以导带学，协作互促"，其中交往互动的全员性和全程性是这一教学模式的突出特点和优势。全员性即利用线上线下两个平台形成师与师、师与生、生与生之间的全员交往互动。传统的互动式教学将交往主体范围限定在师与生、生与生之间，并不包括师与师之间的交往互促。然而，思政课教学关涉马克思主义基本原理、思想政治教育、党的建设、党史国史、政治学、法学、社会

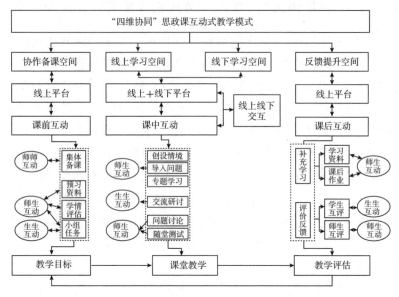

图1 "四维协同"思政课互动式教学模式结构图

学、心理学等多学科知识,涉及党情、国情、社情、民情等时政热点,既需要教师研究好、解读好、阐释好科学理论,又需要教师结合时事热点不断更新教学素材和内容。若教师缺少跨学科、宽口径、复合型的知识储备,很难讲好思政课。而现实中对各学科知识融会贯通的思政课教师却不占多数,这就有必要开展思政课教师集体备课活动,通过集思广益共同提高思政课教学水平。"四维协同"思政课互动式教学模式强调利用线上平台开展教师集体备课,在师与师的协作交流中相互取长补短,形成合作优势,推动思政课教学质量的整体提升。全程性即利用线上线下两个平台实现师与生、生与生在课前、课中、课后的全过程互动。教师在课前运用线上平台提供的统计工具分析学情数据,发布预习测试和课前学习资料,以动态掌握学生的知识基础,深化学情分析,调整教学目标,优化教学预设,创造贴近学生认知的情境进而充分激发学生的学习兴趣,有的放矢地安排教学活动,提高思政课教学的针对性和亲和力;在课中综合运用线上线下两个平台开展混合式教学,线下课堂采用问题式教学、发现式教学、讨论式教学、情景式教学等鼓励协商对话的教学方法，适时利用线上教学平台和移动终端推送问题讨论、随堂测试等，促进师与生、生与生之间的互动交流，实时监测学生的学习情况，机动优化教学策略，调整教学进程；在课后利用线上平台链接拓展性学习资料，回答学生提问，推送课后作业，补充课中学习内容，并及时进行教学评估，收集学生对教学的反馈意见，便于教师在以后的授课中进一步优化教学目标和教学方案。通过师与师在课前的交流和师与生、生与生在课前、课中、课后全过程、立体化的互动，实现教学环境的开放性和动态性、教学过程的互助性和灵活性、教学效果的可视性和发展性，形成"四维协同"思政课互动式教学模式的特色。在"四维协同"思政课互动式教学模式中，教师在课前、课中、课后的整个教学过程都是在以导带学，借助各种信息资源和技术手段打造支持协商会话的学习环境，指导学生主动思考、自主学习和合作探究，促进学生自主建构知识意义，进而在教学同构、师生协同的基础上实现教师主导性与学生主体性的有机统一。

8.3.2 "四维协同"思政课互动式教学模式的实例分析

为了说明"四维协同"思政课互动式教学模式如何具体实施到思政课教学实践中，本小节以《思想道德修养与法律基础》第五章第三节"遵守公民道德准则"为例进行分析。

该节内容共五小节，即"社会主义道德的核心和原则""社会公德""职业道德""家庭美德"和"个人品德"。在专题式教学设计上可以参照教育部社科司的指导意见，将该节内容设计为"社会主义道德的核心、原则与规范"专题。本专题聚焦社会主义道德建设中的重要理论问题和实践问题，教学目标在于引导大学生树立正确的道德价值观和规范意识，明晓社会主义道德以为人民服务为核心、以集体主义为原则，积极践行社会主义道德在社会公德、职业道德、家庭美德和个人品德层面的基本要求，自觉锤炼高尚的道德品格，重难点在于社会主义道德的核心和原则。服务于学生的学习需要，本专题在教学内容上可以设计为由以下三个问题组成的"问题链"：①在新时代，提倡"为人民服务"有何现实意义？②在社会主义市场经济体制下，"集体主义"过时了吗？③大学生应当如何践行社会主义道德规范？应用"四维协同"思政课互动式教学模式，本专题的教学活动过程具体设计如下：

（1）课前

在"协作备课空间"，依托线上平台开展教师集体备课以形成"师师互动"，研讨本专题的核心问题、重难点内容和教学方法，共享本专题的案例资料、视频资源和参考文献。教师利用线上平台向学生推送课前学习资料，布置小组活动任务以形成"师生互动"和"生生互动"，如结合"战'疫'镜头下的志愿者"案例资料，思考"为人民服务"和"集体主义精神"在抗击新冠肺炎疫情中发挥的作用等。教师利用线上平台向学生推送自测试题以深化"师生互动"，结合学生的作答情况了解学生在认识上的"误区"和理解上的"盲区"，通过对学情的精准诊断进一步优化教学目标，实现教学的精准化。

（2）课中

在"线下学习空间"，教师首先播放一段全民参与抗击新冠肺炎疫情的视频，通过情境创设打开学生的经验空间，激活学生的情感体验，引导学生相互交流"为人民服务"和"集体主义精神"在全民抗"疫"战争中的价值，在"生生互动"中调动学生参与教学的积极性。教师有计划地将本专题内容融入层层递进的"问题链"中，以"问题逻辑"启发学生持续思考，从理论和现实两个层面讲清楚社会主义道德为何以为人民服务为核心、以集体主义为原则。教师以当下社会中的道德失范热点问题为例，开展关于"道德滑坡现象"的课堂讨论，回应学生提出的深层次道德问题，澄清学生在认识上的误区，引导学生辩证地看待社会主义市场经济条件下的道德失范问题。在"线上学习空间"，教师运用智能化教学平台和移动终端发布互动话题"说一说你最反感的校园不文明现象"，结合学生的作答即时加以引导，在循循善诱中引出"大学生应当如何践行社会主义道德规范"的问题，启发学生主动思考涵养和践行社会公德、职业道德、家庭美德和个人品德的重要性。

（3）课后

在"反馈提升空间"，教师利用线上平台及时进行教学质量评估以深化"师生互动"，数字化采集学生的反馈信息，可视化呈现课堂教学效果，调整和优化下一阶段的教学目标。教师利用线上平台推送拓展性学习资料，引导学生在课后持续思考社会主义道德建设中的重要理论问题和实践问题。在拓展性学习资料的选择上，考虑到下一章内容是"尊法学法守法用法"，教师可以着重推送兼与社会主义道德建设和法治建设相关的内容，如"'常回家看看'入法""'公交让座'入法""新《民法典》让见义勇为者更有底气"等案例资料，以启发学生进一步思考下一章的学习内容。教师利用线上平台布置课后作业或者小组实践活动任务，如"寻访身边的道德标兵""争当校园文明志愿者"等，引导学生主动参与社会主义道德建设实践和校园文明建设实践，在基于现实社会的活动情境中涵养社会主义道德情操，自主完成知识意义的建构。

综上，以建构主义学习理论为指导的"四维协同"思政课互动式教学模式依托线上和线下两个平台搭建思政课教学的"协作备课空间""线上学习空间""线下学习空间"和"反馈提升空间"，促进师与师在课前以及师与生、生与生在课前、课中、课后的全空域、全时域互动，在"四维空间"实现教学同构、师生协同，提高了思政课教学的精准性和亲和力，为建设"主导性和主体性相统一"的思政课提供了一种模式参照与路径遵循。

（作者：于瑶，山东青年政治学院马克思主义学院讲师）

9 高校思想政治理论课研究的阶段性热点、演进路径与发展趋势

——基于 CiteSpace 可视化工具知识图谱分析

高校思想政治理论课是落实立德树人根本任务的关键课程，其作用不可替代。重视高校思政课建设是我们党的优良传统，建党百年来，党中央先后出台多个文件，对高校思政课建设提出明确要求，不断推动高校思政课改革创新，学者关于高校思政课的研究也不断深化。基于 CiteSpace 可视化工具与中文社会科学引文索引（CSSCI）数据库，对高校思政课的研究现状、阶段性热点、演进路径进行系统性分析，在此基础上预测未来研究趋势，成为本节的研究之旨趣。

9.1 数据来源与研究方法

考虑到高校思政课研究领域文献的全面性与代表性，本节选用中文社会科学引文索引（CSSCI）数据库文献。通过高级检索，将篇名定义为包含"高校"与"思想政治理论课"（包括"思政课"），文献类型选择"论文"，时间"不限"，得到从 2004 年至 2020 年年底共计 781 篇文献。为确保研究数据的质量，手动剔除 39 篇相关无效文献，最终选定 742 篇文献。

CiteSpace 是一款着眼于分析科学文献中蕴含的潜在知识，并在科学计量学（Scientometric）、数据和信息可视化（Data and

Information Visualization）背景下逐渐发展起来的一款多元、分时、动态的引文可视化分析软件。① 本研究以软件 CiteSpace5. 7. R4 为研究工具，将文献格式从 RefWorks 转换为 CiteSpace 可识别的格式，将作者（Author）、机构（Institution）、关键词（Keyword）作为节点，将时间切片（Time Slicing）设置为 2004—2020 年，将切片长度（Slice Length）设置为 1，将筛选标准（Selection Criteria）的阈值设置为 Top50，绘制出直观的高校思政课研究领域的知识图谱，并对学术界在高校思政课研究领域中的主要内容、研究热点、研究趋势做出直观呈现以及分析说明。

9.2　高校思政课研究的基本概况

9.2.1　文献发表量的年份统计

图 1 为 2004—2020 年高校思政课研究的年度发文量（以 CSSCI 为统计基础），可以看出我国高校思政课研究成果总体上呈现递增状态，研究起步阶段是 2004—2007 年，研究成果较少，均在 15 篇

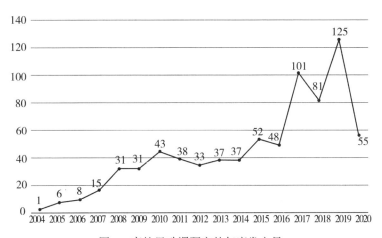

图 1　高校思政课研究的年度发文量

---

① 李杰、陈超美：《CiteSpace：科技文本挖掘及可视化》，首都经济贸易大学出版社 2017 年版，第 2 页。

及以下；研究稳步发展阶段是 2008—2016 年，研究成果逐渐增加，均保持在 30 篇以上；研究迅速发展阶段是 2017—2020 年，研究成果快速增加。研究成果的数量与高校思政课重要文件的印发、重要会议的召开基本一致，随着党和国家的重视，高校思政课研究不断深入，特别是教育部确定 2017 年为高校思政课教学质量年、2019 年召开学校思想政治理论课教师座谈会，进一步推动了高校思政课研究。

9.2.2 作者合作分析

为了解作者之间合作关系以及具有重要影响力的作者，将时间区间设置为 2004—2012 年，节点设置为作者，生成作者合作网络图。作者合作网络共包含 844 个网络节点，279 条连线，网络密度为 0.0009，为了突出作者合作网络重点，筛选发文量在 2 篇以上的作者，形成如图 2 所示的作者合作网络。从节点字体的大小可以看出，陈锡喜、徐蓉、陈占安、田鹏颖、顾海良、柳礼泉、白显良

图 2　高校思政课研究的作者合作网络

等学者的发文量较多。合作关系较为密切的有陈锡喜、刘伟团队，张耀灿、肖映胜团队，柳礼泉、杨葵、丁蕾团队，孙武安、蒯正明团队。从作者合作网络可以看出，研究者之间的合作比较分散，尚未在全国范围内形成合作群。

9.2.3 高产机构分析

如图 3 所示，高校思政课研究的主要机构发文数量依次为中国人民大学、武汉大学、西南大学、清华大学、北京师范大学、南开大学、东北师范大学、复旦大学。说明中国人民大学、武汉大学、西南大学等高校的马克思主义学院以及相关研究中心在高校思政课研究中处于"领头羊"地位。通过对主要研究机构的合作网络分析，发现各机构之间的合作较少。

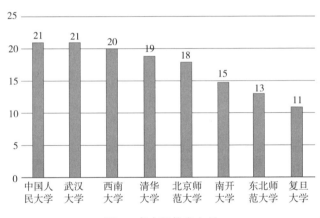

图 3　高产机构发文量

9.2.4 论文的引用量

被引次数，即被引量，是指文献发表后被其他文献作为参考文献引证过的次数，通过被引量的多少可以判断该文献引起同行反响的程度和质量水平的高低。[①] 如表 1 所示，从期刊论文的被引数据

---

① 王耀文、刘永胜：《专题文献著者群评价———一种"标准化"方法的探讨》，《图书情报工作》2007 年第 4 期。

来看，引用量最高的前 7 篇文献集中研究高校思政课"教学方法"与"实践教学"等主题，其中陈丽明《对高校思想政治理论课实践教学的思考》被引用 184 次。纵观罗列的高引用率论文可以发现，高校思政课研究主要扎根于对教学实践的思考。

表 1   文献被引量排序

序号	被引次数	作者	论文名称	刊名(年/期)
1	184	陈丽明	对高校思想政治理论课实践教学的思考	思想理论教育导刊（2010/02）
2	155	盛湘鄂	高校思想政治理论课教学实效性及其评价	思想理论教育导刊（2009/01）
3	131	顾钰民	高校思想政治理论课改革"慕课热"以后的"冷思考"	思想理论教育导刊（2016/01）
4	128	颜加珍	关于高校思想政治理论课实践教学的若干思考	思想理论教育导刊（2011/02）
5	112	卢黎歌	试论高校思想政治理论课教材体系向教学体系的转化	教学与研究（2009/11）
6	105	侯云霞于金秀	高校思想政治理论课教学实践与实践教学思考	中国特色社会主义研究(2007/02)
7	100	顾钰民	论高校思想政治理论课教学方法的研究	教学与研究（2007/05）

9.3   高校思政课研究的热点分析

为了了解高校思政课研究的热点问题，本部分对关键词进行聚类分析，将节点设置为关键词，运行 CiteSpace 生成关键词共现网络图谱，其中包含节点 505 个，连线 992 条，网络密度为 0.0078，如图 4 所示。在 505 个关键词的基础上进行关键词聚类，得出 10

个聚类标签,如图 5 所示。研究内容以高校思政课为核心,向实践教学、教学改革、高校思政课教师、教学模式、教学方法、话语体系、教学实效性等多个方向发散。

图 4　关键词共现网络图谱　　　　图 5　关键词聚类共现网络图谱

9.3.1　关于高校思政课实践教学的研究

实践教学是高校思政课的重要组成部分,办好高校思政课要坚持理论性与实践性相统一,不仅要用科学理论培养学生,更要用实践教学指导学生。学界关于高校思政课实践教学的研究主要集中在两个方面。首先,在实践教学模式的创新发展方面,李大健提出构建"三三制"的实践教学模式;[①] 罗国辉、徐光寿提出通过校园、社会、网络实践教学平台开展自助式的实践活动;[②] 华秀梅、罗本琦强调要坚持问题导向,以实践成果的遴选为基础,以优秀实践成果的课堂应用为核心,强调发挥"师""生"双重主体作用。[③] 其次,

① 李大健:《构建高校思想政治理论课"三三制"实践教学模式》,《思想理论教育导刊》2012 年第 9 期

② 罗国辉、徐光寿:《高校思想政治理论课实践教学模式创新研究——一种基于分组的自助式实践教学》,《湖北社会科学》2014 年第 2 期。

③ 华秀梅、罗本琦:《大学生社会实践成果"回归"理论课堂——高校思想政治理论课理论教学与实践教学良性循环的一种模式》,《思想理论教育导刊》2018 年第 10 期。

在实践教学机制的创新与完善方面，张国富、孙金华建议从更新教学观念、采取得力措施、加强部门配合、加大教学投入、注重教师队伍、提升学生参与六个方面建立一套保障机制；[①] 李邢西认为要健全评价主体队伍、建立健全评价体系、构建反馈机制和奖惩制度等；[②] 张振华、刘兰等借鉴和吸收教育学、心理学、脑科学等相关领域的研究成果，探析实践教学的心理作用机制。[③]

9.3.2　关于高校思政课教学改革创新的研究

深化高校思政课改革创新是加强和改进高校思政课建设的重要切入点，学者们从不同角度研究了这一问题。陈志宏从整体性视野出发，指出高校思政课教学的改革创新要注重教学内容的时代化、教学方式的生活化、教学话语的公共化、教学过程的体系化、教学主体的全员化、教学空间的协同化。[④] 李明从新发展理念出发，认为高校思政课教学改革需要以创新发展激活力、以协调发展聚合力、以绿色发展守底色、以开放发展拓资源、以共享发展强队伍。[⑤] 陈潜从认识论、价值论、实践论三个方面分别论述高校思政课教学改革的"初心""入心"和"匠心"，在教学内容的拓展性、教学主体的交互性和教学效果的获得感中，实现理论教学的现实观照，完成从"有意义"的课程到有"有意思"的课堂的转变。[⑥] 李寒

---

① 张国富、孙金华：《高校思想政治理论课实践教学保障机制探析》，《思想理论教育导刊》2010 年第 7 期。

② 李邢西：《高校思想政治理论课实践教学考核评价机制构建研究》，《思想教育研究》2017 年第 1 期。

③ 张振华、刘兰、朱强、戴钢书：《高校思想政治理论课实践教学的心理作用机制探析——以"观、听、访、演、帮、思"实践教学链为例》，《思想教育研究》2018 年第 12 期。

④ 陈志宏：《整体性视野下高校思想政治理论课教学改革创新》，《中国高等教育》2018 年第 13 期。

⑤ 李明：《新发展理念与高校思想政治理论课教学改革研究》，《河南社会科学》2018 年第 7 期。

⑥ 陈潜：《高校思想政治理论课教学改革的三个维度》，《思想教育研究》2019 年第 2 期。

梅认为高校思政课教学改革应坚持深度教学，在深刻理解中坚定立场，增强自信心；在逻辑构建中完善理论，提升说服力；在丰富体验中加深感受，突出感召性；在不断反思中培育理性，增强认同感。① 张燚、阎占定认为高校思政课教学改革的基本方略在于固本创新，强调优化创新"教什么""怎么教"，在注重教学内容"思想性"和"理论性"的同时，增强教师与学生之间的有效互动。②

9.3.3 关于高校思政课教学方法的研究

随着时代发展、课程方案调整，教学方法研究逐渐兴起，研究成果不断涌现，并形成了一定的规模。佘双好梳理了改革开放以来高校思政课教学方法的历史发展阶段，归纳了教学方法在格局、模式、样态、研究等方面的变化，从教育主管部门倡导和教师积极探索相结合、教学内容与教学方法的改革相结合、教学方法改革与教学环节和教学手段相结合、教师的主导作用和学生的主体作用相结合四个方面概括了基本经验。③ 黄建军建议将高校思政课教学方法研究提到学科建设的高度，要理性选择和合理运用各种教学方法，建立适合于人才培养模式的教学方法。④ 顾钰民认为教学方法研究是高校思政课教学的基本要素，渗透在教学的各个环节中，同时强调要注重在课堂上与学生的交流、注重教学的新理念与针对性。⑤ 魏强、周琳从真理力量打动人、事实整体说服人、思想交锋引导人

---

① 李寒梅：《走向深度教学：高校思想政治理论课教学改革的必由之路》，《思想理论教育导刊》2018 年第 6 期。

② 张燚、阎占定：《对高校思想政治理论课教学改革中"技术热"的思考》，《思想理论教育》2018 年第 10 期。

③ 佘双好：《改革开放以来高校思想政治理论课教学方法的创新发展》，《思想理论教育导刊》2018 年第 10 期。

④ 黄建军：《关于高校思想政治理论课教学方法研究的若干思考》，《思想理论教育导刊》2011 年第 1 期。

⑤ 顾钰民：《论高校思想政治理论课教学方法的研究》，《教学与研究》2007 年第 5 期。

三个方面总结了高校思政课教学方法改革的"变"与"不变"。① 侯衍社认为高校思政课教学方法创新要因时而变，遵循规律，主动作为：坚持以人为本，突出学生主体性、问题导向、时代性、思维训练和能力培养。②

9.3.4　关于高校思政课教师队伍的研究

办好高校思政课的关键在教师，教师队伍建设如何直接影响高校思政课的效果，对于这一问题，研究者从不同方面进行了阐述。骆郁廷梳理了改革开放以来高校思政课教师队伍建设的发展阶段，归纳了教师队伍建设的主要成就，从坚持育人与育师相结合、充实与提高相结合、师资与课程相结合、理论与实践相结合、教学与科研相结合、个体与集体相结合、启发与激励相结合、传承与创新相结合八个方面归纳了教师队伍建设的基本经验。③ 王易、岳凤兰从角色定位、队伍建设意义、队伍建设着重点三个方面来思考高校思政课教师队伍建设。④ 谢辉认为高校在明确自身责任的基础上，要强化教师队伍政治意识、提升教师队伍科研能力、重视实践环节、推动教学改革、加强师德建设，关心教师成长、尊重教师的主体地位，以促进新时代高校思政课教师队伍建设。⑤ 雷虎强从严把教师的出入口、助力创造乐教机制、着力打牢善教基础等方面探讨如何打造一支政治强、情怀深、思维新、视野广、自律严、人格正的高

① 魏强、周琳：《高校思想政治理论课教学方法的"变"与"不变"》，《思想教育研究》2018 年第 4 期。

② 侯衍社：《因时而变 遵循规律 改革创新——高效思政课教学方法创新的若干思考》，《思想理论教育导刊》2017 年第 9 期。

③ 骆郁廷：《改革开放 40 年来高校思想政治理论课教师队伍建设的历史发展》，《思想理论教育导刊》2018 年第 10 期。

④ 王易、岳凤兰：《关于加强新时代高校思想政治理论课教师队伍建设的思考》，《思想理论教育导刊》2018 年第 5 期。

⑤ 谢辉：《加强新时代高校思想政治理论课教师队伍建设》，《中国高等教育》2019 年第 13 期。

校思政课教师队伍。① 程勤华从制度构建与探索创新角度进行探讨，认为要明确队伍建设的制度目标，增强队伍建设的制度自觉，通过制度的制定、组织实施与评价跟进的系统化运行实现制度用人、管人与发展人。②

9.4　高校思政课研究的前沿演变

本研究对文献进行信息可视化分析：包括关键词突变图谱分析、关键词时线图谱分析、关键词时区图谱分析，以便反映2004—2020 年高校思政课研究领域前沿问题的变迁。

9.4.1　关键词突变图谱分析

根据对高校思政课研究的关键词图谱分析(图 6)，发现研究热点发生的变化可分为三个阶段。第一个阶段是 2004—2014 年，学者研究的关键词主要是高校、学科建设、社会主义核心价值体系、教学、对策、实效性，这意味着学界主要探求高校思政课教学的理论基础和教学实效。第二阶段是 2015—2017 年，这一阶段的关键词主要是马克思主义、实践教学、话语体系、话语权、亲和力、针对性，反映了学界对高校思政课教学研究的重点转向了课程建设内涵式发展。第三阶段是 2018—2020 年，此时的关键词主要是新时代、习近平新时代中国特色社会主义思想、高校思政课、队伍建设，这表明学者立足新时代，集中研究习近平新时代中国特色社会主义思想进教材、进课堂、进学生头脑，并探讨如何加强高校思政课教师队伍建设。

9.4.2　关键词时线图谱分析

从图 7 可知，提取 8 个高校思政课研究领域的高频关键词聚

---

① 雷虎强：《高校思想政治理论课教师队伍建设的基本路径》，《思想理论教育导刊》2019 年第 8 期。

② 程勤华：《高校思想政治理论课教师队伍建设的制度建构与探索创新》，《思想理论教育导刊》2020 年第 1 期。

Top 16 Keywords with the Strongest Citation Bursts

Keywords	Year	Strength	Begin	End	2004–2020
高校	2004	3.98	2007	2008	
学科建设	2004	3.19	2007	2012	
社会主义核心价值体系	2004	2.28	2008	2013	
教学	2004	4.6	2009	2014	
对策	2004	3.96	2009	2012	
实效性	2004	2.42	2011	2012	
马克思主义	2004	2.24	2015	2017	
实践教学	2004	3.87	2016	2017	
话语体系	2004	3.39	2016	2017	
语语权	2004	3.08	2016	2017	
亲和力	2004	2.88	2017	2018	
针对性	2004	2.37	2017	2018	
新时代	2004	9.69	2018	2020	
习近平新时代中国特色社会主义思想	2004	2.94	2018	2020	
高校思政课	2004	2.24	2018	2020	
队伍建设	2004	2.19	2018	2020	

图 6　关键词突变图谱

类，分别为思想政治理论课、高校思想政治理论课、高校、高校思政课、思政课、教学改革、实践教学、教学模式，这 8 个类别代表了具体研究热点。在聚类图中，通过对关键词提取，并按照时间进行梳理，可清晰地分析高校思政课研究的热点脉络（见表 2）。2004—2007 年，学者们主要围绕高校思政课的教学方法、教学模式、教学效果等方面进行研究。2008 年之后，随着研究视角增多，研究的关键词越来越发散，这与现实工作是相吻合的，随着相关政策文件出台、以及信息技术发展，高校思政课研究更加关注热点问题、信息技术应用问题。2013 年，党的十八大精神首次成为研究热点；2018 年，习近平新时代中国特色社会主义思想首次成为研究热点，这说明学界更加注重将党的最新理论成果融入高校思政课。2019 年，学校思想政治理论课教师座谈会的召开促进高校思政课内涵式发展的研究；2020 年，新冠肺炎疫情的发生促进高校思政课线上教学的研究。

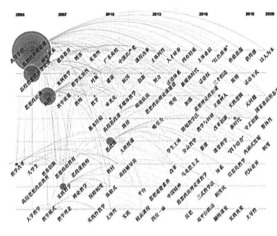

图 7　关键词时间线图谱

表 2　　　　　　　　　　热点关键词脉络表

年份	研究热点关键词	年份	研究热点关键词
2004	教学改革、高校思政课	2013	思政课建设、吸引力、党的十八大精神
2005	高校思政课、教学方法、教育效果	2014	话语体系、改革、思政课教学、习近平、中国精神
2006	高校思政课、教学模式	2015	社会主义核心价值观、专题教学、马克思主义、问题意识
2007	实践教学、思想政治教育、教学质量、学科建设、思想政治理论、教学评价、案例教学、教学理念、参与式教学	2016	话语权、慕课、话语体系
2008	思政课教师、改革开放、社会主义核心价值体系、教学实效性、多媒体课件、课程建设、理论教学	2017	立德树人、亲和力、改革创新、针对性、信仰、同向同行、翻转课堂

年份	研究热点关键词	年份	研究热点关键词
2009	对策、教学、实效性、教学体系、基本经验、"05方案"、思想政治工作	2018	新时代、习近平新时代中国特色社会主义思想、队伍建设、原则
2010	高校思政课、建设、主体性、教学内容	2019	守正创新、内涵式发展、学理性、时代新人、课堂革命、获得感、政治性
2011	路径、实践	2020	制度、在线教学、思政课建设、整体性
2012	创新、中国特色社会主义		

9.4.3 关键词时区图谱分析

为进一步了解不同年份高校思政课研究热点的迁移过程,本研究用 CiteSpace 绘制了关键词时区图谱。从图 8 可以看出,最大的节点为"思想政治理论课",其次为"高校思想政治理论课""实践教学""教学改革""新时代"等关键词。通过对重要节点以及相关文献的判断,这些关键词所连接的网络关系的时间跨度较大,结构复杂,随着时间推移,研究主题不断发生变化。总体上来看,在学界对高校思政课基础理论研究的基础上,教学的过程性研究不断增加,实践教学、教学对策、教学方法、教学实效成为研究的热点问题。特别是党的十八大以来,高校思政课研究更加聚焦"新时代""习近平新时代中国特色社会主义思想""立德树人""八个相统一""改革创新"。可以看出,高校思政课研究正在朝着宏观与微观、理论与实践多角度、多领域发展。

9.5 高校思政课未来研究展望

基于 CiteSpace 可视化工具对作者合作网络、主要研究机构、关键词共现、关键词聚类、关键词时线图、关键词时区图进行分析,结合高校思政课研究文献进行展望,以预测未来高校思政课研

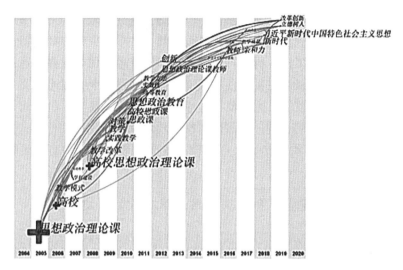

图8　关键词时区图

究的前沿、热点问题。

9.5.1　加强对以习近平新时代中国特色社会主义思想为核心内容的思政课课程群建设的研究

高校思政课要坚持以习近平新时代中国特色社会主义思想铸魂育人，将学习贯彻习近平新时代中国特色社会主义思想体现在课程目标、课程设置、课程教材内容中，实现全覆盖、贯穿全过程。①当前，学界关于习近平新时代中国特色社会主义思想融入高校思政课的研究成果较多，主要聚焦在用习近平新时代中国特色社会主义思想铸魂育人的理论阐述，以及习近平新时代中国特色社会主义思想融入高校思政课教学的话语体系构建、实践路径探究。近两年来，部分高校开设"习近平新时代中国特色社会主义思想概论"课，围绕习近平新时代中国特色社会主义思想设计教学框架，组织教学

---

① 中共中央宣传部、教育部：《关于印发〈新时代学校思想政治理论课改革创新实施方案〉的通知》，http：//www.moe.gov.cn/srcsite/A26/jcj _ kcjcgh/202012/t20201231_508361.html，2020-12-31。

内容、拟定讲授方案、探索教学方法，致力于引导学生系统、全面学习习近平新时代中国特色社会主义思想。在此基础上，习近平新时代中国特色社会主义思想融入高校思政课教学研究可以朝着特色化、具体化方向发展，行业特色类高校如何在思政课中讲授习近平新时代中国特色社会主义思想？"习近平新时代中国特色社会主义思想概论"课程的教学目标、教学内容、教学过程、教学评价如何设计？研究这些内容，进一步深化高校思政课课程群建设的研究，无论对高校思想政治工作还是对高校思政课改革创新都具有重要的意义。

9.5.2 总结建党百年来高校思政课建设的历史经验

2021 年是中国共产党建党 100 周年，在这个特殊的时间节点，回顾高校思政课建设的历史，有助于总结历史经验，把握历史规律，增强新时代高校思政课建设的力量。一直以来，学界关于高校思政课建设历史的研究从未停止，特别是在改革开放 40 周年、新中国成立 70 周年等重要年份，相关研究成果更为丰富。研究者从不同视角，将高校思政课建设进行历史发展时期的划分，总结高校思政课建设的基本经验，并归纳高校思政课建设的基本趋势，这对高校思政课的建设发展具有重要的启示。从 1921 年到 2021 年，中国共产党完成了救国大业、兴国大业、富国大业，在中国特色社会主义新时代推进并将在本世纪中叶实现强国大业，① 这是高校思政课建设发展的重要历史背景。要深入研究把握建党百年来高校思政课建设的主要阶段、基本经验、历史规律，不仅要立足建党百年的历史背景，也要根据高校思政课建设的特殊情况，进行归纳、总结，在重视历史、学习历史、研究历史中，总结历史经验，汲取经验教训，尤其是归纳新时代高校思政课建设带来的启示，这对高校思政课改革创新来说具有重要的理论意义和现实价值。

9.5.3 继续探索新时代高校思政课教师队伍建设研究

高校思政课教师是高校教师队伍中承担马克思主义理论教育、

---

① 曲青山：《中国共产党百年辉煌》，《光明日报》2021 年 2 月 3 日。

用习近平新时代中国特色社会主义思想铸魂育人的中坚力量,[①] 高校思政课教师队伍建设影响着高校思政工作的开展以及立德树人根本任务的落实。目前,关于高校思政课教师队伍建设的研究文献大多着眼于三个方面:一是高校思政课教师队伍建设的价值透视,二是高校思政课教师队伍建设存在的问题、面临的挑战,三是建设好高校思政课教师队伍的有效路径探析。随着新时代高校辅导员队伍建设要求更加完善,各高校积极配齐建强高校思政课专职教师队伍,努力建设专职为主、专兼结合、数量充足、素质优良的思政课教师队伍成为各个高校的重点工作,各个高校通过增加教师招聘数量、党政管理干部转岗、相关学科优秀教师加入等方式加强思政课教师队伍建设。这就为研究者提出以下问题:高校思政课教师后备人才培养问题、新进高校思政课教师队伍的建设与管理问题、高校思政课教师评价机制等,研究新时代高校思政课教师队伍建设,特别是在新发展阶段,研究如何提升高校思政课教师队伍的凝聚力和战斗力,无论对于高校教师队伍建设还是高校思政课创新改革,都具有重要的指导意义。

9.5.4　完善新时代高校思政课教学质量评价体系

通常而言,教学质量是教学活动或现象满足某些明确或隐含需要的特性,[②] 高校思政课教学质量是一项系统工程,存在于动态的教学过程之中。相比较而言,高校思政课教学质量评价体系同样为一项系统工程,但其范围更加清晰,更具有针对性。教学质量作为衡量高校思政课建设的基础标准,不仅能够发现教学过程中存在的优点与不足,对教学效果进行全面客观的评价,而且有助于采取针对性措施改善现状。学界关于高校思政课教学质量评价体系的研究不多,已有的成果主要探讨教学质量评价的学理性,从教学质量评价的基本属性、主要原则、核心内容进行分析。自教育部将2017

---

① 《新时代高等学校思想政治理论课教师队伍规定》,http://www.moe.gov.cn/srcsite/A02/s5911/moe_621/202002/t20200207_418877.html,2020-2-7。

② 刘志军:《论教学质量的内涵与构成》,《教育评论》1999年第5期。

年定为"高校思政课教学质量年"以来，相关研究成果不断增加，但是学界对于高校思政课教学质量评价体系尚未形成统一认识。这就要求我们必须要明确几个方面的内容：教学质量评价的内容有哪些？教学质量评价的主体有哪些？如何合理运用教学质量评价结果？如何建立健全多元评价机制？在此基础上，要制定并完善高校思政课教学质量评价的指标体系，并对相关指标进行科学赋值，量化对高校思政课教学质量的评价，从而激励高校思政课教师将更多时间和精力投入到教学中。

9.5.5 推动新发展阶段高校思政课改革创新

根据党的十九届五中全会精神，2021 年起我国进入新发展阶段。全面推动高校思政课改革创新是新发展阶段高校思政课直面时代变化、加强自身建设发展的现实需要，事关党和国家事业发展，事关高校思想政治工作开展，事关高校意识形态阵地建设，事关立德树人根本任务落实，事关担当民族复兴大任时代新人的培养。从学界关于高校思政课改革创新研究的已有成果来看，文献主要从方法论视角分析高校思政课改革创新的重要遵循、价值坚守、逻辑理路等，为进一步研究打下良好的理论基础，但同时也反映出研究中存在的薄弱环节。高校思政课改革创新不仅要知道坚持什么，也要知道为何做，更要知道如何做，即要明确以下问题：如何实现新发展阶段高校思政课的高质量发展？如何进行大、中、小学思政课课程目标的一体化设计？如何在高校思政课现有基础上完善课程内容？如何加强高校思政课改革创新的组织领导，构建长效机制？因此，立足新发展阶段，强化高校思政课的时代性，将高校思政课改革创新研究内容再钻深一些尤为重要，探索高校思政课改革创新的实施路径、打造高校思政课创新改革的"升级版"，对高校思政课高质量发展来说具有重要的现实价值。

（作者：耿品，中国农业大学马克思主义学院）

肆

新媒体新技术与新时代高校思想
政治理论课教学研究

1 融媒体时代高校思政课线上线下混合式教学初探

随着信息技术的发展，融报刊、广播、电视等传统媒体与数字化报刊、网络、客户端等新兴媒体为一体的融媒体时代已经到来。融媒体整合各种媒体的优势，呈现出高时效、互动性、开放性、碎片化的特点。融媒体时代既为思政课推进线上线下混合式教学提供了契机，又对思政课的课程建设和改革提出了更高要求。混合式教学是将线上教学和课堂教学有机融合的教学模式，即通过发挥线上教学和线下教学的优势，引导学生自主深度学习。

1.1 把握推进思政课线上线下混合式教学的契机

在融媒体时代推进思政课线上线下混合式教学，有其客观必然性，也有其有利条件。

1.1.1 落实立德树人根本任务的客观要求和内在动力

当代青年大学生学习的积极性和主动性逐渐增强，也具有较强的运用融媒体的能力，但他们毕竟还处在成长的"拔节孕穗期"，思想还不是很成熟，很容易受到网络上不同思想文化的影响。落实立德树人根本任务，推动课程改革创新，这是思政课在融媒体时代采用线上线下混合式教学的客观要求和内在动力。

1.1.2 融媒体时代的技术基础

融媒体时代为思政课推进线上线下混合式教学提供了技术基础，具体表现为通过信息技术、管理和平台移动终端，有效整合多种教学资源，实现教学由传统课堂的单向信息传播向依托融媒体平台的双向、多向互动转化。作为一种教学平台，融媒体是一个立体概念，最底层的是融媒体平台本身的技术支撑，中层的是教师在云端进行的课程资源建设，而基于上述技术支撑和课程资源建设之上的，是教师与学生在客户端交互作用的技术呈现。目前我国已经成功建立了一些优质融媒体教学平台，如中国大学慕课、超星尔雅、网易云课堂、学堂在线、智慧树等，这些平台为思政课教师进行线上线下混合式教学提供了技术基础和交流平台。

1.1.3 国家一流课程建设的政策支持

为了提高人才培养质量，教育部实施了一流本科课程"双万计划"，其中线上线下混合式课程是国家级一流本科课程推荐认定的类型之一，旨在打造在线课程和课堂教学相融合的混合式"金课"，这为高校思政课推进线上线下混合式教学提供了强有力的政策支持。推进思政课线上线下混合式教学，就是要充分利用融媒体技术传播的双向、多向互动化的特点，解决传统课堂教学的困境，让融媒体平台成为思政课教学的重要渠道和新阵地。

1.2 思政课线上线下混合式教学需要着力解决的问题

思政课线上线下混合式教学需要着力解决的，主要是克服传统课堂和线上学习容易出现的问题。这些问题集中表现在以下三个方面。

1.2.1 传统课堂教学忽视学生主体性问题

传统课堂教学以教师讲授为主，一般采取大班授课，难以体现学生的主体性和多样性。即使教师组织课堂分组讨论，也难以保证全体学生的有效参与。推进线上线下混合式教学，有助于实现教师主导性和学生主体性相结合，以及统一性和多样性相结合。

1.2.2 线上教学互动有限性问题

线上学习主要包括"慕课"和"直播"两种方式，"慕课"是指利用网络平台资源学习，"直播"则是指在线上直播授课平台学习。这两类学习方式存在不同程度的问题，一是利用网络平台资源学习中的互动受限问题。以慕课为例，学生可以利用碎片化的时间学习全国最优质的课程资源，但这种互动模式为人机互动。在人机交互状态中，缺失课堂面授中的师生互动性。同时，在线上学习过程中，由于生生之间在空间上的隔离状态，缺少学习氛围，注意力容易分散。在慕课平台提交作业和进行讨论的过程中，一名教师面对数百名学生的学习信息，容易造成学生的问题得不到及时反馈与回应，进而影响学生学习的积极性。

二是线上直播授课平台学习中的互动延迟问题。线上直播授课平台具有远程可视化、双向实时互动性的特点，具有分享屏幕、发送文件、布置作业、签到、观看数据统计、测试、直播回看等功能，这些功能可以满足不受空间限制的线上教学的基本需要。但线上直播授课平台运行过程中也普遍存在一些问题，如直播平台虽具有实时互动性，但在互动接通语音或连麦的过程中时常会出现延迟现象，学生在直播学习中容易走神，网络不稳定带来的卡顿、延迟、声音不清晰等问题，会影响师生互动和生生互动效果。

导致上述两个方面互动受限问题的主要原因是线上学习的有限性。首先是师生网络交流的有限性。线上学习与课堂教学相比较而言，教师观察学生的广度不同，课堂教学中教师可以观察全部学生的学习状态，但在直播学习中教师却难以观察到学生，即使连麦也容易出现学生有选择地暴露自己的学习状态的情况。其次是学生身份的虚拟性、隐蔽性和可变性，在慕课学习中出现了一些学生刷课、代看网课、代写作业等问题。再次是学生的心理趋向于娱乐性与实用性。在慕课学习中，学生对慕课的重视程度及学习的吸收率会受自身需要的影响，一些技术技能型的课程通过慕课学习效果会更佳，而思政课的典型特点是政治性、理论性和思想性，而非娱乐性和实用性。

1.2.3 考核评价结果失真性问题

造成考核评价结果失真的主要原因是考核评价方式的单一性。传统课堂教学考核评价方式中，过程性考核往往会因大班授课人数较多而被忽略或者不精准，综合考核的区分度主要体现在期末考试成绩中，这样不能充分反映学生的学习态度、效果等。线上教学考核评价中的过程性评价以线上学习数据为依据，但也易因代看、代考问题出现考核评价结果的失真。显然，单一采用其中任何一种教学考核评价方式都难以保证考核评价结果的真实性。线上线下混合式教学评价方式，整合期末考核和过程性考核、线上考核和线下考核、教师评价和学生互评的优势，既能实时掌控学生学习进度以督促学生学习，又能照顾到学生的个性特点，激励学生进行自主性学习，促进学生综合素质的全面提高。其中，过程性评价覆盖面更广，在课堂教学过程性评价的基础上增加了线上学习的过程性评价，包括学习视频时长、章节测试题、作业情况以及讨论区活跃度等，因而考核信度更高，综合考核结果更能真实反映学生的学习情况和课程目标达成度。相较于传统课堂教学评价和线上教学考核评价，线上线下混合式教学考核评价方式能够全方位、多角度、全过程评价学生学习情况，在更大程度上保证评价结果的真实性。

1.3 推进思政课线上线下混合式教学应当把握的原则和方法

在实际操作过程中，推进思政课线上线下混合式教学应遵循目标性原则、建设性原则、融合性原则和贴近性原则，创新运用多种教学方法，合理设计课前、课中和课后三个教学环节，突出学生的主体地位，提高课堂参与度，提升教学效果。

1.3.1 推进思政课线上线下混合式教学应当把握的原则

(1)目标性原则

立德树人,这是教育尤其是思想政治教育的价值旨归和目标所在。推进思政课线上线下混合式教学,以课程目标为导向,推动线上线下混合式教学进行反向设计,即进行线上和线下部分教学设计的立足点是实现学生的知识目标、能力目标和素质目标,课程设计围绕三个目标,让学生线上线下行动起来,严格课程教学管理,提高教学效果。

(2)建设性原则

优质课程资源是提高思政课教学效果的前提。推进混合式教学,必须持续加强课程资源建设和融媒体平台意识形态引导。一方面,在建设过程中以质量为导向,整合融媒体平台的优秀资源建设优质课程,持续改进,重在建设,注重创新,实现让课程"优起来";另一方面,各融媒体平台具有较强的传播力和辐射力,不同思想文化在融媒体平台碰撞交锋,思政课教师不仅能通过融媒体平台了解学生关注的热点问题,而且还应该运用融媒体平台(如微信公众号、微博、B站等)积极创建新颖的、有创新性的思政课资源,筑牢思想政治教育新阵地,充分发挥融媒体育人功能,宣传主流意识形态,旗帜鲜明地批判各种错误思潮,引导学生形成理性分析各种现实问题的能力,为学生成长成才筑牢精神防线。

(3)融合性原则

推进混合式教学应融合多方因素,主要体现为三个方面:一是将线上教学、课堂教学和课后反馈融合为一体,不断改进思政课教学,提高思政课教学质量;二是将融媒体技术和课堂教学深度融合,提高课堂教学的交互性,让课堂活起来;三是将教师主导性和学生主体性作用相融合,实现学生独立学习和参与课堂教学的有效融合,改变传统的教师"一言堂",真正让学生参与课堂。

(4)贴近性原则

推进思政课线上线下混合式教学,教学内容要体现时代性,因时因势而新。在课堂讲授和线上资源建设中，应分别有针对性地贴近并回应时政热点、时代节点和社会焦点。

1.3.2 推进思政课线上线下混合式教学的方法

推进思政课线上线下混合式教学，要求教师聚焦主题合理设计课前、课中、课后三个教学环节，力求做到课前环节引源头活水之流，课中环节呈惊涛拍岸之势，课后环节达润物无声之效，实现线上线下教学优势互补、无缝对接。

(1)课前环节：引源头活水之流

在课前准备环节，教师是课程资源的建设者和学生线上学习的引导者，学生是课前知识的准备者和学习者。在课前环节做到引源头活水之流，可以从以下方面努力：一是教师要树立学生中心的教学理念；二是教师要充分利用融媒体教学平台建设课程资源，主要包括主题性资源和扩展性资源；三是明确学习目标；四是学生充分利用线上资源进行自主学习。通过聚焦各知识点的主题性和扩展性线上教学资源，按照明确目标—学习视频—总结—提问的模式，引源头活水之流润泽时代新人，引导学生初步感知相关知识和背景材料，促进基本知识、理论的内化，培养学生自主学习能力和主动提出问题、分析问题的能力。

(2)课中环节：呈惊涛拍岸之势

线上线下混合式教学中的课中环节主要是课堂教学。在课堂教学环节，教师是课堂教学的组织者和指导者，学生是课堂教学的参与者和合作者。要在课中教学环节中呈惊涛拍岸之势，可从以下方面努力：一是根据教学目标和教学内容选择适当的教学模式，增强教学的互动性；二是运用辅助教学的数字化教学工具，有效管理课堂，实现教师的主导性和学生的主体性的统一；三是学生运用合作学习法和探究学习法。按照"组间同质、组内异质"的原则分组，分组合作参加高阶性课堂思考与讨论，提出疑问困惑并在小组内交流解答，让学生的学习由传统课堂中的"被动"地听转变为"主动"地思与问。通过师生互动、生生互动促进学生知识、能力和素质的提升，锻炼学生的高阶性思维能力。

（3）课后环节：达润物无声之效

在课后环节，教师是学生学习的评价者和促进者，学生是学习效果的反馈者和实践者。要在课后环节取得润物无声之效果，可以从以下方面努力：一是结合教学内容学生完成线下作业；二是引导学生进行个人反思；三是进行过程性评价。课后环节设计作为课堂教学在时空上的延伸，不仅是学生线上和课堂学习内容进一步深化的过程，而且是学生由内在的知识体系转化为行为实践的过程，内化于心，外化于行，达润物无声之效，培养学生主动学习、质疑思考和解决问题的能力。

融媒体时代推进思政课线上线下混合式教学，必然要求教师不断提升自身素质，更新教学理念，推动课堂革命。思政课教师应通过学习和培训，使自己具备较强的运用线上线下混合式教学的能力，从而以融媒体平台为载体，融优质线上教学资源、课堂教学和课后反馈于一体，提高课程的创新性和挑战性，培养学生的高阶性思维能力，立德树人，铸魂育人，为培养新时代一流本科人才打造思想基石、筑牢精神防线。

（作者：丁俊萍，武汉大学马克思主义学院教授）

2 思想政治理论课传统课堂与智慧课堂教学效果比较研究

"互联网+"时代下，以大数据、云计算等为代表的信息技术手段与教育教学的融合不断深入，大大变革了传统课堂下"教师拼命教，学生被动学"的单调教学模式，教学逐渐向信息化、智能化方向发展，"智慧课堂"应运而生。[①] "智慧课堂"是相对于"传统课堂"而言的。"传统课堂"是指在普通教室里进行教学并采取大班授课、应用简单多媒体技术的教学模式。在传统课堂的教学模式下，教学方式较为单一，师生、生生间的互动较少，评价与反馈机制较为滞后。"智慧课堂"是指利用现代信息技术手段以实现课堂的信息化、智能化的课堂教学模式。与传统课堂相比，智慧课堂的教学设备更先进，教学方式更加多样，同时更为注重对学生能力的培养与提高。智慧课堂在特殊的智慧教室里进行教学，采用小班授课制并拥有先进的智能教学平台。在智慧课堂的教学模式下，教师采用多样、新颖的教学方式，师生、生生在教学中进行高效互动，教师能够随时随地地掌握学生的学习情况，并在教学过程中更注重对学生自主学习能力、独立思考能力、团队合作能力的训练和培养。

目前，学术界已有关于智慧课堂的多方面研究，主要集中在智慧课堂的内涵与特征、智慧课堂教学策略的设计与应用、教学模式

---

① 刘邦奇：《"互联网+"时代智慧课堂教学设计与实施策略研究》，《中国电化教育》2016 年第 10 期。

的构建与实践等方面。如胡钦太等的《教育信息化的发展转型：从"数字校园"到"智慧校园"》，重点阐述了进行智慧课堂教学的重要性；[1] 唐烨伟等的《信息技术环境下智慧课堂构建方法及案例研究》，以具体教学案例为基础探讨关于智慧课堂的构建方法。[2] 还有孙曙辉、刘邦奇编著的《智慧课堂》，比较了传统课堂与智慧课堂的异同，并回答了什么是智慧课堂，如何构建智慧课堂，以及在课堂教学实际中如何具体应用智慧课堂等基本问题。[3] 同时，也有一些学者着眼于智慧课堂的教学效果，如卞金金等的《基于智慧课堂的学习模式设计与效果研究》，认为智慧课堂有益于学生优化学习过程，增强资源适应性，提高知识掌握率，提升学习兴趣；[4] 陈婷的《"互联网+教育"背景下智慧课堂教学模式设计与应用研究》，认为智慧课堂提高了大学生的学习效果以及学习满意度，满足了当代大学生的学习需求。[5] 整体而言，目前关于智慧课堂与传统课堂教学效果的实证研究还比较少，尤其对思想政治理论课智慧课堂与传统课堂教学效果的比较研究则更少。随着思想政治理论课智慧课堂的日益普及，这种教学效果的比较研究显得日益迫切。

2.1　传统课堂与智慧课堂的教学结构比较

2.1.1　课前阶段：智慧课堂教学结构更便于掌握学生学情

如图 1 所示，在课前阶段，传统课堂的教学环节是教师备课与

① 胡钦太、郑凯、林南晖：《教育信息化的发展转型：从"数字校园"到"智慧校园"》，《中国电化教育》2014 年第 1 期。

② 唐烨伟、庞敬文、钟绍春、王伟：《信息技术环境下智慧课堂构建方法及案例研究》，《中国电化教育》2014 年第 11 期。

③ 孙曙辉、刘邦奇：《智慧课堂》，北京师范大学出版社 2016 年版，第 5 页。

④ 卞金金、徐福荫：《基于智慧课堂的学习模式设计与效果研究》，《中国电化教育》2016 年第 2 期。

⑤ 陈婷：《"互联网+教育"背景下智慧课堂教学模式设计与应用研究》，江苏师范大学 2017 年硕士论文。

学生预习。教师对学生的个人状况缺少系统、有效的了解，主要是按照课程标准和自身主观感受进行备课。而学生在课前预习过程中也无法与教师进行及时的沟通，预习环节中出现的疑问不能及时得到解决。

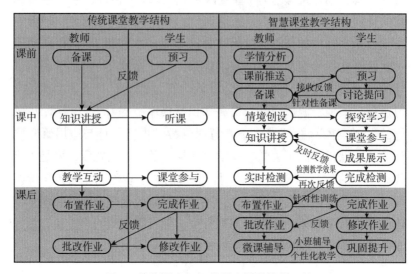

图1 传统课堂与智慧课堂教学结构比较

智慧课堂课前阶段由学情分析、预习测评、备课三个教学环节构成。教师通过智慧课堂信息化平台提供的学生作业成绩分析和学生个人档案对学生进行系统、科学的了解，以学生学情为依据通过信息化平台有针对性地推送预习资料，而学生可依据自身情况灵活选择材料进行预习。教师可以根据学生的学情分析结果、学生提交的预习测评的完成情况以及论坛讨论情况来确定教学目标、内容、方法，使教学能够最大限度地贴近学生之实际、解决学生之困惑。

2.1.2 课中阶段：智慧课堂教学结构更注重师生、生生互动

在课中阶段，传统课堂教学是教师讲授教材知识，学生听讲、回答问题或完成课堂练习的过程。在这个过程中，学生的主体性没

有得到充分发挥，只能被动接受，不利于学生创新思维的培养。

智慧课堂在这一阶段的教学结构细分为情境创设、知识讲授、实时检测三个部分。课中阶段智慧课堂与传统课堂的最大区别在于更强调师生、生生的互动及及时反馈。教师通过预习反馈、创设情境导入新课，总结课前预习情况与讨论情况，重点讲授学生课前预习阶段的薄弱部分。同时，教师根据教学目标下达新的探究学习任务，组织学生以合作探究、分组活动等方式进行互动讨论，要求学生完成任务后提交学习成果并当堂展示。此外，学生还应及时完成教师推送到学生智能客户端上的随堂检测题目。教师根据随堂检测的反馈结果对教学重点和难点进行强调和总结，对薄弱环节进行补充讲解，以巩固、拓展教学内容，提高教学效果。

2.1.3 课后阶段：传统课堂教学结构导致评价与反馈相对滞后

传统课堂教学中的课后阶段，是学生完成教师课中布置的作业，作业的批改和点评是滞后的，不利于教学内容的巩固、提升、拓展。而智慧课堂的课后作业布置不再是死板统一的，教师可以综合课堂检测结果，利用云平台发布有针对性的课后作业，如向课堂实时检测结果良好的学生推送难度高的能力提升类作业，向检测结果较差的学生推送难度低的基础巩固类作业。学生提交作业后，教师再根据不同学生的作业完成情况录制微课推送到学生端，或组织小班教学进行个性化辅导。学生可以通过使用云平台上教师发布、同学共享的教学资源，并结合自己的课堂学习和课后作业完成情况，在论坛上发表自己的学习感受，与教师、同学进行探讨、总结和反思，为自己后续的学习和教师的授课提供依据。

2.2 思想政治理论课的传统课堂与智慧课堂客观教学效果比较

为了测试思想政治理论课的传统课堂与智慧课堂的教学效果，

我们在拥有较多智慧教室的华中师范大学展开调查，以思想道德修养与法律基础课堂的师生为调查对象，采访了多位同时拥有传统课堂与智慧课堂教学经验的教师，并采取随机抽样的方法向传统课堂与智慧课堂的学生发放了大量问卷。根据调查结果，将从客观教学效果和主观教学效果两个方面来比较传统课堂与智慧课堂的教学效果。

客观教学效果是指教学效果的客观反映，包括学生的最终成绩和对知识的掌握程度。此次调查中，我们在问卷里设计了考察基础知识的题目，并调取了同一位教师教授的传统课堂与智慧课堂学生的期末卷面成绩，进而以期末成绩和问卷的答题情况作为衡量不同教学模式教学效果的客观标准。

2.2.1 传统课堂与智慧课堂学生对知识的掌握程度相近

问卷的第二部分设计了单选、辨析、多选等题型来检验不同课堂学生对课堂知识的掌握程度。在回收的线下问卷中，有较多同学没有填写多选题，因此，我们在最终统计中没有将多选题包括在内。如图2所示，传统课堂与智慧课堂学生答题的错误率分别为32.73%与36.99%。智慧课堂学生的答题错误率略高于传统课堂学生，但整体差别不大。二者错误率差别最大的一道题目是考查学生对"科学信念"理解的单选题，智慧课堂学生的错误率比传统课堂

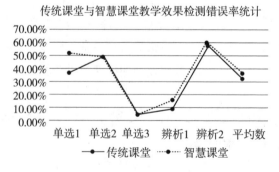

传统课堂与智慧课堂教学效果检测错误率统计

图2 传统课堂与智慧课堂教学效果检测错误率统计

学生高出了近 15 个百分点。根据问卷所设置的知识考查类题目的答题情况，思想政治理论课智慧课堂与传统课堂的错误率仅相差 4.26%，两种教学模式下的学生对课堂上所学知识的掌握度十分接近，实际教学效果不存在较大的差别。

2.2.2 传统课堂与智慧课堂学生最终成绩情况极为接近

思想政治理论课的最终成绩是对课堂教学效果最直接的反映。在接受采访时，教授思想道德修养与法律基础的多位教师均表示智慧课堂与传统课堂学生的期末考试成绩没有显著差异。为了更加客观地考察两种模式的教学效果，我们比较了相同教师所教授的智慧课堂与传统课堂学生的期末成绩（为期末卷面成绩，不包括平时成绩）。传统课堂学生的期末平均成绩为 72.61，智慧课堂学生的期末成绩为 69.7，基于 ANOVA 分析，两种课堂学生的成绩不具有统计学意义上的差别。就及格率而言，传统课堂的不及格率为 3.37%，智慧课堂的不及格率为 5.71%，略微高于传统课堂，差异较小。

2.3 思想政治理论课的传统课堂与智慧课堂主观教学效果比较

主观教学效果是指教学效果的主观反映，包括师生自身更偏向于哪一种教学模式，教学过程中师生的教学体验和对教学过程是否有序的看法，以及教学效果的最重要体现——对学生政治素养、行为实践、个人能力的影响等。在本次调查中，我们主要通过问卷调查和访谈收集了师生对不同教学模式的主观看法，并以此作为衡量不同教学模式教学效果的主观标准（见表1）。

2.3.1 传统课堂教学过程的连贯性强于智慧课堂

当下，传统课堂的教学模式仍旧占据主体地位，具有自身难以替代的优势。教育中的信息技术终究只是一种技术和手段，信息技术的发展不可能替代课堂教学本身。传统课堂教学模式较智慧课堂而言在教学的连贯性上更具优势。其一，在传统课堂的教学模式下，传统课堂的主动权掌握在教师手中，课堂讨论等活动相对较少，课堂时间的安排也由教师支配，这更有利于教学内容的完整性和连贯性，有助于学生跟随教师思路顺畅地学习。其二，传统课堂单一的教学设备便于教师进行流畅的操作，能避免教师不熟悉设备或设备故障频发而打乱课堂节奏情况的出现。其三，传统课堂中师生互动、生生互动的环节较少，减少了因学生讨论氛围过于活跃而导致授课节奏出现偏差的情况。因此，在传统课堂中，教学的连贯性能够得到有效的保证。

表 1　　　　　传统课堂与智慧课堂主观教学效果比较

比较选项			传统课堂	智慧课堂
教学过程	教学过程的稳定性	教学的连贯性	有效保证了教学连贯性	课堂节奏易被打断
		师生的专注性	师生专注于知识内容	易导致注重形式而忽视内容
	师生教学过程中的体验	教学形式	教学形式单一	教学形式新颖多样
		师生互动	少量学生参与互动	全体学生参与互动，互动高效
		个性辅导	大班授课，统一教学	利用智能平台进行个性化辅导
		学习环境	桌椅固定，不利于展开讨论	个性化设计，方便开展讨论
教学效果		对学生行为实践的影响	对学生行为实践产生潜移默化的积极影响	对学生行为实践的影响相对较弱
		对学生个人能力的影响	教学主要提高学生掌握知识的能力	培养学生多方面的综合能力
师生喜爱度			喜爱度低	喜爱度高

相比传统课堂，智慧课堂的教学模式发展时间不长，硬件、软件设施还不够完善，不少师生在调查过程中反映智慧教室的硬件设

施存在一些问题。一是设备问题，教师教学中可能发生机器故障、卡顿的情况，造成教师课堂节奏被打断，影响课堂学习氛围。二是环境问题，如室内温度过高、不透风等，容易引发师生状态不适，难以集中精力教学。三是软件使用问题，多个高校在信息化改革的浪潮下推出了包括云平台在内的智能学习软件(电脑客户端和手机App)，但是这些平台在运行过程中频频出现诸如作业无法及时提交、学生学习时长无法及时刷新等多种问题，给师生带来了不便，教学进度受到影响。

2.3.2　智慧课堂师生教学体验显著优于传统课堂

智慧课堂作为信息时代的产物，在技术和教学应用上具有传统课堂无法比拟的优越性，使教学从过去依赖教师的教学经验与直观感知转变为现在基于对海量教学数据的分析与对学生思想的动态把握。调查结果显示，师生在智慧课堂中的主观体验明显优于传统课堂，主要体现在以下几个方面：

(1)教学形式多样化，增进师生高效互动

传统课堂的教学形式较为单调，多为教师结合简单的多媒体操作开展新课讲授。思想政治理论课具有浓厚的意识形态色彩，且知识内容的理论性较强，如果教师把握不得当，很容易将"讲解"变为"说教"。在传统课堂的教学模式下，学生早已习惯于简单的多媒体教学，单调的教学模式往往无法使学生提起对教学内容的兴趣，学生缺少"主动学习"的积极性。

而多样化的教学形式是智慧课堂相较于传统课堂的一个显著优势，教师可以利用智能教学平台的教学功能通过多种方式展开教学，提高学生的自主学习能力。在课堂中，教师可根据学生的学习情况，通过资源订阅和智能推送等方式第一时间向学生推送最新的学习资源，并通过智能教学平台对小组合作进行实时的数字化评价和及时的反馈，指导、帮助各个小组进行学习探究。在智慧课堂的模式下，教师与学生之间，学生与学生之间的交流不再受到限制，可以在课前、课中、课后任一阶段进行无障碍的交流。根据调查结果，超过半数的学生认为智慧课堂增加了课堂的趣味性，能够更加便利地获取学习资源，增进了师生、生生间的互动，提升了学生的学习积极性。

表2 智慧课堂教学模式的优势

选　　项	小计	比例
A. 智慧课堂增加了课堂的趣味性，提高学生注意力	108	63.53%
B. 智慧课堂发挥了学生的自主性，提高了学习积极性	110	64.71%
C. 智慧课堂采用全新的教学方式，利于增强学生的综合能力	93	54.71%
D. 智慧课堂有利于学习资源的获取，使学习更加方便快捷	93	54.71%
E. 智慧课堂增加了师生、生生的互动，营造了和谐的课堂氛围	94	55.29%
F. 没有特别优势	13	7.65%

（2）教学基于信息平台，有助于个性化教学

个性化教学是现代教学一直在强调和倡导的概念，但由于思想政治理论课传统课堂人数较多，教师往往无法兼顾学生间的个体差异。思想政治理论课的传统课堂均采用大班授课的管理模式，每个班约有80~100名学生，多来自不同学院、不同年级，老师只能根据大多数学生的情况进行统一教学。而智慧课堂以小班教学为主，每个班人数控制在50人以内，课堂人数相对较少，更加有利于思想政治教育工作的展开。智能教学平台可依据学生的学习情况(如专业情况、作业完成情况)简略划分不同层次，教师可针对不同层次的学生推送不同的学习资料和个性化辅导资源，同时可以录制微课，对学生的学习情况进行及时的教学和反馈，真正实现以学生为中心的个性化教学。

（3）营造良好学习环境，提供理想教学条件

不同于传统课堂，智慧课堂一般是在特殊的智慧教室中进行的，智慧教室的布置主要有以下三个特点。一是桌椅为可随意拼接的活动桌椅。学生既可以采用传统的桌椅摆放方式与教师正面相

对，也可以在小组讨论时将桌子拼接为圆桌形，方便小组成员间的讨论与交流。二是教室四面都有屏幕。不同于传统课堂将电子屏幕设置在讲台的正上方，智慧教室的四周都有屏幕，学生不管在教室的哪个位置都可以极为方便地从最佳视角观看屏幕。三是教室的色彩搭配。智慧教室往往采用暖色调的颜色，如天蓝色、浅绿色等，大量暖色调的物件有利于师生在教学中保持心情的愉悦。与传统教室相比，智慧教室的环境设计十分人性化，提升了师生在感官上的体验，为课堂教学提供了舒适的条件。

2.3.3 传统课堂对学生的行为实践产生更为积极的影响

问卷结果显示，传统课堂在学生行为实践上起着更为积极的推动作用。传统课堂的学生更倾向于将思想政治理论课上学习到的理论知识应用到实践之中，他们更乐于对周围的人进行思想上的正确引导，同时也更愿意参与支教、社区服务等志愿活动。以"通过思想政治理论课的学习，您是否更愿意积极参加如支教、社区服务等志愿活动"这一题为例，42.6%的传统课堂学生认为思想政治理论课的学习使其更愿意参加志愿活动，而这一比例在智慧课堂中较低。同时，30%的传统课堂学生认为思想政治理论课对其参加志愿活动产生正面影响，而这一数据在智慧课堂学生中仅为7.4%。正如前文所言，虽然传统课堂的教学形式具有单一性，但课堂教学更具连贯性、学生学习知识更具专注性，学生在课堂上的专注学习使学生能够更充分地将所学知识应用到课后的实践行动中，将道德规范、思想观念外化为积极、正面的实践行为。

2.3.4 智慧课堂更有助于学生综合能力提升

智慧课堂教学模式的应用更有利于提高学生的综合能力。在教学过程中，学生学习使用智能设备，对数据库的操作能力得到增强；学生参与大量的讨论与合作探究，合作交流能力以及分析、解决问题的能力得到加强；学生通过智能教学平台接触更多的学习资料，对知识的掌握能力得到提升。如表3所示，在问卷调查中超过半数的学生认为自身的合作交流能力，自主学习能力，分析问题以及解决问题等能力在智慧课堂教学模式中得到提升。

表3 　　　　智慧课堂教学模式的应用提高了自身能力

选　　项	小计	比例
A. 基础知识的掌控能力	72	42.35%
B. 分析问题及解决问题的能力	95	55.88%
C. 数据库的操作能力	60	35.29%
D. 合作交流的能力	121	71.18%
E. 自主学习的能力	96	56.47%
F. 对学生能力没有提高	17	10%

2.3.5 师生更偏向于智慧课堂教学

在对学生的问卷调查和对教师的访谈中，我们对师生的课堂体验做了重点了解。其中，有75%的受访教师表示更喜欢智慧课堂，53%的学生表示相较传统课堂更喜爱智慧课堂的教学模式。

接受调查的学生中有部分来自智慧课堂，也有部分来自传统课堂。在接受智慧课堂模式教学的学生中，有66%的学生表示更喜欢智慧课堂；而在接受传统课堂模式教学的学生中，也有大量学生表示更偏向于智慧课堂的教学模式，这进一步表明了师生在传统课堂与智慧课堂的教学模式中更偏向于智慧课堂的教学模式(见图3)。

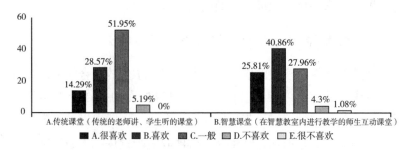

图3 传统课堂与智慧课堂学生对智慧课堂教学模式的喜爱度

2.4 思想政治理论课智慧课堂优化途径

针对思想政治理论课智慧课堂教学中存在的部分问题，根据对师生的访问、调查结果，提出以下几点优化思想政治课智慧课堂教学的建议。

2.4.1 提升智能教学平台的稳定性、适配性

智慧课堂的硬件和软件问题一直困扰着师生。当前，智能教学平台的稳定性和适配性有待加强。开发人员需要继续改善硬件、软件设施。首先，保障操作的流畅性，减少智慧课堂机器设备出现卡顿、故障的情况；其次，完善智能教学平台的功能，解决师生所反映的问题，尤其是云平台所存在的问题，如作业无法提交、学习时长不能及时更新，等等。针对师生所反映的问题，不能治标不治本，仅停留在解决个别问题的层面，更重要的是从根源上入手，全面优化、开发出运行流畅、操作便捷的智能教学平台，满足师生的日常教学需求。

2.4.2 配备智慧课堂学生助理

在智慧课堂模式下，教师教学任务明显加重，课前、课中、课后都要花费更多的精力，为了保证良好的教学效果，为智慧课堂的教师配备学生助理，适当分担教师的教学任务十分必要。学生助理可以替教师分担的教学工作主要有：课前，根据学生的预测情况总结存在的疑难问题并反馈给任课教师；课中，记录学生课堂参与度作为期末平时成绩的参考，协助教师完成课堂教学；课后，批改学生的作业，并将作业完成情况反映给任课教师。学生助理可以帮助教师完成智慧课堂教学模式结构中的多个环节，减轻该模式下教师的负担与压力，从而让教师在最好的状态下进行教学。

2.4.3 发挥智能教学平台"教育大数据"作用

教育大数据是指整个教育活动过程中所产生的以及根据教育需

要采集到的，一切用于教育发展并可创造巨大潜在价值的数据集合。在智慧课堂的教学模式下，智能教学平台将完整地记录下整个教学过程以及学生的学习情况。师生应当利用好智能教学平台收集、整合教育数据这一功能。首先，对教师而言，思想政治理论课是一门"反复讲"的课程，教师不断地把同一知识内容教授给一届又一届的学生。在不断讲授知识的过程中，发现课堂教学中存在的问题，调整教学策略，有利于教师优化课堂教学，逐步提高教学质量。通过观看课堂教学的视频，能够让教师从一个第三者的角度观看自己的教学情况和学生们的课堂表现，发现问题，进而解决问题。同时，智能教学平台上对学生大量数据的收集和整合，也有益于教师把握学生学习情况，调整教学策略。其次，对学生而言，智能教学平台为学生提供了大量的教育资源和学生自身详细的学习记录。学生在课下学习遇到疑难问题时，可以观看课堂教学的视频，加深对教学内容的理解，也可以通过智能教学平台获取个性化教学资源，利用好智能教学平台的"教育大数据"作用，使自己进入最佳的学习状态。

大数据、云计算、互联网等新一代信息技术的发展和运用，为各大高校开展智慧课堂的教学创造了条件。在教育信息化、现代化的浪潮下，高校应当抓住机遇，将信息技术与课堂教学融合起来，推动智慧课堂教学的普及与发展，优化智慧课堂教学模式，以达到最佳的教学效果。

（作者：樊梦吟，华中师范大学马克思主义学院研究生）

3 高校思政课"线上金课"的建构模式和路径探索

3.1 教育信息化时代"线上金课"建设的机遇

"我国教育信息化工作取得了显著成效,形成了中国特色的发展教育信息化的机制和路径,但是,在实践中还存在着一定程度的重视不够、应用不深入、创新实践不强等问题。"[①]从国内看,吴岩曾提出:在今后两年到三年时间内,我们要下大力气建设五大类型"金课",包括线下"金课"、线上"金课"、线上线下混合式"金课"、虚拟仿真"金课"和社会实践"金课"。[②]《教育部等十一部门关于促进在线教育健康发展的指导意见》指出,在线教育是运用互联网、人工智能等现代信息技术进行教与学互动的新型教育方式,是教育服务的重要组成部分。国家对线上金课的重视以及特殊时期对于线上课程的需要使得在线课程迎来了很大的机遇,教育信息化似乎在一夜之间就普及了,瞬间改变了过去慢慢推进的节奏。的确,发展在线教育,有利于构建网络化、数字化、个性化、终身化的教育体系,有利于建设"人人皆学、处处能学、时时可学"的学

① 雷朝滋:《教育信息化:从 1.0 走向 2.0——新时代我国教育信息化发展的走向与思路》,《华东师范大学学报》(教育科学版)2018 年第 1 期。

② 吴岩:《建设中国"金课"》,《中国大学教学》2018 年第 12 期。

习型社会，这对于我们建设学习强国非常重要。那么什么是线上金课？依据教育部《关于加快建设高水平本科教育全面提高人才培养能力的意见》《关于狠抓新时代全国高等教育本科教育工作会议精神落实的通知》等文件精神，建设思政金课即建设思政一流课程，思政课程解决的是教育中最根本的培养人的问题，因此思政金课要遵循"高阶性、创新性、挑战度"的高精尖标准，强化人才培养的核心地位。

从国际看，高等教育从传统走向互联网、大数据和信息技术，催生了在线教育的迅猛发展，在线教育从单一到多元，从封闭到开放，从批量生产到个性定制……拆掉了传统大学的围墙，掀起了优质教育阶梯式向低处倾泻的革命，因此全球化时代在线课程的建设应坚持国际化视野，以全局视角放眼整个高等教育系统，改变传统教育方式的思维定势和决策过程。

国内国际大环境对线上课程的重视都是"线上金课"建设的发展机遇，对于高校思政课程而言更是如此，线上教学实时互动的优势，可以打破思政课堂的集体沉默，有利于了解学生，更好地实现价值引领、知识传授、能力提升、人文关怀的有机融合。

3.2 积极探索"线上金课"的课程模式建构

"教育信息化的主战场应该在网络教育，网络教育不能照搬传统的学校教育模式"，[①] 面对当前复杂的意识形态环境，如何通过深化课程教学改革，吸引学生对于课程涉及的思想政治理论知识的学习热情，坚定学生的理想、信念，在面对国内外各种复杂突发事件和问题时，使学生能够保持全面、客观、理性、审慎的态度，科学分析、评判当前国内外出现的各种经济、政治、文化、社会等现象，真正使学生将课程所学思想理论知识学以致用，提升自我的知识、技能和综合素质，是思政课教学必须要面对和回答的重要问

---

① 竹立：《我国教育信息化的困局与出路——兼论网络教育模式的创新》，《远程教育杂志》2014 年第 2 期。

题。笔者以交互式学习为核心，从内容模式课堂、过程模式和反思模式三个方面进行尝试。

3.2.1 内容模式

（1）教学内容：注重时代性、创新性和挑战度

一是注重课程内容的前沿性和时代性，淘汰陈旧课件，在课件建设上建立统一的规划和标准；二是加强对学生思维和能力的训练，把"投喂"式教学改为"觅食"式教学，培养学生解决复杂问题的综合能力和高级思维；三是合理增加课程难度，拓展课程深度，在教材之外加大经典原著、拓展资料、时政资料的占比，对大学生有效"增负"，提升学生的学业挑战度。

（2）教学形式：注重先进性和互动性

一是充分运用"互联网+金课"模式，扩大课程的可选择性，把优秀教师的优秀课程建设成线上课程，供学生选择性学习，并给予适当的学分分配；二是注重课堂的互动，把灌输式课堂、沉默式课堂变为讨论式、辩论式课堂，充分开展"大班授课、小班讨论"的授课模式。

（3）教学设计：注重供需结合和供需平衡

一是教学设计上充分尊重学生的意愿和需求，按照探究性和个性化的培养模式，把学生的个性特点发挥出来。老师要认真花时间、花精力、花情感备课讲课，学生课上课下要有较多的学习时间和思考做保障。二是调动多元主体的积极性，探索教师讲—学生学、教师讲—学生评、学生讲—教师评、学生讲—学生评、教师问—学生答、学生问—教师答、学生问—学生答等多元主体。三是全脑参与式教学，充分调动学生的眼耳舌手身意等器官，使其全程参与教学过程。

3.2.2 过程模式

（1）资源建设

资源建设注意前沿性与时代性，及时将学术研究、科技发展前沿成果引入课程，作为课程扩展阅读材料或者课堂讨论主题。在资

源建设安排上，始终注意做到两个"贯彻"：一是贯彻教育部统一下发的课程教学基本要求和本课程的"教学大纲"，系统讲解基本理论和中心内容；二是贯彻"因时因地因材施教"的原则，根据课程本身存在的一些突出问题和当前形势的发展、学生的实际情况等，及时丰富、更新和改善教学内容。

（2）授课过程

一是充分发挥线上教学实时互动的优势，突破习惯性认知模式。通过主体性互动、情境式互动、情感式互动等实时互动，使师生之间、生生之间可以多方互动、深度讨论、思维激荡，有利于积极引导学生进行探究式与个性化学习，从而突破思政课的传统认知。二是充分发挥线上教学随时自学的优势，适度增加课堂挑战度。适度扩展课程内容的广度和深度。在传统课堂中，抛出一个有深度的问题，学生可能没办法回答，但在在线课程中，学生可以立刻通过网络先进行自学，再参与讨论，这就为适当增加课程的挑战度提供了可能。三是充分发挥线上教学功能多元的优势，强化多样化教学过程。强化课堂设计，充分挖掘在线平台的强大功能，实施启发式、提问式、讨论式、辩论式、演讲式、案例式、研究式等多种教学方法，避免单纯知识传递，重视能力素质的培养，使课程内容的理论性和实践性、知识性和思想性紧密结合起来，激发学生学习兴趣，培养学生的独立思考能力和创新精神，提高课堂教学效果。

3.2.3 反思模式

（1）构建开放共享的线上课堂

在线课程以网络平台的"建、用、学、管"为抓手，不断提升教师信息化教学能力，探索信息技术与传统教学深度融合、网络精品课程与教师直播课程无缝对接的网络教学模式，从而构建网络化、数字化、智能化、个性化、终身化的教育体系，建设人人皆学、处处能学、时时可学的"不关闭的课堂"，在线课堂在时空上的自主性和开放性特性较好地实现了课堂教学没有完成时、只有进行时的特色，将时间非连续性的传统课堂转变为时空连续性的在线课堂，弥补了线下课程"师生见面难"的问题。

(2)构建合作共同体教学模式

合作共同体教学模式有利于发展学生个体思维能力和动作技能，增强学生之间的沟通能力和包容能力，还能培养学生的团队精神，提高学生的学业成绩。其包括三种模式。第一，师师合作模式。通过教学团队的合理分工，建立职责明确、流程清晰的团队合作制度，探索适合理工科学生特色的团体教学，发挥教学团队知识结构及学科背景多元化优势，更好地完成课程的整体性教学任务。第二，师生合作模式。除了教学团队的合作教学，每位学生都是合作教学中的一员。在教学过程中，尽量为学生创造一个良好的心理环境、轻松民主的氛围，注重运用激励性的评价策略，在表扬、肯定、赞扬、欣赏学生一点一滴的进步中创设师生合作模式。第三，生生合作模式。利用学生的分组讨论，在主讲小组和听讲小组之间形成一种观点激荡、质疑、提问、交流、沟通的氛围，实现良好的同伴教学。

(3)构建情感交互式教学模式

充分利用在线教育的动态生成性、实时互动性和时空连续性来构建一堂堂环环相扣不留白、情景互动促凝聚的在线课堂，让更多的符号式/头像式存在成为心灵在场的实体性存在。利用超星平台、学习通、腾讯会议、腾讯课堂、微信等多渠道进行主体性互动、情境式互动、情感式互动，并将同学的互动案例作为共享的素材进行二次提升，让在线课堂成为师生共建共享的交互平台。

3.3　思政课"线上金课"的具体实施路径

我们基于美国课程学者辛德等人归纳提出的"创生取向"这一课程理念，在课程实施过程中，一是尊重并充分发挥师生之间的交互主体性作用；二是注重实施过程的情境性；三是重视师生之间的情感互动性。可采用"八步教学法"。"八步教学法"是以每节课45分钟为载体，通过环环相扣的八个教学环节，将教学理念、教学目标、教学体验巧妙地融入其中，实现"以学生发展为中心"的理念，即以社会和学生内在需求为准绳，遵循"高阶性、创新性、挑战度"的金课标准培养人，并以终身教育理念强化人才培养的核心地位，做到知类通达，兼陈万物而中悬衡。

3.3.1 "八步教学法"课程实施过程及特点

"八步教学法"，以立德树人为原则，坚持改革创新，坚持特色发展，注意发挥在线教学实时互动、随时自学、功能多元的优势，构建交互式学习的在线课堂；注重将知识、能力、素质有机融合，注重实现价值引领、知识传授、能力提升、人文关怀的综合目标，在课程优起来、教师强起来、学生忙起来、管理严起来、效果实起来方面不断探索、不断进步。图1为课程实施导图。

图1 课程实施导图(以45分钟课时为例的"八步教学法")

其特点主要有：

(1)注重完整性

从完整性的角度设计教学，保障线上教学的环环相扣。为避免在线教学造成课程空白，需要在教学环节上进行精心设计，保证教学每个环节的有效性、形式的多样性、互动答疑的针对性、学习考核的合理性，这些都是线上教学不可或缺的关键环节。

(2)注重情感性

从情感的角度优化教学，重视师生之间的情感互动性。教学过程不仅是知识和观点的交流和碰撞，更是情感的沟通和靠近，情感互动不但能有效提高学生学习的积极性，优化教学效果，而且能更好地落实立德树人和开展在线思政课程。具体而言，在聊天互动中要注意趣味性，在直播过程中应注重每一个学生的弹幕互动，给予及时的关注和解答等,这是对学生的尊重,也是对课堂互动的鼓励,更是对教学过程中情感因素的重视。

(3)注重情境性

充分尊重并发挥师生之间的交互主体性作用,从学生的需求和期待出发进行教学供给,实施过程中注重情境性,尽可能在情境中实现价值传递和知识延展。要做到这一点,需要教师不断完善知识图谱和能力图谱,从而不断汇聚优秀的教学资源。因为无论是对于教材知识点的梳理,还是对于学生弹幕的回应以及平台功能区各种问题的解答,都需要教师有比较广博的知识面和比较严谨的知识谱系。

(4)注重现实性

在授课过程中,充分结合学校"行走的课堂"实践教育活动、"思政课实践教学基地(美丽乡村建设)""思政课实践教学基地(乡村振兴)""思政课实践教学基地(基层党建)"等平台,为教学活动提供鲜活的案例,增强教学理论的现实观照性。

3.3.2 以"八步教学法"打造线上金课的优势

(1)坚持在线教学理念,把握课程功能定位

在线教育的发展虽然如火如荼,但毫无疑问,在线教育仍处于发展的初期,其与传统线下教育一定是优势互补、共同发展的。因此在理念上,我们把在线课程作为与线下课程优势互补的课程,教学团队的成员同时承担线上和线下的教学任务,以便于教学效果最优化。这种方式不同于线上线下的混合教学模式,我们采取的方式有两种:

一是线上直播授课,即采用校内超星平台的直播功能,与学生进行线上的"面对面"授课。

二是线上录播授课,即团队教师依托校内的智慧教室在线下授课的过程中进行录课,后期经过剪辑之后上传到超星平台,采用录播+讨论+答疑的授课方式。

(2)深化在线教学内容,体现高阶性

在线教育虽然不是线下授课的网络化,但与线下教育相同的是

都要坚持"内容为王"。在遵循教学大纲和思政课教学宗旨和目的的前提下，不断吸收理论和学术研究的新成果，特别是坚持理论与现实相结合的原则，以教学内容的科学性、逻辑性、创新性、前沿性来实现教学目的，从而做到以理服人，以理论的科学性和逻辑性征服人，并以分析现实问题来感受理论的科学性，增强教学的理论意义和现实意义。为做到这一点，应采取的具体措施有：

一是团队教师要不断提高科研水平，加强理论素质的提高，以科研促教学，近三年来教学团队的教师不同程度地在课题申请、论文发表、教学获奖方面有明显的提高。

二是团队教师要全身心投入教学和教学研究中，在线教育对更多教师而言有一个不断熟悉和发展的过程，从思想上要改变重科研轻教学的思维，教学和科研两手都要抓，两手都要硬。

三是为了使任课教师能及时把最新理论成果引进课堂并把握理论热点和前沿问题，团队教师依托实践教育基地、名师工作室、"双带头人"工作室、与长白街道的合作共建以及21世纪马克思主义理论大讲堂等平台在第一时间获取基层鲜活的实践案例，拓展理论视野，促进和提高对问题以及新理论的关注和了解。

四是在集体备课环节，每位老师承担的授课章节都经过教学团队的集体打磨，群策群力，从更好的视角和切入点，从更实际的落脚点去开始和结束本课程的内容；同时，在拓展教学资料方面，要求教师围绕本课程内容提供相关高质量的学术论文和阅读材料，供教师和学生阅读。

（3）打造线上共同体，课堂主体多元化

在线课程在形式上改变了传统"一对多"的格局，更有利于打造师生共同体（师师共同体、师生共同体、生生共同体），有利于实现师生对课程的共同探索、对教材和课外读物的共同使用，让课程在课堂内外并行不悖，在传授知识与培养能力上可以并驾齐驱。还有利于打造分享共同体，学生也可以在课程平台上传经过教师审核的学术论文、调查报告、统计数据、PPT、DV摄像、人物访谈、照片、图片资料等，并鼓励同学们以自己家乡的变化为主题分享对民生、生态、美好生活等问题的看法。在共同体的互动中实现知识的传递和文化的传承，更好地培养符合社会需要的人才，即具有创新能力和自我提升能力的人才。

3.4 创新教学模式，多元并举打造线上金课

3.4.1 "大班授课、小班讨论"的线上模式

团队教师坚持教学要贴近社会发展实际、贴近学生生活实际、贴近学生思想实际，努力将教学内容的政治性、思想性、知识性与创造性、学术性、趣味性融为一体，开展"大班授课、小班讨论"的线上模式，即总体上用 1/2～2/3 的时间进行线上授课，用剩余的时间在腾讯会议平台开展形式多样的小班讨论。比如，一个百人的大班，由主讲教师、助教、班长分别带领 30 多个同学在三个腾讯会议房间进行在线讨论，讨论的主题或者是课堂讲授中的三个问题，或者是按照理论、能力、实践的不同模块进行，课程结束前再在大班里集中总结。小班讨论课程以激发兴趣、促进思辨、拓展知识为教学目的，以发现问题、寻求思路为教学方法，以启发、阅读与交流为主要方式，强调教师与学生的合作，强调学生之间的合作关系，强调学习的过程。

3.4.2 整合团队长板的在线教学法

本课程团队成员史玉刚刚获得上海市青教赛的一等奖，本课程团队及时让史玉总结比赛心得，分享备战经验，并及时把备战经验转化为磨课步骤。首先，由于团队教师具有学科背景多样化的优势，不同的专业背景对教材内容具有不同的讲述视角，因此先按照教材内容让团队教师领取讲授内容，这部分内容一定是教师所擅长的、内心有感触的。其次，教师各自进行磨课，然后在集体备课会上进行集体磨课，从导入到结束，取团队教师的智慧和精华，进而完善这一章节的讲授内容。最后，在每位教师领取的章节内容都完整地走过几次地毯式的磨课后，在智慧教室上进行录制，课后进行裁剪上传至超星平台，成为录播课程的精品内容。

3.4.3　热点案例教学法

把热点问题引入课堂环节，以实例的形式向学生提供若干特定的情境，引导学生综合运用所学的理论知识，去分析解决实际问题的热点教学法是非常有效的教学方法。以实例的形式向学生提供若干特定的情境，引导学生综合运用所学的理论知识，去分析解决实际问题。热点教学将部分真实生活引入课堂，使学生在一段相对短的时间内就亲临般地经历一系列的真实事件和问题，接触各式各样的具体情境，实际、生动，富有吸引力和启发性，从而能有效地提高学生运用所学理论和知识分析、解决实际问题的能力。2021 年最大的热点事件之一就是新冠肺炎疫情，对疫情的讲解已经贯穿整个课程的始终，从不同的学科、不同的视角、不同的立场可以做到多种解读，也是展示四个自信的好时机。热点案例研究法不但可以将理论与现实结合起来，将抽象思维与形象思维有机地结合起来，还有利于开发学生从个别到一般、从具体到抽象、再从抽象到具体、分析与综合、归纳与演绎等的辩证逻辑思维能力，而且有利于培养学生探明事件缘由的能力，事件的分析能力和决策能力，对未来走向社会具有重要意义。

3.4.4　问题层次教学法

针对学生关心的不同层次的问题：一类是深层次的问题即立场、观点和方法问题；另一类是对某些具体事件和具体政策的认识问题，采取不同的教学方法来解决。对深层次问题采取理论教学法，进行理论联系实际的讲解，比如人工智能的发展如何体现社会主义制度的优越性？对开放式问题采取"辩论式"教学法，这是学生比较感兴趣的一种教学方法，既符合当代大学生的个性、特点，也使课堂充满活力，还培养和锻炼了学生的思维能力、演讲能力和组织能力，有助于提高学生素质。

3.4.5　科研成果支撑教学法

科研成果包括团队成员的科研成果和学界学者的科研成果，教师在讲授某一基本理论时，结合学界的理论观点进行讲解。这种教学法的特点在于：一是有冲突有思考，学界的观点有时候是见仁见智的，这就让问题更加集中，重点更加突出，分析更加透彻，在冲突和思考中入脑入心；二是知识信息量大，对学生感染力强；三是立足教材又拓展教材，避免了照本宣科和空洞的说教，能较好地解决学生思想中的深层次问题。

3.4.6　演讲点评教学法

课堂的演讲对于学生的论文写作能力、表达能力和心理素质都有很好的锻炼。在线演讲的优势是不用真实面对无数双眼睛的注视，对于没有勇气在线下课堂演讲的同学是个很好的锻炼机会。同学演讲前，教师需要精心策划：一是对演讲内容进行把关，内容应符合思政课的特点；二是选取 3~5 名同学建立评委小组；三是设计评分标准表。在学生演讲时，教师要会倾听、善引导，不要轻易否定学生意见。对正确的认识和独到见解要充分肯定，对模糊的错误认识要加以引导和纠正。在评委点评时，教师要引导学生进行主动的思考，培养其审时度势、明辨是非、积极进取、勇于探索的能力和精神。评委点评打分结束后，教师要从理论高度和价值引领两个方面对演讲同学和点评同学进行鼓励和提升。整个过程中，教师要善于掌控整个活动的节奏、进程和局面，创设一种自由的宽松的愉快的氛围。教学活动中发现学生对传统文化和道德问题以及网络暴力、营销号、娱乐新闻等话题比较感兴趣。

3.4.7　考核育人相结合

对学生学习成绩评定和考核方式的改革，主要是将平时考核过程化与期末考试育人化相结合。一是强化平时考核过程化，拓展传统教学方式的考核方式。在过程化考核中完善以质量为导向的课程建设激励机制，以激发学习动力和专业志趣。考核内容包括出勤签到、网络课程参与度、讨论区回复情况、作业、视频任务点完成情况、自愿活动参与度等综合进行。考核主体包括教师和学生，除了教师的主客观评价外，还通过投票等形式开展同伴互评。二是严格期末考试育人化，培养理论思维能力。考试也是育人的一个重要环节，在试卷出题中，除了考核书本上涉及的基本理论外，还考核学生课外阅读、课堂讨论、对现实问题的关注度等，注意试题的灵活性、时效性、思辨性，加强研究型、项目式学习，丰富探究式、论文式、报告答辩式等作业评价方式。

"立德树人是中国特色社会主义高校立身之本，这是对中国特色社会主义高校'培养什么样的人、如何培养人以及为谁培养人'这一根本问题的科学解答。"①思想政治理论课要落实立德树人根本任务，努力培养德智体美劳全面发展的社会主义建设者和接班人，必须积极拥抱新技术、拥抱人工智能。因为疫情的原因，线上教育正在全国如火如荼地开展，但对于在线教育，我们始终要保持理性的分析，从目前来看，保证线上教育不逊色于线下教育是第一步。从目前的研究来看，对于线上教育较为乐观，比如线上教育会不会取代线下教育等问题，实际上，从考核的角度看，线上教育并没有明显的优势；就学习过程而言，两者的互融互通是一个基本原则，类似于盒马的运营形式一样，实现线上与线下教育的互融互补，实现 1+1>2 的最优应用效果。

（作者：李梅敬，上海理工大学马克思主义学院副教授；周才骄，上海理工大学马克思主义学院研究生）

---

①　王学俭、杨昌华：《立德树人：中国特色社会主义高校的立身之本》，《新疆师范大学学报》(哲学社会科学版) 2018 年第 1 期。

4　人工智能赋能高校思想政治理论课教学的若干思考

　　"人工智能是一门通过利用计算机、数学、逻辑、机械甚至生物原则和装置来理解、模拟、甚至超越人类智能的技术科学。它可以是理论性的，但更多的时候是实践性的，主要属于认知科学。其中，大数据是人工智能的基础，而程序或算法则是其核心。"①人工智能作为引领新一轮科技革命和产业变革的重要驱动力，正在深度融入并深刻改变着人类社会的生产、生活和学习方式，人类社会迎来人机协同、跨界融合、共创分享的智能时代。为此，2019年习近平在向国际人工智能与教育大会致贺信中提出"积极推动人工智能和教育深度融合"的时代课题。高校思想政治理论课(以下简称思政课)作为落实立德树人根本任务的关键课程和主要渠道，作用不可取代，思政课教师责任重大。面对人工智能时代的崭新境遇，思政课教学革新应充分"运用新媒体新技术使工作活起来，推动思想政治工作传统优势同信息技术高度融合，增强时代感和吸引力"。②

---

　　① 孙伟平、戴益斌：《关于人工智能主体地位的哲学思考》，《社会科学战线》2018年第7期。
　　② 习近平：《论党的宣传思想工作》，中央文献出版社2020年版，第278页。

4.1 人工智能赋能思政课教学的时代意蕴

4.1.1 人工智能有助于提升教育者的教学效能

教学效能的概念源自美国心理学家班杜拉对自我效能感的理性认知。"所谓自我效能感是指个体在执行某一行为操作之前对自己能够在什么水平上完成该行为活动所具有的信念、判断或主体自我把握与感受。"[1]从教育者的视角而言,我们可将教学效能视为教师在教学活动中对自我能力和学生能力进行客观准确评估和对教学效果的良好预期。就思政课教学而言,教师的综合素养是提升思政课教学效能的主导因素。正如习近平总书记所言:"办好思想政治理论课关键在教师,关键在发挥教师的积极性、主动性、创造性。"[2]人工智能为提升思政课教师的教学效能提供了"因事而化、因时而进、因势而新"的时代契机。2018 年《中共中央国务院关于全面深化新时代教师队伍建设改革的意见》明确要求:"到 2035 年,教师综合素质、专业化水平和创新能力大幅提升……教师主动适应信息化、人工智能等新技术变革,积极有效开展教育教学。"

人工智能赋能思政课教师效能提升主要体现为:从教学理念而言,人工智能将有助于改变传统意义上思政课教师"满堂灌"的线性单向教学思维,助推师生主体间交互式新理念的不断形成;从教学内容而言,人工智能可有效将思政课教师从过去重视理论知识传授和繁重的重复性简单劳动解放出来,使其更加关注受教者的情感培育、品格教育、行为养成和三观塑造。从教学评价而言,人工智能将逐渐引导课堂教学从现行的以"分数论英雄"、侧重结果考核的一元化评价模式向以"以学生为中心"、注重过程性考核的多元

---

① A. Bandura. Self-efficacy: Toward a Unifying Theory of Behavior Change, Psychological Review, 1977(3).

② 习近平:《论党的宣传思想工作》,中央文献出版社 2020 年版,第378 页。

评价模式过渡。"推动思想政治教育智能化转型，将思想政治理论课教师从重复性、程式化、基础性的教学环节中解放出来，使其拥有更多的闲暇时间，对教师的自我发展、能力提升至关重要。"①总之，人工智能正在成为形塑新时代思政课教师的新利器，成为提升其教学效能的新手段。

4.1.2 人工智能有助于增强受教者的主体地位

古今中外，对受教者进行因材施教从而实现"每个人自由全面发展"是所有教育者追求的美好理想。就思政课教学而言，当下企图单纯让教师在教学中关注每个学生的学习状态进而实现立德树人的教学目的是不切实际的。一方面，中大规模班级集中授课依然是思政课教学的主流模式。虽然 2018 年教育部《新时代高校思想政治理论课教学工作基本要求》强调应"积极推行 100 人以下的中班教学，大力提倡中班教学、小班研讨的教学模式，逐步消除大班额现象。按照师生比不低于 1∶350 的比例设置专职思想政治理论课教师岗位，为每个教研室(组)配足师资"，但由于高校招生规模不断扩大和思政课专兼职教师严重不足等原因，导致传统意义上注重基础理论知识传授的灌输式教学模式依然是思政课教师的主要选择，受教者更多地被视为知识的接受者，其思辨意识、创新精神、探究能力等主体性彰显不足。另一方面，受"思政课即是洗脑课"的传统偏见、极端现实主义的错误思潮和思政课本身内容的重复枯燥等影响，受教者缺少主动学习的心理动因，使其主体性更加难以体现。

基于大数据、云计算、强力算法为主要内容的人工智能为真正实现因材施教、彰显受教者的主体地位提供了可能性。就思政课教学而言，人工智能将助推思政课教学实现网络化、数字化、智能化的变革，真正为学生提供精准化、交互式、定制性的智能服务。面对个性鲜明的"00 后"大学生群体，针对其"网民原住民"的时代特

---

① 周良发：《智能思政：人工智能时代的思想政治教育变革》，《重庆邮电大学学报》(社会科学版)2019 年第 5 期。

征，教育者可借助大数据技术和智能感知系统，基于智能助教、智慧伴学等智能教辅载体，通过对其课堂行为、学习状态乃至日常行为数据进行收集、整理、挖掘和分析，对每个学生进行学情分析，为每个学生进行精准画像，确定其个性化的认知特征、内容需求、学习模式，再借助以深度学习等为底层技术的智能算法实现思政课教学内容和方式的精准化推荐，从而有效满足其主体需求，激发其学习的主动性、积极性，彰显其主体地位，提升思政课获得感。例如，"电子科技大学通过问题需求、语义挖掘、数据可视化等等方法，创建分析学生思想行为的'成电公式'，能够迅速把数据库信息纳入'成电公式'进行分析，实现对学生群体或特殊个体的问题呈现，包括学生近期关注的社会热点、思想困惑、学业成绩、质量评估等等，都能够实现系统性的'学生画像'。根据数据分析出的问题和倾向，针对某一学生群体或个人，采用专题研讨、座谈访谈、心理咨询、影视播放等方式，开展个性定制式的针对性思想政治教育活动"。[1]

4.1.3 人工智能有助于优化思政课的教学环境

教学环境是影响思政课教学的外部条件，具有多元性、复杂性、开放性、交互性等特征，包括教学的时空维度，教学所需的诸如教室、教材、教案、教辅设备和技术等丰富内容。时空交错、类型多样、内容多元的教学环境能够赋予思政课教学以丰富的想象力和显著的创造性，良好的教学环境与有创意的教学活动有机融合能够有效提升思政课的教学效能。从某种程度而言，教育环境是教育理念得以彰显的客观条件和外在表现。正如马克思所言："环境的改变和人的活动或自我改变的一致，只能被看做是并合理地理解为革命的实践。"[2]教学环境和师生群体共同构成了思政课的教学实践，二者存在相互影响、相辅相成的辩证关系。教学效能的提升离

---

① 李怀杰、夏虎：《大数据时代高校思想政治教育模式创新探究》，《思想教育研究》2015 年第 5 期。

② 《马克思恩格斯文集》（第 1 卷），人民出版社 2009 年版，第 500 页。

不开优质教学环境的支撑和保障。人工智能的教育应用使"泛在学习"的理想有了实现的可能。借助人工智能助手和设备，学习主体有可能做到 4A（Anyone，Anytime，Anywhere，Anydevice）的泛在学习。

人工智能正在成为形塑思政课教学的新的教学环境。从教学方式方法而言，微课、翻转课堂、慕课、SPOC 等各种在线教学形式的不断应用，极大地克服了传统意义上思政课堂的时空限制，延拓了思政课教学的时空范围和受众群体，使优质教育资源实现最大程度的开放共享。例如，2015 年春季学期，清华大学的冯务中在学堂在线开设全国第一门思政类慕课——"毛泽东思想和中国特色社会主义理论体系概论"，借助慕课视频、课堂讲授、小班讨论、课下作业等环节方便了学生、解放了教师。此后，他的"毛泽东思想概论"和"中国特色社会主义理论体系概论"先后登陆国际知名慕课平台 edX，走出了借助慕课平台面向世界讲好中国化马克思主义的新探索。从教学平台载体而言，学习通、雨课堂、微博、微信、微视频、客户端等智能教学介质的大规模使用，有效提升了思政课教学的互动性、渗透性，提高了学生的出勤率、抬头率，使学生手中的手机由"低头的工具"变为了"抬头的利器"。从教学技术创新而言，基于大数据、云计算、人工智能的发展，虚拟现实技术（VR）、增强现实技术（AR）、混合现实技术（MR）等新技术也成为助力思政课教学提质增效的智能工具。总之，人工智能嵌入思政课教学，有利于优化其教学环境，从而不断提升思政课的感染力、吸引力、亲和力，有效破解思政课教学中"低头族""手机控""教师独白"的教学难题，增强大学生的获得感。

4.2 人工智能赋能思政课教学的风险挑战

4.2.1 技术至上倾向导致教师的主导性危机

所谓技术至上倾向，主要有两点：一是认为技术具有超脱人的自主性，二是认为技术变迁对社会发展具有决定性意义。这种倾向虽然看到了技术的社会变革作用，但由于忽视了技术与社会的互构性，导致"重技轻人"的主体性危机。"智能时代该如何处理人与智能机器人的关系是当下不得不考虑的问题。乐观者认为人类可以把大多数工作交给机器人去做，从而使自己有更多的时间去拓展其他技能，悲观者则担心机器人上岗会导致人类失业。"[①]乐观者认为以人工智能为代表的新技术将成为推动社会进化的新福音。例如，库兹韦尔认为随着以 GNR（遗传学、纳米技术、机器人技术）为代表的技术进步，人机文明的奇点必将来临，他甚至预测了奇点来临的具体时间，"我把奇点的日期设置为极具深刻性和分裂性的转变时间——2045 年。非生物智能在这一年将会 10 亿倍于今天所有人类的智慧。"[②]悲观者认为人工智能将可能导致新的垄断、社会不公、"无用阶级"的大规模出现，成为奴役人的新技术。例如，尤瓦尔·赫拉利预言："到了 21 世纪，我们可能看到的是一个全新而庞大的阶级：这一群人没有任何经济、政治或艺术价值，对社会繁荣、力量和荣耀也没有任何贡献。"[③]

在人工智能赋能思政课教学中，技术至上倾向使教师面临主导性危机。首先，失语危机。人工智能基于大数据的支持可以向受教者提供海量教育资源，加之推荐算法和暴力计算的加持，理论上可以满足每一个受教者个性化的教育需求，一定程度上弱化了教师在教学内容供给上的话语权。其次，失位危机。思政课作为高校立德树人的主干课程，承担培养社会主义事业建设者和接班人的神圣使命，鲜明的意识形态属性决定了思政课不仅仅是知识传授的课程。伴随人工智能教辅介质不断嵌入思政课教学，有些教师打着推进教学改革的旗号将本应发挥教师主导性的工作也不假思索地交给人工智能来处理，例如在探索借助慕课、SPOC 等在线教学方式，利用

---

① ［美］保罗·多尔蒂、［美］詹姆斯·威尔逊：《机器与人：埃森哲论新人工智能》，赵亚男译，中信出版集团 2018 年版，第 117 页。

② ［美］库兹韦尔：《奇点临近》，李庆诚等译，机械工业出版社 2011 年版，第 80 页。

③ ［以］尤瓦尔·赫拉利：《未来简史》，林俊宏译，中信出版集团 2017 年版，第 293 页。

雨课堂、学习通等智能 APP 辅助教学，建设各种智能媒体等过程中过度追求形式的娱乐化、内容的浅表化、交互的迎合性，导致思政课教学中形式主义泛滥，从而消解了思政课教师的角色认同危机。再次，可能出现的失业危机。对人工智能的极端推崇，致使一些研究者认为人工智能赋能教育甚至有可能导致实体校园的消失，教师职业的消亡，思政课教师也不例外。当前，人工智能尚处在以模拟和延展人类某一功能的弱人工智能阶段，但当人工智能进化到真正类人(强人工智能阶段)乃至超人(超人工智能阶段)的发展程度，如果思政课教师缺少创新意识和实践能力，跟不上智能时代的发展趋势，依然停留于单纯的知识传授者的职业定位，确实有可能被人工智能或者熟悉人工智能应用的教师所取代。"大数据和人工智能将辅助教师完成信息化时代教师角色的转型，单纯讲授将被在线课程和在线课堂替代，以讲授传授为主要专业工作的教师面临失业的风险。"①

4.2.2　数据万能主义弱化受教者的德育效果

如果将人工智能视为推动思政课教学革新的发动机的话，那么受教者大数据则构成了这一发动机正常运转的燃料。当大数据引领人类社会从信息匮乏的过去式逐渐跃入信息爆炸的新阶段，一种认为数据万能的极端思想也随之而来。所谓数据万能主义是那种追求一切事物的数据化，将数据视为界定任何事物的唯一标准，甚至将数据视为评判事物价值的至上原则，企图单纯依靠数据进行思考、管理、决策的极端倾向。我们也可将这种"重数轻人"倾向称为数据霸权思维或者唯数据主义。从课程属性而言，思政课是一门兼顾知识传授与价值塑造相统一的课程，是知识课和信仰课的有机结合。就思政课教学而言，数据万能主义看似提升了思政课教学的数据化、科学化，但实际上降低了其意识形态属性、人文政治内涵，弱化了其德育效果。

---

① 张治、李永智：《迈进学校 3.0 时代——未来学校进化的趋势及动力探析》，《开放教育研究》2017 年第 4 期。

首先，"数据噪声"降低人工智能赋能思政课教学的精准性。在思政课教学中，只有有效收集学生海量数据并集中处理其与思政相关的大数据，才可能对其进行"精准画像"，实现个性化教学。但现实而言，在大数据的汪洋大海中收集并处理有效数据无异于大海捞针。受教者在思政相关数据的收集整理、分析挖掘、预测输出等过程中不可避免地面临冗余数据、碎片数据、失真数据等"数据噪声"的强力干扰，基于上述数据的人工智能教育应用很可能使思政课教学革新误入歧途，得出与受教者真实学情、个性需求不相匹配的错误结论，弱化思政课教学的精准性。

其次，"数据孤岛"弱化人工智能赋能思政课教学的互动性。所谓的"数据孤岛"，指数据被分割在不同主体，为不同标准所困，无法实现自由流通、共享利用。就思政大数据而言，受教者的信息被分割在政府、学校、社会组织等不同部门，且缺少统一的识别、管理、应用标准，其成为助力思政课教学的关键堵点，制约思政课教学与社会、学校系统的资源共享和互动能力。

再次，"数据伦理"削减人工智能赋能思政课教学的认同度。伴随大数据、云计算、多感官识别模式等发展，对学生数据的采集已成为常态。当我们应用这些数据服务思政课教学时，也可能将受教者变成数据意义上的透明人。对于"00后"大学生群体而言，如果过度采用其大数据，势必对大学生群体的个人隐私乃至身心健康、经济安全等造成潜在风险，进而降低其对教育者的信任，从而削弱思政课教学的认同度。

最后，"数据主权"威胁人工智能赋能思政课教学的主导性。在网络化、数字化和智能化的信息时代，数据的跨境流动成为国际信息交往的常态。然而，数据不仅是信息交互的手段，其也承载着个人、民族和国家等不同交往主体情感、态度、价值观和意识形态的内容。在大数据和人工智能时代，西方凭借其非对称性的技术、人才和产业优势，对我国网络意识形态安全造成严峻冲击。思政课作为高校意识形态斗争的前沿阵地，更是首当其冲。西方借助人工智能教辅介质对我国高校课堂进行的意识形态渗透，将进一步降低思政课教学的主导性。正如有学者坦言："从本质上看，'慕课'是一种西方发达国家打着开放教育资源旗号向发展中国家进行文化软实力输出的新形式。"①

4.2.3 智能推荐算法消解受教者的价值认同

算法作为人工智能的核心灵魂和底层技术，是指"一种有限、确定、有效的并适合用计算机程序来实现的解决问题的方法"。②以卷积神经网络为代表的深度学习算法的迭代升级和产业应用是助力新一代人工智能不断发展的重要因素。从信息论视角看，推荐算法已成为智媒时代信息分发的重要模式，而思想政治教育则是"利用信息传递去积极改变人脑中思想政治素养的具体存在状态(如世界观、人生观、政治观、价值观等)的科学"。③基于此，推荐算法和思想政治教育便具有了内在耦合性。对思政课教学而言，算法推荐对其以价值塑造为主的课程定位提出严峻挑战。

首先，算法推荐的"受众本位"导向冲击思政课教学内容的权威性。"算法的'价值观'多是基于用户数据、反映用户需求而建立起来的，这与传统意义上的主流媒体价值观多以'传播者本位'不同，算法主要以'用户本位'来搭建自己的'价值观'。"④从思政课教学而言，算法推荐挑战教师作为知识传授者的主导地位，进而离散了思政课教学内容中所承载的核心价值观，弱化了思政课教学内容的认同度。其次，算法推荐的"娱乐至死"倾向淡化思政课教学内容的理论性。算法推荐遵循"流量至上"的原则，容易导致"娱乐至死"的传播倾向，即浅表化、庸俗化甚至恶俗化的信息更容易被优先推荐，而以严肃性、理论性为特征的思政课内容不容易获得青

---

① 高地：《"慕课"：高校思想政治教育面临的新挑战》，《思想理论教育导刊》2015 年第 3 期。

② ［美］Robert Sedgewick、Kevin Wayne：《算法》，谢路云译，人民邮电出版社 2012 年版，第 1 页。

③ 刘新庚：《现代思想政治教育方法论》，人民出版社 2008 年版，第 58 页。

④ 喻国明：《再造主流话语形态的关键：用户本位、构建魅力、营造流行》，《新闻与写作》2019 年第 9 期。

昧，从而制约思政内容对学生的吸引力、感染力、到达率。再次，算法推荐的"信息茧房"效应离散思政课教学内容的统摄性。凯斯·桑斯坦在《信息乌托邦》一书中首创"信息茧房"概念。他认为伴随数字时代个性化信息服务的出现将会导致"信息茧房"，即"我们只听我们选择的东西和愉悦我们的东西"。① 算法推荐虽然有助于提升信息分发效率，实现信息传播的私人订制，但受困于"茧房"的受众却可能只接受自以为是的价值观，导致意识形态领域的激化、极化、固化趋势，进而降低社会黏性，造成社群阻隔。这显然与思政课作为立德树人根本课程关键课程的定位是相背离的，"我们培养人的目标是什么要搞清楚，现在非常明确坚定地提出要培养社会主义建设者和接班人"。② 算法推荐导致受教者价值观的离散分化与思政课立德树人的统摄性目的之间存在尖锐矛盾。

4.2.4　智能应用不足制约思政课的教学实效

人工智能时代促进思政课教学的革新，说到底需要提升教学主体的积极性，使其在教学实践中进行主动的、创造性的应用。这也符合教育现代化、信息化的时代要求，2018 年教育部制定的《教育信息化 2.0 行动计划》明确提出："推动教师主动适应信息化、人工智能等新技术变革，积极有效开展教育教学。启动'人工智能+教师队伍建设行动'，推动人工智能支持教师治理、教师教育、教育教学、精准扶贫的新路径，推动教师更新观念、重塑角色、提升素养、增强能力。"但从现实而言，高校教师在教学中应用人工智能的现状并不乐观。"调查数据表明，我国高校教师人工智能教学应用能力尚处于低水平阶段，在教学实践中应用不多，虽然有用性感知较强，但易用性感知不佳，并且校内外的支持不多。"③对于思

---

① ［美］凯斯·R. 桑斯坦：《信息乌托邦：众人如何生产知识》，毕竞悦译，法律出版社 2008 年版，第 8 页。

② 习近平：《论党的宣传思想工作》，中央文献出版社 2020 年版，第374 页。

③ 李晓婷、方旭：《高校教师人工智能教学应用现状调查研究》，《中国教育信息化》2019 年第 10 期。

政课教师而言，除了上述共性问题外，课程本身难度大、学科跨度大、教学任务重等更加剧了人工智能应用的难度。

首先，思政课本身的教学难度大。从思政课的课程属性而言，讲好思政课是有难度的。因为这个课的政治属性强，受教者学习动力不足；这个课抽象晦涩，教学两端都畏难；这个课属于公共课，面临众口难调的窘境；这个课更是信仰课，比以知识传授为主的普通课程难度更大。再加上师生配比紧张，思政课教师普遍承担繁重的教学科研任务，从时间和精力而言，缺少应用人工智能的积极性和主动性。

其次，思政课教师的智能素养有待提高。思政课教学应用人工智能首先需要教育者对人工智能赋能思政课教学的内在关联、关键技术、应用范围、预期效果等基本问题有较为清晰的把握。但现实而言，大多数文科背景的思政课教师还没有做好应对"人工智能+教育"的思想意识和必要准备。

再次，思政课教师的应用能力有限。思政课教师智能素养和使用意愿不足限制了其在教学中使用人工智能教辅介质的类型和频次，进而导致其应用能力较弱的现状。有学者认为人工智能时代思政课教师因"数字化流畅性不足"而"将导致教育者较难驾轻就熟地运用机器智能，并充分发挥人类智能以解决复杂问题，难以实现真正有效的人机协同"。① 人工智能应用能力不足最终将制约其赋能思政课教学的实效性。

4.3　人工智能赋能思政课教学的优化策略

4.3.1　提升教师智能素养，培育智能思政的教育理念

"办好思政课关键在教师。"②提高综合素养是教师讲好思政课

---

① 袁周南：《人工智能嵌入思想政治教育：背景、依据与路径》，《思想理论教育》2020 年第 8 期。

② 习近平：《论党的宣传思想工作》，中央文献出版社 2020 年版，第388 页。

的关键所在。为此，习近平对思政课教师提出"四有"标准、"六个要"和"八个相统一"的新要求。面对教育现代化、信息化、智能化的时代境遇，落实好新时代社会主义教育总方针，提升智能素养，培育智能思政的新理念便成为思政课教师综合素养提升的题中应有之义，也是推进思政课智能化建设的关键环节。思政课教师的智能素养是指教师在将人工智能融入思政课教学过程中对其融合的理论前提有深刻认知，在实践层面能够进行创造性应用，不断提升思政课教学理念、方式、载体等智能化程度，从而满足受教者成长成才需求的思维意识、专业技能和伦理态度。

提升思政课教师智能素养，需要做到三点。一是树立终身学习的理念。教育者应主动关注"人工智能+教育"的新进展，积极探索人工智能与思政课教学相融合的新路径，创造性地解决人工智能应用于思政课教学的理论与实践问题。二是提升智能应用的能力。教育者应克服畏难心理，熟练掌握人工智能嵌入思政课教学的主流教辅介质和通用技术，提升教学的智能化水平。三是遵循智能教学的伦理要求。教师应不断提升智能教育时代的伦理素养，理性看待人工智能嵌入思政课教学的应用限度，树立人机、人技协同的智能教育观，在收集和处理受教者思政大数据时应自觉树立维护个人隐私、尊重学生情感、维护信息安全等方面的道德底线。

4.3.2 审视人工智能嵌入，调整智能思政的主体认知

伴随脑科学、智能机器人、穿戴设备、脑机接口、微芯片等人工智能的发展，人技协同、人机合一将深刻影响人类自身的发展和进化。全球知名的 AI 科学家特伦斯·谢诺夫斯基在其所著的《深度学习》前言中谈道："随着基于深度神经网络的机器智能日渐成熟，它可以为生物智能提供一个新的概念框架。"[①]更有乐观者认为人类将在未来进化到自己设计硬件和软件的生命 3.0(科技阶段)(注：参见迈克斯·泰格马克的著作《生命 3.0》)。展望未来，碳

---

① [美]特伦斯·谢诺夫斯基：《深度学习》，姜悦兵译，中信出版社2019 年版。

基的人与硅基的智能机器极有可能融合为"技术人"。就教育领域而言，人工智能及关联性技术对师生双方的助力将不再局限于知识问答、作业留批、考试考勤等重复枯燥的简单劳动，开始替代乃至生成诸如教学分析、情感交流、思维认知、判断推理等类人的高阶心灵活动。由此，作为培育灵魂、塑造生命的思政课教与学的主体关系也应随之实现与时俱进的调整。"技术工具变革是生活世界变革的重要指标，在教学领域，教学工具的更新和替换也意味着教学结构的改变、深层教学意义的改变。"①

人工智能时代，我们在重视传统意义上师生主体间关系之外，还应明确人工智能在思政课教学的特殊地位。我们应依照人技协同、人机合一的新理念，逐渐确立"教师—人工智能—学生"三者交互协同的新型教学共同体。这就要求教师在面对人工智能时应摒弃替代论，积极培育与人工智能协同育人的教育理念；消除恐惧论，主动利用人工智能增强思政课立德树人的教学能力；避免奴役论，应用创新人工智能赋能思政课的教学形式；克服唯我论，正视技术赋能的智能图景，探究人工智能时代思政课教师新的角色再造。"在人工智能时代，教师应该把握住'育人'的教育本质，成为帮助学生掌握终身学习能力的向导与示范者、正确价值的引导者、个性化教育的实现者、心理与情感发展的沟通者和教育理论的创新者。"②同时，学生也应改变过去将自身单纯视为理论知识接受者的被动角色，摒弃将自身的价值塑造、思想品格和行为养成局限于课堂教学的旧观念，或者将所有思想政治困惑的破解单纯寄希望于教师引导的固有想法，树立自主学习、泛在学习、终身学习的新理念，正确应用人工智能教辅介质以提升自身在教学中的主动性、参与度。学生在与人工智能教辅介质交互时还应努力提升自身的人文精神、审美情趣、政治辨识度，在面对裹挟着繁芜的价值观、意识

---

① 张务农：《人工智能时代教育哲学"技术理论"问题的生成及论域》，《电化教育研究》2019 年第 5 期。

② 陆石彦：《论人工智能时代的教师角色再造》，《江苏高教》2020 年第 6 期。

形态内容的海量信息时提升筛选、分析、整合能力。总之，学者作为教学主体应通过提升人工智能情商，学会并善于与人工智能协同互动，构建起人机相伴、人技交融的学习生态，养成利用信息化、数据化的眼光完善自身、认识社会、看待世界的能力。

4.3.3　利用智能教辅介质，创设智能思政的教学环境

教学环境作为思政课教学的重要部分，是教师施教和学生受教的外部条件和客观因素的集合。马克思指出："人创造环境，同样，环境也创造人。"①人工智能赋能思政课教学需要通过创设现实世界和虚拟空间相结合、线下教学与在线教学相融通、精准学习与泛在学习相契合的教学环境，进而不断提升思政课教学的亲和力、感染力、精准化、智能化水平。

首先，推进思政课教材体系智能化。新时代思政课教材体系革新应遵循思想政治工作规律、教书育人规律、学生成长规律，主动借助人工智能的技术赋能，在确保教材政治性、理论性的前提下使传统文字化、平面化的纸媒教材向数字化、网络化、复合式的智媒教材转变，提升教材的泛在性、可视性、互动性，为教育者实施精准化、协作式、体验性教学提供智能化的文本依据。

其次，推进思政课教学服务智能化。这就需要在教育主管部门和各高校的协力推动下，建设涵盖马克思主义经典文献，古今中外优秀典籍等在内的思政课教学文献共享资源库；加强"全国高校思政课教师网络集体备课平台"建设，完善网络集体备课制度，建立健全高校思政课教指委专家、教学名师在线答疑机制；加强"高校思想政治理论课程网站"建设，成立全国思政课网站信息共享联盟；打造一批思政课国家精品在线开放课程，探索建设融媒体思政公开课、名师名家网络示范课，推进优质网络教学资源建设；建立覆盖面广、代表性强的思政课教学改革信息库等，为教育者优化教学方案、充实备课资源、课后辅导答疑等提供便捷易用、内容丰富、高效智能的教学服务系统。

---

① 《马克思恩格斯文集》(第1卷)，人民出版社2009年版，第545页。

再次，推进思政课教学载体智能化。这就要求教育者善用微课、慕课、SPOC 等在线教学平台，巧用学习通、雨课堂等智能教辅应用，熟用智能手机、"三微一端"等交互载体，提升教学实效。例如，北京工业大学的沈震研发应用"中成智慧课堂"APP、山东理工大学的岳松开设微信公众号"脱口岳"等均是典型案例。利用虚拟现实（VR）、增强现实（AR）、混合现实（MR）技术开发"虚拟教师""虚拟课堂""虚拟实践中心""虚拟仿真思政课体验教学中心"等，提升思政课教学的科技感、亲和力、沉浸度。例如，石家庄铁道大学自主研发的"西柏坡+"思政课实践教学虚拟仿真项目聚焦虚拟现实技术与思政课的融合，在实现思政课教学"配方"先进、"工艺"精湛、"包装"时尚上作出了新的尝试。

4.3.4　坚持内容为王原则，充实智能思政的教学内容

我们在看到人工智能对思政课教学理念的更新、教学方式的变革、教学环境的重塑等方面技术赋能的同时，还应力避陷入技术决定论的窠臼。根本而言，思政课教学能否取得实效，学生是否能有获得感，更为关键的因素在于思政课教师能否提供情理交融的教学内容。正如马克思所言："理论只要说服人，就能掌握群众；而理论只要彻底，就能说服人。所谓彻底，就是抓住事物的根本。而人的根本就是人本身。"[1]即是说，我们既要重视采用新技术、新载体创新教学手段和方式，更应秉持以问题为导向、以学生为主体的教学理念，更加重视思政课的内容供给，体现"内容为王"的原则要求。

"'内容为王'，真理的感召力决定艺术的感染力，教学内容决定教学形式。在教学内容的呈现中，科学把握内容真理性与形式创新性的内在张力，既要利用形式创新对深厚理论进行转换，又要规避内容理论性的失真。"[2]这就要求：首先，思政课要有"高度"。

---

①　《马克思恩格斯文集》（第 1 卷），人民出版社 2009 年版，第 11 页。

②　刘同舫：《思想政治理论课教学亟须解决的五个问题》，《思想理论教育导刊》2019 年第 7 期。

这就要求教师的政治站位要高，既要讲好知识更要讲清使命，有效培育和提升学生的家国情怀，引导学生做新时代的奋进者。其次，思政课要有"深度"。这就要求教师应有强烈的问题意识。"主要的困难不是答案，而是问题。……问题是时代的格言，是表现时代自己内心状态的最实际的呼声。"①针对学生关心的重大理论命题、国内外时事热点、个体的思想困惑，做到"以透彻的学理分析回应学生，以彻底的思想理论说服学生，用真理的强大力量引导学生"。再次，思政课要有"广度"。这就要求教师还应广泛涉猎人类文明成果，以宽广的国际视野、深厚的历史视野引导学生思维变革、解疑释惑、明辨是非。最后，思政课更应有"温度"。习近平强调"要让有信仰的人讲信仰"。② 我国素有"亲其师，才能信其道"的传统，提升思政课教学实效性，除了要充分彰显马克思主义的理论魅力之外，思政课教师的人格魅力同样重要。这就要求教师在对马克思主义理论做到真学真懂真信真行的基础上，在教学中增强共情能力，关心呵护每一个学生，将学生视为真实的个体，用人格、语言的"暖"去中和理论、技术的"冷"，让思政课既有"意思"，更有"意义"。

4.3.5　强化统筹协调能力，健全智能思政的保障体系

人工智能赋能思政课教学是一项系统工程，需要多主体协同、多举措并进、增强统筹协调能力。习近平强调："要建立党委统一领导、党政齐抓共管、有关部门各负其责、全社会协同配合的工作格局"。③ 唯此才能为思政课教学的技术赋能提供全面支撑和健全保障。

首先，党和国家的顶层设计是最根本的政策保障。面对教育智能化的新要求，党和政府已先后颁布一系列政策文件，例如 2017

---

① 《马克思恩格斯全集》（第 1 卷），人民出版社 1995 年版，第 203 页。

② 习近平：《思政课是落实立德树人根本任务的关键课程》，人民出版社 2020 年版，第 12 页。

③ 习近平：《论党的宣传思想工作》，中央文献出版社 2020 年版，第 387 页。

年国务院发布《新一代人工智能发展规划》，2018 年教育部发布《高等学校人工智能创新行动计划》，2019 年中共中央和国务院联合印发《中国教育现代化 2035》，2019 年中办、国办印发《关于深化新时代学校思想政治理论课改革创新的若干意见》等，从不同程度和方面为加强智能思政建设提供了政策依据。进而言之，党和政府的相关职能部门还应结合思政课的课程属性和学科特点制定更具针对性、专门性的政策文件。其次，学校应在思政课教师职前培养和在职培育中设置人工智能相关知识和技能培训，提升教育主体智能素养和能力。学校还应积极利用大数据、云计算、物联网、5G 技术等，依据《智慧校园总体框架》(GBT36342—2018)确定的国家标准，构建"智慧校园"，推进"智慧课堂"试点，为思政课教学提供"智慧空间"。再次，寻求人工智能赋能思政课教学的社会支持。党和政府应不断澄清大众对思政课的错误认识，引导大众对思政课及思政课教师多一些理解和认同，营造全社会关心支持思政课建设的浓厚氛围，为人工智能赋能思政课教学创造良好的舆论环境。此外，党和政府还应该通过政治引导、经费支持等方式，联合人工智能科技公司、科研院校等相关力量，研发符合思政课教学特点的教育机器人、智能监课系统、智能教学系统等人工智能应用和服务。

英国著名的数学家、哲学家、教育家怀特海曾说："如果今天我们故步自封，那么明天随着科学的进步，那些不重视教育的民族便无法获得命运的青睐。"[1]当下，面对新一代人工智能蓬勃发展的时代境遇，我们应对其赋能思政课教学进行辩证认识和理性思考，在充分发挥其助推思政课教学积极作用的同时，还应对其抱以必要的警惕，进而不断推动思政课改革创新，增强思政课教学的思想性、理论性、针对性和亲和力。

（作者：樊瑞科，石家庄铁道大学马克思主义学院副教授；张茂杰，石家庄铁道大学马克思主义学院副教授）

---

① [英]阿尔弗雷德·诺思·怀特海：《教育的本质》，刘玥译，北京航空航天大学出版社 2019 年版，第 21 页。

5 人工智能助推高校精准思想政治教育的逻辑进路

随着人工智能技术在教育领域的蓬勃发展，人工智能教育（Artificial Intelligence Education，AIED）不仅改变了教育过程，而且改变了教育理念，为教育变革奠定了基础。2019 年 8 月中共中央办公厅、国务院办公厅发布的《关于深化新时代学校思想政治理论课改革创新的若干意见》指出，要推动人工智能等现代信息技术在思想政治理论课教学中的应用。2020 年 7 月，世界人工智能大会发布了《2020 腾讯人工智能白皮书——泛在智能》（以下简称《白皮书》）。《白皮书》认为，后疫情时代将是全球经济重建的重要时期，也很可能是社会转型的重要时期，这为人工智能的发展打开了新的窗口期和丰富的实践场。因此，如何充分利用人工智能助推精准思想政治教育，实现思想政治教育在理论逻辑和实践进路上与人工智能的深度互嵌，完成思想政治教育方法的技术升级，以精准的教育模式满足高校学生日益增长的个性化需求，无疑是思想政治教育需要破解的重要课题。

5.1 人工智能助推高校精准思想政治教育的新变革

人工智能助推高校精准思想政治教育的新变革体现在挑战与机遇两方面。一方面，人工智能在教育领域的广泛应用和推广，极大地增加了高校思想政治教育的难度和挑战性；另一方面，面对人工智能给高校思想政治教育带来的新变革，如何借助人工智能的东风实施改革创新，以提升思想政治教育的实效性，赋予思想政治教育工作更多的机会和可能性。我们只有抓住机遇迎接挑战，才能实现借助人工智能助推精准思想政治教育。

5.1.1 人工智能给高校精准思想政治教育带来了复杂挑战

（1）高校思想政治教育的主客体关系亟待调整

根据唯物辩证法实践的主客体及其相互作用原理可知，教师在传统思想政治教育活动中是主体，而学生是客体，二者在相互作用中，主体常表现出主动、能动、积极的特性，客体往往表现出被动、懈怠、消极的特性。出现这样反差的原因是人工智能时代随着学生主体性意识日益增加，客体非对象化的需求与教育活动中教师占据主导地位的现状之间的矛盾所导致。人工智能时代，教师所扮演的角色不再是主导者、传授者、领跑者，而是参与者、服务者、伴跑者。教师角色认知的调整是由网络原住民的特点所决定的，网络的特点是开放、共享、平等、自由，网络原住民的生活和网络密切相关，长期的熏陶使得他们天然具备这些特点。无论是独生子女的生活状态，还是网络原住民的标签，当代大学生早已习惯自身的意见得到普遍重视、要求得以满足、诉求得到回应。他们普遍拥有很强的自主性意识，不再满足于传统的主客体关系，而是寻求主体间对话，传统的思想政治教育活动方式已无法满足当代高校思想政治教育的实际需要。

（2）高校思想政治教育应对科技革命的冲击力有待加强

以人工智能为主的科技革命给高校思想政治教育环境带来前所未有的冲击。教育环境包括教学环境和学习环境，传统的思想政治教育活动在空间上局限于场地、教室，时间上局限于规划一致。而在人工智能时代，教育环境的指向性发生了改变，空间上不单包括学校或教室，还包括网络、VR等虚拟教育环境，时间上除了课堂内还包括课堂外，成为一个突破时间和空间限制的普遍意义的词，这是由当代大学生时间碎片化、阅读图像化、生活娱乐化等特点所决定的。教育环境的改变首先要求改变物理环境，各个高校的专业特色、可用资金、教学设备等办学条件并不相同，在开展思想政治教育的物质基础上存在一定的差异。部分高校硬件设施陈旧，网络铺设无法满足零延迟的协同教育要求，缺乏必要的网络中心和技术人员，无法充分发挥信息技术优势，给高校思想政治教育环境带来一定的冲击。

以人工智能为主的科技革命给高校思想政治教育对象带来冲击。在智能教育环境中，老师不再是唯一的信息发出者，学生也不再是唯一的信息接收者，信息的传递变成双向的，由此给高校思想政治教育带来了极大隐患。开放自由的网络环境所带来的历史虚无主义思潮、民主社会主义思潮等各种社会思潮及价值观，一定程度上影响了高校学生对主流意识形态的认同，无形中削弱了国家意识形态话语控制权。

（3）素质优良的高校思政课教师队伍有待建设

2016 年，时任教育部部长陈宝生在浙江大学调研时指出：提高思政课的质量和水平要紧紧抓住教师环节，解决好内功问题。可见，拥有一支有着坚定理想信念、专业过硬、理论水平高的思政课老师是内功问题，是高校思想政治教育能否取得实效性的保障。高校思政课教师一般分为两支队伍，一支是辅导员队伍，另一支是思政课专业教师队伍。面对错综复杂的国内外环境，高校思政队伍素质有待加强，政治理论有待提高，新兴技术技能有待完善。

高校思政课教师队伍技术技能有待完善。人工智能环境下，高校思想政治教育工作者不仅要具备马克思主义、心理学、教育学等专业知识，而且要掌握必要的信息技术技能和信息化思维。部分高校的思想政治教育工作者年龄结构老化，缺乏与时俱进、开拓创新的拼劲和活力，不愿或被动地接受新兴事物，抗拒使用新技术、新手段，教授一门课的幻灯片数年不变，在教育过程中禁止学生使用智能设备，将电子设备视作洪水猛兽，面对这样"乏味"的思政课，大学生难以提起兴趣。高校大学生是容易接受新思想新事物的群体，能否在教育中将人工智能变成宣传思想政治教育的桥头堡和主阵地，考验的是高校思政人员能否灵活运用新技术创新高校思想政治教育方式方法的智慧。

（4）国家意识形态话语权的建构有待加强

人工智能时代，信息过载、教育资源俯拾皆是，中外思想碰撞，碎片化阅读和思考对部分大学生意识形态方面造成负担和负面影响，如何进一步提高当代大学生对习近平新时代中国特色社会主义思想的认识，成为高校思想政治教育创新的重点和难点。利用人工智能教育应用推动高校思想政治教育创新，是引导高校网络舆情健康发展、维护高校校园安静祥和的需要。高校是网络热点事件的高发地，也是群体性事件高发的敏感地带之一，运用人工智能技术有助于快速锁定不实消息来源、及时应对可预见的危机。

5.1.2　人工智能给高校精准思想政治教育带来了巨大机遇

人工智能助推高校精准思想政治教育在面临挑战的同时，也面临着前所未有的机遇。当前人工智能国家战略的提出为助力高校精准思想政治教育提供了政策支持，人工智能的应用可以有效助力精准思政资源的充分利用，人工智能的推广极大增强了精准思想政治教育的受众度。

（1）人工智能国家战略为助力高校精准思想政治教育提供了政策支持

为在教育领域更好地发展和应用人工智能，2018年4月教育部制定《高等学校人工智能创新行动计划》，计划指出"加快人工智能在教育领域的创新应用，利用智能技术支撑人才培养模式的创新、教学方法的改革、教育治理能力的提升，构建智能化教育体系，是实现教育现代化不可或缺的动力和支撑"。① 不难看出，在我国的教育领域，一场人工智能改革的东风蓄势待发。2019年2

---

① 教育部：《教育部关于印发〈高等学校人工智能创新行动计划〉的通知》，http://www.moe.gov.cn/srcsite/A16/s7062/201804/t20180410_332722.html，2018-4-2。

月印发的《中国教育现代化 2035》指出，要加快教育变革，建设智能校园，这为教育领域的改革敲响了战鼓。思想政治教育领域则紧随其后，闻东风而动。2019 年 8 月 14 日，中共中央办公厅、国务院办公厅印发了《关于深化新时代学校思想政治理论课改革创新的若干意见》，意见指出"大力推进思政课教学方法改革，提升思政课教师信息化能力素养，推动人工智能等现代信息技术在思政课教学中的应用"。① 可见，人工智能这股东风正在或已经刮向我国的教育、医疗、养老、环境保护、城市运行、司法服务等各个领域，正确借力人工智能技术来提升高校思想政治教育的实效性是高校思想政治教育工作者面临的重大机遇。

(2)人工智能的应用可以有效助力精准思政资源的充分利用

如何充分利用现有的思想政治教育资源实现最大化的思想政治教育效果，一直是高校思政管理的一大难题。2019 年 2 月，中共中央国务院发布《中国教育现代化 2035》，指出"统筹建设一体化智能化管理与服务平台。推进教育治理方式变革，加快形成现代化的教育管理与监测体系"，② 其中智能化管理平台为改善上述问题提供了可能。利用人工智能技术搭建的大数据平台可以实时挖掘出本校大学生关注的热点问题，再将这些热点问题同高校的校园特色和校园文化相结合，形成新颖、有趣、独特的主题，然后通过短视频、漫画等大学生喜闻乐见的形式展现出来，以激发大学生的阅读兴趣，从而自觉吸收蕴含其中的思想政治教育内容，达到内化于心的教学目的。随着新一轮科技革命如火如荼地进行，各种人工智能技术为教育变革提供了可能，高校思政工作者要勇于创新、把握机遇，促进思想政治教育资源的充分利用。

(3)人工智能极大增强了精准思想政治教育的接受度

在人工智能时代，AIED 体现出的开放性、共享性、交互性、

---

① 中共中央办公厅、国务院办公厅：《关于深化新时代学校思想政治理论课改革创新的若干意见》，http：//www. moe. gov. cn/jyb_xxgk/moe_1777/moe_1778/201908/t20190815_394663. html，2019-8-14。

② 《中共中央、国务院印发〈中国教育现代化 2035〉》，《人民日报》2019年 2 月 24 日。

平等性等特点，有利于调动大学生参与教师教学的积极性，从而改变部分高校思政课老师唱独角戏的现象。AIED 除了是产品，还是教学工具，其具体的使用还要靠人来操作，大学生感兴趣的内容集中于生活领域、价值观念等方面，而思政理论教育内容具有鲜明的政治性和理论深度，这些内容还需要思政课教师采用大学生喜闻乐见的方式讲授。而思想政治教育工作者关注的重点应该是把握教育的大方向，深耕教育内容，借用教育对象对人工智能的高接受程度，将思政理论用通俗易懂的方式在 AIED 上展现出来，激发大学生的学习兴趣，然后引导大学生拓展思考的深度和广度，从而掌握思想政治教育的理论知识。总之，在人工智能技术迅猛发展的势态下，可以预见，AIED 会变革当前的思想政治教育生态，而教育对象对 AIED 的接受程度则会在某种程度上影响高校思想政治教育创新的实效性。

5.2　人工智能助推高校精准思想政治教育的技术优势

实现人工智能教育应用和高校思想政治教育的学科交叉融合是推动高校思想政治教育在实践中创新的重要方式。人工智能助推高校精准思想政治教育的技术优势在于实现教育方式精准转换、实现教育评价精准定位、实现教育形式精准多样。

5.2.1　实现教育方式精准转换：从基于经验转向基于数据信息

高校思想政治教育外化于行的前提是内化于心，而思政课老师要想将思想政治教育内容内化于大学生心中，则必须清晰准确地掌握大学生的所思所想。在没有信息技术的支持下，教师只能通过和学生交流来了解这个群体的想法，再结合教师自身的经验来授课，也就是传统的高校思想政治理论课教学基本上是基于经验的。随着人工智能技术在教育中的应用，以往难以解决的问题有了新的发展方向，教师除了听其言，还可以观其行。只要掌握了大学生的行为痕迹，便不难知道他们的真实想法。得益于移动互联网的迅猛发展，现代大学生的衣食住行都可以通过移动互联网解决，这就为分析大学生的行为痕迹提供了可能，而 AIED 为高校思想政治教育的量化提供了途径。大学生作为网络社会最为活跃的群体之一，其上网浏览的记录及行为会产生大量的有效数据，教师可以通过 AIED 采集这些数据并加以分析，从而判断出教育对象在学习、心理、生活、思想等各方面的倾向性，通过对这些数据的研究可以绘制出包含大学生思想、行为、偏好、关注点等共性特征的"肖像画"。借助肖像画，教师可以摆脱以往依靠经验进行思政课教学的方式，转而采用基于数据的教学方式，这些鲜活的数据将成为高校思政教师参考的重要教学资料。

5.2.2 实现教育评价精准定位：从基于专家转向基于深度学习

自 2012 年 2 月教育部印发《全国大学生思想政治教育工作测评体系(试行)》(以下简称《测评体系》)以来，全国 31 个省(区、市)、75 所教育部直属高校对贯彻执行《测评体系》开展了自测自评并提交了报告，《测评体系》高校版共包括 6 个一级指标、20 个二级指标、88 个测评标准。经过多年的发展，思想政治教育评价取得了一定成果。但也存在一定问题。第一，评价结果受专家的主观因素影响较大。不同的专家对同一堂课同时进行测评可能会得到不同的结果，难以保证评价结果的客观公正性。第二，评价方法单一，且发展缓慢。在信息技术飞速发展的当下，教学评价采用的方法和以往并无不同，有些是将纸质调查问卷转为网络调查问卷，但并没有实质性进展。第三，测评过程繁复。从收集数据开始要耗费大量人力物力，测评过程较复杂且耗时较长。试想，在机器学习技术和大数据技术取得突破的今天，如果能有一个"黑匣子"，只需要输入真实的数据，不需要复杂的测评过程就可以得到测评结果，不仅可以节省大量的成本，而且可以保障测评过程、评价结果的客观公正性。

通过对模型不断地进行训练和调整参数，将会得到一个比较成熟的高校思政课教学评价体系模型。只要往该模型中输入思想政治理论课的指标特征值，便可以输出评价结果，中间过程不再需要人的参与，从而节省大量的时间和规避以往思政课教学评价的主观性和任意性。

如果把传统的思想政治教育评价看作是基于专家的方法，那么这个"黑匣子"可以看作是基于深度学习算法的方法。具体做法是：第一，确定影响思政课教学效果的相关指标，可以参考《测评体系》中设定的指标，并提取出这些指标的特征并将其量化；第二，确定评价体系等级标准，例如 90 分以上为优秀，80~90 分为良好，60~80 分为合格，60 分以下为不合格；第三，根据指标特征值的数量选取样本量，并将此样本量当作待训练的训练数据；第四，将前面基于专家经验和专业领域知识提取到的经验特征（例如均值、方差、偏度等）输入深度学习网络，例如深度神经网络 DNN（Deep Neural Network），卷积神经网络 CNN（Convolutional Neural Network），长短期记忆网络 LSTM（Long Short-Term Memory）等，进一步提取抽象特征；第五，将提取到的抽象特征输入分类器，例如支撑向量机 SVM（Support Vector Machine）、随机森林（Random Forest）、逻辑回归（Logistic Regression）等，并加以训练，从而构建基于深度神经网络的思想政治教育评价模型。如图 1 所示。

5.2.3 实现教育形式精准多样：从基于课堂教学转向基于创新的实践教学

马克思主义认为社会生活在本质上是实践的，实践是人类社会的基础，是理解和解释一切社会现象的钥匙。因此，思想政治理论课教学不能忽略实践教学的环节。党的十九大以来，以习近平同志为核心的党中央高度重视思想政治理论课建设，2018 年 4 月教育部在《新时代高校思想政治理论课教学工作基本要求》中明确指出："实践教学重在帮助学生巩固课堂学习效果，深化对教学重点难点

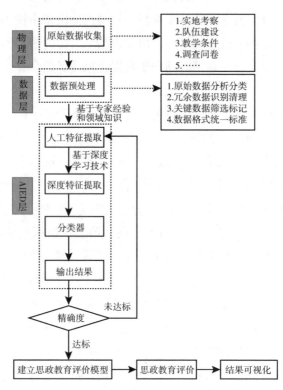

图 1　基于深度学习的思想政治教育评价模型图

问题的理解和掌握"。① 而要做好思政课的实践教学，先要正确把握实践教学与思想政治理论课堂的关系，实践教学作为课堂教学的延伸，二者互为补充，是联系与区别的统一、理论与实践的统一。从认识论角度看，认识是实践基础上主体对客体的反映，没有思政课实践教学这一实践基础，大学生对思政理论的认识就无法升华、无法正确反映。

　　2016 年习近平总书记在全国高校思想政治工作会议上的重要

---

　　①　教育部：《教育部关于印发〈新时代高校思想政治理论课教学工作基本要求〉的通知》，http：//www. moe. gov. cn/srcsite/A13/moe＿772/201804/t20180424_334099. html，2018-4-13。

讲话为我们指明了方向，习近平总书记指出："要运用新技术使工作活起来，推动思想政治工作传统优势同信息技术高度融合，增强时代感和吸引力"。① AIED 作为人工智能技术与教育深度融合的产物，在思政课实践教学中可以发挥重要作用。例如可以建立虚拟仿真体验平台，大学生通过对历史事件的仿真体验，以正确把握革命先烈不怕牺牲的爱国精神，中国共产党坚韧不拔、自强不息的长征精神，开天辟地、敢为人先的红船精神，团结统一、爱好和平的抗战精神，等等。

5.3 人工智能助推精准思想政治教育的实践进路

人工智能助推精准思想政治教育的实践进路的基础是创设智慧教育环境，手段是创新教学方式方法，媒介是创新教育载体平台，关键是创新教师队伍建设，以此来达到实现精准育人的目标。

5.3.1 人工智能助推精准高校思想政治教育以创设智慧教育环境为基础

高校思想政治教育的智慧环境就是高校里所有可以开展思想政治教育的场所共同构成的环境。构建智慧环境是 AIED 应用于高校的必要物质条件和技术准备，是智能化校园创设的目的和意义所在。人工智能助推精准高校思想政治教育的基础是创设智慧教育环境，包括构建智慧学校、构建智慧课堂、构建智慧学习三个方面。

一是构建智慧学校。智慧学校是从数字化校园向智能化校园迈进的必然趋向，是教育改革的目标，也是人工智能时代未来学校发展的必然结果。智慧学校是打造高校思想政治教育智慧环境的重要组成部分，学校的智慧程度直接影响了思想政治教育的智慧环境，从而影响其实效性。学校作为各个部门和各二级学院的综合体，建

---

① 《把思想政治工作贯穿教育教学全过程 开创我国高等教育事业发展新局面》，《人民日报》2016 年 12 月 9 日。

设智慧学校，首先要建设学校管理的智慧化。其中，精细化管理、个性化服务的要求，正是通过建设智慧学校满足的。现在同时招收本科生、硕士生、博士生的高校不在少数，有些高校日常在校人数达几万人，单凭辅导员和班主任难以实现精细化管理，只有依托人工智能技术才能提供个性化服务。在法律和伦理许可的前提下，利用 AIED 收集在校大学生的日常行为数据，通过大数据技术分析判断学生的学习、生活情况，自动锁定问题学生，并从数据库中寻找最优解决方案，从而实现精细化、智慧化管理。

二是构造智慧课堂。智慧课堂是高校实施智慧思想政治教育的主阵地之一，是产生待分析学习数据的主要场所之一，是教育变革的重要环节之一。思政课堂的智慧程度、水平、范围等直接决定了智慧思想政治教育的成败。智慧课堂是在 AIED 的基础上，运用信息技术在大数据处理、智能识别、协同共享等方面的优势，创新教育理念、重塑教育过程、建构教育环境、变革教育方式、搭建教育载体的智慧化教育场所，旨在培养具有创新创造能力的智慧型人才。构建智慧课堂需要在教育主体、课堂环境、学情分析、综合评价等几个方面着力。

三是构造智慧学习。构建高校思想政治教育的智慧环境，就是要在建设智慧课堂的基础上，形成智慧学校，促成智慧学习。智慧学习就是利用 AIED 的技术优势，集中各高校的优质专业，通过智慧学习的共商、共建、共享，达成教书育人的目的。首先，为进一步保持和加强高校在信息化方面的优势，以及将其转化为智慧学习建设的优势，应坚持高校和高校、高校和企业、高校和中小学一线教师之间的共商。其次，应结合各级政府、高校、社会企业的合力，共同构建基于知识建模图的思政学科资源库。再次，通过智慧学习实现共享，共享是互联网的特征，也是人工智能时代智慧学习的应有之义。及时、妥善、完整的共享可以更好地整合不同内容、不同形式、相同主题的学习资源，以最大限度地利用现有资源，满足不同形式的智慧学习需求，同时有利于节省高校教育经费。

5.3.2 人工智能助推精准高校思想政治教育以创新教学 方式方法为手段

教育环境的智能化势必带动教育方式方法的变革，将高校思想政治教育方式方法从灌输交流创新为互动交流、从理论认同创新为实践认同、从显性教育创新为隐性教育，是人工智能助推精准高校思想政治教育的有效手段。

一是从灌输交流到互动交流。创新高校思想政治教育方式方法首先要转变交流方式。人工智能时代的大学生平等意识、个体意识、主体意识大大增强，认识世界和改造世界的方式也发生了较大变化，他们大多需要在真诚、平等、信任的有效互动氛围中开展交流。在人工智能时代，高校思想政治教育要在和大学生进行思想观念和真情实感的互动交流的基础上提高实效性，而 AIED 则是互动和认识的工具。AIED 借助人工智能技术实现了虚拟与现实的统一、时间和空间的统一、课上和课下的统一，为教育对象认识世界提供了新方法、新途径、新视野；为教育者拓宽了即时互动的平台，借助科学技术和大数据提升对教育对象、教育规律的认识，增强教育对象的获得感、满足感。

二是从理论认同到实践认同。传统的高校思想政治教育实际上追求的是大学生对所讲授的思政内容从认知到认同，而对实践认同方面的关注相对较少，这也是高校思想政治教育理论课实效性不高的原因之一。在人工智能精准助推高校思想政治教育中可利用 AIED，更易于实现学生从理论认同到实践认同的转变。目前一些高校思想政治教育的实践参与往往局限于学校所在城市，具体场所一般是烈士陵园、档案馆等，所开展的活动千篇一律，这些都无形中弱化了大学生实践参与的热情和积极性，从而影响了实践认同度。而如前所述，AIED 可以突破时间和地域的限制，例如可以利用虚拟仿真体验平台，让大学生在实践参与中提升实践认同。

三是从显性教育到隐性教育。隐性思想政治教育是相对于显性思想政治教育而言的，与人们熟知的显性思想政治教育的方式不同，它采用的是渗透、迂回、间接、侧面的形式，更凸显润物无声的特点，这种思想政治教育方式将其教育目的、教育内容等隐藏起来，不直接显露。而人工智能则又丰富了教育载体，拓展了隐性思想政治教育的渗透途径，并且能在充分把握大学生心理的基础上，从大学生实际利益出发，设计隐性思想政治教育的环节、步骤，从而精准实施、一击必中。在这个过程中既体现了教育对象的主体性，又增强了高校思想政治教育的吸引力、趣味性，从而提升了实效性、创新了高校思想政治教育的方式方法。例如利用 AIED 对大学生生活、学习的大数据分析，提取思政特征值、特征向量，然后通过智能教育系统将大学生实际生活中的痛点、疑点、热点加以剖析，最终由教育者设计、主导，将其融入大学生的日常生活，达到春风化雨、润物无声的教育效果。

5.3.3　人工智能助推精准高校思想政治教育以创新教育载体平台为媒介

　　创新高校思想政治教育离不开载体平台的创新。高校思想政治教育载体是连接教育者和教育对象之间的媒介，也是承载思想政治教育信息的平台，是同教育主体双向互动的关键所在。基于思想政治教育数据的流动方向，依次搭建物联网平台、大数据平台、虚拟仿真思政体验平台，以构建高校思想政治教育载体平台模型，用以推动高校思想政治教育的创新。如图 2 所示。

　　一是搭建高校思想政治教育的物联网平台。物联网的应用有助于改善教育环境、提高教学效率、创新教育载体。例如上海交通大学在教室内建设了物联网，已然实现了智能考勤、环境监测、视频监控等初步功能，但整个校园的物联网建设还有待进一步加强和完善。首先是要加强物联网的基础配套设施建设，加大教学设备投入力度，做好顶层设计。其次教师要转变教育理念，适应网络化、数字化、智能化教学模式。最后在推动物联网变革教育的同时，还要促进教育产业反哺物联网产业的进一步发展。而搭建高校思想政治教育的物联网平台则是在构建智慧校园的基础上，进一步开发物联网的思想政治教育功能。

　　二是构建高校思想政治教育的大数据平台。数据时代，数据是

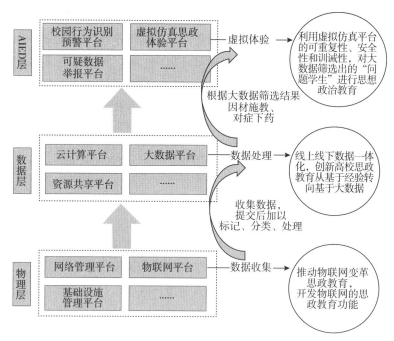

图2　高校思想政治教育载体平台模型图

最宝贵的资源，它不仅可以带来经济效益，而且蕴含着教育规律。在构建高校思想政治教育大数据平台之前，首先要弄清楚数据的分类，以高校思想政治教育为视角，可以把教育主体产生的数据分为教师数据和学生数据。教师数据包括课件、讲义、论文、著作、报告等。学生数据包括一卡通消费、上课情况、作业情况、家庭信息、运动情况等。这些数据大多是通过物理层构建的物联网平台收集，而要发挥出这些数据的价值，将其转化为可供决策的有效信息，还需要利用大数据技术进行深度挖掘。构建高校思想政治教育的大数据平台是思政个性化教育的必由之路，是创新思政载体的重要环节，是提升思想政治教育数字化、智能化的重要途径。

三是建设高校思想政治教育虚拟仿真平台。虚拟现实技术（Virtual Reality，VR 技术）是一项融合三维立体显示技术、数字图像处理、传感技术、仿真技术、人工智能技术等多种信息技术的集成性技术。虚拟仿真思政体验平台的开发与普通软件开发的流程相似，不同之处在于采用 VR 技术搭建的体验平台有其独特的性质，具体表现为沉浸性、交互性、构想性。所谓沉浸性，是指该平台可以使大学生沉浸在它所构造的虚拟环境中，并且可以在身体和心理上获得真实世界的体验和感受。同时，虚拟仿真思政体验平台还具有可重复性、安全性和训诫性。虚拟仿真思政体验平台的出现，为高校思想政治教育创新注入了一针强心剂，其沉浸性、交互性、构想性将有效刺激学生感官，促进思政课的代入感和生动感，激发学生的学习激情。这和传统思政教学采用的幻灯片等多媒体技术有着本质的不同，在传统思想政治教育过程中，教学场地和情境都是固定的，而该平台是将虚拟与现实结合起来，给人以第一视角的参与感和互动感，学生在课堂上从旁观者、被动者真正转变为参与者、主动者。一些难以解释的马克思主义原理和抽象概念有了具象化的可能，在特定时代背景下的历史人物事件有了被深刻理解的可能。

5.3.4 人工智能助推精准高校思想政治教育以创新教师队伍建设为关键

创新教师队伍建设包括提高教师队伍人工智能素质、强化教师的科技信息化技能、提升教师 AIED 的创新思维三个方面。

一是提高教师队伍人工智能素质。思政教师作为思想政治教育队伍的尖头部队，他们自身综合素质的高低，将直接影响思想政治教育效果、影响 AIED 视域下高校思想政治教育的创新。首先，要树立教师正确的人工智能教育理念。AIED 既是时代的选择，也是提高实效性的必然要求。作为思政教师，要正确认识和看待人工智能，积极拥抱信息技术革命，树立正确的人工智能教育理念。其次，学校要加大人工智能的培训力度。人工智能的专业性很强，不仅需要具备常用的计算机操作知识，AIED 的使用也需要专门的训练，教师很难通过自己独自摸索出来。最后，要增强思政教师 AIED 的意识，摆脱传统教育观念的束缚。随着可预见的 AIED 的普及和人们学习生活方式的改变，出现了信息找人、双主体互动、泛中心化传播等新变化，思政教师作为国家政策的宣传员，要主动提升自身的人工智能敏感度，以适应 AI 时代的工作要求。

二是强化教师的科技信息化技能。大数据、人工智能等技术在教育中的应用，给教师提供了一种方便、有效、快捷、智能的信息收集方式，也就是借助 AIED，利用人工智能的人脸识别、语音识别、自然语言理解等技术，采集大学生在校期间产生的行为痕迹和信息数据。工具是要靠人来操作的，不同的教师使用同一个信息采集平台会得出不同的结果，如何根据自己的实际需要操作信息采集系统是教师需要提升的重要能力之一。而教师对该模型的应用、参数调整、模型再训练等具体操作，则需要专门的培训。强化教师的科技信息化技能，增强教师利用 AIED 收集、分析信息的能力，从而提升其发现问题、解决问题的能力，将对高校思政教育的决策和管理带来巨大帮助。

三是提升教师 AIED 的创新思维。实践创新思维是要从教学实践层面进行创新，包括创新教学方式方法、创新 AIED 使用场景、创新思想政治教育方式等。通过具体的教学实践总结 AIED 带给思想政治教育的改变、影响、优缺点等，例如可以做个实验，针对思政课同一专题，根据 AIED 使用前后同学们掌握知识的程度，开展实证研究，以此说明 AIED 能否有效促进思想政治教育的实效性。除此之外，还要正确把握创新与继承的关系，不能全盘否定人工智能时代提升教师 AIED 创新思维的重要性，也不能丢掉以往思想政治教育的优良传统。要在继承中创新，在创新中继承。以往思想政治教育都是根据教育者的经验开展，随着 AIED 带给高校思想政治教育的变革，提升教师 AIED 的理论创新思维能力和实践创新思维能力是高校思想政治教育适应新环境的必然要求。

（作者：周爽，中国计量大学马克思主义学院教师；刘鑫昊，中国计量大学马克思主义学院研究生）

6 社会新闻热点融入新时代高校思想政治理论课教学的价值与路径探究

步入新时代，以习近平同志为核心的党中央对学校思想政治理论课建设作出一系列重要指示批示，开启了"以思政课强基铸魂引领教育强国"的新征程。习近平总书记强调，教育对实现中华民族伟大复兴具有决定性意义；办好思政课，抓住了教育的根和魂。2019 年，中共中央办公厅、国务院办公厅印发《关于深化新时代学校思想政治理论课改革创新的若干意见》，解决了一些长期想解决而没有解决的难题，规划了许多过去想办而没有办成的大事，开启了思政课改革的新篇章。新时代有新理论、新思维、新战略、新任务，建设中国特色社会主义和实现中国梦的奋进目标深入人心。在大好形势下，如何有效融合多方资源，进一步提升大学生对高校思想政治理论课教学的接受度，增强思政课教学实效，俨然成为思想政治教育者共同关注的热点难点问题。

6.1 新时代改革创新高校思想政治理论课教学的重大意义

步入新时代，我们党进一步明确宣示了举什么旗、走什么路、以什么样的精神状态、担负什么样的历史使命、实现什么样的奋斗目标。如何有效传达十九大精神、阐释新时代党的这一系列重要新论断、新思想、新观点，讲好中国故事，以学生喜爱的方式和易于接受的语言，教育、引导大学生深入理解和把握其思想精髓，这是新时代高校思想政治理论课教学所要完成的重要使命，也是新时代对高校思想政治理论课教学在教学内容、目标，以及教学方式方法等方面提出的新要求。因此，高校思想政治理论课教师必须立足当下，赋予新时代高校思想政治理论课教学新的活力，从而提升思想政治理论课教学的接受度。

接受度，在教育领域中，主要是指"受教育者对于特定教育信息认可和接纳的程度"。① 高校思想政治理论课教学的接受度，从传统意义上讲，应涵盖学生对教学内容、教学方式方法，甚至是对教学目标等方面的认可与接纳程度。政治理论课教学的接受度如何，直接影响着思想政治教育的成效。思政课只有保证获得良好的教学实效性，获得较高的接受度，才能彰显其重大教育意义，最终体现其育人价值。当前，结合思政课教学实际，必须着力处理好以下几个方面的问题：

一是教学内容上，需要解决突出政治导向原则与学生接受度之间的矛盾问题。高校思想政治理论课既具有一般社会科学学科的科学性特点，又有区别于其他课程的鲜明特征，即它还承载着对大学生进行意识形态教育的功能，承担着向广大学生宣传党的路线方针和政策的重责。因此，重视政治性是思想政治理论课教学的本质要求。但是，步入新时代，从教学媒介的转变来看，由于移动互联网和智能终端的普及，相比过去，信息量规模急剧膨胀，传播速度快、范围广、影响力大，对于学生的影响力也随之极大增强。理论性较强的思政课，如果缺乏恰当的案例，教学内容不能更好地同社会实际相接轨，就会拉大思政课与大学生之间的距离，使得教学效果大打折扣，从而难以被学生所接受。

二是教学方式方法上，需要协调灌输式教学方法的运用与教学吸引力和感染力提升诉求之间的关系。长期以来，传统的灌输式教

① 黄金满：《高校马克思主义理论教育实效性研究》，《思想理论教育》2010 年第 15 期。

学方法饱受诟病，但经理性思考后，会发现它在教学中依然扮演着重要的角色，尤其是对于作为公共课程的政治理论课。要想在规定课时内，面对不同专业的学生，完成规定的教学内容，并且让各个专业的学生较为顺利地通过考试环节，毫无疑问，科学地运用灌输式教学方法必不可少。然而，由于灌输式教学方法呈现出的是一种"单向性"的教育过程，教育主体不容易把握学生的个体差异，使得理论课教学吸引力和感染力不强，难以充分调动学生的学习主动性，并使其产生较高的接受度。面对这一问题，作为思政课教师，应积极优化传统教学方式方法，拓展变革教学方式的新思路，给单调沉闷的课堂注入新的生机与活力。

三是教学目标上，需要克服培养学以致用能力和塑造价值观的目标定位与学生的知、信、行三方面易分离的矛盾问题。高校思想政治理论课承担着对大学生进行系统的马克思主义理论教育的任务，事关当代大学生品德的养成和人格的完善。因此，高校思想政治理论课教学目标就是要构建以大学生学习参与为促动力，通过实践体验，把课堂理论知识转化为学生自觉的思维方式、价值标准，并进一步做到知识内化，进一步指导其具体行为，最终实现学以致用。按照这一目标，思想政治理论课对学生的吸引和感染也就相应地分为三个层次，即认知了解、情感共鸣、行为实践。但从实际来看，由于思政课与高校专业课程相比较而言，在学生心目中普遍存在"价值缺位"的刻板印象，因此，往往造成了学生在思想政治理论课的接受度上出现知、信、行之间的断层：为了实现通过课程考试的目标诉求，学生对如何通过课程考试的关注度远远高于对课程内容本身的关注度，只注重"知"，而忽视"信"；学生在课堂之外的自主学习参与度也比较低。

针对上述现实问题，高校思政政治理论课教学应立足于新时代的客观要求，着重关注学生的主题发展、内在需求等问题，不断拓展教学改革新思路，竭力提升新时代高校思想政治理论课教学接受度。

6.2 坚持问题意识导向，深挖新时代社会新闻热点在高校思政课教学中的育人优势

以问题意识为导向，是将高校思政课从偏重知识传授的传统教学模式向以人为本的现代教学模式转变、增强思政课教学的针对性和实效性的关键点。"一个时代的迫切问题，有着和任何在内容上有根据的因而也是合理的问题共同的命运：主要的困难不是答案，而是问题。"①思想政治理论课教师树立问题意识，积极推动解决教学内容、教学目标与教学方法等方面的问题，不仅体现了求真务实、创新创造的学术精神，更展现了马克思主义者的坚定信仰和责任担当。步入新时代，高校思政课教学必须跟上形势变化，帮助当代大学生更好地直面社会现实，直面身边事，直面天下事。正如习近平总书记所指出的："高校思想政治工作实际上是一个解疑释惑的过程……要及时回应学生在学习生活社会实践乃至影视剧作品、社会舆论热议中所遇到的真实困惑。"②从这一层意义上说，坚持问题意识导向，就需要在思政课教学中深挖新时代社会新闻热点资源，充分发挥思政课的育人优势，从而提升大学生对国家和社会的高度认同感，增强对思想政治理论课教学的接受度。

一是有助于丰富教学内容。高校思想政治理论课的教学内容涉及马克思主义基本原理、中国社会历史、现状以及发展趋势等，其本身具有鲜明的政治性、理论性和抽象性。也正因此，对高校大多数专业的学生而言，其抽象晦涩的理论并不容易弄通、弄懂，从而影响了学生将教师讲授的知识进行内化的过程。而社会新闻，由于往往涉及人们日常生活中的社会事件、社会问题和社会风貌等，与政治新闻、军事新闻、经济新闻、科技新闻、文化新闻等相比，又更具生动性、趣味性、富有人情味等特点，更能够引起广泛的社会关注。2020年新冠肺炎疫情发生后，在以习近平同志为核心的党

① 《马克思恩格斯全集》(第1卷)，人民出版社1995年版，第203页。
② 《习近平首次点评"95后"大学生》，《人民日报》2017年1月3日。

中央坚强领导下，14亿中国人民构筑起同心战疫的坚固防线，不仅彰显了人民至上、生命至上的价值遵循，也为思政课教学提供了大批鲜活生动深刻的"教材"。因此，将社会新闻有效地融入思政课教学中，将基本理论知识与社会现实、理论热点相结合，通过丰富的身边真实案例深入浅出地阐述理论观点，将极大地增强思政课教学的吸引力和感染力，学生的接受度也会相应得到提升。

二是有助于刷新教学方式方法。步入新时代，现代教学技术手段的应用，更成为提升教学质量与教学效果的有力支撑。而在思政课的教学中融入社会新闻，对变革教学方法也将产生极大的促进作用。一方面，高校思想政治理论课面对的教育对象是全校不同专业的学生，这种专业、年级和性别的差异性和阶段性决定了他们对社会热点事件的关注和认识都有自己独特的视角，这就要求教师在课堂教学过程中采用不同的教学方法，不能千篇一律、不加区分地使用同一种教学模式。虽然每一种教学方法都有其特定的效能，但如果在复杂的教学过程中被重复单独使用，则其效能就会大打折扣。另一方面，目前高校思想政治理论课教育主要还是采取"教师讲，学生听"的传统教育教学方式。在这种教学方式中，许多教师重说教而轻启发，重灌输而轻交流，师生之间缺乏良性互动，学生解决实际问题的能力得不到发展，对现实问题的关注得不到回应。虽然大部分教师上课时采用了多媒体等现代教学技术手段，也能做到图文并茂，但只不过是"旧瓶子装新酒"，教学方式方法依然是传统的说教式。而社会新闻作为一定时期内具有较大影响的社会现象的集中反映，具有内容丰富、教育面广、形象生动、感染力强等优点，这给以往单调沉闷的课堂带来些许生机与活力，有利于变单向的说教和强制灌输为双向的互动学习，对于开展互动启发式、合作研讨式以及专题式等教学方法，实现教学方法的变革具有直接的促进作用。

三是有助于达成教学目标。当前，中国特色社会主义进入新时代，这是我国发展新的历史方位。习近平总书记在党的十九大报告中的这一重大论断，对新时代高校思想政治教育提出了新任务、新目标和新课题。思想政治理论课是高校思想政治教育的主渠道，也是对党和国家路线、方针、政策进行宣讲，培养中国特色社会主义事业建设者和接班人的重要阵地。为取得良好的教学效果，顺利达成教学目标，就特别需要提高思政课的针对性、感染力，把基本政治理论和观点讲清楚、讲明白，让广大青年学子听得懂、能领会、可落实。而社会新闻则是上述两方面的最优的契合点。在思政课的教学中，有选择性地融入社会新闻热点，让学生透过一个个鲜活的、生动的社会新闻热点事件，去感受、去思考、去领悟蕴含其中的新思想、新理论、新观点、新论断，使思想的种子在广大青年学子心底生根发芽，从而推动党的理论创新成果走近广大青年学子，凝聚、扩大青年学子实现伟大梦想的社会共识。高校思政课教学的重要目标就是产生良好的教学实效性。让大学生通过社会新闻，直接体验和观察社会生活及其发展变化，不仅有助于培养学生理论联系实际的能力，更有助于他们确立对马克思主义的信仰、对中国特色社会主义的信心，更好学习掌握中国特色社会主义理论体系。

6.3 探寻社会新闻热点有效融入高校思政课教学的新路径

要进一步提升高校思政课教学的接受度，获得满意的教学实效，就需要以创新的理念，从顶层设计、教师主导与学生吸收等几个方面去探寻社会新闻热点有效融入教学的新路径。

第一，深入发掘社会新闻热点的教学价值。社会新闻作为时代发展的产物，蕴含着丰富而多元的教育素材，必将对大学生的思想和行为产生深刻影响。一方面，高校思政课的育人目标在于培养学生树立正确的世界观、人生观和价值观。而社会总是三观树立的大考场。如果脱离了现实这个考验场所，学生三观的树立也只能是空中楼阁。社会新闻反映客观世界发展的最新动向，其涉及面广、时代性强，本身与大学生的学习生活联系紧密，因此是最好的教学素材。另一方面，新时代的大学生有热情、有思想、有抱负。他们愿意"家事、国事、天下事，事事关心"。将社会热点融入高校思政课教学，也就将课程理论知识与社会实际和大学生的兴趣点、关注点联系了起来，契合了当代大学生强烈关注新生事物的心理需要。作为教师，应当充分发掘社会新闻的教学价值，以突破传统教育逻辑的意识与勇气，以鲜活的天下事、身边事去丰富思政课的内容，去激活思政课的内涵，赋予思政课传统经典的现代价值。

第二，科学筛选与整合社会新闻热点的教学有用性。社会新闻，与政治新闻、军事新闻、经济新闻、科技新闻等相比，不仅具有社会性、广泛性，而且更讲究生动性，更富有人情味。因此，在政治理论课教学中融入社会新闻，必将提升大学生的接受度。但同时，如何"选好"社会新闻却是一门大学问。一方面，选用社会新闻热点事件必须以教材框架为基础，坚守与教学内容相契合、与学生相关的原则，做到"既延伸教材内容，又尊重教材内容"，而不是单纯地为了引入而引入；另一方面，随着新时代微信、微博等更多新媒体工具的介入，社会新闻内容的选择应当注重真实性和时效性，要优选反映社会正能量、彰显时代特色和切合学生实际的社会新闻。只有做到科学筛选与整合社会新闻热点的教学有用性，才能保证课堂教学既不失理论教育，又能与社会实际相联系，从而收获理想的教育成效。

第三，合理设计与规划社会新闻热点在课堂中呈现的有益形式。将社会新闻热点引入高校思想政治理论课，需要通过多种呈现方式让教材内容"活起来"。例如，教师以社会新闻为话题，采用动画视频、音频等多样形式设计课程导入环节；学生收集整理社会新闻进行要闻发布；学习团队精心确立主题，开展社会新闻热点专题讨论……社会新闻热点呈现于课堂的形式可以多样化，有益于课堂教学有效性的增强是其不变的初衷。因此，在设计、规划社会新闻热点呈现于课堂的有益形式时，要让学生的主体作用得以充分展现；让学生运用马克思主义的基本立场、观点看待社会新闻、分析问题的能力得以增强；让学生的社会责任意识在潜移默化的施教过程中不断被唤起。

党的十八大以来，以习近平同志为核心的党中央先后召开全国高校思想政治工作会议、全国教育大会、学校思想政治理论课教师座谈会，不断强调要做好高校思想政治工作，要用好课堂教学这个主渠道。新时代，高校思想政治理论课要坚持在改进中加强，要在不断提升思想政治教育亲和力和针对性的过程中，让思政课成为学子们最长久的学业陪伴；要通过科学灵活的育人举措引导广大学生坚定对马克思主义的信仰、对中国特色社会主义的信念、对实现中华民族伟大复兴中国梦的信心，把个人理想同国家民族的前途命运紧密联系在一起。

（作者：韩露，武汉理工大学马克思主义学院教授）

7 微信公众号在高校思想政治理论课教学中的应用分析

在以微博、微信为代表的新媒体广泛而深刻地影响信息传播、人际交流、社会舆论的新形势下，高校思想政治理论课教学也要主动回应新媒体技术给价值引领带来的新挑战，充分利用新媒体技术为唱响主旋律带来的新机遇。对此习近平总书记在全国高校思想政治工作会议上指出："思想政治理论课要坚持在改进中加强，提升思想政治教育亲和力和针对性；要运用新媒体新技术使工作活起来，推动思想政治工作传统优势同信息技术高度融合，增强时代感和吸引力。"①由腾讯公司开发的微信公众平台因其技术门槛低、交互体验好、受众面广、注册免费等优势而受到很多自媒体用户的青睐，不少高校思想政治理论课教学部门或教师也开始加入其中，尝试利用微信公众平台、注册微信公众号(以下简称"公众号")来丰富思想政治理论课教学的内容和手段。

7.1 公众号在高校思想政治理论课教学中的辅助作用

充分发挥思想政治理论课在大学生思想政治教育中的主阵地作

---

① 《把思想政治工作贯穿教育教学全过程 开创我国高等教育事业发展新局面》，《人民日报》2016 年 12 月 9 日。

用，切实提高思想政治理论课教学的吸引力、亲和力、实效性，其关键在于课堂上师生的共同努力。课堂教学这块阵地如果不能坚守好、挖掘好，任何试图提高思想政治理论课教学效果的努力、尝试都不过是本末倒置甚至是缘木求鱼，对此我们要有清醒的认识，不能过分迷信某些新技术手段，而是需要合理利用。因此在定位上，公众号以及慕课等新媒体新技术在思想政治理论课教学中只能起辅助、补充作用。

7.1.1　公众号可以增强师生互动

与传统媒体的单向信息传输不同，新媒体的一个重要特性就是注重用户的互动以丰富使用体验，思想政治理论课教学可以利用公众号拓展师生交流互动的时间、空间。在思想政治理论课教学中，最常见的矛盾是学生发言讨论非常踊跃，而教师为了顾及教学进度不得不限制互动交流的时间，从而使得很多学生没有机会表达自己的观点。对于在课堂上没有机会发言的同学，可以要求班级学习委员先收集汇总他们的观点，然后编辑发布在公众号上，并同样将其视为课堂讨论，纳入学习评价。这样一种互动模式调动了一些不愿意、不善于在课堂上表达的学生参与到教学话题的讨论中来，从而使得师生互动的覆盖面更广。

7.1.2　公众号可以拓展教学空间

尽管思想政治理论课在教学课时方面得到了切实保障，但由于有诸多需要向大学生讲清讲透的重点难点问题，因而依然存在教学内容较多与教学课时相对不足之间的矛盾，为此可以利用公众号发布一些与教学内容相关的理论文章、经典案例等作为补充和知识延展，要求学生阅读思考和留言讨论。另外，也可以结合舆论热点或教学重点提出问题，让学生通过公众号平台发表观点和看法，这样不仅可以满足学生不同层次的需求，还可以让公众号成为互动交流的网络课堂。总之，充分发挥公众号轻便快捷、功能多样的优势，可以拓展思想政治理论课的教学空间，将其融入大学生日常生活，切实发挥大学生思想政治教育的主渠道作用。

7.1.3 公众号可以优化学习评价

当前思想政治理论课对学生学习状况的评价通常分为平时表现和期末考试两部分，其中平时表现主要由学生考勤、课堂互动、学生作业等组成。我校"武理思修"公众号开通后，立足学生原创作品，发表学生撰写的时评、影评、书评、游记、见闻以及其他与课程有关的内容主题，满足了学生多元化的需求，有效调动了学生参与的积极性。对于来稿，公众号要求学生附上姓名、班级、学号、任课老师等信息，编辑人员严把政治关、思想关、原创关，发布后及时做好信息登记，每学期课程结束后将公众号发布的文章情况反馈给各个任课老师，由任课老师及时纳入学生评价。对于爱思考、愿表达、善写作的学生而言，公众号给他们提供了展示的空间，提升了他们学习过程中的参与感、获得感，也丰富和优化了教师对学生学习评价的形式。

总之，高校思想政治理论课教学积极利用公众号符合教育信息化要求，[1] 有助于克服课堂教学时间和教学条件的限制，实现大学生思想政治教育的常态化与长效化，[2] 有利于师生对思想政治理论课教学内容与资源的整合与利用。[3]

7.2 公众号在高校思想政治理论课教学中的应用现状

近年来，不少高校思想政治理论课教师充分发挥积极性，或以个人或以单位身份开通了教学公众号。例如，仅以"思想道德修养与法律基础"或"思修"为题名在搜狗微信就搜索到 100 多个公众

---

[1] 高超：《基于微信公众平台的高校思想政治理论课教学研究》，《北京教育（德育）》2018 年 Z1 期。

[2] 邓世平：《微信公众号在高校思想政治理论课中的应用》，《社科纵横》2017 年第 3 期。

[3] 王存喜、戴钢书、陈虹：《论"思政课微信教学平台"的本质、特征、功能、价值》，《攀枝花学院学报》2018 年第 6 期。

号。这些公众号作为思想政治理论课教学的辅助工具，为提升教学效果发挥了一定程度的积极作用，但在运营和建设过程中也还存在一些问题，主要表现在目标定位不够清晰、内容呈现不够亮眼、管理运营缺乏保障等方面。

7.2.1　目标定位不够清晰

新媒体时代的一大突出特点是受众的细分，如果自媒体缺乏清晰的定位和目标受众，那么就很难吸引用户的注意力，就不容易产生影响力。思想政治理论课教学公众号在运营中面临的第一个问题就是推送内容的来源，即究竟是坚持原创或者转载，或者兼而有之。一些公众号推送的内容五花八门，既有学生作业、学院新闻，也有学术文章、时政热点。这些公众号看似异常活跃、热闹非凡，但大多效果不佳、点击量不高，也难以吸引师生的兴趣。公众号推送内容的种类过于繁多，反映出对服务对象、目标受众的认识、定位不够清晰。没有清晰的目标定位，就难以在为数众多、种类多样的公众号中脱颖而出，也难以提升公众号的黏性。公众号的影响力、粉丝量上不去，不仅是对公众号运营人员的巨大打击，也会造成其时间、精力上的巨大浪费。

7.2.2　内容呈现不够亮眼

思想政治理论课教学公众号多由马克思主义学院的师生运营、维护，由于缺少新媒体运营的能力素质培训，因此公众号在内容呈现方面往往缺乏吸引力。首先，从文章标题来看，大部分过于平淡，不善于在陈述事实的同时设置悬念，不善于在彰显理性的同时表达情绪，不善于在思想教育的同时体现活泼。在注意力极度稀缺的信息爆炸时代，新媒体传播没有一个亮眼的标题就意味着失败。其次，从内容设计来看，绝大部分公众号惯用图文推送的形式，或在某一特定的纪念日发布一张图片简单进行宣传，缺乏语音、视频等，总体来说形式较为单调。再次，从内容素材来看，不少公众号都是转载新闻资讯、时政热点或学术论文等长篇文章，既没有体现出内容特色，也不符合"微传播"的规律。最后，从语言风格来看，或过于严肃或过于官方或过于理论，不够接地气，与当代大学生求新求异的个性特点不相符。

7.2.3 管理运营缺乏保障

大多数公众号由思想政治理论课教师个人开通和维护，在运营初期还能依靠教师个人的满腔热情去维护、打理，从而使公众号保持活跃状态，但是在"创业"的新鲜期、激情期过去之后，特别是在繁重的教学科研压力下，教师运营、维护公众号的积极性、主动性就开始下降，从而导致公众号的活跃度降低甚至变成"僵尸号"。缺乏必要的人力物力支持和长远整体规划，是当前思想政治理论课教学公众号运营面临的突出难题。没有必要的人力物力支持，公众号的建设只能停留在较低的层次水平。缺乏必要的激励约束和运营规划，公众号成长动力不够，也就难以做成品牌，在思想政治理论课教学中的作用发挥就会大打折扣。

7.3 高校思想政治理论课教学用好公众号的对策建议

微信公众号相对于慕课等网络教学手段而言，是一种"性价比"非常高的网络平台，其技术应用也已经非常成熟。在运用信息技术成为思想政治理论课教学改革的大趋势下，高校马克思主义学院和思想政治理论课教师应该将这一技术平台用足用好。就当前高校思想政治理论课教学公众号的运营状况来看，要明确受众定位，提升公众号的关注吸引力；要优化内容推送，提升公众号的思想引领力；要加强保障利用，提升公众号的教学支撑力。

7.3.1 明确受众定位，提升公众号的关注吸引力

互联网的首要思维是以用户为中心，满足用户群体的需要。对于思想政治理论课教学公众号而言，也要树立以学生为中心的理念。只有目标对象和受众群体明确，才能够实现精准推送，提升平台运用的效果。首先，公众号在内容定位上一般应以大学生原创作

品为主。一方面，当代大学生有强烈的自我表达、自我展示的需要，但同时又缺少相对权威的平台。另一方面，如果公众号以转发新闻热点或者学术文章为主，那么与新闻客户端或者专门的学术公众号相比，就缺乏自身的特色和优势。"武理思修"公众号自开通运营以来，坚持以发布学生的原创作品为主，学生投稿较为积极，从而为公众号的活跃状态奠定了稿源基础。其次，公众号的受众群体应明确为大学生，且主要是本校甚至是相关课程的学生。在明确了这样的受众定位后，公众号的推送内容就应该主要和学生的学习生活有关。例如，公众号可以推送学生就教学内容展开的话题讨论，或者依据教学进度推送与授课内容有关的理论文章。"武理思修"在运营中非常重视发布学生的时评和影评，一则这些内容具有话题性和新鲜度，二则也便于发挥大学生群体的自我教育和引导作用。

7.3.2 优化内容推送，提升公众号的思想引领力

思想政治理论课教学公众号推送的内容要具有思想性、趣味性、情感性，这样才能更好地吸引大学生的关注、赢得大学生的喜爱，从而更好地服务于思想政治理论课教学。首先，公众号要引导大学生关注时事热点。例如，对"思想道德修养与法律基础"课程而言，"重庆公交车坠江事件""高铁霸座事件""于欢案""昆山反杀案"等社会热点事件都是极好的教学案例素材。公众号发布大学生撰写的时评既能提高吸引力，同时也能引导大学生理性思考，深化对于道德或者法律的认识和理解。此外，要善于挖掘、利用发生在大学生群体中或者大学生身边的事件，如2018年一则华中科技大学18名本科生变专科生的新闻就在大学生中引发震动，公众号可以因势利导，组织学生讨论。其次，公众号要注重页面设计，提升阅读美感。例如，在页面排版上要以简洁的文字配以精美的图片、诙谐的动图，或者学生熟悉、常用的表情包，插入符合内容主题的视频、音频，充分调动受众的视觉、听觉，从而增强内容的吸引力和感染力。总之，思想政治理论课教学公众号的内容要注意贴近学生、反映生活、服务教学，力求做到课上与课下相统一、内容

与形式相统一、思想性与趣味性相统一，不断提升公众号对大学生的亲和力、引领力。

7.3.3　加强保障利用，提升公众号的教学支撑力

相较于慕课教学和在线开放课程建设而言，思想政治理论课教学公众号投入少、门槛低、方便实用，为此需要得到足够的重视、利用和保障。首先，高校马克思主义学院应高度重视、充分利用教学公众号，并给予一定的人力物力支持。思想政治理论课教学公众号虽然"物美价廉"，但是如果没有人力物力的相应保障，仅凭师生个人的一腔热血，也会难以为继。只有充分肯定师生的劳动付出，公众号建设才能获得持续的发展动力。其次，要对公众号运营、维护人员予以相应的能力培训。当前，高校各院系乃至学生社团都建有大量的公众号，高校有关部门也会对这些公众号的运营状况予以评比。一方面高校应注意推广优秀公众号的运营经验，从整体上提升高校公众号的建设水平；另一方面也要注意对公众号运营、维护人员开展技术、素质培训，使高校各类型公众号在建设中达到"内容精良、政治可靠"的标准，从而构筑起维护高校意识形态安全的网络阵地。最后，要做好规划设计，不断提升公众号建设的科学化水平。思想政治理论课教学公众号要坚持以学生为主体，推送内容和风格要注意贴近学生的学习、生活，真正使公众号成为服务教学、联系师生的交流平台。

除了以上建议外，也有学者认为，高校思想政治理论课教学应用微信公众号需要在话语重塑、内容创新、网上网下教学协调等几个方面加强建设；[1] 要在提高理论传播能力、完善服务功能、突破体制机制束缚、发挥教师引领作用等几个方面努力；[2] 要引导学生

---

[1]　徐瑞鸿、戴钢书：《论高校思想政治理论课微信教学平台的构建》，《思想政治教育研究》2016 年第 4 期。

[2]　邓世平：《微信公众号在高校思想政治理论课中的应用》，《社科纵横》2017 年第 3 期。

参与，建立"师生共建"模式。① 总之，高校思想政治理论课教学应重视和善于运用新媒体，采用当代大学生喜闻乐见的学习交流方式，相信微信公众号在此方面可以发挥更大、更积极的作用。

（作者：赵燕，武汉理工大学马克思主义学院研究生）

---

① 张莎莎：《基于微信公众平台的思想政治理论课教学模式探究》，《学校党建与思想教育》2017 年第 22 期。

伍

思政课程与课程思政协同育人研究

1 矛盾原理视域下课程思政的衍生逻辑及方法论要求

课程思政建设发展是落实立德树人、全面提高人才培养质量的战略性工程。2020年6月,《教育部关于印发〈高等学校课程思政建设指导纲要〉的通知》中明确指出:"高等学校人才培养是育人和育才相统一的过程。建设高水平人才培养体系,必须将思想政治工作体系贯通其中,必须抓好课程思政建设,解决好专业教育和思政教育'两张皮'问题。"①教育工作始终是培养人的工作。高校要培育出德才兼备的人才,必须切实落实好课程思政建设工作。以矛盾原理视角切入,探讨课程思政的衍生逻辑及其方法论要求,是准确把握课程思政发生发展、落实落地的认识论前提。"思政课教学是一项非常有创造性的工作,要学会辩证唯物主义和历史唯物主义,善于运用创新思维、辩证思维,善于运用矛盾分析方法抓住关键、找准重点、阐明规律,创新课堂教学,给学生深刻的学习体验。"②

---

① 《教育部关于印发〈高等学校课程思政建设指导纲要〉的通知》,http://www.gov.cn/zhengce/zhengceku/2020-06/06/content_5517606.htm,2020-6-6。

② 习近平:《思政课是落实立德树人根本任务的关键课程》,人民出版社2020年版,第14页。

1.1 课程思政与思政课程的辩证统一

高校思想政治理论课程是思想政治教育的主阵地及主渠道，是指导人们形成正确思想行为的课程，思政课程是专业性的思想意识形态培育课程，其取向在于对思想政治教育规律和人的规律进行研究，课程思政则是把传统意义上的思想政治理论课程延伸到所有具备思想政治教育潜质的课程中去。其实这是将知识传授与价值引领相结合，把丰富的教育学资源运用到隐性的思想政治教育中去，同时将各专业课程整合为一股独特的思想政治教育力量。思政课程到课程思政的延伸，不仅仅是简单的语词转换，而是课程理念、教育观念和思想政治教育教学的创新和发展，其中蕴含着丰富的生成逻辑。从人的全面发展角度出发，立足于现实性的人的社会需求和成长发展规律，突破传统思想政治理论课程和专业课程教育的片面性，使思政课程的辐射范围最大化，将专业课程单向度的知识传授拓展为培育全面的人的教育活动，将人的情感态度价值观融入课堂教学中，将思想政治教育信息渗透于专业课程中。习近平总书记在全国高校思想政治工作会议上强调："要用好课堂教学这个主渠道，思想政治理论课要坚持在改进中加强不断提升思想政治教育亲和力和针对性。"①这就要充分理解思政课程和课程思政的本质含义，明确思政课程到课程思政的生成逻辑，准确把握思政课程、课程思政的生成条件，系统规划课程思政的落实发展，在改进高校思想政治理论课教学的同时，大力发挥各门课程的育人功能，形成课程思政的陈述体系，进而构建大思政格局，实现高校所有课程同向同行、同频共振，共同培育社会主义现代化所需要的合格人才。

1.2 矛盾视域下课程思政的衍生逻辑

毛泽东在批判德波林学派认为矛盾并不是在事物发展开始就出

---

① 《把思想政治工作贯穿教育教学全过程 开创我国高等教育事业发展新局面》，《人民日报》2016 年 12 月 9 日。

现，而是要等到事物过程发展到一定阶段之后才出现的观点时指出："矛盾是普遍的、绝对的，存在于事物发展的一切过程中，又贯穿于一切过程的始终。"①矛盾论是马克思主义的基本理论，也是唯物辩证法的核心范畴。

1.2.1 整体与局部

整体与部分是唯物辩证法一对基本的矛盾范畴，它们相互依赖、相互作用。整体是由部分构成并统率各部分，但其功能不是部分功能的简单相加。同时，部分也制约整体，而关键部分的功能甚至对整体功能状态起决定性作用。矛盾是推动事物发生发展的根本动力和实践源泉。换言之，高校课程思政的生成发展正是由于高校思想政治教育过程中存在着整体与部分的辩证矛盾逻辑。也就是说，正是存在着的矛盾，推动着课程思政的衍生、建设以及发展，课程思政是解决客观教育矛盾的必然产物。这主要体现在以下三点：

首先，育人队伍方面存在着全员育人和单一育人主体(思政教师)的辩证矛盾推动着课程思政的衍生。长期以来，高校思想政治教育工作都惯行划归高校马克思主义学院进行统一安排实施，从而育人队伍就随之局限于思想政治教育工作者，而更多是由思想政治教育专业教师负责设计、组织和实施反馈。但是，"我们知道个人是微弱的，但是我们也知道整体就是力量。"②最新资料显示，2018年全国高校思想政治理论课教师总数是 6.7 万人，③ 全国各类高校在校生总人数达 3833 万人，④ 二者比例为 1∶572，按照教育部规定的 1∶350 的师生比来算，思想政治理论课教师队伍约有 4 万人的缺口。2020 年 5 月，《教育部关于印发〈高等学校课程思政建设

---

① 《毛泽东选集》(第 1 卷)，人民出版社 1991 年版，第 307 页。

② 《马克思恩格斯全集》(第 1 卷)，人民出版社 1956 年版，第 80 页。

③ 陈占安：《改革开放以来高校思想政治理论课建设的回顾与展望》，《思想教育理论》2018 年第 10 期。

④ 叶雨婷：《去年全国各类高等教育在学总规模达 3833 万人》，《中国青年报》2019 年 2 月 27 日。

指导纲要〉的通知》中明确指出，要紧紧抓住教师队伍"主力军"、课程建设"主战场"、课堂教学"主渠道"，各门课程、各支队伍都要负起育人责任，把育德工作贯穿于高校教育工作的始终和首位。这就要求高校从根本上落实"全员育人"的工作职责。各支育人队伍要牢牢立足本专业、部门或者研究领域，结合学生实际开展思想政治教育工作，强化育人意识，转变育人观念，自觉把思想政治教育工作"立德树人"的任务担在肩上、落实在行动中。

其次，课程培养方面存在着全课程育德与思想政治理论课局部培育的辩证矛盾，倒逼着课程思政的衍生。高校课程类型多样、层次多元，每门课程的设置都具备一定的科学合理性，都能够有效促进学生的专业发展。但是在实际工作中，由于存在着育人理念的偏差，从而导致课程育人仅仅局限于向学生传授专业知识和技能，只注重培育学生的"才学"，而忽视了学生思想品德、价值观念的养成。这就形成了思想政治理论课培养学生思想品德、价值观念的效果局限和时间局限。而要突破这种客观局限就要充分发挥各门课程的育人育德作用，实现"全课程育德"。通过实施全课程思政建设、优化课程思政教学体系、强化教育教学管理制度等举措，实现思想政治教育覆盖到专业全部课程，从而融入师资队伍、教学资源、教育方法、教学研究等全部教学要素中，贯穿于教材选用、课堂教学、考核评价等教学管理全过程，建成思想政治教育与知识体系教育有机统一的课程体系，形成课程育人新格局，切实提升思想政治教育工作水平。

最后，教育客体方面存在着价值引领学生的全覆盖与马院学生局部培养要求的辩证矛盾，促进着课程思政的衍生。2016 年 12 月，习近平总书记在全国高校思想政治工作会议上的讲话中指出："高校思想政治工作关系高校培养什么样的人、如何培养人以及为谁培养人这个根本问题。要坚持把立德树人作为中心环节，把思想政治工作贯穿教育教学全过程，实现全程育人、全方位育人，努力开创我国高等教育事业发展新局面。"①这一论断不仅为如何做好高

---

① 《把思想政治工作贯穿教育教学全过程 开创我国高等教育事业发展新局面》，《人民日报》2016 年 12 月 9 日。

校思想政治工作指明了方向，更为高校思想政治工作达到什么效果提出了要求。正确的三观和价值判断能力是每一个学生都应该具备的基本素养，因此，从学生长远发展来看，不管是马院学生还是非马院学生，都有必要接受思想政治教育的熏陶。这就要求在教育客体方面，不仅要强化马克思主义学院学生的思想品德、价值观念等，更要让其他学院、专业的学生接受思想熏陶、价值引领。而课程思政的建设发展就能够保证高校所有教育客体都接受良好有效的思想政治教育，实现以德为先、全面发展。在全员全程和全方位育人的过程中实现育全员，从而不断扩大思想政治工作的覆盖面和增强思想政治工作的有效性。

1.2.2 供给侧与需求侧

高校教育的供给侧和需求侧是一对辩证统一的矛盾范畴。在这对矛盾中供给侧决定着需求侧的内容体系，而需求侧又反作用于供给侧的发展方向。在教育教学过程中不断促进教育教学的供给侧和需求侧矛盾的辩证运动是办以人民为中心的中国教育，推动教育教学思想、内容、方式等与受教育者的接受方式、实际需要和长远发展相契合、相统一的必然要求。随着我国高校教育改革不断纵深推进，高校思想政治教育供给侧改革取得了显著成效，但是目前仍然存在着思想政治教育供给侧与受教育者相脱离的情况，具体表现为教学统一性供给与学生多样化需求、教学方式的传统供给与接受方式网络化需求、教学的人文价值供给与客体实用性需求等具体矛盾。

首先是教学统一性供给与学生多样化需求之间的具体矛盾。近年来高校思想政治工作更加注重学生的参与性，在教育过程中的人文渗透更加明显，但是，长期以来由于师资数量短缺和学生情况复杂多样，导致思想政治工作不能完全做到"因材施教，量体裁衣"，而是大多通过思想政治理论课、党课、社团组织活动等形式开展。虽然在这个实际过程中，有些高校也进行过调查走访，对教育客体的实况有所掌握，但是在实际工作中，仍然是针对大部分同学存在的关键问题进行研讨分析，并提出应对策略。"圣贤施教，各因其材，小以小成，大以大成，无弃人也。"(《四书集注》)因材施教固然是最有效、最直接的教育方式，但仅适用于小规模教学。高校教育客体规模之大、类型之多、情况之杂，具体根据每一位学生的实际情况开展思想政治工作确有难度。但随着网络技术和师资数量的不断优化，必定使教育供给能够不断满足教育客体的多样需求，不断缩小二者之间的矛盾差距，促进矛盾的统一转化。

其次是教学方式的传统供给与接受方式网络化需求之间的具体矛盾。随着网络技术的发达，传统的教学方式已不能完全满足当今教育客体的学习需要，互联网技术和大数据的不断发展，颠覆了传统教学方式，这也给高校思想政治工作带来新的契机。高校教育客体大多是与网络同步成长起来，他们接触网络时间较早，上网时间较长，在网络面前拥有绝对的优势。再加上自媒体、融媒体等的出现和发展，使得人人都是信息的发布者和传播者，确实给教育客体获取信息提供了极大的便利，但同时也给教育主体造成了权威性的丧失，给教师的教学方式带来较为明显的冲击。这种情况在理论性较强的思想政治理论课中体现得更为明显，使得传统的教学方式在网络时代略显失色。这就要求要有能够吸引学生注意力的教学方式、能够提高思想政治教育效果的教学方式出现。课程思政的出现，有效改变了传统思想政治工作的局限性，能够把思想政治教育的理论深度与专业课、通识课等的实践向度结合起来，充分学习和吸收网络技术带来的便利，将课程与网络技术更好地融合，更能够集思广益，利用慕课、翻转课堂、微课堂等形式，最大限度地丰富教育内容，充分将全员育人、全方位育人与网络技术结合起来，不断增强教育效果。

最后是教学的人文价值供给与客体实用性需求之间的具体矛盾。教育的人文价值供给就是通过教学引导人们对真理、道德、生命的感悟和追求，帮助客体树立正确的人生观、价值观，促进其个体本质的发展与完善。简单地说，就是一种教人求善、求真、求美的教育形式。在这种教学供给理念下，课程设置及其内容的安排、教学方式的采用都是根据人类本质性追求来建设的，其目的在于引导教育客体在接受教育的过程中完善自我。而客体的实用性需要，换言之就是教学的工具性体现，这主要表现为课程设置或课程内容对实际生活的有用性及其程度大小。课程内容只是教育客体为实现一定的个人目标而需要利用的工具。尤其在后科技时代，教育客体越来越趋向于物质化、功利化。长此以往，必定是人的精神与物质发展失衡的"跛子"教学。因此，有必要通过课程思政的建设发展，在科学教育的同时渗透责任教育、生命教育、道德教育等人文教育内容，辩证处理实用主义与人文供给之间的矛盾，不断培养受教育者的人文精神和高尚品德，避免受教育者沦为纯粹的、单向的"云端人"或者"实用者"，使之成为品德高尚、富有内涵，又能勤劳苦干、敢于奋斗的时代新人。

1.2.3　理论与实践

坚持理论与实践相统一是马克思主义唯物辩证法的核心矛盾范畴，也是马克思主义观察、分析和解决问题的方法论。"人的认识活动和实践活动，从根本上说就是不断认识矛盾、不断解决矛盾的过程。"[1]"感觉到了的东西，我们不能立刻理解它，只有理解了的东西才更深刻地感觉它。感觉只解决现象问题，理论才解决本质问题。"[2]"无论何人要认识什么事物，除了同那个事物接触，即生活于(实践于)那个事物的环境中，是没有法子解决的。"[3]

首先，课程内容上理论与实践脱节。课程内容上存在理论与实践脱节的问题，主要针对的是教材设计存在一定的滞后性，一整套教材的制定，从相关部门的顶层设计部署，到各领域专家的实际讨论制定，再到各地区各学校试点试用，是一个漫长的过程，而随着网络时代的快速发展，"快文化"成为当前社会的主要特征，各种新现象、新问题总是快人一步，因此当教材完成了前期的工作，投入到大范围的使用时，在反映社会热点问题时就已经失去了热度，

---

①　习近平：《辩证唯物主义是中国共产党人的世界观和方法论》，《求是》2019 年第 1 期。

②　《毛泽东选集》(第 1 卷)，人民出版社 1991 年版，第 286 页。

③　《毛泽东选集》(第 1 卷)，人民出版社 1991 年版，第 287 页。

丧失了一定的时效性，因此在课程内容上理论与实践的脱节也成为当前教学的主要障碍。另外，高校的教学大多围绕统一的教材进行，以教材为纲开展相关的教学活动。但是在课程内容设计上，更多倾向于理论教育，而在实际解决问题和面对现实时，却表现出无力。这一无力状态间接性地导致了育人效果的丧失。面对这样的窘况，课程思政呼之欲出，育人是一项系统性工作，要求各个部门、各个领域共同发力、齐头并进。思政课程应该结合社会实际、社会热点，通过典型案例分析从正反两个角度进行教育；课程思政更应该在注重课程本身的基础上结合现实社会，反映社会问题，达到育人的目的。

其次，教育途径上理论与实践脱节。教育途径上理论与实践的脱节，是当前高校教学存在的问题之一。大学课程相比初高中区别较大，初高中的知识重点突出，应试性较强，因此学生能有重点、有针对性地接受，学习的目的性较强；相反，大学的课程难度较大，理论性较强，在知识的接受上存在一定的难度，除了极个别专业性较强和实践操作能力较高的专业看重实际操作外，其他专业的课程学习具有很强的抽象性。因此出现了大学生普遍不愿学、不想学、学不进的现象。高校课程改革，不仅需要改革各门课程的教学方式，注重学生的主体地位，更要注重课堂的知识传授，以及理论与实践的结合。不管是初高中还是大学，学习到的知识和内容都是为了更好的操作和实践。而当前的课程，不管是思政课程还是非思政课程，大多是重理论、轻实践，这一点在教学评价上也表现得尤为突出。而课程思政在专业课的基础上，除了能够充分实现育人的目的以外，还能有效运用各种方式和手段，将理论与实践进行最大程度的结合，避免出现沉溺于课程上的理论世界而不顾现实的实际操作情况。

最后，育人效果理论能力与实践能力有落差。古人有云："师者，所以传道授业解惑也。""传道"与"授业"本就是作为教师应该要做到的。由此可以看出，作为教师不仅要传授给学生基本知识，还要帮助学生培养各种能力。在现有的教学方式下，一部分学生在理论掌握上较强，而在实际操作方面表现较差；还有一部分学生在实际操作能力上较强，但是在理论掌握，甚至基本的价值观传递上却存在较大问题。有些社会人文学科的学生在应对大是大非问题时，只能做文字文章，不能不敢不想作实践斗争；相反，有些理工科学生则只会不顾一切地往前冲。这两类学生在同一件事情上表现出两种不同的态度，实际上却是两种不同的教育理念造成的。传统的专业课教学重在传授知识，培养实践操作，而对于基本的社会主义核心价值观教育往往视而不见，部分高校教师更是抱有误解，认为育人只是思政课教师的责任，作为其他专业课教师，则不用承担育人的责任。正是因为抱有这样的想法，才导致了当前学生在价值观认知与实际操作能力上存在较大的差距。这一差距，倒逼思政课程与课程思政积极合作，课程思政，应该充分挖掘课程中的思想政治教育资源，在"授业"的同时"传道"；而思政课程，也应该做到，在重视理论教育的同时，注重实际操作能力的培养和解决问题能力的提升。

课程思政的建设发展就是要注重理论教育与实践教育相结合，这是坚持马克思主义认识论的必然要求。一方面，在课堂教学中，教育主体不能变成纯粹"教书匠"，要主动把专业知识、思想政治教育信息与实际生活结合起来开展教学活动。通过理论联系实际，用理论解释现实生活，回答现实问题，提高课堂教学的现实针对性和感染力。同时，要善于把理论知识转化为物质力量，以改造现实世界，推动客观实践和主观思维的发展进步。另一方面，在实践过程中又要坚持科学理论的指导和正确价值的引领，帮助学生在实践活动中理解正确的学习方法和科学的价值观念对个人全面发展的积极作用，使学生在锻炼过硬本领的同时练就责任担当，保证大学生在发展中成为德才兼备的实践主体。

1.3 矛盾视域下课程思政的方法论要求

矛盾是马克思主义哲学中最为核心和最为重要的内容。这些关于矛盾的原理和方法论，体现着马克思主义辩证哲学的光辉。秉纲而目自张，执本而末自从。以矛盾原理视角切入，积极面对、分析、解决课程思政建设发展过程中的矛盾，抓住课程改革核心环节，充分发挥课堂教学在育人中的主渠道作用，着力将思想政治教育贯穿于学校教育教学的全过程，形成各类专业课程与思想政治理论课同向同行的协同效应，是当前抓好课程思政建设的理论依据和行动指南。

1.3.1　遵循矛盾对立统一的规律，协同构建思政大格局

世界上的一切事物都包含着既相互对立又相互统一的两个方面。矛盾就是反映事物内部对立和统一关系的哲学范畴。简言之，矛盾就是对立统一。"一切矛盾着的东西，互相联系着，不但在一定条件下共处于一个统一体中，而且在一定条件之下互相转化，这就是矛盾的同一性的全部意义。"①矛盾双方相互依存、相互斗争、相互贯通、相互转化，二者共处于一个统一体中。没有矛盾双方的相互对立统一，就无法促进事物的发展。事物正是在这种矛盾的对立统一中，才推动自身的运动变化和发展。

课程思政建设是构建思政大格局的必然措施和关键一步。要构建课程思政育人大格局，全面推进高校课程思政建设，就要发挥好每门课程的育人作用，推动专业课程与思政课程协同前行、相得益彰。这一协同育人进程中也存在着诸多矛盾。一方面，高校教师是各个教学活动的主要组织者和实施者，他们的育人意识和育人水平直接影响着课程思政的效果，是课程思政建设的关键。但当前一部分教师特别是工科类教师的实际育人能力和水平与我们的要求还普遍存在着一定的差距和不足，这不仅体现在其对课程思政的理念把握不够到位，缺乏创新意识；还体现在专业课教师课程思政教学能力不足，从课程设计到教学设计，从教学实施到教学评价，都需要进一步提升能力和水平。另一方面，教学理念对教师教学活动有指导意义。课程思政包含各专业类课程与思想政治理论课两个方面，每门专业课程中都蕴含着丰富的思想政治教育元素，承载着思政理论课具备的德育功能。但当前的教育过程中，却呈现出思想政治教

---

①　《毛泽东选集》（第 1 卷），人民出版社 1991 年版，第 330 页。

育与专业教育相互隔离的状态，高等教育中"课程思政"理念就是要打破学科藩篱，跳出就"思政课"谈"思政课"的狭隘理念，打破思想政治教育的"孤岛化"困境，突破通过思想政治教育课程展开思想政治教育的既定"成见"，从每一门课程资源中挖掘德育资源，将课程资源、学术资源转化成育德资源，实现"思政课程"向"课程思政"的转变，将思政工作贯穿于专业课程的学科体系、专业体系、教材体系之中，在育才的同时注重育德，实现育才与育德的统一，知识传授与价值引领的统一。

2016 年习近平总书记在全国高校思想政治工作会议上指出，"高校应当把思想政治工作贯穿教育教学全过程，实现全程育人、全方位育人"，[①] 明确了新时代高校思想政治工作的根本原则。高校要自觉贯彻"全员、全过程、全方位"育人的德育理念，努力构建思想政治理论课程、通识素养课程与专业课程三位一体的"课程思政"体系，形成各具特色的高校"课程思政"育人体系。首先，推动课程思政全科覆盖。围绕"立德树人"根本任务，把立德树人融入思想道德教育、文化知识教育、社会实践教育各环节，深入挖掘各专业课程中的思政元素，引导各学科专业结合自身特点教书育人，实现因"课"制宜，从根本上解决教学和思政"两张皮"问题，从而形成"门门课程有思政，教师人人讲育人"的良好育人局面，其次，强化教学过程形成育人合力。要抓住教师队伍"主力军"、课堂教学"主渠道"、课程建设"主战场"，形成育人合力，提升育人成效。教师是教书育人的主体，可将课程思政育人作为评价指标纳入教师管理体系，不断提高教师在专业课中实施课程思政的能力；用好课堂教学这个主渠道，构建常规教育和专题教育有机融合的德育体系；课程建设是主要的战场，将思想政治工作贯穿教育教学全过程，全面推进"德育系统工程"建设，强化组织、队伍、制度、经费四大德育保障体系，形成教书育人、管理育人、服务育人、环境育人四大育人体系。最后，构建党委领导、全员参与的合

---

① 《把思想政治工作贯穿教育教学全过程 开创我国高等教育事业发展新局面》，《人民日报》2016 年 12 月 9 日。

力育人机制。学校领导校长和党委书记是教学创新的领导者和引路人，他们要引导各学科专家学者、各门课程的专业教师、外聘兼职人员等树立"全课程育人、全员育人"的新理念，带动各方人员、整合各方资源共同参与到"课程思政"建设中来，为推动和实现"思政课程"课程向"课程思政"的成功转变不断助力，形成课程思政育人的大格局。

1.3.2　遵循矛盾主次关系的规律，牢牢掌握思政主动权

在复杂的事物的发展过程中，有许多的矛盾存在，其中有主次矛盾之分，二者之间相互依赖、相互影响，并在一定条件下相互转化，次要矛盾解决的好坏会对主要矛盾的解决产生影响。"研究任何过程，如果是存在着两个以上矛盾的复杂过程的话，就要用全力找出它的主要矛盾。捉住了这个主要矛盾，一切问题就迎刃而解了。"①主次矛盾与矛盾主次方面的辩证关系告诉我们，在处理复杂问题时，首先要抓住它的主要矛盾，抓住重点，把握矛盾的主要方面；同时还要兼顾次要矛盾和矛盾的次要方面，做到两点论与重点论的统一。

一方面，要充分发挥教师的主导作用。"课程思政"新理念的提出对高校教师，特别是非思政课的教师的素质提出了更高的要求，只有培养和造就一支高素质、具备德育教育功能的专业教师队伍，才能迎接挑战。这就要求各专业课教师不仅要提升自身的思政素质，还要提高自身的思政教学能力。首先，提升思政素质。专业课教师要承担德育的教学工作，必须有非常敏锐的政治洞察力、较高的政治觉悟和政治修养，不断提高自己的思想政治理论水平，始终坚持马克思主义的理论原则和社会主义的政治方向，以良好的思想品质修养和职业道德修养形象教育和感染广大青年大学生。其次，提高思政教学能力。各专业课教师在拥有扎实的思想政治理论功底、丰富的专业学科知识的同时，还要具备较高的教学能力。思想政治教育是一项崇高而艰巨的任务，需要各专业课教师不断挖掘

---

① 《毛泽东选集》(第 1 卷)，人民出版社 1991 年版，第 322 页。

自身所授课程中的思政教育元素，从知、德等方面培养和引导学生健康成长成才，发挥思政课程所发挥不了的德育功能，牢牢守住各科教师教书育人的主导位置，使各门课守好一段渠、种好责任田，与思想政治理论课同向同行，形成协同效应，促进课程思政的建设和发展。

另一方面，必须抓好主渠道和主阵地建设。如何正确运用课堂教学，促进专业课与思政课的融合，牢牢把握住课堂教学的主阵地，是当前课程思政建设面临的重大任务。2018 年全国教育工作会议上，习近平总书记再次强调指出，要把立德树人作为教育工作的主线，融入思想道德教育、文化知识教育、社会实践教育各环节，贯穿基础教育、职业教育、高等教育各领域。要用好课堂教学这一育人主渠道，就要将德育工作（思想政治工作）落实到学科教育、课堂教学这一学校教育活动之中。首先，强化课程思政的理念和意识。专业课和思政课协同育人是一项新生事物，要使人们在课堂教学中接受这一新鲜事物，就要树立起与之相适应的新观念，提高各科老师对课程思政的重视程度，督促其不断提升教学能力和水平；其次，充分利用自身教育资源优势。课堂教学是教师传导信息和学生获得知识的重要渠道和载体，要发挥其主渠道作用，就要将立德树人作为教学活动的主线，把思想道德教育融入各科文化知识教育和社会实践教育的各环节中，促进其"进教材、进课堂、进头脑"，通过多种形式和活动，提升教育内容和形式的吸引力，增加学习的趣味性和刺激性，牢牢掌握课堂教学的主阵地，发挥课堂教学的优势和功能。

1.3.3 遵循矛盾特殊性与普遍性相结合的规律，分类设计教学规划

矛盾既有其普遍性，也有其特殊性。矛盾的普遍性和特殊性是辩证统一的，"不同质的矛盾，只有用不同质的方法才能解决。"[①]要求我们在处理问题时要坚持具体问题具体分析。"离开具体的分

---

① 《毛泽东选集》（第 1 卷），人民出版社 1991 年版，第 311 页。

析，就不能认识任何矛盾的特性。"①

"课程思政"是在课程教学的各个环节和各个方面都融入思想政治教育因素，从而实现立德树人、润物无声的目的，作为一种新的教学理念和模式，它有其特殊所在。首先，价值塑造和知识传授相结合的教育。课程思政建设是要将价值塑造与知识传授、能力培养一体化推进，融合协同专业教育与思想政治教育，既要完成知识的传授和技能的培养，又要保障实现"育人为本，德育为先"的教育理念。其次，显性教育和隐性教育相结合的教育。在发挥思政理论课主渠道的教育作用，保障思想政治教育的主阵地的同时，深入开发专业课程、公共课等各类课程隐性教育渠道，将思政教育元素有机地融入各类课程，通过各种各样的载体来实现课程思政的育人功能。再次，统筹协调和分类指导相结合的教育。加强顶层设计协调推进，建立各类课程与思想政治理论有机统一、同向同行；全体教师都应当承担起立德树人的职责，通过不同专业、不同课程的特点强化分类开展课程建设，形成协同育人效应。最后，总结传承和创新探索相结合的教育。一方面既要积极学习各高校思政课程教育的典型经验；另一方面又要从课程特点与思政教育的结合点出发，积极探索，开创课程思政建设的新局面。因此，学校要积极建立和完善课程思政的机制，将思政教育的责任落实到每位老师身上，加强教师对思政教育的重视，建立专业课教师的思政能力和思政素质培养机制，使教师不断探索思政元素与课程内容的有机融合。

每一门课都有其特色所在，研究课程思政离不开对专业课程特殊性的分析。专业课的主体内容仍然是相关专业知识的传授，但也需将思政教育的内容和目标明确地、巧妙地融入课堂教学中。首先，大方向上，教师要从学科特点出发，充分挖掘各类课程中蕴含的思政教育元素，按照公共基础课、专业课、实践课三种课程类型，分别制定课程思政教学大纲，明确每类课程进行课程思政建设的重点，寓价值观引导于知识传授和能力培养之中。其次，具体的教学设计，要求专业课老师从课程本身的培养目标、教学内容、教

---

① 《毛泽东选集》（第1卷），人民出版社1991年版，第317页。

学方法与方式等方面着手优化课程设计，一是在课程大纲中明确思政目标，在编制课程大纲和课程培养目标时，应在课程专业知识的基础上，增加思政目标；二是在教学设计中融合思政元素，课程思政要求在教学设计阶段就构思好什么样的思政元素可以融入自己的课堂中，在什么位置融入最为妥当，而不是完全依靠课堂的临场发挥；三是在课堂教学中激发思政互动，专业课堂以专业知识传授为载体，可以广泛结合时政要闻等内容开展教学，无声地融入思政元素；四是在教师职业规划中提高思政素质，高校部分专业课的老师对思想政治教育理解不深刻，无法将思政元素和专业课巧妙地、自然地联系起来，而课程思政要求思想政治教育完全融入专业素质教育之中，存在于现有高等教育的每个课程中，因此要将思政学习列入专业课教师的日常学习以及职业规划当中，提升专业课教师的思政教学能力，促进协同育人。

1.3.4 遵循矛盾形式与内容相统一的规律，创新思想政治教育

内容与形式是一对矛盾统一体。内容是事物存在的基础，有什么样的内容就会有什么样的形式，事物的形式会随着内容的变化而发生相应的变化。而形式则会对内容起反作用，适合内容的形式对内容的发展起推动作用；不适合内容的形式对内容的发展起阻碍作用。在事物发展过程中，内容与形式同时存在，缺一不可，它们从构成要素和表现方式两个方面反映事物，不存在脱离内容的形式也不存在脱离形式的内容。因此，教师在教学的过程中，既要看到内容的基础作用，又要紧跟时代前进的步伐，不断更新观念，在方法、手段等方面积极探索创新，坚持内容与形式相结合的观点。

课程思政是思想政治教育创新发展的新模式和新路径。新时期的高校思想政治理论课面临很多新挑战、新变革，特别是网络新时代的到来，给教育环境、教育对象、教育方式和手段等带来巨大的变化，使思想政治理论课存在教学内容单一、教材选择不统一以及教学方式老旧等问题。做好新时期思想政治工作，需要转变理念，跳出就思政课谈思政课的窠臼，以创新思想政治理论课课程内容与

形式为抓手，探索思想政治理论课的新课程、新内容、新形式，积极探索其他学科育德资源。课程思政是当前大学生思想政治教育工作创新的内在要求与具体实践。这一理念探索与实践创新，积极推动了高等教育领域进行思想政治工作改革创新，形成了思想政治理论课程、通识素养课程与专业课程三位一体的"课程思政"体系，在这些课程中积极渗透思想政治教育，传播社会主义核心价值观，成为"隐性思政"课程，与思想政治理论课"显性课程"相呼应，整合了各个学科的育人资源，汇集了各个专业的育人智慧，形成了全方位的育人格局，以创新的理念引领思想政治理论课课程改革创新，提升了思想政治工作的水平。

（作者：彭均，西南大学马克思主义学院博士生）

2 从自主到协同：高校"课程思政"实施主体改革研究

习近平总书记在全国高校思想政治工作会议上提出："把思想政治工作贯穿教育教学全过程，实现全过程育人、全方位育人……使各类课程与思想政治理论课同向同行，形成协同效应。"①但是目前，我国高校在实施课程思政过程中，专业课与思想政治理论课"两张皮"的现象严重，大部分教师认为思政教育是思政课教师的工作，其他教师的任务就是传授专业知识，致使整个课程体系协同育人的理念缺失，不同程度地存在思政教育的孤岛现象。高校为落实立德树人的根本任务，培养社会主义事业的建设者和接班人，必须解决思政课教师与其他教师"单打独斗"的局面，坚守课堂教育主阵地，发挥每堂课的育人功能，落实思政课与各类课程协同育人理念，更好地实现全员育人、全过程育人。②

2.1 高校"课程思政"实施主体协同的基本内涵

在推进"课程思政"过程中，高校需要实现协同育人理念，必

---

① 《习近平在全国高校思想政治工作会议上强调 把思想政治工作贯穿教育教学全过程 开创我国高等教育事业发展新局面》，《人民日报》2016 年 12 月 9 日。

② 刘印房：《基于协同学的"思政课程"向"课程思政"的转变路径》，《高教论坛》2019 年第 4 期。

须思考何为协同、谁来协同？对此，目前学术界并未形成统一定论。由于没有理论支撑，众多高校在实施"课程思政"过程中仅仅停留在思政课教师主攻思政教育，其他教师负责专业课教育，难以有效协调多主体作用，无法使"课程思政"实施主体协同育人走向纵深，后劲不足。对此，有必要对相关概念进行分析，明晰其定义。

"课程思政"一词最早由上海市提出并实践试点。2004年以来，中央先后出台了一系列加强大学生思想政治教育的文件，提出"高校各门课程都具有育人功能，所有教师都负有育人职责"。上海积极响应党中央的号召，开启了学校思想政治教育课程改革的探索之路。2016年12月，习近平总书记在全国高校思想政治工作会议上提出，思想教育、道德教育的功能不能单靠思政课，还需要将思政元素融入其他课程，使其成为价值教育的隐形载体。所有课程都应守好渠、种好责任田，充分发挥思想政治教育功能，实现立德树人的根本任务。[①] 2017年，"课程思政"被纳入中央《关于深化教育体制机制改革的意见》，使之从地方实践探索转化为国家战略部署；2018年，教育部先后印发《高校思想政治工作质量提升工程实施纲要》《关于加强新时代高校"形势与政策"课建设的若干意见》，在全国推广课程思政。[②]

"协同"一词源于协同论，也被称为"协同论"或"协和学"，是由西德斯图加特大学物理学教授赫尔曼·哈肯（Hermann Haken）于1973年提出来的。协同理论认为在任何复杂的系统中都存在既独立运动又相互影响的子系统。当各个子系统相互协调、相互影响时，整个系统呈现有规律的运动状态，由无序变成有序，从混沌中产生某种稳定的结构。哈肯指出系统由无序走向有序需要遵循以下三条基本原理。第一，系统的开放性。开放的系统才能与外界环境

① 史巍：《论以"课程思政"实现协同育人的关键点位及有效落实》，《学术论坛》2018年第4期。

② 路涵旭：《课程思政视域下专业教师与思政教师协同育人路径研究》，河北师范大学2020年硕士论文。

进行信息、能量交换，才能实现由无序走向有序。同样，对"课程思政"这个系统而言，它无疑处于开放的状态，根据国家、社会、学校的要求不断调整自身。第二，序参量原理。系统从无序走向有序会受外界各种因素的影响，其中居于主导地位的变量对系统的有序程度起到决定性作用。高校在推进多主体协同育人实践时，必须找到起主导作用的变量，从而影响整个"课程思政"建设的走向。第三，自组织原理。系统在序参量的影响下，通过内部各子系统的相互作用，达到内部要素协调一致的状态，从而产生有序的结构。高校"课程思政"建设不仅仅是思政课教师的专职，其他教师也需要参与其中，通过互动，整合校长、中层管理者以及教师的作用，实现协同主体育人的改革。[①]

马克思主义认为人是实践的主体，具有能动性、创造性。国内外学者对课程实施主体的认识大致经历了三个阶段：单主体说、双主体说和三主体说。单主体说认为教师是课程实施主体。双主体说确立了学生在课程实施中的主体地位，将教师与学生共同作为课程实施主体。20 世纪 90 年代开始将校长纳入研究视野，三主体说认为教师、学生和校长是课程实施主体。[②] 从课程实施主体的演变过程中，可以看出其忽视了学校中层管理人员对课程教学的影响。从目前我国高校课程实施实践来看，普遍存在着从校长到中层管理人员再到教师的垂直的权力结构，在该权力结构中不同地位的个体对课程实施影响程度存在差异，他们相互影响，共同作用于学校的课程与教学。

所谓"课程思政"实施主体协同，指的是在推进"课程思政"的过程中，通过系统协同效应，调动课程实施主体——校长、中层管理人员、教师在思想政治教育中的作用，形成既分工明确又相互合作的教育共同体。校长、中层管理人员、教师在"课程思政"系统

---

① 胡定荣：《学校课程创新：从自主到协同》，《课程·教材·教法》2015 年第 11 期。

② 郑志辉、刘祖勤：《课程实施主体探究》，《内蒙古师范大学学报（教育科学版）》2009 年第 1 期。

中，遵循学校理念、课程教学目标、学生认知规律等，在与社会大环境持续的信息与能量交换中，各主体间的主导地位会因课程实施情态的不同而不断重组，表现为一种非平衡状态，有时校长占据支配地位，有时校长必须放权，善于倾听、采纳来自教师和中层管理人员的意见。校长、中层管理人员和教师之间的非线性关系并不是说他们在课程实施中各自为政，而是一种彼此制约又相互关联耦合的宏观整体结构，没有哪一主体在课程实施中占据绝对主导，各主体会随着外界环境变化不断调整彼此间的关系，在序参量影响下，通过相互协商确保"课程思政"实施效果的最大化。①

2.2　高校"课程思政"实施主体协同的实践意义

高校"课程思政"实施主体协同的建构，需要实现各主体从无序到有序，从冲突到协同的理想状态。哈肯的协同论能为"课程思政"实施协同主体提供有效的实践指导。

2.2.1　开放性揭示了实施主体协同的内生动力

系统的整体性及其发展往往由多个变量即"序参量"决定，在外界环境影响下，各变量相互竞争。随着系统中变量的均衡状态被打破，"序参量"的竞争会日益激烈，经过交替性博弈，最终产生具有支配性的"序参量"，从而影响整个系统走向有序的结构。②"课程思政"实施主体对教学目的、自身定位、师生关系等的理解与追求是多元且不可控的，各主体在与外界进行交流时，会因环境变化而发生相应变化甚至实现相互转化。从各子系统的协同运动规律来看，"课程思政"实施主体在系统中的地位与作用不完全对等，普遍存在支配与服从、命令与执行、监管与配合等多种不均衡、不

①　白洁、于泽元：《学校课程实施协同主体建构研究——协同论的视角》，《国家教育行政学院学报》2020年第5期。

②　白洁、于泽元：《学校课程实施协同主体建构研究——协同论的视角》，《国家教育行政学院学报》2020年第5期。

平等关系。对此，需要加强与外界环境的沟通交流，寻找最大"序参量"，引导实施主体按照共同愿景发展，最终促使系统自觉趋向有序结构。

2.2.2 最大"序参量"是实施主体协同的共同愿景

作为影响"课程思政"实施的重要因素——"人"，因其能动性、创造性以及复杂性，各主体间往往会产生理念冲突与能力损耗。如何把各实施主体协调统一起来，形成课程实施的合力，对提升"课程思政"实际效果具有重要意义。找出"课程思政"实施过程中产生协同作用的最大"序参量"，就可以促进"课程思政"朝着有序方向发展，发挥全员育人、全过程育人的功效。"序参量"实际上是系统中各个子系统在无序中通过竞争与合作创造出来的有序，决定着各子系统的演变方向及其进程。[1] "序参量"必须给予对学校发展现状以及学生发展要求的考量，必须具有全局性、长远性，能充分体现课程实施各主体共同努力的方向，也能让各主体基于共同目标愿景而有效协同。目前，"课程思政"系统中的最大"序参量"就是落实立德树人的根本任务，培养社会主义的建设者和接班人。这就要求"各类课程与思政课同向同行"，上自校长、下至教师都要树立"课程思政"理念，既要当好"经师"，又要做好"人师"，用价值引领和思想塑造引导学生德智体美劳"五育并举"。[2]

2.2.3 自组织体现了实施主体协同的整体效应

不论是在自然界还是人类社会，各种系统一般以两种组织形式存在。一是他组织，靠外部指令和外在约束而成，通常缺乏共同发展的内在动力；二是自组织，即基于共同目标，遵守相应规则，通过相互认同、相互协作、自主协调而形成的组织系统。系统的自组

① 白洁、于泽元：《学校课程实施协同主体建构研究——协同论的视角》，《国家教育行政学院学报》2020年第5期。
② 刘印房：《基于协同学的"思政课程"向"课程思政"的转变路径》，《高教论坛》2019年第4期。

织系统越强，就越能发挥组织主体的协同效应。在"课程思政"系统中，自组织承认和尊重各主体间的差异，通过相互协作与竞争，有效转化与消除差异，进而实现系统的协同。①

2.3 建构"课程思政"实施主体协同面临的困境

虽然近年来高校在探索"课程思政"教学改革上取得了一定成效，打造出一批"金课"、示范教师，但与习近平总书记提出的"各类课程与思想政治理论课同向同行"的协同育人理念仍有一定差距。目前，高校知识传授与价值引领"两分离"、思政课与专业课"两张皮"现象不同程度地存在。有必要对"课程思政"实施背后产生的问题进行分析，为实施主体协同提供借鉴。②

2.3.1 共同目标愿景困境：主体认识存在分歧

校长、中层管理者和教师这三个主体子系统在"课程思政"实施中扮演的角色和发挥的功能是不同的，他们有各自的利益追求、文化背景和行为规范。当前高校"课程思政"实施主体间的关系主要受制于学校组织权力结构的制约。校长负责学校的教育教学和行政管理工作，对"课程思政"的实施拥有绝对的话语权。中层管理人员类似于执行校长决策，对教师进行监管的角色，像是校长、教师之间的传声筒，是"课程思政"教学改革实践中不可或缺的部分。一线教师是"课程思政"实践中最主要、无可替代的部分，位于学校组织权力结构的底层，往往是被动的执行者。

受科层制影响，我国高校校长关注的往往是宏观层面的教学工作，对"课程思政"如何具体展开并未给予详细的规划，上级提出要落实"课程思政"，校长照搬无误地将要求下达给中层管理者，

---

① 白洁、于泽元：《学校课程实施协同主体建构研究——协同论的视角》，《国家教育行政学院学报》2020 年第 5 期。

② 杨建超：《协同育人理念下高校"课程思政"改革的理性审视》，《南通大学学报(社会科学版)》2019 年第 6 期。

要求其在校开展"课程思政"教学改革。中层管理人员往往因行政事务繁忙，缺乏对学生的直接研究和对教学的直观感受，制定出的"课程改革"实施计划容易偏离实际教学工作，一线教师难以完成其规定的指标。而作为课堂教学主体的教师而言，部分教师对思想政治教育的认识存在误区。一是对马克思主义、中国特色社会主义缺乏认同，缺乏自信；二是对育人责任认识不足，片面分离知识传授与价值引领的协同作用，认为各门课程的教师本应各自独立，在教学中加入"思政"元素就是给教师增加额外的工作量。① 不同主体的角色定位、价值追求与行为特征的差异化，必然导致各主体对实施"课程思政"的共同目标愿景的偏差与分歧，从而削弱课程实施主体形成有效协调的基础。

2.3.2　协作困境：沟通不畅、协作不一致

课程思政的推动，应增进多元参与主体的彼此信任关系，构建有效沟通协商互动平台，最终促进课程思政目标的达成。由于高校专业课程门类多样，在推进课程思政过程中仍存在各自为政、单打独斗的现象，各个课程的相互配合推进程度不高，尤其是尚未形成有效的课程思政群建设。多元主体沟通不畅集中体现在以下三个方面。一是多元主体的沟通动力不足，专业的细化与学科风格的差异，使得不少专业课程教师有畏难情绪，同时由于教学科研的压力，很少主动地将专业课程与思想政治教育课程联系起来。二是在课程思政推进过程中，理论与实践脱节。就目前课程思政推进进程而言，还存在理论讲述多、要点多而逻辑少、社会实践少的状况，尤其是专业课程知识与思想政治育人实践的融合度不高。三是多元主体的沟通明显不足，还存在"各扫门前雪"的现象，许多专业课程在推进课程思政过程中，往往是从本课程中提取思政要素，缺乏与思政教师的沟通与协调。

协同治理在高校课程思政中的应用，具体指党委、学生工作部

---

① 肖香龙：《思政课与其他课程须建立协同育人机制》，《中国高等教育》2017 年第 23 期。

门、教师等多元主体共同参与。高校党委应担任课程思政的主导，在思想政治教育工作中统筹全局，充分调动党务部门、行政机关、教学机关、学工部门等多元主体的积极性和主动性，加强主体间的沟通与协调，共同形成合力，推动课程思政建设。而当前在课程思政推进过程中，存在着多元主体不能协同一致、主体边界与责任不清晰等突出问题。据调查，目前大多数高校的课程思政由教务部门规划设计，以开设课程的形式统筹推进，而事实上，课程思政在高校的意义和任务远远超过了教育教学领域，应当赋予其更高的定位和格局。[1]

2.3.3　机制困境：保障体系不健全

"课程思政"自组织状态是在最大"序参量"影响下，各主体相互合作与竞争，使系统达到协同发展的整体效应。如果系统内部矛盾解决不力，课程实施协同主体的自组织状态就难以实现，难以建构主体协同育人体系。开展"课程思政"，涉及诸多因素和关系，需要各方的支持和保障。如何围绕提高课程思政效果，落实立德树人这一共同目标愿景，建构出一个高效的协同机制，是亟待解决的基本问题。[2] 但目前高校在推进"课程思政"教学改革中往往存在保障机制不健全的问题。

一是缺乏主体协同育人的考核与评价体系。在各类课程挖掘思政资源、实施立德树人方面如何评价、如何考核，各高校还普遍缺少合适的制度和做法。在教师实施协同育人方面，还没有将职责履行情况纳入师德评价体系和教师评先树优、职称晋升的指标。对于不同课程之间的融合，不同人员之间的协同、沟通和联动，还缺少制度上的设计。二是缺乏相应教学经费和配套基础设施。上海市的"课程思政"改革走在全国前列，取得了一些成绩。而这些成绩的

---

[1]　吴磊、谢璨夷：《协同治理视域下课程思政的价值意涵、实践困境与推进路径》，《教育评论》2020 年第 4 期。

[2]　张宏：《高校课程思政协同育人效应的困境、要素与路径》，《国家教育行政学院学报》2020 年第 10 期。

获得，离不开上海教育主管部门对"课程思政"教育改革进行的总
体规划，同时也离不开高校对教学比赛的组织、研究项目的单列、
专项经费的保证等方面提供的保障。然而，对多数高校来说，专项
经费的缺乏和开展思想政治教育的场地不足，直接影响了"课程思
政"实施主体协同功能的发挥。① 如办公地点拥挤、心理咨询室配
备不够、智慧教室不足，等等，缺乏开展思想政治建设及心理咨询
和疏导的有效条件，这些都制约了思想政治教育协同育人工作的
开展。②

2.4 "课程思政"实施主体协同育人路径构建

根据协同论原理揭示的学校课程实施协同主体的本质属性和一
般特征，针对目前学校现实情境面临的突出困境与存在的普遍缺
陷，学校课程实施协同主体的建构方向与行动路径可以明确为以下
几个方面。③

2.4.1 明晰课程思政实施的共同目标愿景

共同目标愿景是学校所有教职人员都想实现的宗旨，是校长、
中层管理者和一线教师经过平等民主协商之后做出的价值判断。作
为最大"序参量"——共同目标愿景，能够为各主体提供行动的价
值参照，并将之内化为各实施主体的内在意识和自觉行为。④ 高校
开展"课程思政"就是为了落实立德树人根本任务，实现知识传授
和价值引领有机统一。必须让所有主体明晰这一共同目标愿景，自

① 杨建超：《协同育人理念下高校"课程思政"改革的理性审视》，《南
通大学学报(社会科学版)》2019 年第 6 期。
② 张琼：《高校思想政治教育协同育人机制探析》，《学校党建与思想教
育》2019 年第 18 期。
③ 白洁、于泽元：《学校课程实施协同主体建构研究——协同论的视
角》，《国家教育行政学院学报》2020 年第 5 期。
④ 白洁、于泽元：《学校课程实施协同主体建构研究——协同论的视
角》，《国家教育行政学院学报》2020 年第 5 期。

觉承担育人职责，履行育人使命，共同守好大学生思想政治工作的"责任田"。一线教师不能只做传授书本知识的教书匠，而要成为学生品行、品格、品位的大先生。另一方面，一线教师需要加强马克思主义、中国特色社会主义政治理论素养，增进对马克思主义基本原理的了解和运用，对党的理论和历史的理解和认同，对当前形势与政策的关注和思考等。[①] 另一方面，一线教师特别是专业课教师需要转变各自独立的观念，树立协同与人的理念，自觉将知识传授与价值引领作为自己的职责。

2.4.2 促进课程思政多元主体参与

在协同治理场域下，课程思政需要多元主体参与，将专人育人转变为人人育人，发挥多元主体参与协同创新的积极性，建立协同育人工作理念。校长要完善顶层设计，提出课程思政的实施方案，重点研究制定挖掘用好各门课程思政元素的政策措施，把坚持"课程思政"理念作为落实全员育人、全过程育人、全方位育人的重要抓手。[②] 中层管理人员要相互配合，落实思政理论课教育教学、学科建设、人才培养、科研立项、社会实践、经费保障等各方面政策和措施。如在各二级教学单位中，建立由书记、院长任组长，分管教学副院长、副主任和分管学生工作副书记任副组长的大学生思想政治教育工作小组，整体推进高校思想政治工作。再如在行政部门中，由教务处牵头，对"思政课程"和"课程思政"的建设标准提出具体要求；由人事处牵头，对师资队伍的聘任、考核方面增加"课程思政"的要求；由科研处牵头，加强高校教师对"思政课程"和"课程思政"的创新研究；由学生处牵头，加强大学生思政"第二课堂"与"第一课堂"的对接。[③] 作为一线的教育工作者，任课教师应

---

① 李如占、张冬冬：《课程思政：各类课程与思想政治理论课协同育人的有效路径》，《高教论坛》2018 年第 6 期。

② 刘印房：《基于协同学的"思政课程"向"课程思政"的转变路径》，《高教论坛》2019 年第 4 期。

③ 吕宁：《高校"思政课程"与"课程思政"协同育人的思路探析》，《大学教育》2018 年第 1 期。

当打造专业课教师、思想政治教育教师与学生辅导员相辅相成的协同育人路径，实现各学科教师之间交流畅通、优势互补。把德育意识培养纳入日常培训体系，将育人要求和价值观教育内容融入专业教师的话语体系，切实提升教师德育意识和价值教育能力，强化专业教师教书育人的使命感和责任感。[①]

2.4.3 健全课程思政主体协同的制度保障

唯有建立健全的制度保障，课程思政才能在高校中顺利推行，全面发挥育人育德的作用。高校需要将教师"课程思政"能力和效果作为教师评教、职称评定、职务聘任、评优评先、绩效考核的重要内容和学校各部门年终考核内容之一。需要每年推出一批"课程思政"专项的教学改革、自编教材、课题研究和实践创新等项目，鼓励教师申请参与。需要根据实际投入专项经费，用于课程建设、师资培训、创新成果奖励及项目研究等。如中国矿业大学 2017 年就投入 20 万元在全校范围内遴选 40 项课程思政教学改革示范项目进行为期一年的建设，助推了"课程思政"的教学改革。行之有效的激励方式将影响"课程思政"实施主体协同合力的形成。

（作者：柴明轩，武汉理工大学法学与人文社会学院研究生）

---

① 吴磊、谢璨夷：《协同治理视域下课程思政的价值意涵、实践困境与推进路径》，《教育评论》2020 年第 4 期。

3 "课程思政"与"思政课程"同向同行的思想政治教育话语共同体构建研究

在全国高校思想政治工作会上，习近平总书记指出，要用好课堂教学这个主渠道，提升思想政治教育亲和力和针对性，满足学生成长发展需求和期待，其他各门课都要守好一段渠、种好责任田，使各类课程与思想政治理论课同向同行，形成协同效应。① 自全国高校思想政治工作会议召开以来，中共中央、国务院，以及教育部等先后出台了系列文件、政策，推出了系列改革举措，其力度、广度和效度前所未有，全国上下打响了一场思想政治理论课改革攻坚战，"思政课程"建设取得重大成效。2020年5月，教育部印发《高等学校课程思政建设指导纲要》（以下简称《指导纲要》），首次以官方文件的形式对"课程思政"建设提出了明确的指导意见。"课程思政"是对"思政课程"的有力补充，推进二者同向同行是高校落实立德树人根本任务的必然要求，而作为一种教育教学活动，话语在其中发挥着至关重要的作用。从构建思想政治教育话语共同体的视角来阐述"课程思政"与"思政课程"同向同行，对推进二者协同育人、不断增强高校思想政治教育工作实效性、持续深化高校思想政治理论课改革创新，具有重要的意义。

---

① 《习近平在全国高校思想政治工作会议上强调 把思想政治工作贯穿教育教学全过程 开创我国高等教育事业发展新局面》，《人民日报》2016年12月9日。

3.1 "课程思政"与"思政课程"的辩证关系

"课程思政"是指高校通过课程建设和课堂教学将价值观引导有机融入知识传授和能力培养之中，从而实现对大学生进行思想政治教育的过程。这里的"课程"是除"思政课程"之外的所有课程，包括公共基础课、专业教育课、实践类课程等。高校"课程思政"概念的提出，是高校思想政治工作不断在改进中加强、高校思想政治理论课（简称"思政课程"）不断在改革中创新，特别是强调各级各类课程与"思政课程"同向同行、协同育人的时代背景下，增强高校思想政治工作实效性的又一重大举措。

3.1.1 "思政课程"引领"课程思政"建设方向

思想政治教育是社会或社会群体用一定的思想观念、政治观点、道德规范，对其成员施加有目的、有计划、有组织的影响，并促使其自主地接受这种影响的社会实践活动。[①] 其具有鲜明的政治性、深邃的思想性和极强的价值性。无论是"思政课程"还是"课程思政"，课程是载体，思想政治教育是目的，育人是根本，"思政课程"以其在高校中独特的定位与作用，引领着"课程思政"建设的政治方向、思维方法和价值取向。

一是引领政治方向。思想政治理论课是落实立德树人根本任务的关键课程，之所以关键，在于其解决的是培养什么人、怎么培养人、为谁培养人这一教育的根本问题。"没有正确的政治观点，就等于没有灵魂。"[②]作为育人主渠道的课堂教学，在学生的成长成才中发挥着举足轻重的作用，无论什么专业，无论哪类课程，虽然课程性质、教学内容、教学方法等不尽相同，但在育人的政治方向性上都是一致的。这不是要求我们把每门课程都讲成思政课

---

① 张耀灿等：《现代思想政治教育学》，人民出版社 2006 年版，第 50 页。

② 《毛泽东文集》（第 7 卷），人民出版社 1999 年版，第 226 页。

程，但每门课程都必须旗帜鲜明地坚持马克思主义指导地位、坚持社会主义办学方向，都要坚持不懈地用习近平新时代中国特色社会主义思想铸魂育人，在这一点上丝毫不能含糊，更不能发生偏离。

二是引领思维方法。在学校思想政治理论课教师座谈会上，习近平总书记对广大思政课教师提出了"六个要"（政治要强、情怀要深、思维要新、视野要广、人格要正、自律要严），对推动思政课改革创新提出了"八个相统一"（政治性和学理性相统一、价值性和知识性相统一、建设性和批判性相统一、理论性和实践性相统一、统一性和多样性相统一、主导性和主体性相统一、灌输性和启发性相统一、显性教育和隐性教育相统一），① 这不仅是"思政课程"的基本遵循，也为"课程思政"在方法论上提供了理论指导。"课程思政"建设不是将课程与思想政治教育进行简单的拼凑和叠加，要使二者有机融合需要掌握科学的思维方法，需要对课堂进行精心设计，需要遵循思想政治工作规律、教书育人规律、学生成长规律，坚持显性教育和隐性教育相统一，让各级各类课程在"授业"的同时，潜移默化、润物无声地发挥"传道""解惑"的作用。

三是引领价值取向。在学校思想政治理论课教师座谈会上，习近平总书记强调，青少年阶段是人生的"拔节孕穗期"，最需要精心引导和栽培。② "课程思政"建设，是通过对专业知识的充分挖掘，在教授科学文化知识的同时做好价值观的引导，帮助广大青年学生扣好"人生第一颗扣子"，以满足学生成长发展和日益增长的精神文化需要。在此过程中，价值主体是学生，价值客体是课程，精神文化知识是育人载体，如此一来，"课程思政"的价值实效取决于广大青年学生对精神文化知识需要的满足度；取决于知识传授过程中专业知识和思想教育知识的饱满度；最终取决于培养担当民

---

① 《用新时代中国特色社会主义思想铸魂育人 贯彻党的教育方针落实立德树人根本任务》，《人民日报》2019 年 3 月 19 日。

② 《用新时代中国特色社会主义思想铸魂育人 贯彻党的教育方针落实立德树人根本任务》，《人民日报》2019 年 3 月 19 日。

族复兴大任时代新人目标的实现度。① "思政课程"引领"课程思政"价值取向，体现在把引导学生树立正确的世界观、人生观、价值观融入知识传授中，以培养社会主义合格建设者和可靠接班人为己任，始终坚守为党育人、为国育才的价值旨归。

3.1.2 "课程思政"拓展"思政课程"建设场域

"课程思政"由概念到实践，是伴随着新形势下对高校思想政治工作的新要求、新时代深化高校思想政治理论课改革创新应运而生的。"课程思政"的开展实施，拓展了"思政课程"建设的阵地平台、师资力量和育人资源。

一是拓展了阵地平台。传统意义上的"思政课程"专注于几门特定的课程，从整个人才培养体系和课程体系来看，这几门特定的课程无论是效度还是所占比重相对于其他课程而言都显得较为单薄。曾几何时，在部分专业课教师看来，既然有专门的思政课，那么自己只需要把专业课讲授好即可，学校越是重视思政课建设，就越是消解专业课程的育人作用与功能，因为在他们眼中，这是所谓的"术业有专攻"。"课程思政"的提出让所有课程中都必须有"思政"，从而用制度和规定把"思政"融入各类课程之中，使"思政"元素在课程建设中从自发到自觉，让"思政"在课程中实现全方位全领域的拓展，进而牢牢把握住课堂教学这个"主渠道"，摆脱思政课程孤军奋战的"孤岛现象"。

二是拓展了师资力量。在学校思想政治理论课教师座谈会上，习近平总书记强调，办好思想政治理论课关键在教师，关键在发挥教师的积极性、主动性、创造性。② 受思想政治教育学科发展历史和教师队伍素质等因素影响，高校思政课的理论性、学术性和专业性曾一度遭受人们的质疑。"课程思政"的提出与实施，需要广大

---

① 王景云：《论"思政课程"与"课程思政"的逻辑互构》，《马克思主义与现实》2019 年第 6 期。

② 《用新时代中国特色社会主义思想铸魂育人 贯彻党的教育方针落实立德树人根本任务》，《人民日报》2019 年 3 月 19 日。

专业课教师通过课程的设计把专业知识教育与思政教育有机结合起来，在教好书的同时育好人。这对高校所有专业课教师的素质与能力，特别是通过挖掘专业课程中的思政元素进行课程育人的能力提出了新的更高要求。这让所有专业课教师不得不重新审视思想政治教育的作用与功能，在具体的教学实践中主动研究思政、融入思政，从而使积极参与"课程思政"建设成为广大教师的共识。"课程思政"建设使思政课教师与其他专业课教师实现了由"陌生人"到"同路人"，由"孤军奋战"到协同育人的转变，从而拓展了高校思政课的师资力量。

三是拓展了育人资源。高校的根本任务在于立德树人，因而高校全体教师、全部课程、所有环节都要守好一段渠、种好责任田，承担好各自的育人责任。"要坚持显性教育和隐性教育相统一，挖掘其他课程和教学方式中蕴含的思想政治教育资源，实现全员全程全方位育人。"①全面推进课程思政建设，要充分挖掘各级各类课程中的思政元素，使"课程思政"与"思政课程"同向同行。如在生物科学专业课中通过对物种起源的讲授，让学生领悟生命的价值、人生的意义，从而教育引导学生树立正确的世界观、人生观、价值观。由此可见，"课程思政"建设极大丰富并拓展了思政育人资源，让学生在专业学习的同时潜移默化地接受思政教育，从而增强了高校思想政治教育的实效性和亲和力。

3.2 "课程思政"与"思政课程"同向同行的话语分析

"话语"这一概念最初由语言学衍生而来，最后逐步被其他学科所借鉴吸纳、研究发展，就其内涵来说，话语是在特定的语境中，通过一系列语言约束、规则、规律，话语主体与话语对象进行描述、沟通和建构的实践活动。② 教育与话语密不可分，在教育过

---

① 《用新时代中国特色社会主义思想铸魂育人 贯彻党的教育方针落实立德树人根本任务》，《人民日报》2019 年 3 月 19 日。

② 邱仁富：《思想政治教育话语论》，上海交通大学出版社 2013 年版，第 26 页。

程中，话语是非常重要的载体、中介，其不仅是教育者的表达方式，也是教育者的行为方式，同时还是教育者的思维方式。话语在思想政治教育中发挥着至关重要的作用，"在思想政治教育诸要素中，话语是思想政治教育主客体间相互联系、相互作用的中介因素"，① 话语承载着思想政治教育的目标、任务、内容、方法等，连接着思想政治教育者和受教育者，是双方共同参与的实践活动。②

"高校思想政治工作实际上是一个解疑释惑的过程，宏观上是回答为谁培养人、培养什么样的人、怎样培养人的问题，微观上是为学生解答人生应该在哪用力、对谁用情、如何用心、做什么样的人的过程，要及时回应学生在学习生活社会实践乃至影视剧作品、社会舆论热议中所遇到的真实困惑。"③习近平总书记的这段论述，从"解疑释惑"的角度深刻阐述了思想政治教育的职责与功能，无论是回答好宏观方面的问题，还是解答好微观方面的问题，话语都发挥着极端重要的作用，"解疑释惑"的过程其实就是思想政治教育话语作用发挥的过程。"课程思政"与"思政课程"建设就是要充分发挥思想政治教育话语在其中解疑释惑的作用，及时回应并解决学生遇到的真实思想困惑。因此，推进"课程思政"与"思政课程"同向同行的实质就在于"解疑释惑"的话语表达中，它主要表现为二者话语方向的一致、话语实践的统一、话语逻辑的互构。

3.2.1 如何"同向"：话语方向的一致

"同向"是指"课程思政"与"思政课程"在回答"为谁培养人、培养什么样的人、怎样培养人"这一宏观问题时二者话语方向的一致。

第一，在回答"为谁培养人"问题上，二者有着相同的价值旨

---

① 张耀灿等：《现代思想政治教育学》（第 2 版），人民出版社 2006 年版，第 238 页。

② 袁芳：《思想政治教育话语创新的马克思主义审视》，中央编译出版社 2018 年版，第 27 页。

③ 《习近平首次点评"95 后"大学生》，《人民日报》2017 年 1 月 3 日。

归。"为谁培养人"是高校育人的价值选择问题，作为办在社会主义大地上的大学，我们必须坚持正确的办学方向，始终围绕培养社会主义建设者和接班人这一价值目标，时刻牢记为党育人、为国育才的使命任务，并将其转化为具体的教育教学实践。课程是教育教学的重要载体，也是教育话语表达的重要依托，要想实现育人效果的最优化，需要全体教育话语的主导者和发起者掌握话语的主动权，将价值观念通过切实有效的话语表达传输到话语受体中，以形成全体人员的价值共识。具体而言，"课程思政"与"思政课程"建设就是要利用课程这一载体，以有效的话语表达与传输，将我国高等教育为人民服务、为中国共产党治国理政服务、为巩固和发展中国特色社会主义制度服务、为改革开放和社会主义现代化建设服务"四个服务"的价值旨归和坚持不懈传播马克思主义科学理论、坚持不懈培育和弘扬社会主义核心价值观、坚持不懈促进高校和谐稳定、坚持不懈培育优良校风和学风"四个坚持不懈"的目标要求贯穿其中。由此可见，"为谁培养人"的价值旨归的内在规定性决定了"课程思政"与"思政课程"二者话语方向的一致性。

第二，在回答"培养什么样的人"问题上，二者有着相同的培养目标。培养什么人，是教育的首要问题。① 古今中外，任何国家、任何政权都是按照自己的阶级统治和政治要求来培养人。培养德智体美劳全面发展的社会主义建设者和接班人是我国教育系统共同的目标要求，高等教育作为教育的"高级阶段"，是学生世界观、人生观和价值观形成的关键时期和重要阶段，因而高校要积极主动、担当作为，紧紧围绕培养目标，充分发挥"思政课程"这一主渠道在教育引导学生坚定理想信念、树立正确的"三观"，增强中国特色社会主义道路、理论、制度、文化自信上的作用与功能。同时，还要拓展育人的平台阵地，推进各级各类课程与"思政课程"形成育人合力，在"课程思政"建设中将人才培养的价值方向、目标要求寓于知识传授和能力培养之中，坚持价值性、方向性和知识

① 《坚持中国特色社会主义教育发展道路 培养德智体美劳全面发展的社会主义建设者和接班人》，《人民日报》2018 年 9 月 11 日。

性相统一，把培养一代又一代拥护中国共产党领导和社会主义制度、立志为中国特色社会主义奋斗终身的有用人才作为根本目标。由此可见，"培养什么样的人"的培养目标决定了"课程思政"与"思政课程"二者话语方向的一致性。

第三，在回答"怎样培养人"问题上，二者遵循着相同的育人规律。"怎样培养人"是培养人的理念和方法，是育人的方法论问题。回答了"为谁培养人"这一价值旨归问题、"培养什么样的人"这一培养目标问题后，就要解决好"怎样培养人"这一理念和方法问题。那么，如何回答好"怎样培养人"这一问题？具体到"课程思政"与"思政课程"上，一方面，作为一门课程，高校思想政治理论课要借鉴和运用教育学、教育心理学中的一些原则与方法；另一方面，作为一项育人的工作，高校所有课程都要遵循大学生思想品德形成发展的规律和对大学生进行思想政治教育的规律。因此，虽然"课程思政"与"思政课程"的教学内容不同，但二者都遵循着相同的育人规律。一是要遵循思想政治工作规律，这是针对"思政课程"而言，要按照"八个相统一"的要求，做好教学话语的有机融入与转换；二是要遵循教书育人规律，这是针对"课程思政"而言，任何一门课程的开设都需要遵守相应的教育教学方法、原则、规则，科学合理的话语设计与表达让课堂教学更加有效；三是要遵循学生成长规律，这是针对二者的对象——学生而言，要用学生更加喜闻乐见的话语形式对学生进行教育引导。由此可见，"怎样培养人"的育人规律决定了"课程思政"与"思政课程"二者话语方向的一致性。

3.2.2 怎样"同行"：话语实践的统一

"同行"是指"课程思政"与"思政课程"在为学生解答"人生应该在哪用力、对谁用情、如何用心、做什么样的人"这一微观问题时二者话语实践的统一。

"在哪用力、对谁用情、如何用心、做什么样的人"体现的是一个完整的知、情、意、行的过程，"如何用心"是认知、观念层面的，"对谁用情"是情绪、情感层面的，"在哪用力"是意志、信念层面的，"做什么样的人"是行为层面的。用心、用情、用力，做什么样的人，这"三用一做"从教育心理学和德育理论的角度对大学生人生面临的各种困惑做了全面的概括，它涉及大学生思想认识上的困惑、情绪情感上的困惑、意志信念上的困惑、实际行为上的困惑等。高校承担着教书育人的重要使命，是教育话语表达和实现的重要阵地，推进"课程思政"与"思政课程"建设，就要围绕"三用一做"，为大学生做好答疑解惑工作。

解答"在哪用力"的问题，就要帮助大学生坚定崇高的理想信念，树立正确的奋斗目标。要讲深讲透"大学生的使命与担当"，全面系统阐述大学生在实现"两个一百年"奋斗目标与中华民族伟大复兴中国梦中的地位、作用、责任、使命，教育引导他们为担当民族复兴大任而努力奋斗。解答"对谁用情"的问题，就要搞好情感教育，引导大学生实现对正确"三观"情感上的认同。面对国内外环境的深刻变化，面对纷繁复杂的社会现象，要引导大学生树立正确的"三观"，明辨是非、真假、善恶、美丑，在学习和生活中做出正确的价值判断与选择。解答"如何用心"的问题，就要帮助大学生正确处理学习、生活、工作以及思想认识上遇到的困惑。大学阶段的学习方式与中学阶段有诸多不同，因而第一步就要帮助大学生适应大学学习方式，处理好学习与生活、自己与他人、自我与心灵的关系，掌握正确的学习方法，养成良好的生活习惯，保持积极向上的健康心态。"三用"是"一做"的心理基础，"一做"是"三用"的行为实践，"在哪用力、对谁用情、如何用心"问题解决好了，"做什么样的人"的问题就迎刃而解了。

3.2.3　何以"同向同行"：话语逻辑的互构

从认识论的角度分析，"同向同行"的实质是认识与实践的关系问题，是认识与实践相统一的问题；从育人的话语层面看，体现的是理论话语与实践话语、宏观话语与微观话语的有机统一。

一方面，"同向"是"课程思政"与"思政课程"二者在育人目标、价值、方法等方面的一致，属于话语方向上的问题，"同行"是二者在话语实践上的统一，履于实践范畴。"同向"为育人过程把握宏观方向,是"同行"的前提,"同行"是"同向"在实践层面的具体体现,是"同向"目的,只有二者"同向"方能"同行","同向"是为了更好"同行","同行"反过来促进二者更好地"同向",最终实现"同向同行"。另一方面,从回答宏观和微观两个层面的问题看,回答"为谁培养人、培养什么样的人、怎样培养人"这一问题时,需要教育主体更多从话语的宏大理论叙事出发,从"是什么"和"为什么"的角度,讲清楚教育与国家、教育与政治、教育与学生之间的辩证关系;解答"人生应该在哪用力、对谁用情、如何用心、做什么样的人"这一问题时,则需要从话语的微观实践着力,从"怎么做"的角度,做好对大学生学习、生活、工作、成长成才的教育引导工作。因而,"课程思政"与"思政课程"同向向行在话语逻辑上,体现的是个性与共性(主观和客观)、认识和实践、理论与实际、知和行的具体的历史的统一。

3.3 以思想政治教育话语共同体构建助推"课程思政"与"思政课程"同向同行

近年来,"共同体"这一概念被广泛运用,其是"历史上形成的由社会联系而结合起来的人们的总合"。[1] 在语言学研究中,对话语共同体的解释是:一个具有共同的目标,成员之间使用专用词汇及特定体裁进行相互交流的团体,语言在这其中发挥着至关重要的作用。[2] 在这里,笔者对思想政治教育话语共同体的概念作一理论界定:思想政治教育话语共同体,是指高校为落实立德树人这一根本任务、培养担当民族复兴大任时代新人这一目标而构建的以课堂为载体、全体师生共同参与的话语集合体。推进"课程思政"与"思政课程"同向同行、发挥二者协同育人作用的实质,就是要构建一个以课堂为载体、全体师生共同参与的话语集合体。

当前,"课程思政"建设处于探索和起步阶段,许多高校也正

---

① 朱贻庭:《伦理学大辞典》,上海辞书出版社 2002 年版,第 263 页。

② 严明:《话语共同体理论建构初探》,《外语学刊》2010 年第 6 期。

在按照相关文件要求如火如荼地开展，但一些高校对"课程思政"的目标定位、内涵要求、发展方向等还不够明晰。比如，就"课程思政"建设的牵头负责单位而言，虽然《指导纲要》中已经明确了组织领导部门，但根据笔者的了解与调查，有的高校是由宣传部牵头负责，有的是由教务处牵头负责，还有的是由马克思主义学院来牵头。"一门科学提出的每一种新见解都包含这门科学的术语的革命。"①"课程思政"作为一种新的研究课题提出，并非只是在概念上将"课程"与"思政"进行简单的排列组合。推进"课程思政"与"思政课程"同向同行，发挥协同育人作用，需要我们构建思想政治教育话语共同体，从目标、内容和方法三个维度，构建统一规范的话语表达体系、系统完备的话语内容体系、形式多样的话语传播体系。

3.3.1　目标之维：明确目标定位，构建统一规范的话语表达体系

第一，要明晰"课程思政"与"思政课程"同向向行的功能定位。自全国高校思想政治工作会议召开以来，特别是学校思想政治理论课教师座谈会召开以来，全国高校打响了一场思想政治理论课改革攻坚战，"思政课程"建设取得了显著成效。"思政课程"改革发展到今天，该改的差不多已经整改完毕，该啃的"硬骨头"差不多已经啃完，"课程思政"的提出与兴起，是推动"思政课程"进一步创新发展的契机。因此，不能本末倒置，用"课程思政"来削弱甚至取代"思政课程"，而是要进一步强化"思政课程"在同向同行中的主导地位。在整个育人话语体系中，"思政课程"是育人话语的核心元素，对"课程思政"话语的前进方向起着示范和引领作用，因而要牢牢把握"思政课程"在育人话语中的主导权，确保思想政治教育话语共同体的方向不偏、成色不变。

第二，要提升专业课教师的思想政治素养和思想政治教育话语的运用与表达能力。推进"课程思政"与"思政课程"同向向行、形

---

① 《马克思恩格斯文集》(第5卷)，人民出版社2009年版，第32页。

成协同育人的话语共同体，重点在"课程思政"，关键在专业课教师队伍。一是要提升专业课教师的思想政治素养，深化思想政治素养是新时代合格人民教师的第一素养的认识，不断加强理论学习，夯实共同思想政治基础；同时，要让专业课教师充分认识到在专业课程讲授中积极融入思政元素，不仅不会影响课程讲授的效果，反而会大大促进学生对知识点的掌握和运用，从而激发他们参与"课程思政"的积极性、主动性和自发性。二是要提升专业课教师对思想政治教育话语的运用与表达能力。思想政治教育作为一门学科，有其相关理论、方法和话语表达规则，专业课教师必须加以学习和了解，不然各说各话、自说自话的话语表达不仅不能起到协同育人的效果，反而会削弱"课程思政"的育人作用。"课程思政"要想达到预期效果必须讲出"思政味"，要有"思政味"就必须融入思政元素、掌握思政理论、体现思政方法、运用思政话语表达方式，从而在思想政治教育的话语表达中展现出政治的高度、思想的深度和教育的温度。

3.3.2 内容之维：强化协同育人，构建系统完备的话语内容体系

第一，要加强"课程思政"与"思政课程"同向向行的顶层设计，全面系统做好规划，健全协同育人的长效机制。加强"课程思政"与"思政课程"同向同行的顶层设计是实现高校"三全育人"目标的必然要求，它的一个重要方面就是要保持思想政治教育话语内容的完整性和延续性，这就要求"课程思政"不能搞"一阵风""运动式""应景式"建设。高校要制定好工作方案，建立高校党委统一领导、党政齐抓共管、教务部门牵头抓总、相关职能部门协同联动、各院系推进落实的协同育人工作格局；要设定好工作目标，循序渐进，以点带面，将长期规划与短期目标相结合，统一性和差异性相结合；要强化督查检查，做好课程质量评估监测，不断健全考核激励等工作机制。

第二，要基于课程体系共建和教学效果提升，深化"课程思政"与"思政课程"的协同合作。一是要做好教学规划设计与研讨。

定期组织思政课教师、专业课教师、教务管理人员等开展集体备课，就教学活动设计、实施、评价、质量监测等开展研讨，并建立完善集中听课、集中评课、集中说课制度，根据教学效果及时总结和调整教学设计。二是要做好"课程思政"系列教材的开发。要在前期课程规划设计与建设的基础上，总结、交流经验，并组织由思政课、专业课、教育学与课程论方面的教师，校内外相关领域专家、学生等组成的教材编写组，做好教材的编写与开发。三是要构建思政课教师与专业课教师常态化的沟通交流机制。"课程思政"与"思政课程"同向同行的前提和关键在于这两类课程教师的同心同德，要打破专业、学科、学院、身份之间的壁垒，通过互相备课、互进课堂、互听课程、互评教学，共同分享教学经验、成果与心得，形成思政课教师与其他专业教师之间的伙伴式合作关系，从而构建二者常态化的沟通交流机制。

3.3.3　方法之维：创新方式方法，构建形式多样的话语传播体系

第一，推动教学课程改革，更加突出学生中心地位。推进"课程思政"与"思政课程"同向同行，我们既要注重"思政"这个核心关键因素，也不可忽视"课程"这个基础前提条件。现代课程论的观点认为，课程是由知识、技能及与之相应的学生活动组成，[①] 在课程规划与设计中更加关注学生的参与度、体验度、接受度，这是课程现代化转向的必然要求。2020 年突如其来的新冠肺炎疫情改变了传统的线下教学模式，疫情期间，广大教师通过线上教学满足了全国近 3 亿学生多样化的学习需求，从而有力推进了教育教学模式的转换。其中，全国高校教学大数据监测显示，2020 年春季学期，高校在线课程开课率达 91%，教师在线教学认可度达 80%，学生在线教学满意率达 85%，较好实现了在线教学与课堂教学质量的实质等效。[②] 这种被动性变革却收到了出人意料的效果，给了我们

---

① 钟启泉：《现代课程论》，上海教育出版社 2003 年版，第 4 页。
② 《把在线教学的"新鲜感"转化为中国高等教育的"新常态"》，http://www.moe.gov.cn/fbh/live/2020/51987/mtbd/202005/t20200518_455663.html，2020-5-5。

进一步优化课堂设计的信心与动力，我们要认真总结线上教学的经验与不足，进一步推进课程改革。要树立互联网思维，推进"互联网+课堂"的模式变革，把互联网这个最大变量转化为育人的磅礴力量，注重慕课、微课、微格教学的设计与制作；要更加突出学生的主体地位，积极推进"翻转课堂"建设，让学生由被动接受知识到主动学习知识，从"要我学"到"我要学""我会学""我能学"，实现以教为主向以学为主、从课堂学习为主向学习思考结合、从知识传授向学习能力培养的转变。

第二，要做好"课程"与"思政"的有机融合，创新教育教学话语表达，让"课程思政"与"思政课程"在同向上"同频道"、同行上"同频率"，实现以公共基础课强化"思政课程"、以专业教育课程深化"思政课程"、以实践类课程内化"思政课程"。思想政治教育话语共同体是"三全育人"在课程育人领域的具体表现形式，要使其发挥最大育人功效，需要对传统教学话语进行创造性转化、创新性发展，做到因事而化、因时而进、因势而新。因事而化是指要将思想政治教育的一般原理与课程讲授的具体实际相结合，根据不同课程的性质、特点和优势，通过课程所涉及的历史、行业、专业、前沿问题等，不断挖掘其中的思想内涵、人文精神和价值指向，并将其润物无声地融入知识传授中，让学生在潜移默化中提高思想认识、加强品德修养、增长知识才干、培养奋斗精神。因时而进是指课程教学要紧跟时代发展变化的步伐，及时吸纳中国特色社会主义进入新时代、贯彻新发展理念、构建新发展格局等新表述，例如，党的十九届五中全会通过的《中共中央关于制定国民经济和社会发展第十四个五年规划和二○三五年远景目标的建议》清晰地告诉我们，在 2020 年之后，全面建成小康社会作为"四个全面"战略布局的战略目标，将会调整转化为全面建设社会主义现代化国家。因此，课堂教学语言要做到与时俱进，"不能身子进了新时代，思想还停留在过去"。① 因势而新是指课程教学要主动研究、积极适应

---

① 习近平：《习近平谈治国理政》（第 3 卷），外文出版社 2020 年版，第540 页。

新时代的大学生话语表达方式的新变化，新时代大学生是伴随着互联网成长起来的一代，被称作"网络原住民"，我们的课程要取得较好的育人效果，必须发挥网络新媒体平台的育人功能，充分发挥"三微一端"（微信、微博、微视频、客户端）在课程教学中的作用。同时，教师要注重大学生日常的话语交流方式，主动融入他们的话语体系当中，用他们喜闻乐见、易于接受的话语方式开展教育教学工作。

（作者：张斌斌，湖北师范大学党委办公室、校长办公室主任科员）

4 统筹推进新时代大中小学思政课一体化建设研究

党的十八大以来，大中小学不同时段的思想政治理论课（以下简称"思政课"）建设紧紧围绕"什么是思政课一体化建设，为什么要加强思政课一体化建设，如何推进思政课一体化建设"深入探索，并取得了丰硕的成果。2019 年 3 月，习近平在学校思想政治理论课教师座谈会上指出，"要把统筹推进大中小学思政课一体化建设作为一项重要工程，推动思政课建设内涵式发展"。① 大中小学思政课一体化，是指将立德树人的根本要求落实在大中小学课程、教材和教学之中，形成各学段纵向衔接、各学科（专业）横向配合，教育内容逐层递进、螺旋上升的一致性连贯体系。因此，统筹推进新时代大中小学思政课一体化建设，不仅是学校思想政治教育的内在要求，也是新时代深化教育领域综合改革的重要举措。

4.1 新时代大中小学思政课一体化建设的基本要求

4.1.1 教育目标的一致性

落实立德树人教育目标的关键课程在于大中小学的思政课，而

---

① 《用新时代中国特色社会主义思想铸魂育人 贯彻党的教育方针落实立德树人根本任务》，《人民日报》2019 年 3 月 19 日。

厘清思政课的教育目标是有效推进大中小学一体化建设的逻辑前提。树立好大中小学一体化的系统思维，首先就要统筹好大中小学教育目标的一致性、注重教育理念的贯通性。教育目标属于上层建筑范畴里的一种社会意识形态，既是整个一体化建设过程中的出发点，又是开展各项思政教育工作的统领和指挥棒，也是教育活动过程中的最终归宿。教育目标是否合理关系着思政课立德树人的育人目标是否能够有效实现。思政课的教育目标包括总体目标和具体目标。总体目标具有全局性，是指大中小学整个思政课的终极培养目标，且无论处在"大中小"学哪个学段，总体目标都是一致的，即都要积极发挥思政课在内容体系中为党育人、为国育才的政治引领和价值引领的关键作用，坚定不移地培养出一批又一批中国特色社会主义事业的建设者和接班人。而具体目标具有阶段性，是指大中小学思政课在各个学段针对不同的受教育者群体制定的具体的培养目标。

大中小学思政课建设目标的一致性需要我们根据受教育者特别是青少年的成长规律和认知规律，始终围绕铸魂育人和立德树人的根本要求，从小学、初高中到大学制定出一套具有循序渐进、螺旋上升的教育梯次的国民教育体系，从而不断增强受教育者即学生在情感、思想以及政治上的价值认知和价值认同，力争将新时代青年培养成为能够担当民族复兴大任的接班人，不断促进受教育者个人的德才兼备和整个社会的和谐发展和文明进步。因此，大中小学思政课建设的目标无论是总体目标还是各个学段的具体目标，都需要保证建设过程中各阶段教育目标之间同向发力、层层递进、环环相扣，实现教育具体目标彼此间的贯通性和总体目标的一致性，最终形成大中小学思政课一体化建设局面。①

4.1.2　课程内容的整体性

课程内容的整体性是提升思政课教育的针对性和育人的实效性

---

①　赵静：《新时代统筹推进大中小学思想政治理论课一体化建设探析》，《思想理论教育导刊》2020 年第 3 期。

的必要路径。加强大、中、小学思政课教育内容的整体性建设，必须充分考虑学生的认知能力和成长需求，着力构建具有层次性、梯度性、系统性的思政教育体系。其中，小学时段应以趣味型教育内容为主，重在启蒙道德情感——厚植爱国、爱党和爱人民的高尚情感，旨在为学生塑造良好的民族底色，培育优秀的道德情操和行为习惯。初、高中思政教育侧重以情境型教育内容为主，让学生通过学习相关政治理论的基本常识之余，养成自己的价值观定位，筑牢政治素养、提升思想水平。大学思政教育应以探究型教育内容为主，侧重在政治常识教育的基础上，深化理论教育，意在使学生形成牢固的理想信念与坚定不移的信仰。总体来说，大中小学思政课在课程内容设置方面总体要相对稳定、由易到难、由浅入深，同时三者之间又要保持着合理梯度的体系，相互补充、互相协调、彼此支撑，使其在内容上纵向主线贯穿、横向功能互补、结构合理，构成思政教育内容的有机整体，进而促进思政教育在小学、中学、大学间形成有序进阶和有效衔接。

4.1.3　学段层次衔接的递进性

大中小学不同时期由于受教育者年龄不同，身心发展各异，不同学段学生心理发展和思想水平发展存在差距。为了避免出现因身心发展问题导致的对知识的断层割裂或者认知上的缺失重复现象，思政教育就要根据学生的身心发展特征，以大中小学思政课课程内容的逻辑关系为重点，厘清思政教育的进阶情况，探索出一套具有衔接性、实效性和创新性的教育教学方法。在我国目前学段层次结构的划分上，思政课程内容主要划分为小学、初高中和大学学段。这就需要将思政课的内容纵向衔接、横向贯通，由浅入深、循序渐进、螺旋上升式地开展思政课，在各个维度实现科学、合理的衔接，统筹好教育主体的整体性和不同学段教学规律的关系，坚持连续性和阶段性的统一。① 因此，大中小学思政课建设，是以"一体

---

① 郑永延：《思想政治教育方法论》，高等教育出版社 2010 年版，第244 页。

化"为方法，以不同阶段受教育者的心理特点为研究基础，根据受教育者的认知规律，循序渐进、螺旋上升式地在大中小学时段分类别、有针对性地开展和建设思政课课程。其中，关键的一步在于合力育人的方法论原则——"阶段性"因材施教和"递进式"有机衔接。这也是保证大中小学思政课一体化建设方向性、层次性和科学性的必然要求。

4.1.4　教育方法的支撑性

大中小学思政课教育方法的支撑性意味着，既要坚持教育方法的连续性、承接性、贯通性，又要做到有针对性、科学性、适当性。人的思想政治素质提升需要一个漫长的成长过程，这就要求思政课教学一方面遵循教育对象的成长规律，选择适合受教育者在思想认识层次以及年龄和心理特征方面的方式，以及探索出适合受教育者主体的具有科学性、时代性、针对性和可读性的教育方法，以便于大中小学思政课发挥其价值引领的导向作用，从而全面提升学生思想政治素质在"知、情、意、行"方面的可持续发展。另一方面，思政课一体化建设必须要强化教育方法的支撑性，整合多样化的教育方法和教学模式，使思政教育所传授的知识能够真正入耳、入脑、入心，让学生对思政教育内容能够真正学懂弄通做实。例如，通过改变传统的教育模式，充分运用系统性的思维方式建构更具现代化、科学化的思政教育方法体系，在思政课一体化建设过程中，融入国内外前沿的教育理念以及多学科交叉的先进教育教学方式，不断增强思政教育方法的改革创新，切实提升思想教育工作的整体性、协调性和有效性。

4.2　新时代大中小学思政课一体化建设的现实困境

党的十八大以来，各地方大中小学思政课一体化建设在教育目标、课程内容、学段层次、教学方法等方面取得了很大的成效，但依然面临着亟待突破的现实困境。

4.2.1　教育目标的脱节和课程理念的断层

大中小学思政课一体化建设就是以课程理念转换为先导。但在实际教学中，大中小学思政课课程理念往往会出现未能内化并且与实践相脱离、融通性不足的现象。没有实现针对不同学段的具体需要实施课程理念的相互融通，也没有很好地做到有梯度地制定合理的大中小学思政课一体化的教育目标，甚至在不同学段还存在着目标断层的问题。这主要是因为大中小学思政课课程标准修订周期相对较长以及课程目标设置的整体性和明确性不强，给思政课的具体教学带来了一定的困难。上述现象在一定程度上实际是未能把思政课的总体要求一以贯之，从而造成课程理念的断层。因此，把握思政课总体方向和布局，将全局要求统筹发展并一以贯之，其核心要义就在于提纲挈领地确定顶层设计，并制定好课程目标体系，实现课程目标一体化。针对课程目标设置的整体性和明确性尚需加强的问题，必须建构出由思政课程总目标、学段课程目标和年级课程目标组成的大中小学思政课一体化课程目标体系，做到整体性、阶段性和层次性的有机统一。

4.2.2　课程内容缺乏整体性

当前，大中小学思想政治教育领域的编写专家之间有待形成合力，教材建设缺乏整体规划和管理，导致现行教材主要存在以下问题。一是不同学段思政课教材之间存在脱节、内容交叉、重复等问题。课程内容上存在着大量重复，这就使得受教育者对课程内容失去兴趣，导致学生产生懈怠情绪，在教学过程中也容易使学生对课本内容产生"整体性不足"的感觉，以及衍生出思政课不重要、纯属浪费时间等错误认识。除此之外，各阶段与学生身心发展相关的课程内容，又存在明显的空白或是薄弱现象，教育的隐性教育未能彰显。[①] 二是课程内容没有很好地观照不同学段学生的接受能力，

---

① 刘力波、黄格：《大中小学思政课教材一体化建设面临的问题及破解路径》，《马克思主义与现实》2020 年第 2 期。

没有充分兼顾深浅、难易、繁简的层次区别，教材中存在部分内容的难易程度与学生所处学段不相符合等错位问题。大中小学学科课程的内容体系设置上应注重各有侧重，尤其在广度和深度上要层层递进。但从目前大学与中学思政课程和内容设置来看，在实际教学中，有时会出现低学段"挖掘"过深、高学段"开垦"较浅的现象。总而言之，在大中小学思政课的课程内容上，还缺乏具有整体性和针对性的内容设计，从而影响了大中小学思政课一体化建设的整体推进。

4.2.3　学段层次进阶性不足

由于青少年成长和身心发展不是一蹴而就的，而是循序渐进的，且每一个青少年之间也具有个体差异性，这就要求大中小学思政课一体化建设在立足不同学段的不同发展任务的同时，必须统筹兼顾新时代青少年各自的身心健康发展规律与特点，因材施教，设置合适的教学主题，挖掘理论的深度，注重学段层次的进阶性。但是大中小学一体化建设过程中由于组织管理相对独立等原因，容易出现不同学段的教学方法和教学模式等衔接性不足、进阶性不够等问题。例如课程设计是解决教学问题的一种特殊的设计活动，从本质上看，中小学和高校在思政课课程设计上应是一个有机整体，它们之间的衔接是同一个系统内部的统筹安排。但由于大中小学思政课课程主线设计断层的原因，从课程设计整体架构的设置上来说，各学段缺乏整体性安排，存在相对独立、少有衔接的现象。①

4.2.4　教育方法陈旧单一

当前，很多学校在思政课堂上逐渐运用现代信息技术手段进行多样化的教学，使得思政课改革成效显著。但受思政课程内容庞杂等因素的影响，部分思政课教师依旧采用较为单一的教育方法和方式，存在着理论的简单灌输和道理的重复说教现象，没有达到很好

---

① 马宝娟、张婷婷：《大中小学思政课一体化：问题与对策》，《思想政治课教学》2020 年第 2 期。

的育人效果，如"填鸭式""注入式"等教学模式，这种单一的教学手段，无形中忽视了学生的兴趣和诉求，致使学生的"抬头率"大打折扣，相应的理论学习仅仅是对知识点进行简单机械记忆，导致受教育者难以形成创新性思维和批判性思维。此外，绝大部分学校仍然是用分数来评估学生的学习成效，致使很多受教育者倾向于通过"反复背诵"或者"临时抱佛脚"的方式来获取分数。这样的机械背诵从本质上就与思政教育的理念背道而驰，从客观上忽略了受教育者道德品质的培养和人格素质等核心素养的培育，从本质上缺失了思政课教育的育人意义，从而影响受教育者思维逻辑的发展和综合能力的培养，无法满足新时代学生的性格特征和心理需求。

4.3 新时代统筹推进大中小学思政课一体化建设的优化路径

推动思政课建设内涵式发展要从一致性、整体性、递进性和发展性的宏阔视角，使思政课一体化建设再上一个新台阶，从而实现思政课教育有序化、制度化和规范化。

4.3.1 构建教育目标体系一体化，正确处理政治性和学理性的关系

构建教育目标体系一体化，首先需设置一以贯之的思政课程总目标，使之在所有学段课程目标中居于统率地位，成为整个思政课程目标体系的中轴线，并贯穿于各级分目标之中。尤其是在世界意识形态领域斗争十分严峻的今天，用习近平新时代中国特色社会主义思想厚植爱国主义情怀，把实现个人价值理想同祖国前途命运紧密联系在一起就显得尤为重要。这就要求教育者必须懂得思政课对学生政治素养的培养并不是简单的政治宣传，也不是用学理性弱化政治性，而是将"立德树人"这一理论主线作为贯穿大中小学一体化建设课程中的核心素养，并以"社会主义核心价值观"为内核蕴含其中，通过讲故事、讲历史等彻底的理论方式在大中小学的不同学段中体现思政课的政治引导功能，做到政治性和学理性的有效统

一。其次，教育者们要统筹设计不同学段各有侧重的思政课程分目标，这些分目标既要体现总目标要求，又要遵循教育发展规律和学生在认知能力、情感特点、意志水平之间的差异，由具体思维向抽象思维过渡，由内化于心向外化于行过渡。每个阶段的思想政治教育目标由局部到整体，由具体到全面，环环相扣而又层层递进。最后，要进一步设计大中小学不同年级思政课的课程目标，即在总目标的指引下，围绕学段课程目标，按照大中小学不同年级、不同层次将学段课程目标进行分解和细化。将课程目标细致化和具体化，也有助于教材编写者更精准、精细地筛选合适的教材内容。

此外，思政课教学内容往往涉及深层次的理论知识和实践层面的问题，因此，教师不仅要传授课本上的理论知识，还需要走进"实践"。思政课教师要在实际教学中，通过深入、具体的实践教学，带领学生运用所学知识思考和感悟身边的现实问题与思想困惑，提高受教育者的实践能力，从而实现大中小学思政课理论知识与实践训练的辩证统一。

4.3.2　统筹课程内容设置体系，正确处理"小思政"与"大思政"的关系

统筹课程内容设置是大中小学思政课建设过程中的"血肉"。首先，需要成立统一的教材编写工作组，整合不同学段思政课课程之间的内容交叉与重复问题，编排综合效果良好的课程内容体系，力求根据思想政治理论学科的链条，让不同学段课程内容更加系统和连贯。该工作组可由大中小学思政领域的专家学者组成，遵循学生认知规律设计课程内容，并分层次、分阶段提升教材内容的深度和广度，秉承由小学到大学的渐进性和层次性的原则，合作编写大中小学所使用的教材。在内容设置上适当放宽国际视野，结合时代背景和社会背景，加入比较环节，使课程内容符合社会发展和生活实际，与时俱进，从而增强课程内容的时效性和实用性；也有利于改善教材编写中出现的思想政治教材内容重复以及衔接性和连贯性缺乏的现象，使得教材内容在衔接上更为合理和顺畅。其次，要构建不同学段"协同作战"的思政课教育体系，通过搭建大中小学思

政课教师的合作交流平台等途径促进大中小学之间的常态化沟通与交流，在理论研究、集体备课、实践教学等方面凝聚共识，创新方式方法，共同推进大中小学一体化建设。[①] 最后，要使思政课成为"立德树人"的主阵地和"主渠道"，必须处理好"小思政"与"大思政"的关系。"小思政"是指思想政治理论课等一系列相关的政治理论课程，即"思政课程"；"大思政"是指各类课程所具有的思想政治教育元素，即"课程思政"。统筹课程内容设置体系，要以价值观教育为导向，以专业课程内容为基底，以专业技能为载体，积极挖掘其他课程中蕴含的育人元素，增强思政课与各类课程之间建设的紧密性和衔接性，使思政课程与其他课程同向同行、同频共振，从而有效促进"大思政"与"小思政"协同育人的可读性、政治性和科学性，最终达到大中小学思政课一体化建设"润物细无声"的教育效果。

4.3.3 构建学段衔接制度体系，正确处理整体性和独立性的关系

大中小学思政课一体化建设中的教学内容、教学方法和教学手段都只有顺应不同学段学生认知能力的发展规律，并在此基础上统筹推进、科学布局、精准施策，通过一体化建设的针对性弥补学生认知能力发展的差异性，才能有效地创设课堂教学的最佳情境，最大限度地发挥学生学习的主动性，增强教学活动的连贯性，提升思政课教学的科学性。

一方面，大中小学思政课一体化的教学设计要抓牢不同时段的育人特征，即大学、中学和小学的教学规律和教学特点，以及在遵循受教育者认知规律的基础上，特别注意大中小学一体化建设过程中，课程内容里不同主题之间的衔接以及相似主题的区分。在每一个学段的衔接上，还要做到正确处理好该学段课程主题的独立性和在此基础上的上一个学段或者下一个学段之间整体性的关系，既不能操之过急，又不能固步自封。另一方面，每一学校每一层级要制

---

① 李昕：《统筹推进大中小学一体化 推动思政课建设内涵式发展》，《中国高等教育》2019 年第 7 期。

定出有益于思政课有效衔接的相关规章制度。如加强思政课教师的沟通机制建设，以便于加强不同学段思政课教师的交流互动，加强思想政治理论课教学评价机制一体化建设，以便于实现课程教学一体化等。其中，教学评价机制是思政课一体化建设的重要标尺。借助评价机制建设，以此既保证教育者关于教学目标、内容以及方法等方面的衔接，又保证各学段在知识传授、价值塑造、能力培养方面的衔接，在教学和科研两个方面齐头并进地推动思想政治理论课一体化建设，加快思想政治理论课一体化建设的步伐，从而让学生的思政课堂呈现完整性、系统性和科学性。[①]

4.3.4 注重教育方法创新，正确处理统一性与多元性的关系

思政课的教学管理、课程设置、教材使用等都有较为统一的要求，要结合实际因材施教、具体落实好统一性，就需要教育方法的不断探索，创新教育方法的不同路径是用好教材的重要保证。只有空洞的知识说教，没有行之有效的教育方法做支撑，受教育者的获得感和思政课建设的效果也会大打折扣。因此，教育者要紧跟时代步伐，在教学过程中注重教育方法创新和多样化探索，并在创新过程中，正确处理好统一性与多元性的关系。注重教育方法创新，可以通过努力拓展思政教育的新载体来寻求思政教育的新途径、新办法。首先，载体的多样性要求我们积极运用载体，尤其是文化载体。如新时代的校园文化丰富多样，校园精神旗帜鲜明又各具特色，教师等教育者们可以引导学生们参与到校园文化的建设中去，有效引导受教育者们身心方面的健康发展。其次，积极创办各类活动载体，如"党员宿舍""无烟班级""英语走廊"等多种形式的文明集体活动，有力地优化育人氛围，使受教育者耳濡目染，无形中提升自己各方面的素养和品格，从而使精神文明建设的方针得到有力的落实。最后，积极利用传媒载体，即在思政教学过程中将新媒体技术运用到大中小学思政课的课堂教育中。教育者们可以通过此方

---

① 石书臣：《以问题导向推进大中小学思想政治理论课一体化建设的思考》，《思想理论教育》2020 年第 5 期。

法与同学们进行互动交流，例如探究式分组讨论、网上学习等，以便增强学生的积极主动性和课堂主体意识。此外，利用新媒体资源共享的优点，通过交互式的传播方式，适当增加当下社会上出现的蕴含思政元素的最新和最热的内容，将课程知识与社会现实巧妙结合，引发学生的现实思考，锻炼其社会思考能力，有利于培养复合型人才。[①]

总之，教育方法的积极创新与革新，能激发学生学习的兴趣，使得大中小学思政教育打破时空限制，通过多元化的载体提升教学的有效性，让学生从心底真正地喜爱上思政课，最终实现大中小学思政课的育人目标。

4.4 结论

办好大中小学思政课，要将其放在百年未有之大变局的突出位置上，更要从实现"两个一百年"奋斗目标的高度上来看待。探索新时代青少年身心健康发展的成长规律，全方位提高思政课的教育质量和教学水平，统筹推进大中小学思政课一体化建设工作是确保铸魂育人效果、落实立德树人根本任务、提高思想政治教育实效性的重要环节，也是顺应新时代思政课建设规律的必由之路和时代发展要求。大中小学各学段思政课要在教育目标、内容、方法、评价等方面"因地制宜"地采取不同的教育教学手段，做到科学安排、有序衔接、系统推进，有利于提高思政课教学实效，进而深入推进大中小学思政课一体化建设，最终引领学生逐渐成长为担当中华民族伟大复兴重任的时代新人。

（作者：彭芳，福建农林大学马克思主义学院研究生；罗贤宇，福建农林大学马克思主义学院教师；刘新玲，福建农林大学马克思主义学院院长、教授）

---

① 陈万柏、张耀灿：《思想政治教育学原理》，高等教育出版社 2015 年版，第 261 页。

5　社会主义核心价值观引领大中小学思政课一体化的新路径

习近平总书记2019年3月在学校思想政治理论课教师座谈会上指出:"要把统筹推进大中小学思政课一体化建设作为一项重要工程,推动思政课建设内涵式发展。"①近年来,作为实现"立德树人"根本任务的关键课程,新时代思政课一体化建设呈现出欣欣向荣景象,且在协调各方力量、遵循学生发展、构建规范教学等方面取得了一定成绩。然而,在一体化建设进程中,实现不同学段课程整体性和局部性、相似性和差异性、时代性和创新性的协调还缺乏明确的价值逻辑引领。以社会主义核心价值观为引领的大中小学思政课一体化就是要在根本出发点上把握核心价值观在教学目标、意图要求、形式方法、价值评价等方面的统领,加强思政课铸魂育人成效,将思政课打造为贯穿学生成长成才全过程的科学化、系统化课程。

5.1　社会主义核心价值观何以引领大中小学思政课一体化

众所周知,社会主义核心价值观是个人立身之本,社会进步之

---

① 《习近平主持召开学习思想政治理论课教师座谈会强调 用新时代中国特色社会主义思想铸魂育人 贯彻党的教育方针落实立德树人根本任务》,《人民日报》2019年3月19日。

魂，国家发展之源。其作为优秀文化的绵延，民族精神风貌的体现，社会意识形态的凝聚，是社会成员在长期和共同社会实践中所形成的基本价值诉求和稳定信念体系。《关于深化新时代学校思想政治理论课改革创新的若干意见》强调，社会主义核心价值观应当贯穿国民教育全过程。[①] 意味着在思政课改革的社会大环境下，以社会主义核心价值观为红线，有机衔接大中小学各学段，推动这一价值理念丰富思政教材、完善教学课堂、武装学生头脑是目前思政课改革面临的首要问题。另外，核心价值观融入思政课也是探寻教育根本问题的答案，即回答了"培养什么人、怎样培养人、为谁培养人"的必要任务。

　　培养"时代新人"是培育和弘扬核心价值观的着眼点和总抓手。在长期的思想政治教育(以下简称思政教育)发展过程中，党根据不同阶段的时代特征、历史使命和工作重心，从马克思主义教育理念出发，以促进受教育者自由全面发展为目标，提出了一系列培育一代又一代新人的具体教育思想、教育方针、教育政策和教育理想，不断丰富和更新思政教育目标。追溯中国共产党提出的培育"时代新人"理念可以发现，人才培养目标在不同时期的表述略有差异。与此同时，受教育主体被赋予不同的时代使命，肩负着不同的历史任务。在革命战争时期，党的思想政治工作重点是培养具有无产阶级先进思想和吃苦耐劳、不怕牺牲精神的革命者，为革命事业发展和中华民族独立作出贡献。在社会主义建设时期，毛泽东提出"社会主义新人"概念，"我们的教育方针，应该使受教育者在德育、智育、体育几方面都得到发展，成为有社会主义觉悟的有文化的劳动者"。[②] 他认为，应当通过普及大众教育，壮大人才队伍，培养德才兼备、又红又专的社会主义建设者和无产阶级事业的接班人。进入改革开放新时期，邓小平以培养具备崇高道德素质，科学文化水平和坚定劳动精神的全面发展的理想人格为标准，提出"四

　　① 《关于深化新时代学校思想政治理论课改革创新的若干意见》，人民出版社 2019 年版，第 4 页。

　　② 《毛泽东文集》(第 7 卷)，人民出版社 1999 年版，第 216 页。

有新人"命题,"教育全国人民做到有理想、有道德、有文化、有纪律",① 把个人基本素质的提升与社会主义现代化建设的实践相结合。新时代背景下,以习近平同志为核心的党中央聚焦于实现民族复兴的伟大事业,在十九大上首次明确提出"时代新人"概念,从科学化、高层次、基础性角度将培育和践行社会主义核心价值观融入"培养担当民族复兴大任的时代新人"②的育人目标和价值追求,为价值体系构建创造了新的历史空间,也象征着中国特色社会主义事业新生力量的发展。

社会主义核心价值观的基本内涵是引导和创新"时代新人"培育的重要支撑,实现了个人价值观塑造与国家繁荣、民族复兴相结合。总体而言,随着社会主义核心价值观与大中小学思政课的联系日益增强,大中小学生们的价值观念呈现向好发展趋势,对于国家主流价值理念多表现出包容和悦纳态度,且形成了较为稳定的明辨是非能力和积极主动践行正确价值观的行为模式。习近平强调:"要坚持不懈培育和弘扬社会主义核心价值观,引导广大师生做社会主义核心价值观的坚定信仰者、积极传播者、模范践行者。"③当前,我国大中小学思政课课程教学就是以社会主义核心价值观培养"时代新人"为总体目标和任务,而贯穿学生不同成长时期的思政课堂也为达成这一目标和任务提供了系统、广阔、互动的平台。从小学至大学,正是学生们道德观念和价值取向形成的黄金时期,也是其思维活跃、接受新事物能力强、好奇心旺盛的阶段。因此,在这一阶段普及价值观教育是帮助学生树立正确价值目标和价值追求,实现自我价值与社会价值统一的关键。以核心价值观引领大中小学思政课,既可以将传授知识与增强理想信念教育有效融合,激励学生群体承担起实现民族复兴的责任,另外,还有助于提升学生

---

① 《改革开放三十年重要文献选编》(中),中央文献出版社 2008 年版,第 369 页。

② 习近平:《习近平谈治国理政》(第 3 卷),外文出版社 2020 年版,第 328 页。

③ 习近平:《习近平谈治国理政》(第 2 卷),外文出版社 2017 年版,第 377 页。

理论结合实践的本领，培养理论涵养和实践能力相统一的新时代人才。

综观社会主义核心价值观引领大中小学思政课一体化的发展进程，思政课改革呈现出欣欣向荣的景象，且取得了一定的成绩。在核心价值观引领下的思政课堂上，传统思政教育教学中"重智轻德，重术轻道，重知轻能"的现象已得到较好扭转。理论知识被灌输式教学方法切割为碎片化的知识点以达到应付考试的情况基本改善。大多数教师能够将价值理性和育人使命有机结合于课程教学当中，逐渐重视思政课的育德功能，达到育才与育德的辩证统一。对于庞大的学生群体而言，通过思政课的学习，能够正确认识到社会主义核心价值观不仅是教材上的理念和规范，更是与人生意义休戚相关的鲜活行为准则和价值追求。部分学生在面对纷繁复杂的多元信息和物质利益诱惑时，坚守求学问道的崇高价值理想，坚持修身韫德的高尚道德实践。教育能够让社会"明确地表达它自己的目的，能够组织它自己的方法和手段，因而明确地和有效地朝着它所希望的前进目标塑造自身"。① 随着一体化程度的深化，思政教育发挥的积极影响力从个人遍及于社会整体。在以核心价值观为蓝图的基础上，成功塑造了具有坚定理想信念、扎实理论功底、宏大人生格局和强烈时代责任感的理想新人，促进了社会的进步和发展，为中国梦的实现提供了源源不竭的精神动力和坚定强大的智力支持。此外，将核心价值观融入大中小学思政课一体化建设还带来了课程发展方面的收益。例如，不同学段的教学目标有了更清晰明白的逻辑排序；各级各地思政课的教材内容进行了重新修订；课程活动更丰富多元并与教学接轨等。

5.2 社会主义核心价值观为何引领大中小学思政课一体化

思政教育是一项长期且精细的工程，是一项从全员、全程、全

① 吕达、刘立德、邹海燕：《杜威教育文集》(第 1 卷)，人民教育出版社 2008 年版，第 16 页。

方位塑造和培养人的理论素养、道德品质、思维能力、行为方式的工作，需要遵循科学的育人规律，把握正确的教育方法。同样，将核心价值观以润物无声、相得益彰的姿态融入思政课也绝非易事。将大中小学思政课作为一个系统性的整体考量，其一体化程度在实际操作中仍有待提高，需要从以下几个方面改进，从而达到设定的目标。

一是课程内容缺乏逻辑性，主要表现为教材内容重复赘余与课程衔接空白欠缺。长期以来，我国大中小学思政课包含的理论知识结构存在"断裂"问题。由于教材编写组间的关系以条块结构为主，不利于教材编写者相互沟通、群策合力。因此，大中小学教材欠缺整体布局和统筹，各层级的教学内容缺乏相互贯通、循序渐进、由浅入深、螺旋上升的逻辑性和条理性。尤其是三个学段的衔接处，没能进行学生知识体系过渡的统一设计和规划，部分教材出现老生常谈现象。从课程的内容上看，在纵向维度上，初中使用的人民教育出版社出版的《道德与法治》6 册教科书与普通高中使用的人民教育出版社出版的《思想政治》4 册必修教科书以及大学使用的高等教育出版社出版的 4 册"马克思主义理论研究和建设工程重点教材"所蕴含的知识点均存在重合。例如，在《思想政治》第 4 册《哲学与文化》中已经详细介绍了社会主义核心价值观的内涵、意义和实践，大学《思想道德修养与法律基础》中的第四章节却反复挖掘相同的理论知识。此类问题在大中小学教材中多处存在。在横向维度上，高校思政教材之间部分章节相互重复，例如在《马克思主义基本原理概论》与《思想道德修养与法律基础》教科书中都出现了关于"理想信念"的论述，且有较多重叠部分。尽管同一理论知识在不同学段教材中所占篇幅各异，但总体区分并不明显。课程内容的简单重复直接导致有效教学的减少，受教育者容易产生倦怠心理。从课程的衔接上看，大中小学思政课一体化在"起承转合"的关键点，即小学至中学和中学至大学的连接处存在空白。换言之，在小学至中学，中学至大学的两个过渡阶段，课程内容间的连贯性不强，学生不能较好适应学段变化和知识体系深化。

二是能力培养缺乏梯度性，主要表现为课程理念脱离实践与课程设计忽视规律。在现实情况中，由于缺乏一体化的思政课程理念和设计，部分思政课并没有从学生的思想困惑与实际问题出发，出现了教学脱离实践的问题。从小学、中学至大学学段的思政课程本应由易到难、有序进阶，呈现科学严密的系统性，达到思政课的整体功能和效果大于各阶段总和。然而，对于大中小学思政课上出现的一些相同主题，如爱国主义、集体主义、社会主义等主旋律教育，存在着低学段"深究"、高学段"浅析"的问题，缺乏循序渐进的内在逻辑和递进关系。例如，初中《道德与法治》八年级下册包含了宪法、公民权利和义务、我国基本制度以及国家机构等众多抽象概念的讲解，并在最后章节升华了课程理念，进一步作出关于法治精神的思考，旨在增强受教育者对自由平等、公平正义的价值认同。事实上，这些抽象概念超出了初二学生的认知、思维和实践阶段。该年龄段的学生在日常实践中无法广泛接触基本制度和国家机构，能够行使的公民权利和履行的公民义务有限，更无法从知情意行上实现高层次的知行合一。相同的政治与法治概念在高中《思想政治》必修三中再次出现，高中课程却没能深入引导学生讨论法治精神，更是忽略了对自由、平等、公正、法治等价值观念的培育。一般情况下，高中生的理解能力、判断能力、实践能力等都明显强于初中学生，更有必要引导其认同为人处世的基本价值原则，引发其关于价值观的深刻思考体验。由于课程理念缺乏对学生实际情况的考虑，导致社会层面价值观培育出现初高中错位。再如，人生价值这一重要主题是贯穿小学、中学和大学思政课的中心内容。基于马克思对人的本质和价值的阐发，促使学生逐渐认识自我价值和社会价值，并在实践中扬弃和超越自我，实现自由全面发展。如何将人生价值这一独特璀璨兼具情感温度的概念分阶段融入大中小学思政课是不可回避的问题且始终困扰教学实践。目前的大中小学思政课一体化在安排人生价值主题时，出现了低学段重视践行、高学段局限于认知的倒置现象：小学教导学生珍惜和尊重自身和他人的善行；中学引导学生思考生命的意义，并由内而外实现行为转化；大学却仅仅讲授人生观的相关抽象概念。

三是教学方法缺乏互动性，主要表现为授课形式抽象单一与教学活动陈旧枯燥。"办好思想政治理论课，方法得当，才能事半功倍。"①思政课一体化建设以来，学生在课堂的主体地位得到了一定程度的重视。但是，依然没能在具体教学实践中，尤其是教学方法的改变上体现出以学生为核心的宗旨。在教学方法层面，阻碍思政课一体化的首要问题仍在于授课形式多为教师单方面的照本宣科，缺少教师"教"和学生"学"之间的互动。道理先行、事例证明、论说总结的思政课授课结构容易落入说教的泥淖当中。传统思政课受欢迎程度不佳的主要原因在于其僵化固定的灌输说教形式忽视了受教育者学习的独立性、主动性和特殊性。在大中小学阶段一味地进行"填鸭式"教学，既导致学生对思政课产生反感抵触情绪，也阻碍教师发挥引路人身份、增进对学生的了解。一体化建设应兼顾教学内容和教学方法的革新。一方面，当前的大中小学思政课在教学形式创新上存在刻板化、固定化、教条化等问题，不同学段均"千篇一律"地以讲授法为主。大多数思政教学简单停留在教师对理论知识的讲解，甚至要求学生用"死记硬背"的学习方式对重点知识进行识记，缺少新型授课形式必须具备的理论性和实践性，价值性与思想性，情感性与趣味性等要素的统一。另一方面，教学活动设计陈旧单调，缺少多元因素的参与。大中小学思政课以一元化的课堂教学为主，较少使用实践教学、合作教学、自主学习等教学活动，忽视了实践教学这一"第二课堂"的重要性。只有采用多样化的教学方法，充分发挥实践活动的教育作用，才能引导学生真切感受核心价值观蕴含的社情民风、文化魅力、精神风貌。

价值观是人思想行为的底色、精神世界的基石。在社会主义核心价值观的引导下，将大中小学思政课定位为一项整体系统的教学工程，不仅符合培养"时代新人"的内在要求，也有利于促进思政教育目标与价值观培育目标实现有机统一。同时，"一体化"理念拓宽和提升了思政教学的发展方向，预示着思政课改革创新的必然趋势。在大中小学思政课一体化建设过程中，要避免重复化、机械

---

① 高国希：《思想政治理论课内涵式发展的三个维度》，《马克思主义理论学科研究》2019 年第 3 期。

化和单一化等现存的实际问题，注重增强思政课程内容的逻辑性；根据学生身心发展规律，递进式地培养学生实践能力，以及创造性地推动教学方法实现"与时俱进"。

5.3 社会主义核心价值观如何引领大中小学思政课一体化

德国社会学家马克斯·韦伯曾尖锐地指出，当前时代独有的理性化和理知化将一切终极而最崇高的价值从公共领域隐没。① 事实在于，现代社会对理性知识的重视一定程度上消解和弱化了人们对价值和精神的追寻。知识传授多于价值引导的现象在思政教育方面不断蔓延。由此，学生群体难以在纷繁复杂的社会现实中辨明善恶、是非、利弊等价值观念。思政课面临着无从将正确情感态度、主流理想信念、合理道德追求等价值要素传递给学生主体的价值生成与发展困境。针对思政课一体化开展过程中的现实问题，关键在于系统化、科学性、时代性的价值观引领，为思政课的目标确立、内容选择、方法实施等因素指明方向。习近平总书记提出，要发挥社会主义核心价值观对国民教育的引领作用。作为国民教育的基础课程——思政课一体化进程仍面临着不少难题和挑战，存在许多阻力和风险。坚持核心价值观在思政课各方位的引领是推进思政课全方位一体化的立意之本。

第一，从逻辑生成维度上看，应遵循社会主义核心价值观的系统原则。核心价值观是当前社会整体价值体系中的核心和关键部分，决定着主流价值取向和价值选择，对于各类非核心的多元化社会思潮具有统领作用。从内涵推论，其产生和发展体现了马克思主义哲学层面上共性和个性的辩证统一。作为一种先进的价值理念和思想成果，核心价值观既包含着人类文明中共通的价值追求和基本道德准则，也蕴含了中国特色的价值底色。换言之，核心价值观的

---

① ［德］马克斯·韦伯：《学术与政治》，钱永祥等译，上海三联书店2019年版，第199页。

共性在于其在基本内涵和精神资源上承续了全人类的共同价值追求和人类共同价值上达成共识；同时，在思想内核、实践模式、根本原则和意识形态上坚持了从实践上升为理论的中国特色。从结构推论，核心价值观的构架和布局体现了马克思主义哲学层面上整体和局部的辩证统一。作为一个具有鲜明逻辑体系和科学条理结构的价值综合体，核心价值理念包含了三个层面的国家建设价值目标、社会进步价值导向和个人发展价值原则。这些价值要求既象征着国家大德、社会公德、个人美德中某一领域的局部特征；也共同构成了相互作用、相互影响、密切联系的价值整体，在全局中居于核心地位。

一体化的思政课应是覆盖全面、内容完整、理念一致的科学体系，从"立德树人"的根本目标高度构建大中小学有机融合、协同共进的思政教学共同体。可是，重视共性并不意味着忽视不同阶段的教育目标和具体特征。正如核心价值观包含三个层面的具体价值指向，在系统性的基础上，通过制定更贴近受教育者身心发展阶段的教学计划，突出思政课的阶段性、层次性和个性化。不同阶段思政课应既有"立德树人"的共同目标和整体方向，也需具备遵循学生身心发展规律的不同理念，在教育内容和方法上各有侧重。以核心价值观为引领的思政课一体化进程中，上海市学校进行了一些有益探索。例如，在2020年9月，上海市组织大中小学同上一堂"抗击疫情思政课"，针对不同学段学生的认知规律、共情特征和实践能力，把战"疫"期间的上海市先进人物及其感人事迹以事迹短视频、家书传阅、专家讲座、话题讨论等形式融入思政教育，引导学生产生深刻认识和情感共鸣。

另外，核心价值观的系统原则还为处理思政课的全局和局部关系提供逻辑指引。在培育"时代新人"的教育事业中，大中小学思政课既是一种整体格局下为学育德的社会主义意识形态教育体系，也是在小学时期启蒙小学生情感道德和生活习惯，中学时期提高中学生认知水平和知识储备，大学时期增强大学生实践能力和使命担当的综合体。可以说，借鉴"一着不慎，满盘皆输"的棋局智慧，大中小学任一阶段的思政课不分重要轻微，不应顾此失彼，不能各行其是，不可此消彼长。每一堂思政课都是思政课程体系中的重要组成部分，各级各类的思政课程相互关联，共同打造不可分割的思政"金课"。核心价值观念包含的国家、社会、个人三层面以及其中每一层面内容彼此联系、相互促进，共同构成了系统的价值观体系。和核心价值观蕴含的逻辑体系相同，思政课一体化不是小学至大学思政课的简单叠加，而是各阶段的有机衔接和有机融合，最后实现内部结构的优化目的。

第二，从文化滋养维度上看，应汲取社会主义核心价值观的文化资源。博大精深、从未间断的中华文明历来是中华民族引以为豪的精神根基。在经历漫长历史激荡和岁月洗涤后沉淀至今的优秀传统文化蕴含着众多影响深远的价值理念，成为当前核心价值的历史依据和思想之源。核心价值观蕴含的价值目标、价值导向、价值原则等内容均是对中华传统文明和马克思主义思想精髓的继承和发扬。其蓬勃生机和广泛影响源于中国特色社会主义文化这一点睛之笔，蕴含的每一项具体价值要求都带有社会主义的本质属性和精神色彩，是在党领导下所开创的革命文化和社会主义先进文化的缩影。

孕育出核心价值观科学性、真理性、时代性思想文化底蕴的是历史、当代、科学与价值观的融合，是人们精神文化层面的深刻价值追寻，在社会发展建设过程中起着引领文化、凝聚人心、团结社会的重要精神力量。核心价值观的具体内容吸收和发展了唯物史观关于人是社会和历史主体的价值理念，体现出科学社会主义的思想精髓和美好愿景，也是新时代思政教育的核心理念和根本要求。不论是国家、社会还是个人层面的内容，一切都归结于一个最基本的现实前提，即价值必须由人创造、得人认同、与人共享。

"坚守我们的价值体系，坚守我们的核心价值观，必须发挥文化的作用。"①文化作为思政教育中最重要的精神纽带和思想源泉，可以将原本零散的大中小学思政课聚合为一体，能够丰富思政课的

———————

① 习近平：《完善和发展中国特色社会主义制度 推进国家治理体系和治理能力现代化》，《人民日报》2014 年 2 月 18 日。

教学内容，滋补和涵养课堂的文化氛围，用一种文化基因和精神力量的形式维系教师和学生间的良性双向互动。核心价值观蕴藏的哲学思维、道德底蕴、思辨逻辑、人文情怀、道德规范等文化内涵为思政课提供了丰厚的文化滋养和有益的智慧启迪。

　　文化的原意就蕴含着"人"对理想和价值的美好追寻。培养"时代新人"的育人目标是思政课的根本任务，承续了核心价值观的文化精髓。真正汲取核心价值观的文化精髓就是要在大中小学思政课一体化建设过程中重视"人"的文化功能。构建教育者和受教育者双方主体的教学体系，以两者的交流互动为桥梁，打通思政课和文化的隔阂，破解传统思政课文化内容乏味、文化氛围不佳、文化活动匮乏的瓶颈问题，以先进和丰富的文化成果来反映核心价值观在人们精神面貌和实践能力上的积极影响。对于教育者即教师而言，大中小学教师要承担育人主体的责任，做一名核心价值理念的弘扬者和传播者，将文化融入思政教学实践的方方面面，用文化的力量感染学生、塑造学生、滋养学生。对于受教育者即学生而言，要在思政课学习中实现道德意识成长、文化知识积累、实践能力进步。文化育人有助于提高思政课的出勤率、抬头率、好感度，增强思政教育的亲和力、吸引力、感染力。汲取核心价值观的文化资源助力新时代大中小学思政课一体化建设，是以学生全面发展、成长成才为目标，实现对学生理论水平、思想观念、政治素养、精神追求等内外兼修的品质的正面引导。

　　第三，从价值创造维度上看，应把握社会主义核心价值观的现实价值。面对复杂多元思潮挑战马克思主义指导思想地位，国内外敌对势力攻击党的意识形态工作；道德文明遭受逐利、自发、盲目的市场经济侵蚀的现实情况下，社会急需一种价值共识以引导社会思潮、凝聚人民力量、调整发展坐标、鼓舞时代精神、规范道德言行。核心价值观的提出和完善是社会发展的必然结果，是完全立足时代背景、契合时代潮流、顺应新时代的发展趋势。毋庸置疑，核心价值理念形成于社会主义伟大实践之中，是制度和意识形态的本质体现，以现实性为根本依据和特性。一个具有社会凝聚力、精神感召力、实践指导性的社会价值共识必然贴近现实、贴近生活、贴近群众，在理论与实践联系之维审视其现实价值。核心价值观作为对个人、群体、民族和国家真实状况及基本立场在思维领域的生动反映，满足了人们对现实评价的需求，是新历史方位下社会价值体系的核心内容。根本上说，该价值理念根源于社会主义本质，服务于社会主义实践及其现实需求，有利于应对和抵御西方价值观渗透、防止和避免主流价值出现"真空"，推动社会成员认识正确价值选择，树立坚定价值理想，应对多元价值挑战。

一体化背景下的大中小学思政课建设应该在核心价值观视野下落实思政课与现实性的接轨。当前，我国正处于民族复兴的关键时期，思政课作为培养人才的有效渠道，要以一体化的教育方式持续为社会输送可靠的建设者和接班人。核心价值观的产生和思政课一体化的实现并非空中楼阁、镜花水月，而是具有扎实的客观现实基础。以核心价值观的时代价值引领大中小学思政课一体化进程既要突出主流价值的现实导向，也要关切学生的现实诉求，用科学理论知识解答中国社会现实问题。一是确立思政课明确的政治属性和意识形态特性。思政课作为有明确政治立场和意识形态特性的教育阵地和渠道，必然需要凸显其鲜明的价值理论和观念支撑。离开了价值导向的思政课必定是僵化落后、空洞抽象的，既无法满足价值主体对于科学理论的需要，也不能引导受教育者把握正确的价值立场和政治倾向。思政教育应蕴含政治引导和价值引领的深层次意蕴，一体化思政课不仅是指理论知识的传授循序渐进、由易到难，更是要求意识形态建构的持续性，逐步提升学生的政治认同、国家意识、文化自信等。二是引导学生从个人生活出发，学会以核心价值观为价值标准处理自我与他人、社会、国家的关系，采取理性辩证思维面对复杂的社会现实情况。例如，小学阶段培养学生形成重友善、守诚信、讲文明、爱集体的健康人格和良好习惯；中学阶段引导学生树立平等观念、法治意识、家国情怀，形成对人情、社情、国情、世情的正确认识；大学阶段锻炼学生建设富强国家、和谐社会的实践能力。

第四，从实践培育维度上看，应践行社会主义核心价值观的教育使命。唯物主义实践观认为，"价值产生于人按照自己的尺度去认识世界和改造世界的现实活动；价值的本质是客体的属性与主体的尺度之间的统一"。① 由此可知，实践性是社会主义核心价值观的出发点和落脚点，是人的基本存在方式，决定着人们对客观事物的看法和评价。作为一个源于实践又用于指导实践的主体价值观念集合，核心价值观在不断得到社会成员广泛认同的过程中，持续影响人们的思想观念、道德意识、实践水平，逐渐推动、改进和发展社会存在。毋庸置疑，核心价值观只有扎根于实践，渗透于人们的日常生活，借助思政课的广阔平台，形成可感知、认同、模仿的具体行为形态，才能更广泛和长久地被人们悦纳和践行。

思政教育的本质是以育人为目标指向的社会实践活动。从个体发展的角度看，思政教育对于受教育者深化认识、创造生产具有重要影响力；从社会进步的角度看，思政教育具有宣传引导、凝心聚力、实践创新等促进作用。核心价值观引领大中小学思政课一体化主要在于发挥其根本的教育实践功能，通过对日常实践体验的指导，引导学生将核心价值理念内化于心、外化于行。首先，思政课一体化的实践主体在于受教育者。生长于新时代的学生群体具有强烈的主体意识、独立观念、自我建构诉求，往往排斥枯燥的单一价值观灌输，更渴望走出书斋、融入社会，在主动参与的实践体验中发现问题、判断形势、把握知识和提高能力。以核心价值观的实践特性为指导的一体化思政课顺应了学生的成长成才特点，充分强调学习的阶段性、自主性和创造性，强化和改进了理论和实际紧密结合的实践教学活动。其次，思政课一体化满足了实践主体的实践需要。课堂宣讲只是对学生进行必要"灌输"的初始阶段和前提条件。而深化认识的根本动力和最终目的在于实践，由知到行的顺利转化是思政教育的关键，是检验培育和践行核心价值观成效的基本要求。通过实践活动，主体可以将思政课上的所知、所感转化为所行、所得，逐渐接触学习更广泛和深奥的核心价值观理论，不断为实践创新提出更多更高更深入的要求，达到知行合一的崇高境界。最后，一体化思政课是生动形象的实践载体和保障。以核心价值观

---

① 李德顺：《价值论》，中国人民大学出版社 2007 年版，第 39 页。

引领的价值形成、建构和发展都是通过大中小学思政课这一载体实现。核心价值观顺利融入并引领大中小学思政课意味着这一价值理念贯穿了思政教育全过程，为主体的认知升华和实践养成创设了良好风尚和现实保障。思政课作为培养和践行核心价值观的关键课程和教学载体，在一体化过程中形成了系统规范的教育机制、管理机制、宣传机制、评价机制等，不断创新教学思路和方法，为核心价值观的认知与阐释、实践与体验提供良好平台。

（作者：张响娜，上海大学马克思主义学院博士研究生）

6 推动三类课程协同 提升思政教育效果

党的十八大以来，以习近平同志为核心的党中央从培养社会主义建设者和接班人的战略高度出发，高度重视思想政治教育工作，提出要坚持把立德树人作为中心环节，把思想政治工作贯穿教育教学全过程，实现全程育人、全方位育人，努力开创我国高等教育事业发展新局面。在应然层面，学界对"三全育人"理念、对"思政课程"与"课程思政"的定位及其相互关系研究较多，相对而言，对"思政实践"的地位及其与前两者的关联的关注相对较少；在实然层面，思政工作深度融入、贯穿到教育教学全过程尚存在一定的不足。本文认为，为提升思政教育的针对性和实效性，在高校层面，急需以"课程"为载体，准确定位、深刻把握好"思政课程""课程思政""思政实践"三类课程的各自定位、发力点及其关联，在实践中形成三类课程间的协同合力，进而助推思政教育实效性发展。

6.1 "思政课程"是引领性的关键课程

思想政治理论课是对大学生进行思想政治教育的主渠道，具有鲜明的意识形态性，是思想政治教育的显性课程。习近平总书记在学校思政课教师座谈会上强调，"思政课作用不可替代，思政课责任重大，思政课是落实立德树人任务的关键课程"。① 这一政治定位至少包括三层内涵：其一，从培育时代新人、培养社会主义建设者和接班人的战略高度定位思政课；其二，从立德树人即新时代教育的根本任务高度定位思政课；其三，从整个大中小学课程体系整体定位思政课。可见，思政课的政治定位存在着双重逻辑：从国家战略、教育任务到课程体系的纵向逻辑；从课程作用、课程责任到关键课程的横向逻辑。具体到大学的课程体系，思政课被定位为整个大学课程体系的灵魂。不难理解，明确政治地位是思政课建设前提性、保障性的根本问题。

为更好地完成新时代赋予思政课的重大责任和使命，办好思政课，以教师、教材和制度三个方面为主要发力点，其中教师为关键主体，教材为前提基础，制度是运行保障。

首先，教师是关键主体。思政课教师与学生在课堂上直接面对面接触，教师的政治信仰、家国情怀、思想深度、思维方法和人格魅力对学生的影响极深。因此，充足、优质(包括信仰、知识和能力等)的思政课教师队伍对思政课教学效果的提升最为关键。有了充足、优质的教师队伍，才能使思政课教师有精力高质量投入教学过程中，才能为提升教学效果而去深度研究专业问题、理论与现实的关联及教学规律方法，以高水平研究支撑教学。以习近平总书记的"318 讲话"为重要节点，思政课作为落实立德树人根本任务的关键课程的地位得以确立和巩固，思政课教师队伍逐渐壮大，教师们普遍感受到社会地位提高了，思政课教师按照"六要"标准逐渐成为一支乐为、敢为、有为的思想政治教育"铁军"。有了充足优质的思政课师资，有了政治地位的保障，思政课堂的教学亲和力、吸引力才会大幅提升，教师才能更好地引领起大学生的政治认同、社会认同和价值认同。

其次，教材是前提基础。思政课教材是国家统编教材，是国内本领域专家集体智慧的结晶。根据政治任务和现实变化，思政课教

---

① 习近平：《习近平谈治国理政》(第 3 卷)，外文出版社 2020 年版，第329 页。

材基本年年修订。整体而论，国家统编思政课教材质量极高，是教师备课和学生学习的重要依据和指南。然而，当前思政课教材亦存在需要改进的问题，如理论性过强、可读性不足等。近日，在广泛听取思政课教师和学生的意见、建议后，中宣部会同教育部在2018年版教材的基础上编写了四门思政课的配套辅助用书，在教学内容、教学资源、呈现方式、语言风格等方面进行创新，是极好的教学参考书。除此之外，高校思政课教材的主要问题是大中小学思政课教材的衔接问题。因此，由国家层面进行顶层设计、整体协调大中小学思政课优质专家，协同合作，依托课题或平台构建大中小学思政课教师常态合作的"共同体"（对大学而言，大学中学之间构建常态"共同体"更为必要）。近日，中宣部、教育部联合印发《新时代学校思想政治理论课改革创新实施方案》，明确提出健全大中小学思政课教材一体化建设机制，完善教材编审制度。有理由期待，循序渐进、螺旋上升的优质大学思政课教材会更早编写完成。

最后，制度是运行保障。党的十八大以来，国家、教育部有关思政课建设的系列文件出台，政策也跟进落地，思想政治理论课备受重视，教师也备受鼓舞，教学、科研的积极性、主动性获得了极大的提升。有了制度和政策的支撑和引领，各高校大力支持马克思主义学院引进充足师资，思政课教师队伍壮大。"十三五"期间，思政课教师队伍以年均14.4%的增速持续壮大，到2020年11月已突破10万人，其中专职教师超过7万人，五年增幅65.5%。"十三五"时期，中央财政对高校思政课建设的直接投入也在不断增加，达4.7亿元。并于2020年，新设立1亿元"高校思政课建设专项"。在招生计划方面，马克思主义理论学科人才被纳入"国家急需学科高层次人才培养计划"，已累计增加6070个博硕招生指标。同时，思政课建设已纳入《深化新时代教育评价改革总体方案》，高校党委书记、校长抓思政课情况被纳入教育督导和政治巡视范围。从现实层面看，随着制度、政策在高校层面的深度贯彻落实，思政课教师的自我职业认同度、校内认同感与重要的高度重视度定会达至"实然"的契合，当然，因历史和现实的多种原因存在，这确实需要一定的时间。

6.2 "课程思政"是渗透性的关键环节

思政课程是对大学生进行思想政治教育的主渠道，是立德树人的关键课程。除此之外，"其他各门课都要守好一段渠、种好责任田，使各类课程与思想政治理论课同向同行，形成协同效应"。① 在这里，习近平总书记非常明确地指出，应在其他各门课中挖掘"思政元素"，讲出"思政味"，实现与思政课同向同行。贯彻落实习近平总书记讲话精神，"课程思政"成为近年教育界，尤其是思想政治教育界的热门概念。

在政治层面，"课程思政"定位在落实立德树人任务的关键环节，近年在国家政治文献中多见相关论述。在全国教育大会上，习近平总书记强调"思想政治工作是学校各项工作的生命线"，"要努力构建德智体美劳全面培养的教育体系，形成更高水平的人才培养体系"。② 即强调把"思想政治工作"全面深度融入学校教育体系和人才培养体系中。在"318讲话"中，习近平总书记强调思政课改革创新要坚持"八个相统一"，其中强调"要坚持显性教育和隐性教育相统一，挖掘其他课程和教学方式中蕴含的思想政治教育资源，实现全员全程全方位育人"。③ 这里的"其他课程"与"教学方式"并列使用，意味着"课程思政"的重要价值。随后，中办、国办《关于深化新时代学校思想政治理论课改革创新的若干意见》指出：深度挖掘高校各学科门类专业课程和中小学语文、历史、地理、体育、艺术等所有课程蕴含的思想政治教育资源，解决好各类课程与思政课

---

① 习近平：《习近平谈治国理政》(第2卷)，外文出版社2017年版，第378页。

② 《习近平在全国教育大会上强调 坚持中国特色社会主义教育发展道路 培养德智体美劳全面发展的社会主义建设者和接班人》，《人民日报》2018年9月11日。

③ 习近平：《习近平谈治国理政》(第3卷)，外文出版社2020年版，第331页。

相互配合的问题，发挥所有课程育人功能，构建全面覆盖、类型丰富、层次递进、相互支撑的课程体系，使各类课程与思政课同向同行，形成协同效应。教育部《"新时代高校思想政治理论课创优行动"工作方案》强调，"积极建设'思政课程+课程思政'大格局，制定专项工作方案，全面推进"课程思政"建设，使各类课程与思政课同向同行，形成协同效应"。① 教育部《关于深化本科教育教学改革全面提高人才培养质量的意见》更具体指出，"把课程思政建设作为落实立德树人根本任务的关键环节，坚持知识传授与价值引领相统一、显性教育与隐性教育相统一，充分发掘各类课程和教学方式中蕴含的思想政治教育资源，建成一批课程思政示范高校，推出一批课程思政示范课程，选树一批课程思政优秀教师，建设一批课程思政教学研究示范中心，引领带动全员全过程全方位育人"。② 可见，政治层面的"课程思政"定位及建设思路已然非常明确、清晰，接续的问题就在于具体的操作层面。

到底什么是"课程思政"？学界存在着分歧。本文不进行界定，而是尝试通过与"思政课程"进行对比性分析，把握"课程思政"的一般含义。第一，"课程思政"是在"大思政"理念引领下的隐性思想政治教育课，而"思政课程"是在"小思政"理念引领下的显性思想政治教育课；第二，"课程思政"外延上包括除思政课以外的所有课程，"思政课程"则专指思想政治理论课程。第三，"课程思政"所要解决的主要问题是思政课、思想政治教育"孤岛化"现象，目标在于形成"思政课程"与"课程思政"协同育人的"合力效应"。

从操作层面看，"课程思政"建设是一项复杂的系统工程。自2014年开始，上海市开始进行"课程思政"建设试点工作。经过几年的建设，上海的"课程思政"改革与建设成效显著。已经构建起相对完整的"课程思政"教学体系，即"课程思政"育人同心圆：思

---

① 《中共教育部党组关于印发〈"新时代高校思想政治理论课创优行动"工作方案〉的通知》，http://www.moe.gov.cn/srcsite/A13/moe_772/201909/t20190916_399349.html，2019-9-3。

② 《教育部关于深化本科教育教学改革全面提高人才培养质量的意见》，《中国高等教育评估》2019年第30期。

政必修课为核心，"中国系列"选修课为骨干，综合素养课为支撑，专业课为辐射，等等。其"课程思政"建设基本覆盖上海市所有高校，初步形成了可推广、可借鉴的"上海经验"。除此之外，其他省市的"课程思政"建设更多呈现为"点"的样态。

"课程思政"建设重在落实，由"点"成"面"，才可推进完成立德育人的根本任务。推进"课程思政"落地，应重点从制度和教师这两大关键环节发力。

6.2.1 制度是前提性的根本保障

自2014年开始，上海的"课程思政"建设工作就是从"制度"开始的。《上海高校"课程思政"教育教学体系建设专项计划》《关于构建上海高校课程思政教育教学体系的实施意见》等省市级文件的出台，为上海"课程思政"的全面展开铺设了必需的制度前提和保证。有持续的经费保证和严格的考评机制，"课程思政"理念在上海高校逐渐落地生根结果。同理，落实课程思政工作，在高校层面同样需要在校党委的直接领导下"制度先行"。率先成立由高校党委书记担任组长的"课程思政"改革领导小组，协同校内党政部门制定课程思政专项计划和实施意见。学校层面的制度文件通过后，教务处、人事处、宣传部、组织部、教师工作部和其他各单位部门协同修订相应各部门文件(人事处的"职称评审条件"和教务处的"教学奖励机制"最为关键，两部门要深度协同，形成一致性的评价指向)。因教务处负责课程教学、教学过程管理和教学质量评价等工作，所以教务处(国内有个别高校由教师工作部推动)在高校课程思政建设中应起主导性作用，各学院具体组织实施。

6.2.2 教师是课程思政建设的关键

课堂是所有教学是主渠道，而主渠道的主导者是教师，抓住了教师这个关键，就抓住了课程建设方向和课堂教育方式。教师与学生直接在课堂上与学生面对面接触，其一言一行对学生影响极大。当然，必须明确的是，价值引导绝不只是思政课教师的事情，思政课程应表现为"理直气壮"，进行显性价值观引领；课程思政则应表现为润物无声，进行隐形价值渗透。具体而论，高校的"课程思政"建设确实需要高校党政一把手、院士、学院院长和专业名师结合国际国内大势、校情校史和国际前沿问题切入"课程思政"，带头进行"课程思政"建设，上大课传大道，营造高校课程思政氛围。在此基础上，教务处、人事处再通过课程思政立项、评奖评优评职等政策引导（制度具有引导性，是作用于人的），教师投入"课程思政"建设的内在精神动力会充分彰显，由"点"到"面"的课程思政改革成效会日渐凸显，立德树人的根本任务也会水到渠成。

特别需要指出的是，强调其他课程与思政课同向同行，形成协同效应，是从立德树人根本任务和"大思政"的教育理念出发的，其目的在于打破思想政治教育毕其功于"思政课"的以往做法，形成育人合力，培育时代新人。当然，在认识上绝不能抹杀"思政课程"和"课程思政"的界限（认为"既然有了'课程思政'，'思政课程'是可以取消了"，这样的观点在理论上是错误的，在实践上也是有害的）及其在立德树人中的地位和作用。"思政课程"在立德树人中起关键课程作用，"课程思政"是立德树人的关键环节。因此，课程思政绝不是让所有课程都讲成思政课，为了使专业课程中融入"思政"元素而机械设计课程，可能会起到相反的作用。因此，课程思政的推进不能"一刀切"，而应根据"中国系列""综合素养""专业教育"和"专业方向"等各类课程属性之别，区别对待，分类指导建设，引导各类课程教师在知识传授和能力培养的过程中以不同的方式、方法进行马克思主义价值观的导引。相对思政课程而言，高校各专业学生从教育到培养的各个环节，与专业课教师有接触更多、关系更为紧密、认同感更强，专业课教师的言行对学生的价值观影响可能更大。上海等高校的课程思政实践证明，以专业知识为载体加强思想政治教育，育人成效特别显著，其原因恐怕在此。

6.3 "思政实践"是本质性的关键方向

"思政课程"和"课程思政"作为实现立德树人任务的关键课程

和关键环节，主要通过课堂教学这一主渠道完成，以理论讲授为主。除此之外，高校教学体系中还存在着"实践课程"，这类课程，尤其是思想政治类实践课程对强化育人效果极为重要。正如马克思所说，"一步实际运动比一打纲领更重要"。① 在全国高校思想政治工作会议上，习近平强调，要重视实践育人，坚持教育同生产劳动和社会实践相结合，广泛开展各类社会实践，让学生在亲身参与中认识国情、了解社会，受教育、长才干。这为高校开展思政实践课指明了方向。在全国教育大会上，习近平总书记又强调，要努力构建德智体美劳全面培养的教育体系，要把立德树人融入思想道德教育、文化知识教育、社会实践教育各环节。在全国思政课教师座谈会上，习近平指出："要坚持理论性和实践性相统一，用科学理论培养人，重视思政课的实践性，把思政小课堂同社会大课堂结合起来。"②两办的《关于深化新时代学校思想政治理论课改革创新的若干意见》中继续提出："坚持开门办思政课，推动思政课实践教学与学生社会实践活动、志愿服务活动结合，……鼓励党政机关、企事业单位等就近与高校对接，挂牌建立思政课实践教学基地，完善思政课实践教学机制。"可见，新时代"大思政"理念指引下的思想政治教育实践育人顶层设计已经成型，接续的问题是如何落地。

当前高校大学生"实践思政"主要有两类：思政课中的社会实践环节和学工部门组织的社会实践活动。当前，有些高校的思政社会实践已然做出特色，成效显著。但整体而论，相比思政理论课教学，社会实践环节或社会实践活动因条块管理、缺乏协同机制等原因，仍是目前高校思政教育育人体系中的薄弱环节，呈现为割裂化和碎片化状态，思政实践活动不能与理论课教学形成强有效的"互补关系"，育人成效不足。依据教育部文件规定，思政课中设置2学分的社会实践环节，由任课教师负责组织，以参观考察、社会调研等"常规"方式完成。因思政课师资力量所限，依托课程的思政

① 《列宁专题文集　论马克思主义》，人民出版社2009年版，第301页。
② 习近平：《习近平谈治国理政》（第3卷），外文出版社2020年版，第331页。

课社会实践环节"形式化"情况比较普遍(教师课内布置,学生课下完成,上交报告后给定成绩。学生的社会实践过程缺少过程管理与指导,实践效果不足)。同样,由学工部门组织的社会实践活动主要由学工部或各院系团委组织。其间,思政课教师较少参与指导,在思政课理论学习与社会实践活动之间难以建立起"动态合作"的协同关系,实践效果难以保证。正因此,高校思政教育课程体系中急需把"实践思政"纳入其中,而不是只作为思政课的补充环节,通过重构思政课程、课程思政与实践思政之间的关系,探究新时代思政教育合力育人模式。

从高校管理体制看,思政课程、课程思政和实践思政分别由不同的部门管理。"思政课程"完全归属马克思主义学院,"课程思政"主要归教务处管理,"实践思政"主要由马克思主义学院和学工处(包括各院系学工口)独立管理。就"实践思政"而论,在马克思主义学院与学工处之间存在着一定的合作关系,但多呈现为非常态化的、碎片化的"点对点"状态。因此,为实现"思政课教学与日常思想政治教育结合起来,思政课实践教学与学生社会实践活动统筹起来",管理体制机制的改革是根本性的问题(整合思政课教师与学工队伍之间的管理和合作机制最为关键)。当然,由于历史和现实的多种原因存在,管理体制机制的改革是相对困难的问题。立足当前高校管理体制,高校应积极建构以"课程"为载体的"思政课程+课程思政+实践思政"大思政格局,实现课程育人、教师育人和实践育人合力,增强育人效果。从操作层面看,有以下几点思考:

第一,同心圆扩展,实现理论与实践对接。从上海"课程思政"经验看,从核心的思政课程到"中国系列"课,再到综合素养课和专业教育课,是以"课程"为载体和中心的,主要在课堂教学这一主渠道完成。而对思想政治教育而言,本质问题是实践养成问题,即生活实践、生活体验对大学生的价值培育和品德生成具有根基性意义。目前,中国正在进行抗击新冠肺炎疫情的"伟大斗争",在这一过程中,涌现出白衣天使、人民警察、科研人员、公交司机和清洁工人等各条战线的"逆行者"。对这些可歌可泣的英雄事迹的深刻认知,需要通过参加社会实践活动进行真实体验,只靠"理论"讲授的效果是有限的。

第二，对"思政课程"与"实践思政"进行整合，打破理论与实践的藩篱。目前，多数高校的大学思政课设定为 16 学分（全国重点马院率先开设"习近平新时代中国特色社会主义思想概论"课，总学分为 18）。16 学分中 2 学分为思政课社会实践，多数高校的操作方式为置入思政课中。笔者认为，为深度提升思想政治教育的针对性和亲和力，提升思政育人实效性，应提高"实践思政"学分。除"形势与政策"课外，每门思政课都设定 1 学分的实践思政课，共 4 学分。以"马克思主义基本原理概论"课为例，课程中 2 学分为思政课理论讲授，1 学分为思政课实践。与当前思政课及其实践环节均由马院思政课教师负责有别，新课程主要应由思政课教师、辅导员和研究生助教共同完成。其中，思政课教师整体负责，重在理论讲授，辅导员重在组织实践思政课，与思政课讲授的理论问题形成呼应关系，研究生助教协助完成各种组织和协调等相关工作。需要指出的是，如此进行教学设计，并非思政课教师、辅导员各自负责自己的"课时"，而是依托"课程整合"，形成思政课教师与辅导员之间的常态交流机制。思政实践课的内容和组织方式在教师和辅导员的"交流"中生成。设想，如此整合课程，可以打通马院思政课社会实践环节与学工部社会实践活动之间的"割裂"，实现合力育人的效果。同时，通过思政课教师参与所在学院的班团、党日、党课等活动，对"专业"的学生特点、专业特点会有更为深入的了解，与专业课教师也会有更多的接触交流，深度"备专业""备学生"对针对性开展思政课理论教学会大有裨益。对学生而言，实践思政课依托"思政课"随课程推进开展，本门思政课结束，思政实践课同时完成，按比例计入思政课成绩。同时，辅导员参与思政课的过程中会对本学院的学生思想动态有更深入的把握，将思政课学习实践情况纳入学生综合素质评价体系，作为学生评奖评优的重要标准。这样的工作机制既有利于院系辅导员有效开展思想政治教育和日常管理工作，也可以有效激励学生学习思政课的热情和积极性，从而提高育人效果。

第三，协同"思政课程"和"课程思政"，构建起思政课与其他院系课程、教师之间的相互交流机制。受制于学院制的管理体制，马院负责思政课教学，其他学院负责专业课教学，相互之间交流极少。两办印发的《关于深化新时代学校思想政治理论课改革创新的若干意见》提出："建立纵向跨学段、横向跨学科的交流研修机制，深入开展相邻学段思政课教师教学交流研讨。推动建立思政课教师与其他学科专业教师交流机制。"这为"思政课程"与"课程思政"的协同工作提供了指导性意见。从操作层面看，首先，思政课教师与其所授课学院应保持常态稳定，至少三年。因授课的对象基本稳定，有利于增强对授课学生的深度理解和把握，提升教学的亲和力、针对性和实效性。其次，思政课教师与所授课学院的专业教师"结对子"。通过互听课程和日常交流（依托课题的方式更优），一方面，思政课教师为专业课教师提升课程的政治性、思想性和价值性提供指导，帮助专业课教师挖掘其课程中蕴含的思政元素和资源，协助设计开发"课程思政"；另一方面，专业课教师从专业的视角，为思政课教师提供本专业及学生的特点，以及专业问题研究的方法和视角，这对思政课教师提高教学的理论性、针对性、亲和力和实效性非常重要。

综上所论，办好思想政治理论课的大势已然形成，为解决好"培养什么人、怎样培养人、为谁培养人"这个教育的根本问题，抓住关键，破解高校体制机制难题，协同发力，会大大提升思政教育合力育人成效。本文以课程为载体，尝试构建起"思政课程+课程思政+实践思政"的思政大格局。从目前的情况看，思政课改革与创新已经发力，课程思政工作正在稳步推进的过程中，而思政实践整体尚未被置于其应有的"课程体系"位置。随着作为关键课程和关键环节的思政课程和课程思政的深入推进，实践思政课也必然会作为另一关键被纳入课程体系，而纳入的进度、方式和程度对"立德树人"根本任务的完成，可能是更为关键的。作为一线教师，我们不能等待，唯有不断努力。

（作者：王洪波，首都师范大学马克思主义学院教授）

后 记

　　为纪念习近平总书记在学校思想政治理论课教师座谈会上的重要讲话发表两周年，深入学习习近平总书记关于高校思想政治教育工作重要论述，2021年3月，武汉大学马克思主义学院、马克思主义理论与中国实践协同创新中心共同举办了首届"思想政治理论课教学论坛"。此次论坛主题是"用习近平新时代中国特色社会主义思想铸魂育人"，来自全国高校的15位国家级教学名师、12位高校马克思主义学院院长以及百余所高校及科研院所的300余名代表参会，其中100余名代表因疫情防控需要线上参会。与会学者深入探讨了如何办好新时代思想政治理论课、怎样系统深入推进思想政治理论课教学改革和创新发展等问题。论坛收到与会学者提交论文近百篇，现在，我们选出部分与会论文结集出版，作为《新时代高校思想政治理论课建设研究》第一卷，以期更好推进新时代思想政治理论课教学改革。

　　在本书编写的过程中，罗永宽教授对全书进行整体统筹，李华副教授、李向勇副教授分工负责对各篇章进行统稿，付克新副教授对部分文稿进行了整理。武汉大学马克思主义学院博士生辛菲参与了部分文稿的完善工作,硕士生田永健、陶雨欣、乔红玉、黄小燕、王刘怡、郭章宇、叶子维、司鹏辉、何鲁婷、李晓萌等参与了部分文稿的文字校对工作。

本书在编撰出版的过程中,得到了武汉大学马克思主义学院、马克思主义理论与中国实践协同创新中心、武汉大学出版社的大力支持。本书存在的不足之处,敬请广大读者批评指正。

编 者

2022 年 2 月于武昌珞珈山